内 容 简 介

一切社会现象都是经济现象。大到世界上两国博弈，小到市井间百姓生计，都无时无刻不展示着经济学的力量。经济周期影响着世界的方方面面。作为普通人，如果想要在风云变幻的大时代中实现财富梦想，就应该进一步提升自己的认知能力，改变自己的思维方式，从而看透经济周期，或许能找到一次或几次"财富自由"的机会。

2022 年，汤山老王的第一本书《财富之眼：用经济思维看清世界》出版，收获了大量读者好评。本书是汤山老王的第二本书，通过货币经济学、社会经济学、产业经济学、国家经济学四个部分，带领读者进一步梳理财富运行的逻辑，解读经济周期运转的规律，观察中国经济未来的方向，从而帮助读者提升认知能力，看清大势，正确决策，抓住新时代的财富机会，实现"财富自由"。

图书在版编目（CIP）数据

财富与周期 ：宏观经济第一课 / 汤山老王著.
北京 ：电子工业出版社，2025. 1. -- ISBN 978-7-121
-49266-2
Ⅰ. F123.16
中国国家版本馆 CIP 数据核字第 2024WP9002 号

责任编辑：林瑞和
印　　刷：河北迅捷佳彩印刷有限公司
装　　订：河北迅捷佳彩印刷有限公司
出版发行：电子工业出版社
　　　　　北京市海淀区万寿路 173 信箱　　邮编：100036
开　　本：880×1230　　1/32　　印张：13.75　　字数：352 千字
版　　次：2025 年 1 月第 1 版
印　　次：2025 年 1 月第 3 次印刷
定　　价：89.00 元

凡所购买电子工业出版社图书有缺损问题，请向购买书店调换。若书店售缺，请与本社发行部联系，联系及邮购电话：（010）88254888，88258888。
质量投诉请发邮件至 zlts@phei.com.cn，盗版侵权举报请发邮件至 dbqq@phei.com.cn。
本书咨询联系方式：faq@phei.com.cn。

推荐序

当前全球形势风云变幻，投资者在投资理财时常常处于迷茫状态中，赚钱越来越难。汤山老王的作品保持了一贯的高质量，用通俗易懂的语言解释清楚了深刻的经济学原理，同时更贴近普通人的生活，让非专业的投资者也能掌握经济周期运转的规律以及财富运行的逻辑，从而提升认知。

本书从货币、社会、产业、国家四个角度，深入探讨经济学的周期规律，揭示了"一切皆为周期"的财富运行逻辑。通读本书，可以了解宏观经济学在这些不同层面的事物中的具体表现，进而利用这种周期规律指导自己的财富观，把握潜在的财富机会。

世界上的很多问题，本质上都是经济问题。经济周期则是影响世界运行的基本规律之一。本书精准地诠释了影响普通人的财富机会与经济周期的关系，用清晰的逻辑、客观的视角、淡然的语调，将本来晦涩的财经知识、背景故事、行业术语融成一杯清澈见底的甘甜泉水，让人能一饮而尽，沁人心脾。相信看过老王作品的人都有这种感觉吧。

　　与智者交流，如沐春风，让学习也成为一件惬意的事情。

　　　　　　　　　　　　　　　　　　谢平
　　　　　　　　　　　　　　　　　　经济学博士
　　　　　　　　　　　　　中国人民银行金融研究所前所长
　　　　　　　　　　　　　　　　中央汇金首任总经理
　　　　　　　　　　　　　　　　2024 年冬

前　言

　　通货紧缩、金融战、加息周期、逆周期调节、货币政策、财政政策、预期管理、新质生产力、去杠杆、化债、金融强国……这些关键词在"后疫情时代"经常出现在我们的生活中，大多数人都能理解这些词的表面意思，但很少有人能真正理解它们之间的联系及背后的逻辑，对诸如"货币越发越多，但为何钱却越来越难挣"等问题百思不得其解。

　　我从 2021 年初正式开始互联网财经内容的创作，到目前为止全网大约有一千万名观众，时代的馈赠给了我和广大朋友交流的机会，在交流的过程中，我发现大多数朋友对一些基本的经济概念认识不全面，甚至其理解和真实含义相反。

　　比如，大多数朋友认为，货币越发越多，社会上的钱就应该越来越多，并且这些钱早晚要"跑"到某个领域。殊不知，在特殊时期，虽然货币发行量一直在大幅增加，但社会上的钱却在不断变少，社会上的钱变少就是信用紧缩导致的，我把这种现象称为资金的"明松实紧"。如果我们不采取正确的应对措施，这个特殊时期就可能会持续很长时间。

因为一个人兜里的 100 元和银行提供的 100 元信用额度具有同样的购买力，一个人的支出就是另一个人的收入，所以这两个 100 元在提高大家收入的意义上毫无差别。

很多朋友认为通货紧缩只是简单的物价下跌，但通货紧缩真正的含义，是社会信心和信用的紧缩导致银行提供的信贷不足。银行信贷不足一般是由两方面原因造成的：一是，银行因为诸如流动性不足等自身原因无法提供信贷（这种情况一般被称为金融危机）；二是，虽然银行有能力提供信贷，却没有足够多的人愿意接受信贷（这种情况一般是由于借款人因为在特殊的经济周期中自身已有的债务压力，以及对未来的不看好导致拒绝负债引起的）。

无论何种原因，造成的结果都是一样的：财富"凭空"消失。因为财富包含两方面的意思：社会已经创造的财富和尚未创造出的财富的贴现。未来财富的贴现需要别人的付款保证，需要信用，付款保证因为种种原因（可能是银行根本不给机会，也可能是给了机会遭到借款人拒绝）无法兑现，导致财富贴现的消失，这才是通货紧缩真正的含义。

但是信贷需要信用作为抵押，房地产是最重要的信用之一，贷款往往需要房产作为抵押，甚至很多公司借款也需要股东的房产作为抵押。

在"后疫情时代"，中国经济所面临的问题简单总结来说就是：房价的紧缩使得信用紧缩，但如果国家决心"去房地产化"，立足于制造业强国，那么这种"青黄不接"的短痛会导致社会上的钱越来越少。

这个时候就要思考一个问题：在之前的 P2P 和民间借贷中，你赚的是房地产增长的钱；房产升值，你赚的是高速城镇化、土地供给紧缩，以及金融资源惠及的钱。但这一切不再存在，未来你还能赚什么钱？

至少有一点是可以肯定的，我们赚不到认知范围以外的钱，就算凭运气赚到了，最后也会凭"实力"亏光。凡事都是思维先行、技巧其后，所以，在思想上"脱贫"，是走向财富自由的重要一步。

思维固化会让我们在迷茫的怪圈中不停地打转。我们无法决定自己的出身，但如果说能有一次"翻盘"的机会，靠的就是改变自己的思维方式。

本书内容源于过去两年我在互联网上发表的一些观点，它们不是传统的经济学理论，甚至和传统经济学理论相悖，目的是尽量用通俗易懂的描述展现发生在我们身边的事，把大家对于经济的认知边界稍微扩宽一些，哪怕能激发你对经济学的一点兴趣，也算是善莫大焉了。

在为本书作前言之时，恰逢中国资本市场结束近三年的低迷期，这是政策的加力提效带来的预期好转。尽管如此，我们大概率会告别过去四十年经济高速发展的年代，但作为普通人，我们依然可以通过看透周期而守护财富。能否抓住新时代的机会，是建立在视野和认知基础上的，看清大势，才是正确决策的前提。

本书立足于宏观经济，内容跨度较大，因此我请教了诸多业界和学术界前辈，他们给了我巨大的支持。特别感谢谢平教授、马蔚华博士和林传辉董事长对本书的推荐。感谢电子工业出版社的林瑞和、高丽阳、李利健三位老师，以及我的助手王虹媛。最后，感谢广大读者朋友的支持。

由于我水平有限，疏漏在所难免，请大家包容和指正。

汤山老王

2024 年 10 月

于河南开封

目　录

目录

第 1 章

货币经济学：
钱从哪里来

货币是一张"欠条"，是一种信用。经济问题的直接原因正是信用萎缩之下大量"欠条"的凭空消失。

第 01 讲
中国央行如何"控制"人民币

究竟什么是货币？这个答案解释起来既复杂又容易。货币的复杂表现在，不单单是对于普通人，即使学术界对货币也没有一个完美的定义。作为普通人，我们没有能力也毫无必要从学术的角度去争论，但我们可以尝试拨开迷雾，一点点去体会和感知接近事实的真相。

货币的简单表现在，货币的本质是欠条、是债务、是信用，是一种付款承诺，而不仅仅是传统经济学定义的"货币是一种特殊的商品"。历史资料表明，借贷关系（如赊账）出现在以物易物和商品货币（石头、贝壳、铸币等实物货币）产生之前，后来的商品货币只是相对统一地衡量了借贷关系，而不是创造了借贷关系。现代货币不是随着商品交易而被创造出来的，它实际上是作为国家、公民，以及银行之间的信用和债务关系被发行并流通的，现代货币和商品并没有任何关系。正如美国经济学家明斯基（Hyman Minsky）所说："任何人都能创造货币，但问题在于它是否被接受。"

举个例子，老王发现一个投资机会，但手中没钱，于是向老李借款 100 元，同时给老李打了一张 100 元的欠条，老王可以通过给老李提供家政服务来赎回这张欠条。也就是说，老李通过支付欠条换来了老王的服务，这个例子中的 100 元是货币，老王的欠条同样也可以被称为货币,虽然老王的欠条流通范围要窄得多,但并不影响这张欠条和 100 元有同样的本质。因此我们可以得出本书第一个结论也是最重要的一个结论:

债务和货币是一体两面的,新增货币(欠条)的产生与否取决于老王是否有借贷意愿,以及老李是否相信老王能按时还款(或提供服务),前者又取决于有没有投资机会摆在老王面前,后者又取决于老王在老李面前的信用。

货币既然是信用,它能"凭空产生",当然也会"凭空消失",如此简单的道理,却被社会本能地曲解和回避,原因无外乎大家都认为货币的发行有一套严密的体系。但现实是,货币发行这种无限的权力,其运作模式非常简单,并且简单到需要用复杂的体系去包装,以此避免大众理解,只有这样,货币发行的权力才能够无限延续。

与此同时,社会缺乏对"货币是信用"这一本质的了解,这也是货币政策阶段性无效的核心原因。随着本书内容的推进,大家能更好地体会这一点,这有助于读者理解当代社会的诸多经济现象——所有经济问题的本质都是债务和周期。

深刻理解货币、债务和周期,最直接的办法就是从货币的出口——中央银行——开始了解。我们在看新闻的时候常看到"中国要降准降息了""美国要加息了",还会看到"央行开展××亿元逆回购操作,净投放××亿元",以及"央行要充实货币政策工具箱"等一系列的描述,对普通人来说,这些宏观的信息看似和自己不相关,但其背后的原理和释放的信号其实都非常重要。虽然中央银行制度的确立不是从中国开始的,但考虑到与中国读者的相关性,我们从中国央行货币政策工具简史开始介绍。

中国央行的货币政策

中国的货币政策工具随着经济发展的需要，有些在慢慢完善，有些则逐渐退出历史舞台，这都和宏观经济背景有着密切联系。因此，央行的货币政策史可以被称为半部中国经济史，从这个角度来说，也要引起大家足够的重视。中国宏观经济调控有四大目标：充分就业、物价稳定、经济增长和国际收支平衡。为实现这四大目标，国家会推出一系列经济政策进行宏观调控。这就是我们常在新闻中看到的：要发挥"积极的财政政策和稳健的货币政策""保持经济运行在合理区间""促进经济社会持续健康发展"。其中，中国人民银行就是制定和执行货币政策的机构。

截至 2024 年 7 月 31 日，加上结构性货币政策工具，中国人民银行在其官网上一共列示了 9 类货币政策工具，如图 1-1 所示。

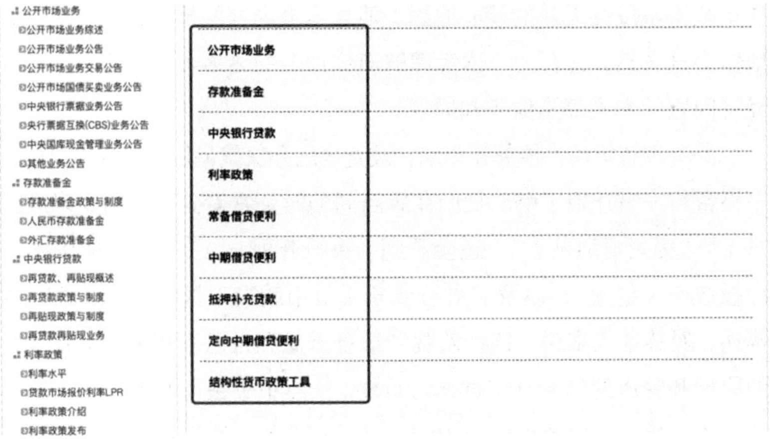

图 1-1　中国人民银行货币政策工具

　　但本讲不是按照中国人民银行在其官网列举的顺序来介绍的，而是按照央行的发展史和各类货币政策工具的推出时间来介绍的，这样便于读者了解这些货币政策工具是怎么伴随着中国经济发展起来，又是怎么影响中国经济的。如图 1-2 所示，大家可以对照着思维导图阅读文字，以便更系统地理解央行货币政策工具。

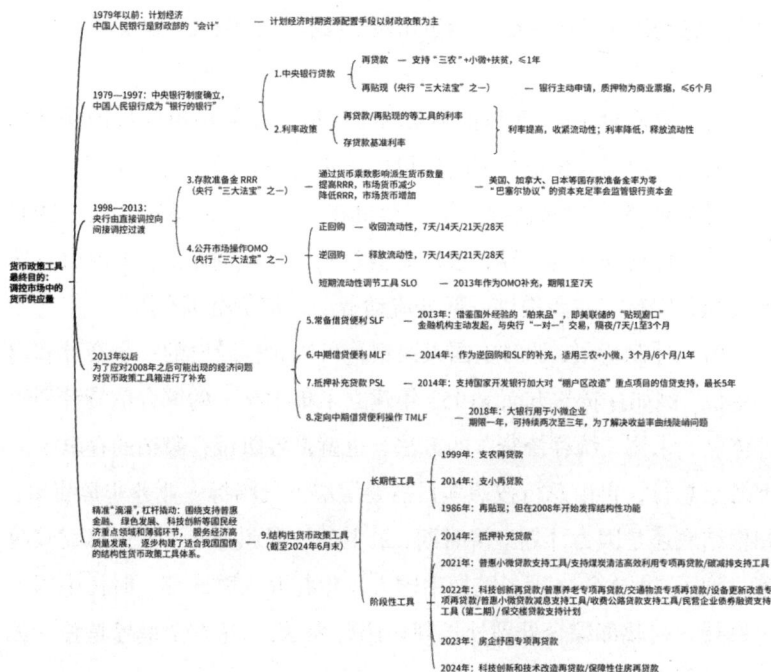

图 1-2　中国人民银行货币政策工具思维导图

中国货币政策的发展大体可以分为四个阶段。

第一阶段：1979 年以前

1948 年 12 月 1 日，中国人民银行在河北省石家庄市宣布成立。1949 年，中国人民银行由石家庄市迁入北平市，同年 9 月，中国人民银行纳入政务院的直属单位系列，接受财政经济委员会指导，与财政部保持密切联系，具备国家银行职能，承担发行国家货币、经理国家金库、管理国家金融、稳定金融市场、支持经济恢复和国家重建的任务[①]。

自成立起至 1979 年以前为第一个阶段，因为 1979 年以前是计划经济时期，中国人民银行那时候可以被理解成财政部的一个部分。既然是计划经济，国家金融系统自然也在"计划"的范畴之内。1949 年之后，计划经济占主导，银行业也参照了苏联的做法，即政府直接做计划，银行"主要提供一部分流动资金，信贷范围有限"。

由于体制所限，那时中国人民银行可以看作政府的一个会计和出纳单位。例如存贷款方面，1953 年建立了集中统一的综合信贷计划管理体制，采用"统存统贷"的方法，也就是各级银行吸纳的存款统一上缴给总行，再由总行按照项目需要层层下批指标，业务非常简单，归根结底还是因为计划经济时期，最主要的资源分配手段依靠财政政策。到了 1969 年，国务院把中国人民银行并入财政部。时任中国人民银行、财政部综合处副处长刘鸿儒曾表示："这在全世界是独一无二的'创举'。"

---

① 相关内容来源于中国人民银行官网。

第二阶段：1979 年至 1997 年

1979 年至 1997 年，中国人民银行进入了第二个发展阶段。

改革开放之后，金融体系作为经济运转的重要部分，自然也要迎来改革。于是 1979 年中国人民银行从财政部独立出来，并在 1984 年 1 月 1 日开始专门行使中央银行（简称央行）的职能。中国农业银行、中国银行、中国建设银行（1996 年之前叫中国人民建设银行）、中国工商银行先后或恢复、或独立、或设立，这段时期，财政部开始把原先部分宏观调控的职能慢慢转移到央行。1986 年 12 月 19 日，邓小平在题为《企业改革和金融改革》的谈话中指出："金融改革的步子要迈大一些。要把银行真正办成银行。"变成"银行的银行"之后，中国人民银行就开始用货币政策进行宏观调控了。自此，中国也开始有了真正意义上的"货币政策"，此时中国人民银行依赖两个重要的货币政策工具，一个是中央银行贷款，另一个就是利率政策。

中央银行贷款

中央银行贷款有两种，一种是再贷款，另一种是再贴现。再贷款的"再"，是指由央行对其他金融机构（如商业银行）进行贷款。央行通过适时调整再贷款的总量及利率来调节基础货币，以实现货币信贷总量调控目标。

1993 年末，再贷款占央行总资产的比重超过 70%，此阶段基础货币投放具有较为浓厚的行政调控色彩①。因此，再贷款是当时央行"放水"的最主要渠道。后来，货币政策调控方式由直接调控转向间

---

① 《现代中央银行制度的"现代性"如何体现》，《人民论坛》，2020 年 10 月（上）。

接调控，再贷款占基础货币的比重逐步下降，结构和投向发生变化。新增再贷款主要用于促进信贷结构调整，引导扩大县域和"三农"信贷投放[①]。这里需要强调，再贷款是央行主动对商业性银行或者政策性银行做出的行为，这也是和"再贴现"的一个重要区别。

说到"再贴现"，要先说一下贴现和贴现率这个概念。贴现的英文是 Discount，其实就是打折的意思，大家可以把商业票据想象成商品，贴现率就是为了变现，用打折价把票据这个商品卖掉而给出的一个折扣。贴现的过程是这样的：假设现在你有一张商业伙伴开出的 1 万元票据还没有到期，但你因急需资金而想变现，这时你可以去商业银行"卖掉"票据，卖价为 9500 元，这个过程叫作"贴现"，而银行给出的打折率就是贴现率。收到这张票据后，如果商业银行暂时不需要资金，就会一直持有，等到期时兑换以获得本金和票息；但此时，如果商业银行也急需现金，可以主动把这张票据拿到央行兑换，这个过程叫作"再贴现"。央行"买下"这张票据后，会给商业银行一个折扣标准，这个折扣标准就叫作再贴现率。因此，再贴现是央行对金融机构持有的未到期票据予以贴现的行为。

"再贷款"和"再贴现"都是普通金融机构和央行的交易。因此被称为"再"，但西方经济学把贴现率和再贴现率都统称为贴现率，如果读者在新闻中看到有关中国央行的"贴现"和"再贴现"的利率，都可以理解成商业银行从中央银行质押商业票据、借到现金的利率。贴现率提高，说明央行想收回一部分基础货币。假如央行给商业银行的贴现率是 10%，商业银行给市场的贷款利率就得高于 10% 才能把资金成本赚回来，因此商业银行会把票据握在手里而非去央行换成可供

[①]《中央银行贷款概况》，中国人民银行货币政策司，2010 年 9 月 15 日。

贷款的现金。如果商业银行选择提高贷款利率至贴现率的水平，企业就会减少贷款及投资意愿，人们的贷款消费需求也会放缓，经济就会"降温"。

理论上，央行可通过调整贴现率，来调节社会资金量：若央行执行紧缩的货币政策，就提高贴现率；若央行有意愿把资金放出来，就会降低贴现率。因此央行可以通过贴现率来控制基础货币（可供贷款的货币）。

不过，央行一般不会经常调整贴现率，因为利率杠杆一动，引起的动静很大，早期的再贴现工具更多的是信贷政策工具，针对的是特定的行业。例如，1994 年下半年，为解决一些重点行业的企业货款拖欠、资金周转困难和部分农副产品调销不畅的状况，央行对煤炭、电力、冶金、化工、铁道（五行业）和棉花、生猪、食糖、烟叶（四品种）专门安排 100 亿元再贴现限额，推动这些领域商业汇票业务的发展①。1994 年，国家开发银行、中国农业发展银行、中国进出口银行相继成立，国家重点扶持领域的政策性资金逐渐由政策性银行承接。

利率政策

这个阶段的第二个货币政策工具是利率政策。利率是读者在新闻上听到的高频词汇，利率政策是一个非常有效地控制市场资金多少的工具。央行采用的利率工具主要有四类②，以此用行政的方式干预商业银行的借贷业务：

---

① 《再贴现概况》，中国人民银行货币政策司，2010 年 9 月 15 日。
② 《利率工具概述》，中国人民银行货币政策司，2005 年 1 月 3 日。

第一，调节上文提及的再贷款和再贴现利率、存款准备金利率和超额存款准备金利率。

第二，调整金融机构法定存贷款利率。

第三，制定金融机构存贷款利率的浮动范围。

第四，制定相关政策对各类利率结构和档次进行调整等。

利率是资金的价格，应当由资金的供求关系决定，行政干预的结果就是让市场化机制在干预期间失效，让资金无法流动到产生效益最高的领域。不过，贸然将利率市场化也会出现问题，例如银行为了占领市场，可能会一边用高息吸收存款，一边用很便宜的利率放贷，这样就会产生亏损，甚至发生银行倒闭的现象。

折中取舍之下，2013 年 10 月，贷款基础利率（Loan Prime Rate，简称 LPR，也叫贷款市场报价利率）集中报价和发布机制正式运行[1]。2019 年 9 月，央行改革完善 LPR 形成机制，授权全国银行间同业拆借中心公布贷款市场报价利率[2]。

LPR 是相对市场化的利率，之所以说是相对市场化，是因为 LPR 是由各报价行于每月 20 日（遇节假日顺延）9 点前，按公开市场业务利率（主要指中期借贷便利利率）加点形成的方式[3]，向全国银行间同业拆借中心报价，同时在原一年期品种基础上增设五年期以上品种。截至 2024 年 7 月 31 日，报价行扩大至 20 家。换句话说，LPR=中期借贷便利+报价加点，贷款利率=LPR+银行加点。所以央行想要

① 《贷款基础利率集中报价和发布机制正式运行》，中国人民银行货币政策司，2013 年 10 月 25 日。

② 《2019 年 9 月 20 日全国银行间同业拆借中心受权公布贷款市场报价利率（LPR）公告》，中国人民银行货币政策司，2019 年 9 月 20 日。

③ 《中国人民银行公告〔2019〕第 15 号》，中国人民银行，2019 年 8 月 16 日。

调整按揭贷款利率，可以选择调整中期借贷便利利率，LPR 一般会随之变动。关于中期借贷便利，下文会详细解释。

第三阶段：1998 年至 2013 年

在中国人民银行发展的第二阶段，宏观调控以直接调控为主，这是因为在市场化程度不高的改革开放初期，"计划"的余温尚存，同时有防范金融风险的考量。例如，上文提到央行直接控制再贷款的规模，也就直接影响了商业银行的资产负债表。1998 年后，以取消信贷规模管理并重启人民币公开市场业务为标志，中国货币政策正式实现由直接控制向数量为主的间接调控模式转型[1]。也就是说，央行不再对商业银行资产负债表进行行政控制，改为对信贷量、货币量、利率等进行间接影响，这是一个非常重要的转变，标志着央行进入发展的第三阶段。

存款准备金

在这个阶段，首先要提到的就是存款准备金。

存款准备金制度是在央行体制下建立起来的，平时储户会把闲置的资金存到银行，银行支付储户利息，之后银行会以更高的利率放出贷款给缺少资金的部门，以此赚取利息差。但银行收了储户的资金后，不能全部拿出去放贷，否则储户来提款的时候就没有资金了。为了防止银行出现储户集中提款时无法兑付的问题，银行在收到储户的资金

---

① 《经济高质量发展阶段的中国货币调控方式转型》，中国人民银行工作论文，徐忠，2018 年 6 月 19 日。

时就会按照要求把一定比例的资金存到央行，这部分就是存款准备金。存款准备金在一定程度上能有效地防止因流动性紧张而造成挤兑和系统性风险。存款准备金制度的初始意义是保证商业银行的支付和清算。

作为重要的货币政策工具，存款准备金率对于市场上"新增"流动性的调节会起到十分关键的作用，而流动性调节需要通过商业银行系统来完成。举个简单的例子，假设存款准备金率为10%，那么商业银行每收到1000元的存款，就必须将100元存放于央行，剩下的900元可以用于贷款和投资。而此时如果有人向商业银行申请了900元的贷款并用于支付某款项，这笔款项的接收方又会将这900元继续存到银行里，那么银行就会将扣除了90元存款准备金后的余额（810元）再次进行贷款和投资。循环往复，最初的1000元存款（基础货币），就能产生10 000元的"流动性"进入经济循环中，最终流动性与基础货币的比值就叫作"货币乘数"（Monetary Multiplier，简称MM），也就是存款准备金率的"倒数"。

需要注意的是，央行货币政策在存款准备金率上的体现并不是存款准备金率本身，而是其变化值。当经济增速放缓、市场流动性不足时，央行就会通过降低存款准备金率的方式来放大银根。延续上面的例子，当存款准备金率从10%降到5%时，最终的货币供应量理论上就会从10 000元增长至20 000元。而当通胀超过预期，经济过热时，央行可以通过增加存款准备金率的方式来收紧银根。

1997年亚洲金融危机期间，中国为了确保商业银行有足够的流动性，大幅降低了法定存款准备金率。1998年改革后，存款准备金制度才逐渐演变成为货币政策工具，央行通过调整存款准备金率，影响金融机构的信贷资金供应能力，从而间接调控货币供应量。但货币乘数只是理论上成立的，是一种传统教科书的观念，有时它对现代经济和金融的解释存在重大缺陷。

货币乘数暗示我们只有商业银行吸收了存款之后，才可以创造贷款，但现实情况是，银行不会等着有了存款才放贷款，相反，有了贷款，才会有存款，存款本身就是商业银行的贷款创造的。也就是说，商业银行虽然"变"不出纸币（纸币是央行发行的），但可以"变"出存款数字，而存款数字和现金具有同样的支付能力。

再直白一些，商业银行其实可以凭空"创造"货币，现代经济纸币交易的场景越来越少，也就给了商业银行越来越多的货币创造能力。只要有人借款，并且银行相信借款人未来会偿还本息，贷款就能创造出来，这基于借款人的信用，取决于社会的信贷意愿和银行自身的风险偏好。换句话说，不是准备金决定贷款规模，而是贷款规模决定准备金。央行调节存款准备金率是货币政策宽松或紧缩的信号，只是给社会一种预期，央行并不能通过存款准备金率的调整直接影响整个社会的信贷水平和货币供应量。

货币乘数理论的第二个缺陷，是它假设信贷规模存在一个明显的极限，比如上述 1000 元存款在存款准备金率 10% 的情况下最多创造10 000 元的信贷，即信贷扩张有一个"天花板"。而这和事实完全不同，如果信贷扩张有极限，世界上可能就不会有那么多因为信贷扩张导致的金融危机了。

换句话说，货币供应的总阀门其实并不在央行手上，而是取决于银行、企业、政府和个人这些经济参与者对未来的预期。货币是由债务创造的，而债务是由信用决定的，货币的本质是一种信用。请读者先把这句话记在心里，关于这一点，我们会在本书中进行多次讨论，这是货币政策阶段性失灵的核心原因。

　　这里可以用其他国家的经历作为佐证。新冠疫情期间，美国通胀高企，为什么我们没听到美联储调整存款准备金率来吸收市场上多余的资金以应对通胀呢？这个问题会涉及不同国家的宏观经济背景。世界上，美国最早以法律形式规定商业银行要向中央银行缴存存款准备金[1]，美联储早期也是有法定准备金要求的。从20世纪90年代开始，包括美国在内的许多国家，如加拿大、瑞士、新西兰、澳大利亚等国家的中央银行都在逐步降低或取消法定准备金率，这么做可以鼓励银行尽量把资金都贷出去。也可以理解为这些发达国家金融市场历史比较久，伴随着货币量、债务和经济的发展，到了一定阶段就不再需要准备金率这个货币政策工具了，或者说存款准备金政策的边际效果越来越弱。

　　2021年，美联储就公开发表过一篇货币乘数已经无效的论文[2]。既然无效，那么这些国家的监管机构会允许银行把所有的储蓄都当作贷款放出去吗？其实不会，美国也是有限制的，只是这部分被纳入"巴塞尔协议"的资本充足率进行监管了，监管机构对银行有最低资本要求。2010年11月，二十国集团首尔峰会批准了巴塞尔委员会起草的"巴塞尔协议Ⅲ"，要求各成员国从2013年开始实施。2012年6月，中国银监会发布《商业银行资本管理办法（试行）》。此后，中国的存

---

[1]《存款准备金政策与制度》，中国人民银行货币政策司，2015年8月1日。

[2] "Teaching the Linkage Between Banks and the Fed: R.I.P. Money Multiplier, Jane Ihrig, Gretchen C. Weinbach, and Scott A", Wolla, Federal Reserve Bank of St. Louis, September, 2021.

款准备金率也在持续下降，当然这和中国的外汇占款①下降等因素也有关系。2011 年，大型金融机构的存款准备金率达到过 20%的历史高点，这与中国对外贸易顺差所带来的外汇占款高峰是一致的。

公开市场业务

商业银行虽然可以为社会创造存款，但并不意味着有了央行的支持，商业银行就有无限的可贷资金。换句话说，虽然商业银行可以为社会创造货币（信用），但并不能为自己创造运营资金，更不能保证自己不会破产。这时候就需要央行的公开市场业务来"辅助"商业银行创造或收缩货币供应量。

公开市场是指银行间的市场，当银行缺少资金或者资金富余时，会在市场上找同行贷入或借出资金。参与的银行数量很多时，就会形成一个市场利率，央行就可以顺势参与这个市场，通过影响该市场的利率来进行资金的间接调控。这里我们再提一下美国，美国的联邦公开市场委员会（Federal Open Market Committee，简称 FOMC）讨论的利率叫作联邦基金利率，其实质是银行间的隔夜拆借利率，而新闻里所说的美联储加息就是指提高这个目标利率范围，以此影响商业银行之间的拆借成本。

公开市场业务是指央行在公开市场买进或卖出债券的过程，这是一种常规货币政策工具，和西方国家的量化宽松（非常规货币政策）

---

① 外汇占款（Funds outstanding for foreign exchange）是指银行收购外汇资产而相应投放的本国货币，银行购买外汇形成本币投放，所购买的外汇资产构成银行的外汇储备。例如，中国实行外汇管制，外资引入国内，投资款需兑换成人民币才能进入流通使用，国家为了外资换汇要投入大量的人民币资金，这需要国家用本国货币购买外汇，因此增加了"货币供应"，从而形成了外汇占款。

有明显的区别。如果经济需要降温，央行在公开市场上就卖出债券，市场上参与的银行会购买债券，于是银行就把手里的资金给了央行，银行持有债券时，就没有那么多资金去做贷款投放，市场上流动现金减少，这个过程就叫正回购，是央行收紧资金的过程。再如，央行发现经济冷却时，就在公开市场上买进债券，相当于银行手上的债券换成了现金，以此鼓励银行进行贷款投放，以提振经济。这个过程就叫作逆回购，俗称"央行放水"，大家可以记忆成"水逆"。逆回购是"放水"的过程，目的是刺激经济。

从交易品种看，央行公开市场业务债券交易主要包括回购交易、现券交易和发行央行票据①。其中回购交易分为正回购和逆回购两种，正回购和逆回购的期限是 7 天、14 天、21 天和 28 天，但是银行也会有短期的需求。2013 年，央行推出了一个超短期的逆回购工具，叫作短期流动性调节工具（Short-term Liquidity Operations，简称 SLO），为方便记忆，也称之为"酸辣藕"。其期限为 1 至 7 天不等，属于公开市场业务的工具，也属于央行给予短期流动性的工具。

1998 年后，中国央行逐步缩减再贷款政策工具，基础货币的创造逐渐开始以公开市场业务和准备金业务为主。总之，存款准备金、再贴现机制和公开市场业务，也被称为常规货币政策工具，它们调节的是货币供应总量、信用量和一般利率水平。这三个货币政策工具是央行的"三大法宝"。在三大法宝中，公开市场业务是最常使用的工具，美国、欧洲、英国、日本自 2008 年以来大量印钞，其印钞的方式就是通过公开市场业务大量购入相应的债券，实现货币扩张。再贴现机制使用得最少，因为它涉及银行因缺少流动资金而主动向央行提出申

---

① 《公开市场业务–概述》，中国人民银行货币政策司，2013 年 11 月 29 日。

请,并将所持票据作为质押。因此带有部分"惩罚"性质,利率较高,不过再贴现机制也会释放银行经营不谨慎的信号。

最后大家注意,欧美的量化宽松虽然被称为非常规货币政策,但本质上也是公开市场业务的一种,只是在中国狭义的分类和实操上暂时没有包含它。

第四阶段:2013 年以后

从 2013 年开始,中国人民银行进入第四个发展阶段。2008 年,美国次贷危机导致全球经济危机,拉动中国经济"三驾马车"之一的出口明显放缓,迫使中国政府投入巨量资金拉动投资需求,加速中国变身为"基建狂魔",随后以制造业和房地产为主的产能过剩开始显现,为了应对接下来可能出现的经济问题,央行又陆续推出了几种新的货币政策工具。

常备借贷便利(SLF)

2013 年初创立的常备借贷便利(Standing Lending Facility,简称 SLF),就是大家常提到的"酸辣粉"。银行如果没有资金,则可以到市场上找同业借款、找央行再贴现。除此之外,银行可以求助于央行的另一个货币政策工具——常备借贷便利。

常备借贷便利借鉴了发达国家的经验,是一种舶来品,也是一种应急型的措施,一般很少用到,并且利率较高,带有对金融机构流动性管理不善的"惩罚"意味。其在美国被叫作"贴现窗口"(Discount Window),其中,"窗口"的意思就是等着需要应急的金融机构主动申请,主要特点之一就是由金融机构主动发起,金融机构可根据自身流动性需求申请，与央行"一对一"交易，对象主要为政策性银行和全国性商业银行。常备借贷便利以抵押方式发放，合格抵押品包括高信用评级的债券类资产及优质信贷资产等，期限以 1 至 3 个月为主[1]。

由此可见，即便是大家认为安全的大型机构之间、金融机构与央行之间，也需要合格的抵押物补充自身的信用来获得资金支持，普遍意义上的"金融危机"可以简单地描述为金融机构之间信用缺失的表现，这便需要央行作为"最后贷款人"来弥补其中缺失的信用。

中期借贷便利（MLF）

2014 年，央行创设中期借贷便利（Medium-term Lending Facility，简称 MLF）[2]，也被大家叫作"麻辣粉"，Medium-term 是中期的意思，期限比"酸辣粉"时间长，一般是 3 个月、6 个月和一年，以此作为逆回购和"酸辣粉"的补充。

它和常备借贷便利类似，都是让商业银行提交一部分金融资产作为质押给央行，然后央行给商业银行发放贷款。但是"麻辣粉"的政策导向比较明显，央行会引导金融机构加大对小微企业和"三农"等国民经济重点领域和薄弱环节的支持力度，目的是刺激商业银行向特定的行业和产业发放贷款。

通常情况下，商业银行借用短期的资金，来发放长期的贷款或买入长期资产，也就是所谓的"借短买长"。短期的资金到期后，商业银行就得重新借用资金，所以为了维持一笔期限较长的贷款，商业银行需要频繁借用短期的资金，这样做会存在期限错配风险。由于"麻

---

[1] 《常备借贷便利–概述》，中国人民银行货币政策司，2013 年 11 月 6 日。
[2] 《中期借贷便利–概述》，中国人民银行货币政策司，2014 年 11 月 15 日。

辣粉"的期限相对较长,如果商业银行用"麻辣粉"得到的资金来发放贷款,则不需要频繁借短买长,社会融资成本就会降低。而央行目标明确,就是通过"麻辣粉"鼓励商业银行定向发放贷款,以此来激活经济中的毛细血管。

抵押补充贷款(PSL)

抵押补充贷款(Pledged Supplemental Lending,简称 PSL)可以被记忆成"披萨蓝",这种货币政策工具是为了改造棚户区而诞生的。2008 年,多项基础设施建设、民生工程需要进行贷款,民生项目并不以盈利为目的,并且项目周期长。如果银行用较高的利率来贷款,就打击了这类项目的推进。这类项目很重要的一部分就是棚户区改造。对于棚户区改造,政府需要先出资补偿原先的住户,再进行开发。

为了支持国家开发银行加大对"棚户区改造"重点项目的信贷支持力度,2014 年央行创设抵押补充贷款①。央行把资金先给政策性银行,然后政策性银行再把资金给地方政府,这样地方政府就可以给拆迁户补偿了。而抵押补充贷款的期限也比较长,最长可达 5 年。

2008 年的美国次贷危机,对全世界的经济发展、国际贸易往来都形成了不小的冲击。随着全球逐步一体化,中国在这次危机中不可避免地受到了负面影响。为了应对 2008 年的国际经济危机,稳定经济,国务院出台了一系列财政货币政策,即"扩大内需促进经济增长十项措施"。这一系列政策组合不仅成功地让中国经济实现了复苏,也让中国的楼市迎来了高速发展的黄金时代。

随着楼市价格屡创新高,为了防止房价上涨过快而可能引发系统

---

① 《抵押补充贷款–概述》,中国人民银行货币政策司,2015 年 6 月 2 日。

性风险，中央政府随即又推出了一系列调控政策，其中就包含了从2010 年到 2014 年间的"国四条""国五条"等。受到宏观调控政策的影响，在 2012 年内，约有 70 个大中城市的房产均价正式迎来回调，销售数据的增速有所放缓，而新开工的房产项目也短暂停滞。当新房产项目的开发出现停滞时，开发商以及产业链上的企业都会受到冲击，其中就包括上游的钢材水泥供应商，以及下游的白色家电和家居用品生产企业等，而造成的影响除了商品库存的积压，也有因为资金链无法盘活而造成的财务危机等。由于房地产行业对于中国经济的整体健康影响颇为深远，因此，在过去的 20 多年里，房地产行业也成了中国货币政策及财政政策宏观调控的核心行业。

中国房地产行业的黄金时代，始于 2005 年的"棚户区改造"。2013年 7 月，国务院出台了《关于加快棚户区改造工作的意见》，进一步加速了各地政府对于棚改政策的落实，其中最具代表性的就是辽宁省。高质量以及高效率的政策落实，离不开专项资金的扶持。在最初的棚改方案中，棚改资金的设计来源就是"多元化筹措渠道"，也就是由政府、国企、民企和社会资本共同出资，集中力量，从而更加快速地推进项目落地。然而，出于对项目高效性与稳定性的考量，辽宁省采取了通过直接获取政府背书，再由国家开发银行注入资金的模式，该模式被称为"辽宁模式"。2013 年后，棚改的"辽宁模式"被逐步推广，在全国各省陆续得到实践，而棚改的整体资金规模需求也在逐步放大，但资金的主要支持方依然是国家开发银行。

到了 2014 年，根据棚户区改造的现实需要，中国央行创设了新的基础货币投放工具——抵押补充贷款，第一批的总规模为一万亿元，接收方正是国家开发银行。因此，当地方政府棚改资金需要补充的时候，央行就会及时介入，通过抵押补充贷款向国家开发银行释放所需的流动性。抵押补充贷款设立的目标，就是通过向金融机构提供长期的大额融资，间接地扶持国民经济重点领域、薄弱环节，以及社会事业的发展。因为地产是国民经济的重点领域，因此抵押补充贷款在棚户区改造政策的落实，以及货币化安置上就发挥了极为重要的作用。

2014 年到 2019 年，抵押补充贷款累计投放 3.65 万亿元。值得注意的是，即便是如此庞大的刺激资金，也没有引发严重的通货膨胀。这充分体现了房地产市场"蓄水池"的作用，因为巨大的资金并没有完全进入流通市场。这也展现了抵押补充贷款作为中国特色的非传统货币政策工具在流动性管理、刺激经济增长等方面的重要作用。而从最终的效果来看，中国的抵押补充贷款与美国、日本的量化宽松也有了一定的相似性——都是通过央行提供额外的货币，来为处在下跌趋势并对本国经济有重大风险隐患的资产价格托底。

2018 年是"棚改三年攻坚战"的头一年，随着棚改政策的进一步深化，债务主体由中央政府逐步转化为了地方政府，因此"棚改专项债"开始逐步接替抵押补充贷款，继续为棚改提供资金上的支持。资金有来处，还得有去处，而棚改的资金出口就是货币化安置。

在最初的政策设计中，棚改的安置手段主要有两种：实物化安置和货币化安置。实物化安置就是房产的置换，货币化安置就是发放资金让原住户自行购置新房产。2017 年，棚改进入第二阶段，这一时期货币化安置的占比迅速超越实物化安置，成为主流的安置方式。一方面，货币化安置得益于央行低成本资金的支持；另一方面，货币化安置也能促进房地产的销售，消化库存。货币化安置还盘活了不动产市场，带来了显著的财富效应，促进了地方经济的发展，并推动了三四线城市 GDP 的快速增长。

货币化安置之所以能够推高房地产市场的价格，根本原因是有了货币这个交换媒介。试想一下：在远古时期，社会交易往往是"以物换物"，这样的模式不仅烦琐、低效，规模也难以扩大。当房价预期不断走强时，原住户就能整合拆迁款、家庭自有资金，在银行"杠杆"的支持下，去购置一套更好的房子，这也是大多数家庭的选择。

得益于棚改政策的落实，房地产市场迎来了高速的复苏。2014年到 2017 年，棚改政策以及货币化安置对住宅销售的贡献度从 3.4%上升到了 21.5%。随着财富的积累以及充足的流动性的助力，市场上的潜在需求量也在悄然增长，这进一步推升了房产的销量及价格。另外，2014 年到 2018 年，全国百城住宅均价从每平方米一万元左右，涨到了一万四千元，实现了 40%的涨幅。而到了 2020 年，也就是"棚改攻坚战"的最后一年，全国百城住宅均价已经接近每平方米一万六千元，又上涨了近 15%。

总结来看，通过棚改政策来实现补足流动性的核心传导机制，就是央行通过抵押补充贷款向国家开发银行注入资金，并通过国家开发银行投入地方各个项目。同时，棚改专项债进一步补足所需的资金体量，汇总后的资金又有了两个出口：房企的开发资金以及居民获得的拆迁补偿款。最终，房企端的销售资金再以土地出让金、房企税收等形式重新回归到地方政府手中，纳入财政体系内。居民端的资金则以住房贷款的形式回笼到银行体系内。至此，一个完整的资金闭环就形成了，如图 1-3 所示。

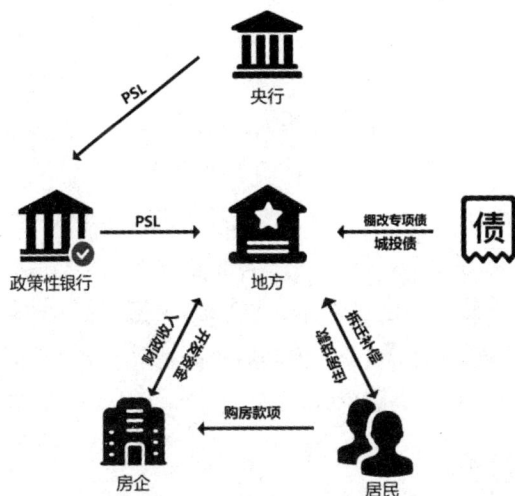

图 1-3　抵押补充贷款和棚改专项债资金流向图示

　　然而，无论是 2008 年的保障性安居工程、2014 年的棚户区改造，还是 2023 年的城中村改造，政策名称都不是研究的核心，核心是剖析每一个政策背后的本质，也就是由政府牵头并带动整个社会资产负债表的修复。政策的高效落实，不仅需要政府的积极参与，即各个地方政府能够给予的扶持资金的体量，而且需要居民的积极配合，也就是市场上潜在需求量的实现。

　　这一点再次说明，只有社会上存在足够的借贷意愿，比如居民充分认可房产的增值潜力，并且自身的债务压力还不是很明显时，货币政策才可能发挥出预期的效果。

　　21 世纪的前二十年，中国似乎让全球市场建立起了这样一种共识：只要中国经济稍有放缓，政府就一定会利用大规模政策刺激经济。然而，这个历史经验成立的前提却是中国无法容忍任何经济波动，哪怕是暂时的、微幅的经济放缓。但这个前提还成立吗？在总结过去经验时我们会发现，面对经济增速放缓的预期时，中国政府一定会适时地出台相关刺激措施来稳定经济。而房地产行业因其涉及面广泛、影响力深远等因素，往往会是政策的首要着力点。

随着世界经济格局的变迁、传统经济模式的难以为继、国家宏观经济环境的变化，以及整体经济战略的调整（如本书后面提到的"新质生产力"），政策制定对于经济增速波动的敏感性可能也会有所调整。政策的名称虽然会变化，但其本质都是政府带动社会资产负债表的修复。因此，环境的变化以及市场的反应才是更值得我们观察和思考的部分。

定向中期借贷便利（TMLF）

2018 年，央行创立定向中期借贷便利（Targeted Medium-term Lending Facility，简称 TMLF），以加大对小微企业、民营企业的金融支持力度，俗称"特麻辣粉"。借款的过程和"麻辣粉"类似，作为"麻辣粉"和抵押补充贷款的补充，定向中期借贷便利操作期限为一年，到期可根据金融机构需求续做两次，实际使用期限可达到三年[1]。一般情况下，其操作利率比中期借贷便利的利率更优惠，也就是期限比"麻辣粉"长，但是更便宜。大家只要了解到，定向中期借贷便利是为了解决中国长端利率较短端利率明显偏高的问题，这样可以进一步减少银行期限错配风险。

---

[1]《中国人民银行开展 2019 年一季度定向中期借贷便利操作》，中国人民银行货币政策司，2019 年 1 月 23 日。

在此给出一张货币政策工具的期限总结图，便于大家记忆，如图
1-4 所示。

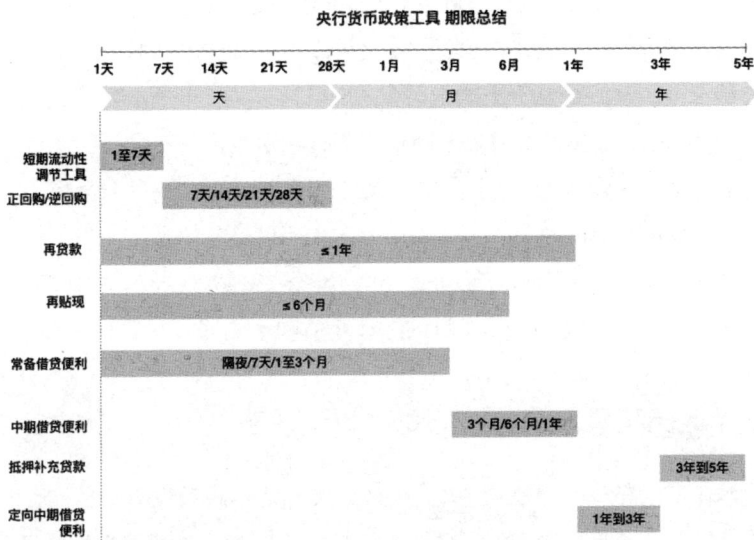

图 1-4　货币政策工具的期限总结

结构性货币政策工具

大家在中国人民银行网站上可以看到最后有一项，叫作结构性货币政策工具。在新冠疫情期间，央行创设十余项结构性货币政策工具，以支持受疫情影响较大的经济重点领域和薄弱环节。

货币政策工具主要围绕支持普惠金融、绿色发展、科技创新等国民经济重点领域和薄弱环节而推出，属于精准"滴灌"。其中有长期性工具，也有为了某个阶段的目标而设立的阶段性工具，非常典型的就是 2023 年的保交楼贷款支持计划、房企纾困专项再贷款，这些都

有非常强的时代背景。

央行综合使用了以上不同期限的货币政策工具，调整了市场上的货币量，以实现稳健的货币政策。如果把国家经济比作一个人的身体，那么货币就是这个身体的血液，读者可以把央行想象成专业负责检测这个身体血液供给是否平衡的医生。随着这个身体渐渐成熟长大，构造越来越复杂，央行就需要不断地将各种输血工具放在自己的工具箱里，当这个身体遇到一些问题的时候，就开始拿出来用。全身少了一天血，就输一天的血量；少了三个月的血，就输三个月的血量；心脏血液少了就给心脏输血；毛细血管血不够了就想办法导流。这些工具就是央行的货币政策工具，目的是让身体和不同器官有足够的血液。

货币政策工具新趋势：与财政政策联动

在宏观经济的调控管理中，财政政策和货币政策是两个最核心的政策方向，各自扮演着不同但互补的角色，二者有千丝万缕的联系。通常来说，一个经济体的货币政策是由央行制定并执行的，主要通过调节货币供应量和利率来影响经济；而财政政策则是由政府（财政部等）制定和实施的，主要通过调整政府支出和税收来影响经济活动。尽管财政政策和货币政策各自有不同的实施途径、政策工具和侧重点，但往往能够相互补足、优化并增强彼此的政策效果。

例如，一个经济体的政府期望用大规模赤字（财政政策）来刺激经济，一般会发行国债来弥补赤字，若社会缺少足够的国债买家，政府的融资成本就会显著提高，此时可能需要央行买入国债来平抑国债利率提高，控制政府融资成本，这方面相关的内容接下来将详细讨论。总之，最优的决策组合往往需要财政政策和货币政策的协调配合、相互补充，从而共同实现宏观经济稳定与增长的长远目标。

通俗地说，财政政策的目标是促进经济增长、调节社会总需求与总供给的关系、平衡预算，以及改善社会福利。通过扩张性的政策，也就是税负的减免和公共支出（公共服务、基础设施建设，以及社会保障等）的增加，财政政策可以起到刺激经济需求的作用；而通过减少政府的支出和增加税负，则可以调节市场上的总供给，从而抑制经济过热并控制通货膨胀。就如同一个企业一样，一个经济体的财政体系也需要进行妥善的预算管理，也就是对收入和支出进行规划、执行、控制的过程。当财政收入的增速无法满足财政支出的需求时，政府就需要通过赤字政策来补足资金的缺口。国债作为政府发行的债务工具，其作用就是为赤字政策筹集资金，从而支持各种公共支出。

与企业债相似，国债也具有固定期限和票面利息，政府需要按预定的利率支付利息，并且在债务到期时偿还本金。和一般企业债不同的是，国债通常被视为低风险，甚至是无风险的投资工具。因为发债主体的特殊性，国债理论上不存在违约的现象，其还款来源是政府的税收和其他财政收入。另外，国债的收益率常被当作基准用于衡量市场利率，因此也会为经济体内的资产定价、民间借贷行为提供一定的指导性。例如，美国 30 年期国债的到期收益率就被视为长期利率的基准，对美国 30 年期抵押贷款的利率定价有重要影响。

2023 年，中国十四届全国人大常委会第六次会议表决通过了全国人民代表大会常务委员会关于批准国务院增发国债和 2023 年中央预算调整方案的决议，明确中央财政新一轮一万亿元特别国债的发行。特别国债作为一个大家不太熟悉的词汇，背后却有着超越财政政策本身的意义。

作为一种特殊的财政政策工具，特别国债在中国经济发展的重要历史节点上，都发挥着举足轻重的作用。在改革开放后的 40 多年内，特别国债一共首发过四次，续发过两次。特别国债的第一次首发是1998 年，财政部通过向四大国有银行进行定向发行的方式筹集了 2700亿元，目的是补充国有独资商业银行的资本金，用于应对当年席卷亚洲的金融风暴。第二次首发是 2007 年，共发行了 15 500 亿元，目的是从国内市场筹集资金购买外汇储备，从而注资于新成立的主权财富基金（中国投资有限责任公司，简称 CIC），以便更好地管理和运用外汇储备。第三次首发则是在 2020 年，共发行 10 000 亿元，目的是支持公共卫生基础建设及促进经济复苏，从而应对新冠疫情对于经济活动造成的冲击。特别国债还分别在 2017 年和 2022 年进行了续发，主要是对 2007 年特别国债进行再融资。

虽然特别国债在中国经济发展史中出现的次数并不多，但其每一次面世都伴随着重要的经济事件，成了推动中国经济发展实现重要转折的关键因素。而在 2023 年，全国人大批准了新一轮 10 000 亿元特别国债，并在年末提升了财政赤字率，这是 1998 年以来的首次类似举措。之所以要讨论特别国债，是希望运用这样一个特殊的例子来帮助读者梳理中国特色的财政政策，了解中国和西方国家在财政政策传导机制上的差异，以及对未来货币政策可能的调整与影响。

西方国家在财政政策传导机制上，普遍采用的是"自下而上"的模式，以此将整个社会的债务向上转移，最终由国家层面通过发行国债的方式，直接或间接地承接企业和居民的负债，比如，新冠疫情期间，美国政府通过发行国债筹资为当地居民发放现金。西方的模式要想跑得通，往往需要央行提供资金上的支持，也就形成了"新增货币对应新增中央政府债务",也就是"以国债为锚"的货币发行机制。

从资产负债表的角度来看,央行发行新增的货币必须要有等额的资产作为对应,比如美联储发行美元的增量主要是以美联储手中所持有的美国国债增量为基础的(美联储是最大的美国国债持有者)。这意味着,美国、日本等西方主流经济体的央行是通过扩大中央政府自身的负债规模来实现货币的增发的。

而与之相对应,中国的传统财政政策传导机制采用的是"自上而下"的债务转移模式,这一点会在本书接下来的内容中进行讨论。总之,中国中央政府债务规模不大,社会的债务主要由地方政府、企业(包括城投企业)和居民承担。中央政府债务规模不大也就意味着中国央行把国债作为央行资产来完成货币发行的能力有限,中国货币的发行主要靠外汇占款和上文提到的各种创新型货币政策工具,以及信用派生的强弱来决定,基础货币的发行缺少国债作为对应的资产。

换句话说,过去人民币的发行和信用派生对应的是地方政府和私营部门的负债。但如上文所讲,信用派生取决于社会借债意愿的强弱,并且因为债务对应等值的资产,当社会资产价格(如房价)开始下降时,私营部门和地方政府继续举债的能力会受到限制,这意味着货币增发效果会大打折扣。这就使得中国央行的货币政策时常面临"被动"的局面,因此,充实货币政策工具箱逐渐成了中国央行的重要课题之一。

考虑到地方政府和私营部门的债务压力,以及货币发行的主动性,中国选择发行特别国债有两层意思:首先是中国财政政策开始加力提效,类似于西方国家那样,作为"最后借款人",中央政府决定把债务逐渐上移;其次,也是更重要的,其开启了货币政策和财政政策联动的时代。

谈到央行购买国债，美国采取的是由美联储直接购买美国国债的模式。与之不同的是，此前中国央行一般不会直接购入国债，而是通过商业银行间接买入国债。例如，2022 年的 7500 亿元特别国债，是由财政部定向发给中国农业银行，最终由央行从中国农业银行手中将特别国债全额购回的，当然这种情况非常少见。中国的模式看起来和美国虽然有所区别，但都遵循"想印钞、先发债"的"债务-货币"对等模式，尽管央行和中国国债之间隔着商业银行，但本质上仍然是通过发债实现货币创造。

如图 1-5 所示，2024 年 8 月 30 日，中国央行在官网发布第一份国债买卖业务公告，这意味着未来央行通过买卖国债来进行国债收益率和基础货币供给的调节可能会成为常态。面对新的机遇和挑战，中国财政部和央行或许也会从过去以外汇储备和制造业出口为锚的货币发行思路中脱离出来，进而转向以国债为锚的新路径。

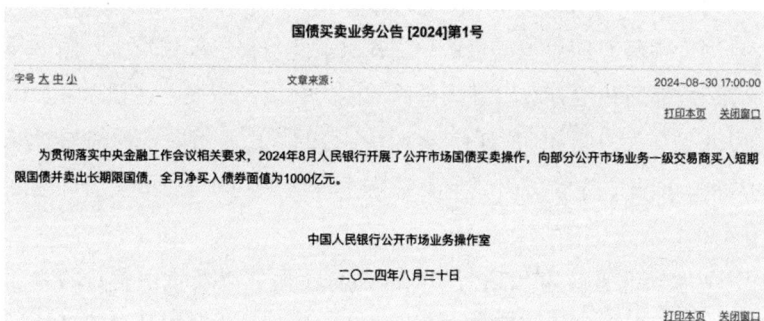

国债买卖业务公告 [2024]第1号

| 字号 大中小 | 文章来源： | 2024-08-30 17:00:00 |

打印本页　关闭窗口

为贯彻落实中央金融工作会议相关要求，2024年8月人民银行开展了公开市场国债买卖操作，向部分公开市场业务一级交易商买入短期限国债并卖出长期限国债，全月净买入债券面值为1000亿元。

中国人民银行公开市场业务操作室

二〇二四年八月三十日

打印本页　关闭窗口

图 1-5　中国人民银行第一份国债买卖业务公告

很明显,我们正在见证一次巨大的转变,中央开始承担更多的债务,同时优化货币供给管理,未来国债的发行和使用将更加频繁和常态化。随着中国经济的发展和经济结构的变化,中央政府也会进一步优化国债的使用方式,使其更有效地支持地方经济建设和改善民生,从而在宏观经济调控中发挥更加积极的作用。

第 02 讲

"高能"人民币：中国央行资产负债表

企业有企业的资产负债表，家庭有家庭的资产负债表，央行作为一个国家"银行的银行"，当然也有自己的资产负债表。央行通过管理资产与负债，能够影响市场上的货币供应量，进而实现宏观经济调控，这种调控能力也使得央行的资产负债表成为信用体系的基础，直接影响整个国家的经济运行。

中国人民银行的资产负债表像是一张张记录中国经济发展史的老照片，当我们细数过去，发现"香港金融保卫战"捍卫港币、2003年"国家队"之一中央汇金公司成立、2001 年中国加入 WTO（世界贸易组织）后的"外贸热"、2024 年的"淘金热"等事件，在央行资产负债表上均有体现。央行资产负债表的变化和背后的推力，实际上是在向大家讲述中国经济变革的故事，其中一个看似不起眼的波动，可能就是一个时代的开始或者终结。

"时代的一粒灰，落在个人头上，就是一座山"。一项项货币政策的推出，货币调控工具的变迁，看似与我们相距很远，却息息相关。当央行通过调整资产负债表上的项目向市场注入流动性、降低贷款利率时，一个家庭的两个负担——"房贷""车贷"会减轻，但随着通货膨胀的加剧，人们的生活成本就会提高。而当资产负债表处于"缩表"阶段时，市场流动性紧缩，借贷成本上升，而长时间的信用紧缩会让债务过重的企业减少投资、无法扩张，最终导致利润下降、降薪裁员，社会出现"失业潮"。接着会引起信用的缺失，人们为了"保本"，纷纷存款进银行，而银行又很难找到优质的贷款项目把钱用出去，导致钱在银行"空转"，流不进真正的实体经济，经济进一步下行，形成恶性循环。而当信用缺失，央行再想要"扩表"，释放流动性的时候，通常效果甚微，社会上会形成被动"缩表"。厘清央行资产负债表的变化是我们认识和分析货币流动性的起点。接下来，我们尝试从央行的角度理解经济运行，主要从中国央行资产负债表的历史变迁、央行资产负债表中资产端和负债端三个部分进行讲解。

央行资产负债表的历史变迁

中国央行资产负债表最早可以追溯到 1985 年，但当时央行承担了一部分政策性信贷的职能，所以过去的资产负债表结构和现在差别很大，具体的资产负债表结构当时没有向社会公开。到了 1994 年，中国已经实现了央行和政策性银行职能上的分离，确保了央行的独立和调控基础货币的主动权，这时央行才正式对外公布了按年编制的货币当局资产负债表（Balance Sheet of Monetary Authority）。

2000 年，国际货币基金组织（IMF）发布了《货币与金融统计手册》，该手册规定了各国编制资产负债表的统一口径和依据。因此，2002 年，中国央行公布了调整后的资产负债表结构，比如将之前的"轧差净值"科目调整为两个独立的"其他资产类"和"其他负债类"科目，删除了"非金融机构存款"，增设了"国外负债"，这也使得新表与 1994 版资产负债表数据不统一。2002 年后，央行资产负债表还有过一些细微调整。比如 2011 年，央行采用了 IMF 对于货币储备的定义规则，境外金融机构在央行的存款不再计入"其他金融性公司存款"，而是计入"国外负债"科目。2017 年，央行新增了"非金融机构存款"科目，用于体现支付机构交存至央行的客户备付金存款。不过在 2017 年以后，央行的资产负债表就没有出现过较大的改动了。因此，像企业会计准则不断修改一样，央行资产负债也是在不断变化的。

我们先来看一下 2017 年之后的资产负债表，表 1-1 展示的是央行官网上公开的资产负债表结构①。可以看到，央行的资产负债表一共分为两大部分，一部分是（总）资产，另一部分是（总）负债。资产与负债的增减是同步的，资产一共包括 6 个一级科目，分别为国外资产、对政府债权、对其他存款性公司债权、对其他金融性公司债权、对非金融性部门债权，以及其他资产。其中，国外资产这一科目在资产端占比最大，国外资产下设 3 个二级科目，分别为外汇、货币黄金，以及其他国外资产。

负债端共分为 7 个一级科目，分别为储备货币、不计入储备货币的金融性公司存款、发行债券、国外负债、政府存款、自有资金，以及其他负债。负债端占主导位置的始终是储备货币，储备货币又细分为 3 个二级科目，分别为货币发行、金融性公司存款，以及非金融机构存款，如表 1-1 所示。

---

① 《货币当局资产负债表》，中国人民银行调查统计司，2015 年 7 月 14 日。

表 1-1　中国人民银行资产负债表结构

资　　产	负　　债
国外资产：	储备货币：
1. 外汇	1. 货币发行
2. 货币黄金	2. 金融性公司存款
3. 其他国外资产	3. 非金融机构存款
对政府债权	不计入储备货币的金融性公司存款
对其他存款性公司债权	发行债券
对其他金融性公司债权	国外负债
对非金融性部门债权	政府存款
其他资产	自有资金
	其他负债

　　央行资产负债表的整体规模以及增速的变化大体可分为三个阶段。第一个阶段是 2015 年以前，由于之前出口强势造成的大量贸易顺差，叠加中国的强制结售汇制度①，带来了资产负债表的快速扩张，其中以外汇占款扩张为主。

　　第二个阶段是 2015 年—2018 年，这个阶段央行的资产负债表扩表速度减缓，主要是因为中国国际收支中经常账户和资本账户的顺差现象开始扭转，还有 2015 年"811 汇率改革"的影响，使得中国资产端国外资产这一栏的扩张速度降低。

　　第三个阶段为 2018 年以后，由于外汇占款和央行公开市场业务都日趋稳定，所以央行的资产负债表无论是规模还是结构都处于相对

---

① 强制结售汇制度是指除国家规定的外汇账户可以保留外，企业和个人必须将多余的外汇卖给外汇指定银行，外汇指定银行须把高于国家外汇管理局头寸的外汇在银行间市场卖出。在这套制度里，央行是银行间市场最大的接盘者，从而形成国家的外汇储备。

平稳的态势。接下来我们将从资产负债表的资产端和负债端为大家逐一介绍。

央行的资产：人民币的"锚"

中国人民银行于 2024 年 1 月至 6 月货币当局资产负债表总资产部分如图 1-6 所示。

项目 Item	2024.01	2024.02	2024.03	2024.04	2024.05	2024.06
国外资产 Foreign Assets	234437.54	235356.40	235897.47	235682.32	235608.36	235325.91
外汇 Foreign Exchange	221332.16	222180.64	222681.72	222450.45	222260.78	221899.72
货币黄金 Monetary Gold	4099.83	4156.20	4181.74	4192.60	4192.60	4192.60
其他国外资产 Other Foreign Assets	9005.54	9019.57	9034.01	9039.28	9154.98	9233.60
对政府债权 Claims on Government	15240.68	15240.68	15240.68	15240.68	15240.68	15240.68
其中：中央政府 Of which: Central Government	15240.68	15240.68	15240.68	15240.68	15240.68	15240.68
对其他存款性公司债权 Claims on Other Depository Corporations	183102.23	170210.62	163526.82	155232.44	156440.47	165509.41
对其他金融性公司债权 Claims on Other Financial Corporations	2173.32	2974.65	3218.20	3016.47	2999.55	3800.20
对非金融性部门债权 Claims on Non-financial Sector						
其他资产 Other Assets	21472.99	21911.54	20977.51	19253.31	19248.52	16670.58
总资产 Total Assets	456426.77	445693.90	438860.69	428425.22	429537.58	436546.79

单位：亿元人民币

图 1-6　中国人民银行于 2024 年 1 月至 6 月货币当局资产负债表总资产部分

国外资产——外汇

长期以来，国外资产在资产端占比高达五成，国外资产中占比最高的是外汇。外汇占款记录的是央行为了获得外汇资产所付出人民币的历史成本，也就是为了获得外汇而投放的人民币总额。图 1-7 所示为国外资产项中不同科目的数额变化。

单位：亿元

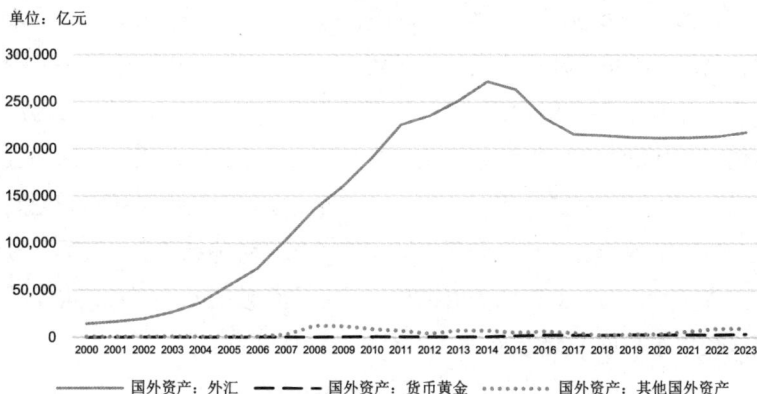

图 1-7 国外资产项中不同科目的数额变化

　　外汇占款和央行对外公布的外汇储备规模在数值上不完全相等。因为外汇占款使用历史成本法核算，汇率的值是固定的。而外汇储备以市值计算，总体价值会随着国际外汇市场的变化而变化，因此美元汇率的变化会影响外汇储备数值，但不会对外汇占款产生影响。而隐藏在外汇占款规模变化趋势背后的是中国几十年来对于外汇管控制度的演变过程，也是中国经济发展模式的演变。

　　1950 年，新中国刚成立不久，经历了朝鲜战争，外部受到美国与西方国家的制裁，外汇储备几乎为零，开局就是一个外汇短缺的国家。所以多方面原因造成了中国在外汇上的严格管制，在 20 世纪五六十年代，一般的单位与社会人士无权保留或使用外汇，全国也在执行第一个五年计划与第二个五年计划，需要集中所有外汇进口先进的工业设备与原材料等。这是"集中力量办大事"的体现，通过几个五年计划大幅提高了中国的工业化水平。

　　1978 年改革开放，当时过重的外债转化成了恶化的财政赤字，因此，1979 年开始实施外汇留成制度①，鼓励能够出口创汇部门的积极性，允许此类单位能有一定的外汇留成。同时在国内也开始了外汇券制度。外汇券是国家印发的一种票证，票面上印有美元、英镑等外汇具体可使用的数额，外汇券只允许在专门的外汇商店购买一些国外进口商品，所以外汇监管依旧严格。1994 年，中国开始实施强制结汇制度，当时中国经济正从计划经济体制向市场经济体制转变，改革开放如火如荼地进行，此举为当时的中国积累了足够的外汇储备，也保持了人民币汇率的长期稳定。

紧接着，1997 年爆发亚洲金融危机，亚洲多数国家经济遭受重创，但长期以来，中国的外汇制度监管严格，与一般的发展中国家不同，中国不直接对国外资本开放。索罗斯（George Soros）与其量子基金打遍东南亚无敌手，在泰国可以通过做空泰铢的方式将其资本市场"收割"到崩盘，让泰国多年积累的外汇储蓄化为乌有，但用同样的方法却冲击不进中国。1998 年，著名的"香港保卫战"捍卫了人民币和港币汇率，根本原因也是中国央行外汇储备充足，保全了香港金融市场。

2001 年加入世界贸易组织后，中国国际收支中经常账户和资本账户双顺差快速增长。这里先解释一下"双顺差"的概念，资本账户顺差指的是国际资本投资时，流入中国的资本大于中国对外投资流出的资本；经常账户顺差指的是国际贸易中中国出口大于进口的差值。在

---

① 外汇留成制度是 1979 年实行的一种调动地方、部门、企业创汇积极性，扩大企业使用外汇自主权的制度。其主要内容是：有外汇收入的部门、地方、企业将外汇卖给中国银行后，国家根据不同的情况，按照规定的比例留给企业相应数额的外汇。根据中国外汇管理制度规定，外汇留成的单位和比例必须经外汇管理局等有关部门批准。

强制结汇制度下，双顺差会带来大量外汇资产囤积，造成资产端的快速增长。为了平衡资产负债表，央行需要在负债端被动投放人民币，增发的人民币会导致经济过热。因此，强制结汇制度和双顺差高速增长实际是在削弱央行货币政策的自主性。2001 年后外资大量进入中国。2003 年，中国首次超过美国成为世界上外商直接投资（Foreign Direct Investment，简称 FDI）最高的国家，这个状态一直持续到 2007 年全球金融危机爆发前夕。在 2015 年之前，由于外贸持续强劲，中国的外汇占款增长过快，虽然中国整体产能充足，甚至有些领域出现产能过剩，但因为外汇占款导致人民币"被动"投放过多，国内仍然有较大的通胀压力。

2008 年后，央行采取过多种手段抑制增长过快的外汇储备，比如提高外汇存款准备金、汇率改革、放松强制结售汇制度等。2014 年后，资产负债表"被动"扩张速度开始降低，中国非储备性质的金融账户开始出现逆差，这使得外汇占款在资产端的占比显著下降。外汇作为人民币发行的"锚"失灵时，央行便主动开始通过降准、中期借贷便利（MLF）、抵押补充贷款（PSL）等工具对特定行业定向投放人民币，以此来弥补经济发展所需的额外流动性，这些方式在 2015 年后取代了外汇占款，成了基础货币投放的主要渠道。但失去了外汇作为基础货币发行的支撑，也会遇到一些小波澜，尤其在 2015 年"811 汇率改革"后，中国的汇率市场化水平进一步提高，人民币贬值的市场预期逐渐加强，国内外资本开始用人民币兑换美元，国内资本流向国外，这又让外汇占款短期出现快速下跌，同时引发了人们对人民币汇率"保 7"的担忧。

2017 年后，随着外汇管制的继续加强和中国经济长期向好的基本面，国内资本外流的压力逐步减缓，央行外汇占款基本维持在 21 万亿人民币左右的稳定水平，整体资产负债表的规模也趋于稳定。总之，央行资产负债表变化的背后，是中国经济模式和政策方向的变化。

国外资产——货币黄金

国外资产中的货币黄金科目记录的是央行为了购买黄金而投放的人民币数量，央行在国内黄金市场购买的黄金用人民币计价，在国际黄金市场购买的黄金用外汇储备购入，在资产负债表上需要换算成人民币。黄金科目和外汇占款一样也是按历史成本计价的，即黄金科目的总值并不会随着黄金价格的变化而变化。因此，当黄金升值时，资产负债表中的黄金资产通常存在低估的情况，无法反映黄金资产的实际价值。从图 1-6 中可以看到，2024 年上半年，货币黄金在总资产中的占比不到 1%，其变动频率很低，对流动性的影响也较小。

值得注意的是，2022 年 11 月至 2024 年 3 月，中国央行连续 17 个月增持黄金，黄金在中国官方储备资产①中的占比也从 2022 年 10 月的 3.19%升至 2024 年 3 月的 4.64%。各国央行也被视作 2021 年至 2024 年全球黄金价格持续飙升的重要推手之一。

中国央行持续增持黄金有以下两大原因。

第一，从央行国际储备多元化与人民币国际化角度来看，增持都是有利的。新冠疫情后美联储持续扩表导致美元信用出现"裂痕"，

---

① 储备资产是指一国拥有的可以直接用于对外支付的黄金储备、外汇储备、特别提款权、在国际货币基金组织中的储备头寸。货币当局利用这部分资产通过直接融资调整国际收支失衡，通过干预外汇市场影响汇率间接地调整国际收支失衡，或用于其他目的。储备的多少往往反映一个国家对外贸易和支付能力的大小，这里需要和央行资产负债表的"总资产"做区分。

黄金的"去法币化"属性凸显。另外，在美国国债收益率波动加大的背景下，黄金可被看作"零息债券"，对美国国债实际利率的敏感性低。因此央行增持黄金，可以起到让储备资产保值增值、对冲风险的作用。虽然黄金不再是过去金本位下的唯一国际货币，但黄金在国际货币体系中仍具有举足轻重的地位，一国央行增持黄金能够起到让本国货币增信的作用。

第二，在"逆全球化"与地缘政治风险加剧的背景下，黄金的避险属性再次凸显。2022 年开始的俄乌冲突、2023 年的巴以冲突都表明全球正在从缓和走向对抗，这促使越来越多的新兴市场关注自身储备资产的安全性，而西方国家对俄罗斯的金融制裁开启了一个危险且糟糕的先例，俄罗斯的经验告诉各国，在国家储备资产中过度依赖单一货币在政治上存在巨大的尾部风险①。

国外资产——其他国外资产

其他国外资产主要包括央行持有的一些国际货币基金组织头寸、特别提款权（SDR）、其他多边合作银行的股权、其他存款性公司以外汇缴存的人民币存款准备金等。总体来说，其他国外资产在央行资产端的占比很低。2024 年，央行公布的资产负债表显示，6 月其他国外资产规模为 9233.60 亿元，在资产端占比约为 2.12%。2007 年后，其他国外资产的增幅开始明显上升，最主要的原因是 2005 年的汇改，央行要求其他存款性公司用外汇缴存人民币存款准备金。2007 年 8

---

① "尾部风险"是风险管理领域计算风险值时使用的统计学概念，具体指巨灾事件发生后，直到合约到期日或损失发展期的期末，巨灾损失金额或金融产品的结算价格还没有被精确确定的风险。后来，尾部风险被泛指一些事件的影响没有完全退去时被忽略的风险，这些风险有时可能会导致资产泡沫的形成。

月，央行开始要求总部驻京的全国性商业银行必须以外汇进行存款准备金的缴存，主要目的就是在人民币回流的同时，减少央行外汇储备压力，所以，2007 年 8 月后国外资产这一科目大幅攀升，而在 2008年次贷危机后，随着法定存款准备金率下调，外汇兑付压力随之缓解，其他国外资产规模也逐步走低，如图 1-8 所示。

单位：亿元

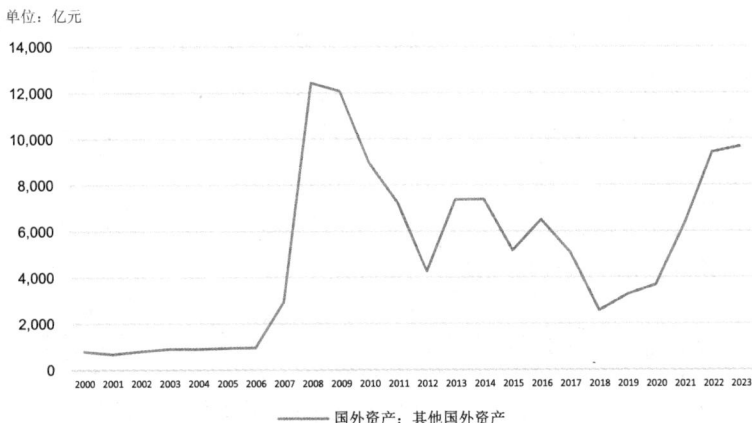

图 1-8　其他国外资产的走势

对政府债权

"对政府债权"记录央行持有的政府发行的有价证券，2024 年 6月，"对政府债权"在资产端大约占到了 3.5%。根据《中华人民共和国中国人民银行法》第二十九条规定："中国人民银行不得对政府财政透支，不得直接认购、包销国债和其他政府债券。"所以中国央行是在二级市场完成对国债的交易，而非一级市场。

如图 1-9 所示，2007 年，"对政府债权"出现了"跳涨"的现象，这是因为当时财政部在 2007 年 8 月和 12 月分别向中国农业银行发行了总计 1.35 万亿元的特别国债，这两笔国债当时由央行利用外汇储备通过中国农业银行的"通道"向财政部认购，如图 1-10 所示。

单位：亿元

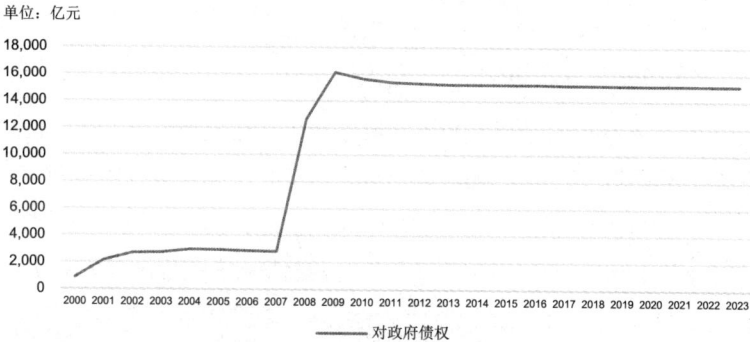

图 1-9　资产"对政府债权"走势

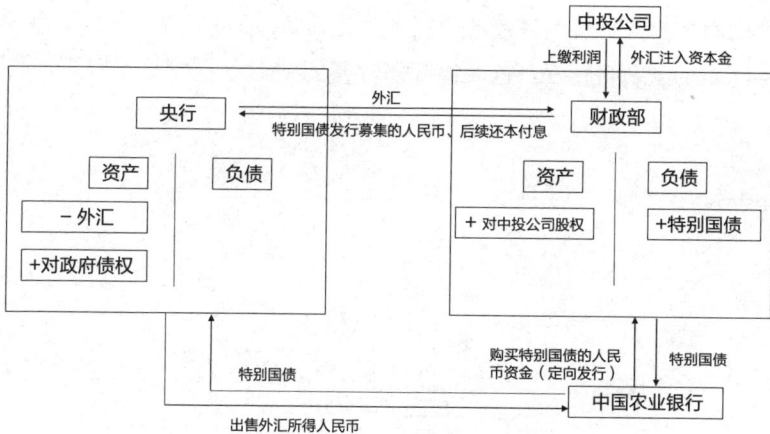

图 1-10　2007 年特别国债发行示意图

从流动性角度来讲，当时央行认购的这 1.35 万亿元国债仅在资产端进行了调整，具体来说，是从外汇储备中减少 1.35 万亿元，在"对政府债权"科目中再增加 1.35 万亿元，所以并未对资产负债表的总量产生影响，因此也没有释放出额外的基础货币。

对其他存款性公司债权

"对其他存款性公司债权"主要记录央行对其他存款性公司的再贴现、再贷款、逆回购、常备借贷便利（SLF）、短期流动性调节工具（SLO）、中期借贷便利（MLF）等。其他存款性公司指的是商业银行、信用合作社，以及专门将储蓄存款作为资金来源的储蓄机构。在图 1-6 中，2024 年上半年的"对其他存款性公司债权"占到了央行总资产的 40% 左右，这是一个具有重要意义的里程碑。

如图 1-11 所示，"对其他存款性公司债权"这项资产规模的增大，不仅折射出央行货币政策的调控方向与力度，而且反映了央行货币政策工具的创新与转变。这大致可分为两个阶段。

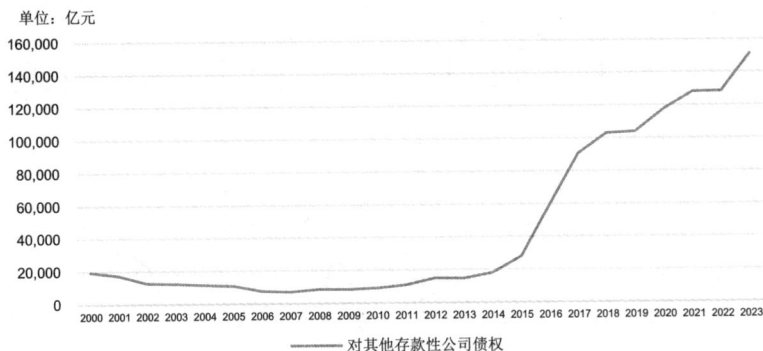

图 1-11　对其他存款性公司债权走势

第一阶段：1998 年—2012 年。由于中国资本市场在这段时间还不够成熟，虽然央行也引入了多种货币政策工具，但调控多为被动选择，货币政策不能做到精准、高效地投放。对外来说，1997 年亚洲金融危机期间，大多数亚洲国家金融市场遭受重创，各国货币纷纷贬值，导致中国出口形势严峻。对内而言，改革开放程度进一步加深，受到人民币汇率下行的影响，多数投资者对中国投资持迟疑态度，这也导致国内物价持续走低，货币供应量下降，内部市场面临通货紧缩的风险。1998 年，以改革存款准备金制度与扩大公开市场业务为标志，央行货币政策调控由直接调控逐步转变为间接调控；同时央行开始积极调整法定存款准备金率，使用再贷款、再贴现和信贷政策等工具。2001 年中国加入 WTO 后，在经常项目和资本项目双顺差规模不断扩大的情况下，央行外汇资产规模快速扩大，国内货币供应量持续增加，国内经济面临通胀压力。为了收回过剩的人民币流动性，央行通过发行央票、正回购、提高准备金率等，被动调控货币政策。

第二阶段：2013 年至今。央行加大公开市场业务，通过主动投放基础货币让货币政策调控更为精准。2013 年 6 月和 12 月，市场两次经历"钱荒"。同年 6 月 20 日，资金市场几乎失控停盘，上海银行间同业拆放利率（Shibor）全线上升，隔夜利率飙升 578.40 个基点，达到 13.44%，比 6% 左右的商业贷款利率高出一倍，创下历史新高，银行间隔夜回购利率最高达到史无前例的 30%。央行及时调整货币政策工具，向市场注入流动性。自 21 世纪以来，中国债券市场快速发展，银行间债券市场余额稳步增长，国债和政策性银行债规模不断扩大，这为央行公开市场提供了大规模操作工具。所以，央行在 2013 年开始创设并频繁使用常备借贷便利、中期借贷便利、短期流动性调节工具，以及逆回购等货币政策工具，这些工具为金融机构提供了不同时限的流动性，还能引导市场利率。

2018年后，结构性货币政策工具种类以及功能逐渐丰富。传统货币政策工具在投向特定领域和行业时可能会出现传导机制不畅、政策效果不达预期、货币资金无法有效支持实体经济等问题。结构性货币政策工具就是为国民经济的薄弱环节设计的一系列工具，比如支农再贷款、支小再贷款、科技创新再贷款等十余项，这些工具可以做到精准"灌溉"。央行资产负债表中的"对其他存款性公司债权"总体不断走高、外汇占款逐渐下降，这显示了央行货币调控政策由"量"向"价"的逐步转型，货币政策工具箱不断充实。央行主动出击，调控的主动性与精准性提高，不再被市场"牵着鼻子走"。

对其他金融性公司债权

"对其他金融性公司债权"中的其他金融性公司指的是除央行和商业银行外的其他金融机构，比如信托、租赁、保险、证券、养老基金、资产管理、担保、期货等机构，以及证券交易所、期货交易所等。

"对其他金融性公司债权"主要记录央行为了维护金融业稳定而发放的金融稳定再贷款。如图1-12所示，"对其他金融性公司债权"在历史上一共有三次比较明显的上涨：第一次在2000年，当时为了支持四大国有银行改革，剥离不良资产，央行对信达、华融、东方和长城四家大型资产管理公司提供了超过1.2万亿元的再贷款支持，用于收购四大国有银行不良资产。第二次在2004年至2007年，当时央行再度向四家大型资产管理公司发放了8000亿元专项再贷款，用于认购中国工商银行、中国银行、中国建设银行三家国有商业银行改制过程中的可疑贷款，为国有银行在海内外上市扫清障碍，这也让"对其他金融性公司债权"科目余额大幅走高。此外，在 2015 年"股灾"期间，央行还曾向中国证券金融股份有限公司提供过 2000 亿元规模的再贷款，使得该科目小幅回升。不过，在央行资产负债表中，"对其他金融公司债权"的规模占总资产比重不到 1%，该科目对市场流动性影响较小。

单位：亿元

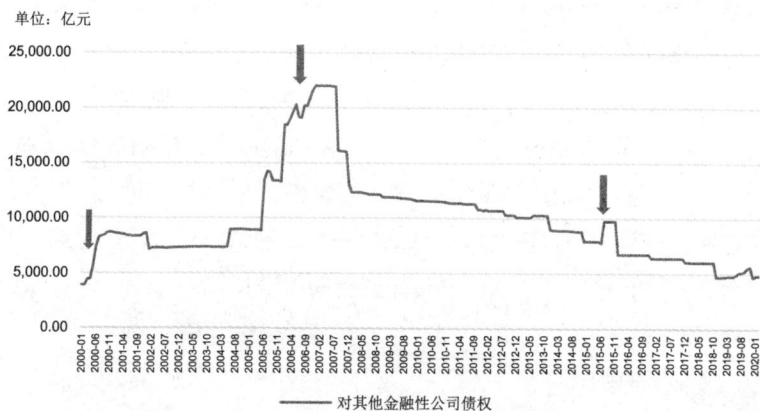

图 1-12 "对其他金融性公司债权"走势

对非金融性部门债权

"非金融性部门"涉及民企端和居民端。该科目主要记录央行为了支持经济落后地区开发所发放的贷款。不过，这是央行早期的操作模式，带有强烈的"计划"色彩，属于历史遗留问题，且在 2019 年以后央行就不再更新这个科目了。根据 2019 年 3 月最后一次数据，"对非金融性部门债权"不到总资产规模的万分之一，对流动性的影响极小，可以忽略不计。

其他资产

"其他资产"科目是未单独列出的资产科目的集合,主要是一些杂项资产项目和应收暂付项目。每到年底,该科目就会呈现出季节性波动,"其他资产"占总资产的5%左右。从图1-13中可以看到,2003年时该科目出现过明显涨幅,因为当时国务院宣布成立国有独资投资公司——中央汇金公司,该公司是投资者心目中的"国家队"之一。2003年中央汇金公司成立时,就动用450亿美元外汇储备对中国银行和中国建设银行注资,当时这450亿美元就是由央行资产端的外汇储备拨付到"其他资产"科目的。2007年,中投公司(中国投资有限责任公司的简称)向央行收购了中央汇金公司的股权,该科目出现下跌。2015年7月,国家用外汇储备向国家开发银行和中国进出口银行注资时也曾使用该科目。由此可以总结出一个规律,在某些特殊时期,央行会通过"其他资产"这个科目向银行间投放适度的流动性,以稳定市场。

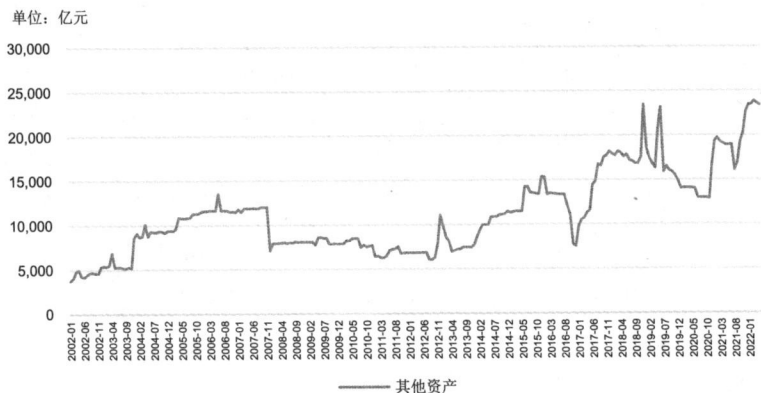

图1-13　其他资产走势

以上部分主要讲了央行资产负债表的历史和资产负债表中资产端的 6 个一级科目，接下来将继续探索负债端的具体内容以及背后的故事。

央行的负债："高能"人民币

如果看企业的报表，企业向别人借的钱、别人放在企业的钱等，都是企业的负债，我们比较容易理解。央行也一样，央行发行的货币（打的白条）、商业银行存放在央行的钱（为了满足存款准备金要求和银行间清算需要）、政府存放在央行的钱（央行代经理国库）等，都是央行的负债。

央行资产负债表的负债端一共包括 7 个一级科目，分别为储备货币、不计入储备货币的金融性公司存款、发行债券、国外负债、政府存款、自有资金和其他负债。在负债端始终占主导位置的是储备货币。

2015 年之后，储备货币的规模占比基本稳定，但有些科目的变化巨大，比如，发行债券这一科目从 2007 年最高占比 27.79%，到 2022 年底降至 0.25% 左右，从整体看，对资产负债表已经不再产生巨大影响了。如图 1-14 所示，截至 2024 年 6 月，中国央行披露的资产负债表中，在负债端占比最高的是储备货币和政府存款，这两项占比分别是 85% 和 9.5% 左右。

项目 Item	2024.01	2024.02	2024.03	2024.04	2024.05	2024.06
储备货币 Reserve Money	377314.15	372018.11	370949.95	362776.04	357630.07	371285.63
货币发行 Currency Issue	126527.46	128502.36	122842.95	122294.45	121754.03	122507.22
金融性公司存款 Deposits of Financial Corporations	223923.22	218727.82	224850.04	217317.11	212872.54	225480.77
其他存款性公司存款 Deposits of Other Depository Corporations	223923.22	218727.82	224850.04	217317.11	212872.54	225480.77
其他金融性公司存款 Deposits of Other Financial Corporations						
非金融机构存款 Deposits of Non-financial Institutions	24863.48	24787.92	23256.96	23164.47	23003.50	23297.64
不计入储备货币的金融性公司存款 Deposits of financial corporations excluded from Reserve Money	5865.68	5824.63	5896.84	5900.26	6534.28	6701.58
发行债券 Bond Issue	1250.00	1250.00	1350.00	1350.00	1400.00	1550.00
国外负债 Foreign Liabilities	4156.62	4372.95	3772.71	4764.78	4923.15	4347.01
政府存款 Deposits of Government	55664.17	50021.12	43559.77	41964.33	47450.07	41319.43
自有资金 Own Capital	219.75	219.75	219.75	219.75	219.75	219.75
其他负债 Other Liabilities	11956.39	11987.33	13111.66	11450.07	11380.27	11123.38
总负债 Total Liabilities	456426.77	445693.90	438860.69	428425.22	429537.58	436546.79

单位：亿元人民币

图 1-14 中国人民银行于 2024 年 1 月至 6 月货币当局资产负债表总负债部分

储备货币——货币发行

储备货币作为央行资产负债表总负债中占比最大的科目，主要由货币发行、金融性公司存款（也就是我们常说的准备金）和非金融机构存款组成。货币发行是储备货币下设的二级科目，主要由"流通中的现金 M0 以及商业银行库存现金"组成，如图 1-14 所示。"货币发行"指的是央行发行在外的实物货币——也就是我们常说的"纸币""硬币"。用通俗的话来说，这部分货币就是央行对外打的实物"白条"，拿着纸币，就意味着纸币持有人拥有央行资产的一部分所有权。比如，你持有 7 元人民币，意味着央行可能要"还"你 1 美元左右，货币的本质是债务凭证，所以归类在资产负债表的负债项下。商业银行从央行提现出来的现金被客户取现使用，这部分叫作 M0（流通中的现金），仍然保管在商业银行部分的（如银行 ATM 机里面的现金）就是库存现金。

截至 2024 年 6 月，中国央行披露的资产负债表中，货币发行（全社会的人民币，即纸币和硬币）规模约为 12.25 万亿元，占总负债端的 28%。这里需要注意的是，中国央行并不能直接对社会公众发行货币，而是通过商业银行到央行"提现"进行转化，比如商业银行可以向央行申请再贷款，通过抵押资产的方式获取人民币，即商业银行可以将银行持有的国债抵押给央行，央行再发行人民币给商业银行。这样商业银行就获得了人民币，央行就成了商业银行的债权人。

前文提到的中期借贷便利（MLF）、常备借贷便利（SLF）、抵押补充贷款（PSL），本质上都是央行作为资金融出方放出的抵押贷款。商业银行拿到这些贷款后，再将这些资金借给有需求的居民或企业，最终让人民币流入社会。因此，货币发行其实是由居民、央行和商业银行多方共同完成的，货币发行衡量的就是从央行流入社会的货币减去回流到央行的货币差值。

央行官方曾经指出过四个影响央行现金货币发行的因素。

第一，经济增长，只要中国的经济保持持续增长的态势，对现金的需求就会持续提升。

第二，消费的增加也会导致对现金需求的增加，人们对现金的首要需求就是现实生活中消费的支付，消费越活跃，现金的需求就越高。

第三，货币政策的松紧也会影响银行体系的流动性，进而对现金供应产生影响，货币政策趋紧，现金供应也会随之降低。

第四，自然的通货膨胀率会让资金需求以相同的膨胀速度增长。比如，我们平时去买水果，假设两年前一个苹果 2 元钱，价格以每年 10% 的幅度在上涨，我们每年花在苹果上的现金需求也会以相同的比例上升。

这里需要注意的是，流通中的现金 M0，其大小存在着明显的季节性变化，比如在春节前居民有大额取现发红包的需求，M0 的环比变化就会出现明显的增长，而春节后随着现金的回存，M0 环比又会出现明显回落。但是，随着移动支付普及，日常生活中的信用卡，以及微信、支付宝等第三方付款软件使用越发频繁，移动支付的便捷性便会加速形成对现金需求的替代，抑制 M0 的增长规模，但电子支付也会放大商业银行的货币创造能力。

储备货币——金融性公司存款

金融性公司存款下的"其他存款性公司存款"这一项，指的是商业银行和政策性银行存放在央行的存款准备金。根据央行公布的 2024 年 6 月资产负债表数据，其他存款性公司存款的规模大概为 22.5 万亿元，占央行总负债的 51.65%，所以金融性公司存款是目前储备货币下规模最大的二级科目，也是整个央行负债端最大的科目。

存款准备金又包括法定存款准备金和超额存款准备金，其中法定存款准备金指的是商业银行按规定比例向央行缴纳的准备金，超额存款准备金是指商业银行放在央行中超出法定存款准备金以外的那部分资金，这些资金主要用于支付清算、头寸调拨或者作为资产运营的备用资金，是金融机构中流动性最强的资产，也是商业银行支配资金的主要来源之一，可以理解为商业银行在央行的活期存款。

因为业务原因，有些商业银行的准备金数额超过央行的要求，这些商业银行就会把多余的准备金借给准备金不足的商业银行，比如在银行间货币市场上与其他银行进行隔夜拆借。拥有超额存款准备金的银行通常会把准备金拆借出去，换取一些比存在央行账户上收益更高的资产（截至 2024 年 7 月 1 日，超额存款准备金利率只有 0.35%）。

按照"贷款创造存款"（Loan Creates Deposit，简称 LCD）理论，在现代信用货币体系下，银行通过贷款等资产扩张的方式创造存款。

企业到银行申请贷款，银行放出贷款就会在银行资产负债表的资产端增加一项债权资产，同时在负债端产生一笔企业在银行的存款（对企业的负债），在贷款产生的瞬间，存款也跟着产生了。从历史数据来看，社会融资规模与存款和贷款增速之间的走势基本一致。银行在投放信贷或购买现有资产时会创造新的存款（虽然可能不是同一家银行的存款），这些存款和实物货币没有任何区别，这是信用创造的过程，该过程使银行能够创造货币。

可以看出，现代商业银行不仅仅是大家普遍认为的"金融中介"或"资金掮客"，而且是现代货币（信用）创造的绝对主力。而银行的贷款主要取决于经济的基本面、贷款人和借款人的信心。比如，当经济处在上行周期时，一方面，贷款需求强劲，另一方面，抵押物的价值会增加（房价、股价等），这就会派生出更多的存款（货币供应量增加）；在经济下行时，通常伴随着信用扩张放缓，抵押物的价值也会下降，这会导致存款派生力度不足。以房地产市场为例，如果地产市场低迷，居民到银行贷款的需求就会受到抑制，信用的扩张速度也会降低，传导到社会融资规模上，社融规模也会受到影响，因此，中国楼市不仅仅是货币超发的"蓄水池"，更是货币超发的原因，是人民币的"印钞机"。

储备货币——非金融机构存款

非金融机构存款是指支付机构交付给央行的客户备付金存款。该科目在 2008 年被删除，2017 年又被恢复。伴随着微信、支付宝等移动支付方式的兴起，2017 年央行对客户备付金的重视度进一步提升，并且在 2021 年 1 月规定，非银行支付机构接收的客户备付金应当直接全额交存至央行或者符合要求的商业银行，至此，非金融机构存款科目的规模再次大幅抬升，如图 1-15 所示。

单位：亿元

图 1-15　非金融机构存款走势

不计入储备货币的金融性公司存款

不计入储备货币的金融性公司存款指的是非存款性金融机构在央行的存款，例如，在总资产"对其他金融性公司债权"中提到的信托、保险、证券等公司，这些机构为了满足支付清算需求，在央行开立账户所存入的款项就是不计入储备货币的金融性公司存款。这部分货币不像银行准备金可以作为基础货币进行派生，这也是和储备货币下"金融性公司存款"的本质区别。该科目在总负债中占比较低，所占规模常年低于 2% 以下。

国外负债

国外负债就是外国央行或者外国金融机构在国际清算时在中国央行存放的资金。从 2011 年开始，央行的统计方法发生了变化，之前外国银行在中国央行的存款算作储备货币中的其他存款性公司存款，调整后算为国外负债。所以，从图 1-16 中可以看到，2011 年时这个科目的规模出现了跳涨。2012 年，国外负债的小幅上涨是因为其他国家与中国央行签订了货币互换协议，带来的外汇存款被计入国外负债。2016 年，中国央行认缴了国际货币基金组织（IMF）的份额，其中四分之三是用人民币支付的。当时这笔清算对应着资产端国外资产的增长和负债端国外负债的同金额增加。

单位：亿元

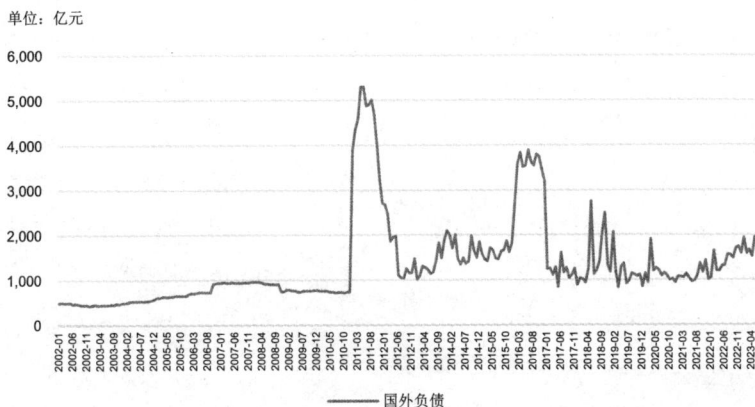

图 1-16　国外负债走势

发行债券

发行债券这一科目记录了央行发行的票据，也就是我们俗称的"央票"，央票就是央行为了调节商业银行的超额存款准备金而向商业银行发行的短期贷款，相当于把商业银行在央行的活期存款变成定期存款，以限制商业银行的信用创造能力。央票期限从最短 3 个月到最长 3 年不等。所以央票也是央行的流动性管理工具之一。

不过在不同的历史阶段，央票作为流动性工具也有不同的存在意义。1997 年，央行为了置换农村信用社改革中的不良资产曾发行过专项央行票据。在 2002 年至 2011 年，央票作为回收流动性的基础货币政策工具，主要用于对冲外汇占款规模过大的风险。

2018 年 11 月，央行在人民币离岸市场交易中心香港发行了 200 亿元的央票，这是央行第二次发行离岸央票（2015 年 10 月，央行就曾在伦敦发行央票，随后离岸人民币利率显著上行）。当时这 200 亿元央票的用途就是收紧离岸人民币的流动性，从而达到稳定离岸人民币汇率的目的。2019 年以后，央行逐渐使央票的发行常态化，但因为发行地在人民币离岸交易中心，所以对境内银行的资金影响十分有限。从图 1-17 中我们也能看出，2013 年后，由于中国外汇占款规模增速逐年走低，用发行央票的方式去对冲外汇在资产端增速的边际效果已经开始减弱，而且还需要支付一定的利息，所以该科目在 2013 年后逐步走低，在 2024 年上半年稳定在 1400 亿元的规模，仅占负债端的 0.4% 左右。

单位：亿元

图 1-17 发行债券走势

政府存款

政府存款可以理解为国库存款，其中包括中央国库和地方国库为了平衡财政收支、发行政府债券而储蓄在央行的资金，以此履行央行作为"国库"的角色，它为央行提供了现金支持。从比例上来说，政府存款在负债端占比较大，2023 年 11 月，央行资产负债表中政府存款规模为 6.06 万亿元，占负债端总体的 14%，相比于同年 10 月的 4.4 万亿元，环比增长了大约 1.6 万亿元的规模，主要由 2023 年 10 月开始逐步发行的 1 万亿元特别国债所致。由此可见，国债的发行会影响到国库存款，进而影响到央行负债端的政府存款科目。政府存款规模的变化呈现出明显的季节性变动趋势，因为每年 1 月、4 月、7 月和10 月是缴税大月，政府存款因此有环比增加的变化，而 3 月、6 月、9 月和 12 月是财政支出的时间点，所以有环比下降的变化，如图 1-18所示。

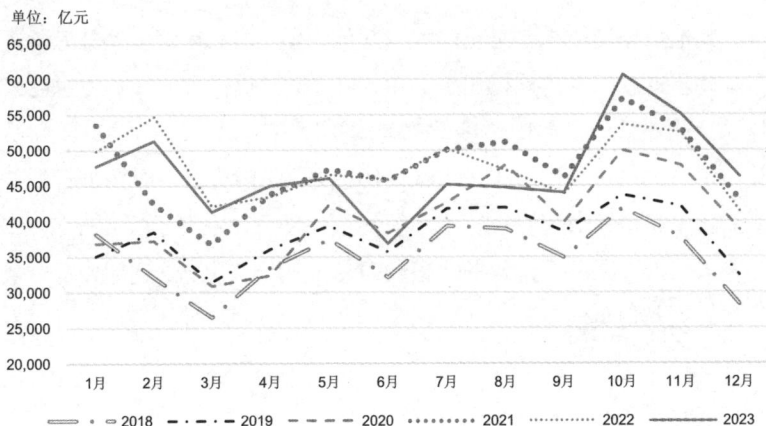

图 1-18　政府存款月份走势

自有资金

自有资金指的是央行资本金，也就是央行的初始资金，因为央行是国家资本的一部分，央行的资本金全部由国家出资。不过在 2002 年的时候，自有资金科目曾出现过一次明显的下降，因为当时国家批准转结了以前历年的亏损。但在 2002 年以后，自有资金科目始终保持在 219.75 亿元的稳定规模，在负债端占比微乎其微。

其他负债

其他负债科目包括正回购、金融机构以外汇形式上缴的法定存款准备金，还有一些经营负债。逆回购是央行向大型商业银行和证券公司等一级交易商购买债券的行为，目的是释放流动性。所以正回购是逆回购的反向操作，也是央行将债券抵押给商业银行和证券公司，用来回收流动性的操作。从这些商业银行和证券公司回收的资金就被计入其他负债。

其他负债变动主要是正回购引起的，但 2014 年后，随着央行正回购逐步退出了常规性操作工具箱，它对资产负债表的影响力也越来越弱。此外，从图 1-19 的变化趋势中可以看到，2005 年—2011 年，其他负债这一科目出现了较大幅度的上升，是因为这一时期央行的外汇储备增长迅速。当时央行为了缓解这一现象，上调了存款准备金，并要求总部在京的全国性商业银行以外汇的形式上缴，这部分资金最后被划为其他负债科目。

单位：亿元

图 1-19　其他负债走势

第 03 讲
重新认识"利率"

"利率"作为资金的价格，常出现在我们的生活中，大家平时会看到各种各样的"利率"，以及难以明白的利率表达符号，比如 R001、SHIBOR3M、OR007 等。如果你有证券投资账户，就会看到国债逆回购的一些利率表示，比如上海市场的 GC001、深圳市场的 R-001，如图 1-20 所示，而我们未必知道它们背后的意义。本讲旨在系统全面地描述关于中国利率体系和国债收益率的知识内容，以及中国特色的"利率双轨制"成因及影响。

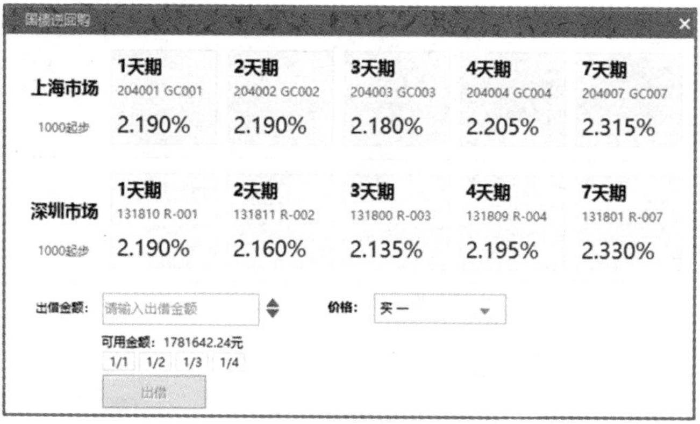

图 1-20　国债逆回购利率

经济学中不同学派对利率的定义也不相同。新古典理论学派认为，长期均衡利率就是资本投资回报率，但这种说法并没有考虑货币本身在其中扮演的角色。直到凯恩斯的货币需求理论，才强调了货币供应量在决定利率变化中所起的作用，这也更贴近于现代经济社会的实际操作。我们现在谈论的实际利率和名义利率，都是在凯恩斯货币理论基础之上加入了通胀的影响。当通货膨胀率较低时，两者的关系可简化为实际利率等于名义利率减去通货膨胀率。所以，即便有时名义利率接近于零，如果遇到通缩的情况，实际利率也会很高。在凯恩斯理论基础之上，我们可以简单地把利率理解成货币的价格。比如年利率是 5%，就可以理解成现在的 100 元钱，一年后的价值是 105 元。

大家在生活中看到的利率种类繁多，让人摸不着头脑。但其实可以归为三大类，第一类是央行与金融机构之间的利率，第二类是金融机构与金融机构之间的利率，第三类是金融机构与实体经济之间的利率。如果把货币想象成一种商品（虽然它本质不是商品），那么央行就是这种商品的生产工厂。央行把产品（也就是货币）生产出来后，流通到金融机构手中，金融机构可以看作这种商品的经销商。经销商在货物不足时可以在同行中互相拿货，当然，经销商手中的商品最终要卖到居民和企业手中，以实现盈利。

在整个过程中，共产生了三组交易对象。工厂与经销商对应的就是图 1-21 中的央行与金融机构；经销商与经销商之间的交易对应的是图 1-21 中金融机构之间的相互拆借；经销商与顾客之间的交易可以看作金融机构与实体经济之间的往来。三种不同的交易对应着三种不同的利率，A 代表央行与金融机构之间的利率，简单地说，就是央行将钱借给金融机构的利率；B 代表金融机构之间的利率，也就是商业银行之间互相借钱的利率；C 代表金融机构与实体经济之间的利率，也就是商业银行把钱借给居民、企业和政府的利率。

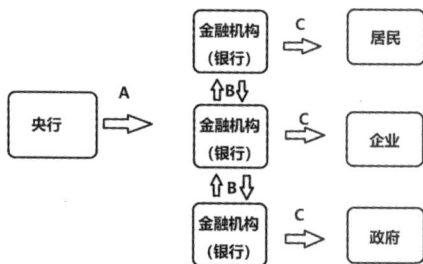

图 1-21　三种不同的利率

下面将为大家逐一介绍这三种不同的利率。首先我们来看央行与金融机构之间的利率。

出厂价：央行与金融机构之间的利率

前文中我们讲到的各种"粉"，比如麻辣粉（MLF）、酸辣粉（SLF）等都属于央行与金融机构之间的利率。一句话概括这些"粉"就是：商业银行向央行借钱的行为，也代表了央行向市场释放流动性的动作。只不过不同的"粉"代表的贷款期限不同，而且需要商业银行用国债等债权资产质押给央行才能放款。

这里补充一点，如果政府通过税收途径取得了收入，通常会把钱存在央行，而不是大街上见到的商业银行。当央行拿到财政部收入后，就会想办法把这笔钱投入实体经济，这时央行就会把商业银行召集在一起，让商业银行互相竞价，这个过程叫作"中央国库现金管理商业银行定期存款招投标"，如图 1-22 所示，最终的中标利率就属于央行和金融机构之间的利率。

2024年中央国库现金管理商业银行定期存款（六期）招投标结果

字号 大中小		文章来源：		2024-07-18 09:40:00	

打印本页　关闭窗口

财政部、中国人民银行于2024年7月18日以利率招标方式进行了2024年中央国库现金管理商业银行定期存款（六期）招投标。招投标具体情况如下：

名称	中标总量	起息日	到期日	中标利率
2024年中央国库现金管理商业银行定期存款（六期）	700亿元	2024年7月18日	2024年10月17日	2.85%

中央国库现金管理操作室

二〇二四年七月十八日

图 1-22　中央国库现金管理商业银行定期存款招投标结果图示

调货价：金融机构之间的利率

金融机构之间也会因为流动性不足相互借钱，当金融机构向同行借钱时会产生两种类型的贷款。第一种叫作回购，第二种叫作拆借（有时又称"拆放"）。回购与拆借的区别是，回购需要用质押物做担保，而拆借则不需要质押物。我们先来说第一种类型——回购。

回购是一种很常见的流动性管理方式。比如央行的正回购、逆回购，还有在证券交易中可以见到的国债逆回购等。回购是需要用质押物做担保的，之所以被称为质押而不是抵押，是因为房子和车子这类有形资产才可以用于抵押，而证券票据类的无形资产可用于质押。

商业银行之间的回购也分为两种，一种是质押式回购，另一种是买断式回购。二者的区别在于买断式回购涉及质押物所有权的转让。比如，同样用国债作为担保去申请贷款，质押式回购只需把国债押在对方手中，所有权还是自己的。但是买断式回购需要先把债券的所有权过户给对方，等还款时才能将国债所有权再过户回来。质押式回购利率的字母缩写是 R，买断式回购利率的字母缩写是 OR。R001 指的是 1 天期质押式回购利率，OR007 指的就是 2 至 7 天期买断式回购利率，R1M 指的就是质押式 1 个月期限的利率，字母后的数字代表利率期限。

与质押不同的是，拆借不需要抵押物，拆借更多地靠机构之间的信用。拆借利率也很容易被我们记忆，和上文提到的回购相似，"拆借利率"的字母 IBO 源于其英文缩写 Inter Bank Offer，比如 IBO001 代表的是 1 天期拆借利率；IBO007 代表的就是 2 至 7 天期的拆借利率。不过目前介绍的三种利率 R、OR 和 IBO 都是通过市场实时交易得出的，所以会一直波动。如果在交易时间内没有固定的利率报价，就会导致一天内的回购和拆借成本相差甚远。

这时，银行间同业拆借中心想了一个办法，以每个交易日上午 9 点到 11 点半的回购交易利率为基础计算出了回购定盘利率（FixingRepo Rate，简称 FR）。同时，银行间同业拆借中心让 18 家银行每天上报一个拆借融资的利率[1]，去掉 4 个最高的和 4 个最低的报价后，计算出一个平均值作为银行间同业拆放利率的基准利率，并在每天上午 11 点公布。这个利率就是上海银行间同业拆放利率，英文为 Shanghai Interbank Offered Rate，简写为 Shibor。

Shibor 的品种比较多，按照期限，最短的是 Shibor O/N，其中，O/N 是 overnight 的缩写，即隔夜拆放利率。此外，期限还有 1W、2W、1M、3M、6M、9M、1Y，比如 Shibor 1W，命名方式和前面讲的利

---

① 截至 2024 年 8 月 31 日本书完稿时，Shibor 报价行共有 18 家。

率大同小异，W 代表周、M 代表月、Y 代表年。

相比之下，回购定盘利率 FR 就简单多了，FR 主要有 3 种期限：FR001、FR007 和 FR014，分别代表 1 天、7 天和 14 天的利率周期。FR 和 Shibor 的主要作用就是作为基准利率为其他利率产品定价。除了商业银行，银行间市场中还存在着其他特殊的金融机构，比如政策性银行、农村信用合作社等。这些特殊机构之间的拆借或回购利率前都要加上字母 D，也就是 Depositary（存款性的）的缩写。比如存款类金融机构之间的质押式回购利率就是 DR。不过存款性的回购利率需要用国债、央行票据或者政策性金融债等以利率为标的的债券作为质押才可以被拆借。

面对种类如此之多的金融机构间的利率，读者主要关注 1 天期和 7 天期的质押式回购利率和 3 个月期限的 Shibor 就足够了。首先从交易量上说，买断式回购 OR 类的利率可以忽略不计，市场上主要以质押式回购和同业拆借为主，各类成交量如图 1-23 所示。

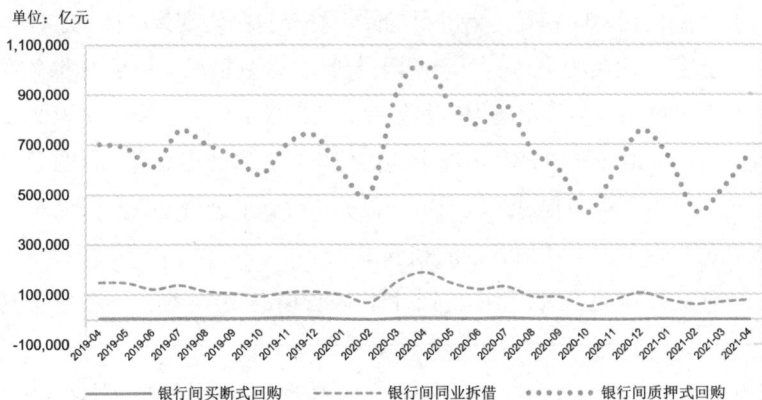

图 1-23 银行间市场回购及拆借成交量

在质押式回购中又以 1 天期和 7 天期的利率成交占比最大，如图 1-24 所示，金融机构、存款类机构之间的流动性主要看 R001、R007 和 DR001、DR007。

单位：亿元

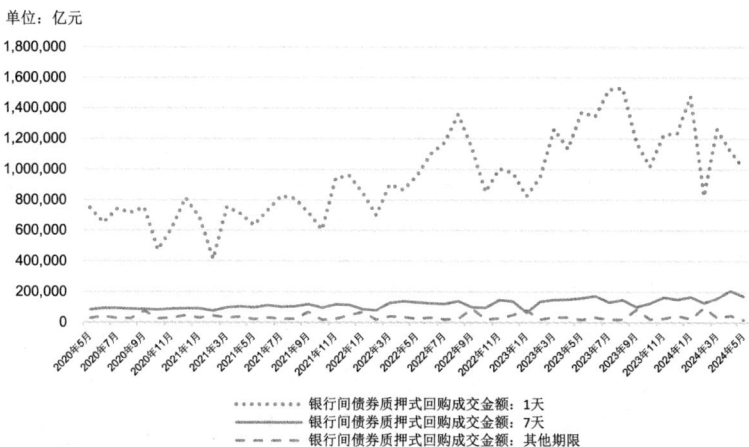

········ 银行间债券质押式回购成交金额：1天
——— 银行间债券质押式回购成交金额：7天
----- 银行间债券质押式回购成交金额：其他期限

图 1-24　银行间债券质押式回购成交量（不同期限）

金融机构之间相互拆借的目的除了补充自身短期流动性，还有部分"套利"性质的交易。由于期限溢价①，普遍情况下短期的利率要比长期利率低。债券市场中也是如此，长期债券的收益率要比短期债券的收益率高，所以债券市场中就衍化出了一种"借短买长"的套利逻辑：先借入利率相对较低的短期债务，得到低息资金，再买入利率较高的长期债务去获取其中的利息差。

代表短期的 7 天期回购利率和代表长期的 10 年期国债利率差值

---

① 期限溢价是对投资期限较长的债券一种期限上的补偿。债券的到期日越长，其本金收回的不确定性越大，在此期间市场利率等其他因素不确定性也会增多。为了弥补该风险，债券发行人须给予一定的补偿。

越大,存在的套利空间就越大。所以每当长短债的利息差加大时,7天期回购的交易规模都会放大,其中蕴含的道理就是利率差越大,套利资金越多,成交量也就越大。

此外,3个月期限的 Shibor(即 Shibor 3M,或写作 SHIBOR3M)也是需要被高度重视的。因为3个月的 Shibor 在同业存单中占比最大,影响权重也最高,如图 1-25 所示。

同业存单实际发行量占比(分期限)

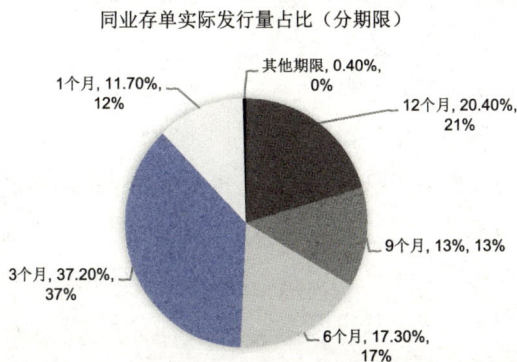

图 1-25 不同期限同业拆放存单实际发行量

同业拆放利率越高,预示着银行间资金供需关系越紧张,传递到实体经济的利率通常也会变高,这就会造成利率传导,导致 Shibor和贷款的平均利率走势趋同,所以 Shibor 也是最能直接反映市场资金成本的指标。

零售价:金融机构与实体经济之间的利率

一般情况下,金融机构在实体经济中主要有三大客群,分别是居民、企业和政府。这三种不同的客群对应着不同的利率。如果我们想在商业银行借钱（比如房产按揭贷款），就要参考贷款基准利率或者贷款市场报价利率（LPR）。如果我们想在银行存钱，就要参考存款基准利率。如果平时在银行购买一些货币型理财产品，可以参考一些投资回报率，比如国债逆回购利率、货币基金收益率、理财产品的收益率或信托收益率，等等。

　　由于政府存款直接存入央行，所以政府和金融机构之间只存在借款利率，政府的借款利率主要反映在国债、地方债和政策性银行金融债上。因此，国债收益率、地方债收益率和政策性银行金融债利率就是政府融资成本的直接参考。

　　国债逆回购利率是投资常见的一种利率，在证券公司股票交易软件中可以被见到。普通债券对个人投资者的投资门槛要求高：年收入不低于50万元，名下金融资产不少于300万元，具有两年以上证券投资经验的个人投资者才可投资柜台业务的全部债券品种和交易品种[1]。如此高的要求把大多数想投资债券的普通个人都拒之门外了。国债逆回购可以被看作国债投资的一种变体，门槛较低，投资者账户余额达到1000元即可。如图1-26所示，上交所的国债逆回购产品是GC001、GC007等，深交所的国债逆回购产品是R-001、R-007等。这里要注意，不要把深交所的国债逆回购利率和上文提到的质押式回购利率混淆，国债逆回购利率的R-001中间是有一条短横线的。

　　国债逆回购利率是持有国债的机构把债券作为质押物向交易所里其他参与者借钱的利率，借款方可以向机构借款，也可以向个人借款。如果我们参与了国债逆回购，就等同于我们把钱借了出去，对方用国债作为质押，国债逆回购利率乘以本金和期限就是借出去的钱能

---

[1]《全国银行间债券市场柜台业务管理办法》，中国人民银行，2016年2月14日。

够得到的利息。如图 1-27 所示，国债逆回购利率的变化和金融机构之间的质押回购利率变化基本一致，但从市场参与者的特点来看，国债逆回购利率更"散户化"，导致国债逆回购利率的波动幅度更大，如果投资者能有效利用，就有机会获得"超额收益"。

图 1-26　国债逆回购示意图

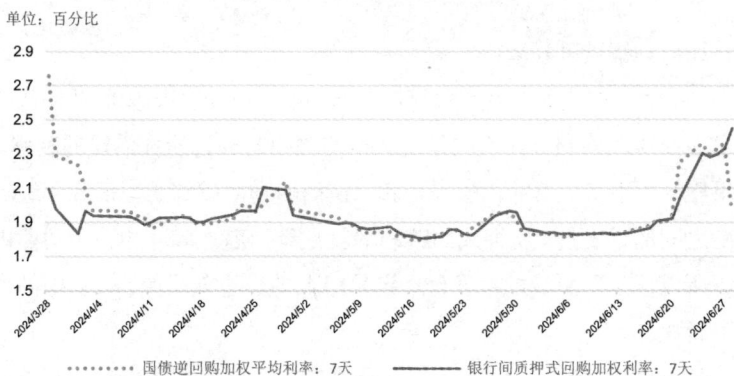

图 1-27　国债逆回购利率与银行间质押回购利率走势

利率走廊

从图 1-28 中可以看到，利率之间有一个很有意思的现象：金融机构之间的 7 天质押式回购利率在走势上存在着一个上下轨道，金融机构之间的 7 天质押式回购利率通常要小于 7 天期的常备借贷便利（SLF），但大于 7 天期的逆回购利率。

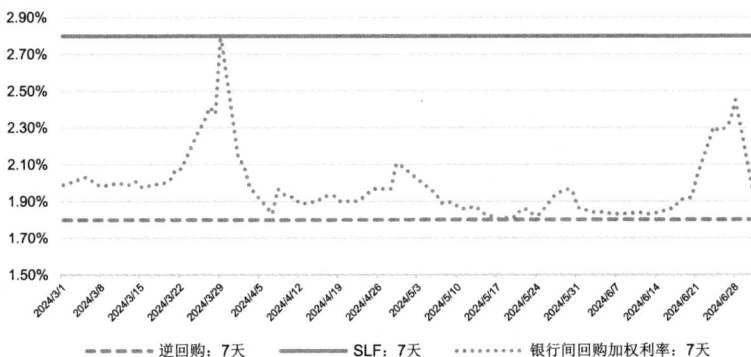

图 1-28　回购利率走廊

如何理解这种现象呢？

首先，质押式回购利率代表的是金融机构之间用国债质押借钱的利率，而逆回购利率代表的是金融机构之间与央行质押借钱的利率。如果用"货币工厂"的比喻来理解，逆回购利率就等于工厂和一级经销商之间的批发价，质押式回购利率就是经销商之间互相转手的业内价，所以从工厂拿货的批发价一定是最低的，也就是图 1-28 中的利率下轨。

常备借贷便利（SLF）为什么是利率上轨呢？常备借贷便利只有在金融机构流动性遇到问题且又暂时没有其他融资渠道时才能启用，

而且需要金融机构主动向央行申请，所以常备借贷便利这部分资金从
"获得性"上看，是金融机构最难拿到的那部分钱，利率当然也最高。

利率双轨制

　　各种各样的利率本身不难被理解，但想要真正理解利率对经济产
生的影响，需要明白"利率双轨制"这个长期存在的事实。利率双轨
制在很大程度上能解释发生在大家日常生活中的经济现象。如何把有
限的资源配置到效率最高的地方，从而实现全社会效用的最大化，这
是经济学研究的核心问题。利率是资金的价格，想要通过价格机制优
化资源的分配，就要尽量减少行政力量对利率的管制。

　　早在 1993 年，中国便开始利率市场化的构想，在 2003 年之前，
中国人民银行陆续放开外币存贷款的利率下限，为人民币存贷款利率
市场化改革做"预热"。紧接着，2004 年放开人民币贷款利率上限和
存款利率下限，2005 年放开金融机构同业存款利率。2007 年，上海
银行间同业拆放利率（Shibor）正式运行。也就是说，2007 年银行间
短期利率已经率先完全脱离了行政管制，开始了市场化。

　　短端的利率也是利率双轨制的第一条轨道，即以大型银行为主的
政策利率（或者叫官方利率），大型银行在市场上能吸收大量低息活
期存款和无息结算存款，可以比较规范地执行官方利率，也因此受到
官方严格监管。监管机构会对大型银行的资本充足率、拨备覆盖率、
流动性等多种指标进行考核，并对行业信贷投向进行限制。也就是说，
银行不能想放款就放款，对借款人要求严格，而达到要求的借款人往
往是少数。在经济好的情况下，借款人有较好的盈利，抵押物充足，
银行自然愿意借款；一旦经济处于下行周期，银行就会收紧银根。因

此，大型银行一直被诟病为"晴天送伞，雨天收伞"。

正如前文所说，信用（货币）创造的主力并不是央行，而是商业银行，商业银行需要找到合适的项目为资金提供出口，在这个过程中，商业银行更有动力为购买有形资产（如房子）或其他金融投机活动（如给客户提供配资炒股）创造信用，而不是借贷给真正能推动创新和高质量发展的领域。资金最大的特点是"避害"，因为创新和传统业务面临着较大的不确定性，新的信用（货币）更可能被配置到地产和金融投机领域，而非小型企业和制造业，这会对经济产生深远的影响。

在信息不对称的现实世界，信用分配的核心不在于利率的高低，而在于对被授信人（借款人）未来能否偿还贷款的信心上。在"避害"的基础上，资金才会"趋利"。当央行为了刺激经济开始释放流动性时，大型银行就能从央行手上接过充足的低成本货币，不过成本再低，还是有成本的，如果不能及时找到需要贷款的个人和企业把钱贷出去，商业银行一样没法赚到钱，于是商业银行就会开始寻找新的渠道来进行贷款投放，这也就加速了向第二条利率轨道的转向。

从图 1-29 中可以看到，银行间市场利率（准政策利率）可以影响存款利率，使得存款利率长期较低（部分原因是中国居民长期以来储蓄意愿较强），但存款利率对贷款利率的传导却是不畅通的。2013年 7 月和 2015 年 10 月，央行就相继放开商业银行贷款利率下限和存款利率上限，利率管制基本放开。但至 2019 年初，存贷款利率依然未实现自由浮动，利率体系仍然表现出明显的"双轨制"特征。这是为什么呢？

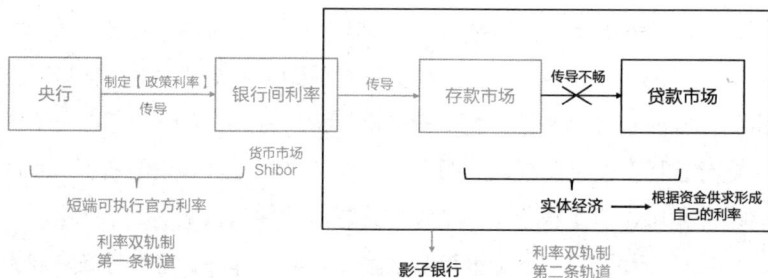

图 1-29　利率双轨制及影子银行示意图

利率双轨制的第二条轨道是众多非银行金融机构和借款人之间的利率，是根据市场资金的供求情况决定的。在具体业务上，这些非银行金融机构不能像银行一样吸收存款，但可以从大型银行中找到一些利率较低的资金，同时靠自己持有的金融牌照发行资产管理产品和信托产品，变相地把银行的资金给那些不能通过正常渠道贷到款却需要大量资金支持的企业和个人，而这些企业也愿意以更高的利率获取资金。于是商业银行本身和这些非银行金融机构便成了资金的"捐客"，以此赚取利息差牟利。这类业务汇集起来就是大家所熟悉的"影子银行"。

2020 年 12 月，中国银行保险监督管理委员会（简称中国银保监会）发布的《中国影子银行报告》首次给出影子银行的官方定义：影子银行是指常规银行体系以外的各种金融中介业务，通常以非银行金融机构为载体，对金融资产的信用、流动性和期限等风险因素进行转换，扮演着"类银行"的角色。

广义影子银行包括：同业理财及其他银行理财、银行同业特定目的载体投资、委托贷款、资金信托、信托贷款、非股票公募基金、证券业资管、保险资管、资产证券化、非股权私募基金、网络借贷 P2P

机构、融资租赁公司、小额贷款公司提供的贷款，商业保理公司保理、融资担保公司在保业务、非持牌机构发放的消费贷款、地方交易所提供的债权融资计划和结构化融资产品。商业银行的表外业务也属于影子银行，其中大家比较熟悉的银行理财产品就是最典型的案例，而理财产品是中国影子银行体系中发展最快、规模最大的一类。

这里需要强调，影子银行是金融体系的一部分，它本身是常规银行体系的补充，拓宽了社会融资和投资的渠道，是中性的存在。处于监管之下的影子银行，可以成为金融稳定的积极因素、支持服务实体经济发展的重要力量。只是在缺乏必要监管的情况下，影子银行便容易成为系统性风险的重大隐患。

从 2002 年起，商业银行陆续开展理财业务，但刚开始影子银行整体规模不大，从 2007 年开始，银行和信托的合作（也简称"银信合作"）逐渐发展成为当时国内理财产品的主要运作平台，2007 年全年共有 71 只单一资金信托计划投向房地产企业，金额为 235 亿元。

银行和信托是怎么绕开监管，把资金投向房地产的呢？如图 1-30 所示，我们举一个最简单的例子，融资方房地产企业 B（简称房企 B）本来可以是银行 A 的贷款客户，但因为银行 A 受监管指标、行业限制等无法直接放贷给房企 B，房企 B 不能获得第一条轨道的官方利率，于是银行 A 委托信托公司 C 设立信托计划。银行 A 再吸收理财资金，或者投入自营资金后投资该信托计划，信托 C 再把获得的资金打给房企 B，银行 A 此时就绕开了监管，把资金变向贷给了房企 B，房企 B 给信托计划的定期付款本质上就是还款本息。信托公司和银行从信托计划利息中抽点收取通道费，这部分费用也算在了房企 B 的融资成本中，这就形成了利率双轨制的第二条轨道——市场利率，信托计划中剩下的收益则以理财收益的形式返还给购买理财产品的老百姓。

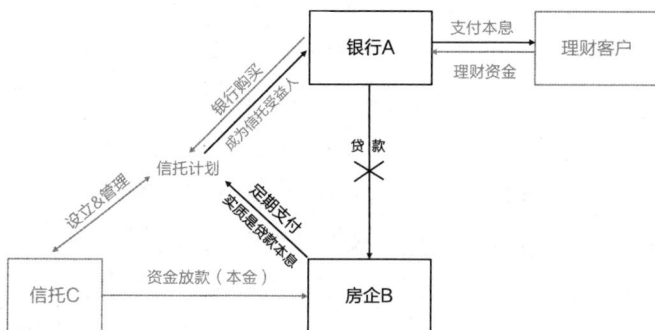

图 1-30　银行和信托的合作示意图

　　银行在自己的资产负债表中只记录了信托计划这项投资类资产，把原本应该记为"房地产贷款"的科目挪到表外，因此被称为银行的"表外业务"。银行就这样绕开监管，通过信托这条通道把钱贷给了房地产和地方城投等企业。当然，这些资金的利率因为层层转手，远高于银行最初的资金成本。其实这里可以把房企 B 换成很多不符合放款条件的行业和企业，例如，2012 年那些"两高一剩"的钢铁、造纸、电解铝企业，这些企业难以从银行贷款，但为了生存，它们也愿意出更高的成本获取资金，这样资金就通过这种方式流入很多有限制的领域。

　　总之，只要终端收益够高，各方有利可图，这个行业就可以成为资本追逐的对象，成为影子银行的目标。2008 年 11 月的国务院常务会议确定了当前进一步扩大内需、促进经济增长的十项措施。中国成为大家眼中的"基建狂魔"，计划的资金促使影子银行瞄准了房地产行业。

财富与周期
宏观经济第一课

影子银行的扩张

2008 年后利率双轨制是如何推动影子银行扩张的呢？全球金融危机全面爆发后，中国经济增速快速回落，出口甚至出现负增长，中国利率市场化改革也陷入停滞状态，央行想让政策利率直接传导到贷款市场，但一直没有打通。

为了应对金融危机，2008 年 11 月，十项措施在资金投放上集中于固定资产及建筑业。这期间，美国开始实施量化宽松政策，美元"大放水"，中国商品充斥全世界，平衡美元滥印引发的通胀，出口和制造业迎来了一轮增长，企业赚到钱，雇佣更多的工人，工人从农村搬迁到城市，加速了城镇化发展步伐，城投债的解禁进一步刺激了基建和房地产的发展。

为了应对可能到来的资产泡沫，2010 年"新国十条"①出台，国家开始限制银行对房地产的贷款规模。但在 GDP 保持两位数增长的趋势下，房价只涨不跌的观念也让银行、信托公司和投资者意气风发，地产开发商愿意支付更高的利率获得资金，此时商业银行开始逃避监管大力发展表外业务，理财产品成为跳出限制、高息揽储的工具，仅 2010 年上半年，银信合作业务就由年初的 1.4 万亿元猛增至 2.08 万亿元，房地产信托产品承诺的投资收益率屡屡超过 10%，更有甚者为 13%左右。带着银行光环的理财产品让老百姓认为，自己的理财资金像银行存款一样受到保护，理财产品"刚性兑付"的观念深入人心，

---

① 2008 年，受全球金融危机的影响，国务院出台了扩大内需的十项措施，增加了千亿元投资，这后来被大家简称为"国十条"。2010 年 4 月 17 日，国务院为了坚决遏制部分城市房价过快上涨，发布了《国务院关于坚决遏制部分城市房价过快上涨的通知》（简称"新国十条"）。

这样的观念也滋生了信托和资管等行业的野蛮膨胀。

为了防止经济过热，央行在 2010 年连续 6 次上调存款准备金率。房地产价格大幅上涨、地方政府隐性债务问题开始显现，更多限制信贷投向的政策出台，银信合作受到了阻碍，房企和城投公司是银行的大客户，监管却在这时把银行放贷和赚钱的路堵住了。

为了规避政策限制，银行开始寻求信托以外的其他通道，券商此时看到了机会，尤其是 2012 年修订后的《证券公司定向资产管理业务实施细则》开始实施，资产管理业务松绑，定向融资产品几乎没有投资范围限制，券商资管的通道迅速替代信托公司，成为银行腾挪表内信贷的重要途径。此后，资金的通道进一步演化成 "银证信" 三方合作模式，在这个过程中，真正基于券商自主设计产品、主动管理的资产管理业务规模极小，"银证信" 的本质还是资金通道，年化收益率 10%以上的银行理财 "飞单"[①]频频出现，就是那时影子银行爆发式增长的缩影。

但政策的紧缩还在继续，央行的法定存款准备金率在 2011 年 11 月出现 21.0%历史最高值后，各行各业开始缺资金。在制造业与房地产的回报率对比之下，资本充分展现出逐利本性，房地产聚集了越来越多的资金，而实业却得不到资金的青睐，甚至一些很有创新前景的企业也成立所谓的财务公司，用本应该投入企业研发的资金下场参与这场 "资本游戏"。实体经济所需要的发展资金流向了当时回报率更高的房地产行业，导致实体经济的融资越来越依赖影子银行，以及比

---

① "飞单" 是指金融机构员工私下向客户推荐非所属机构发行或代理的其他第三方机构理财产品的行为，其对应的理财产品往往由非正规金融机构发行，产品资质缺乏保障，容易导致投资人遭受重大经济损失。

政策利率高得多的市场利率，资金信托规模从 2012 年末的 6.98 万亿元，快速扩张至 2016 年末的 17.46 万亿元，其中，还伴随着互联网金融产品和网络借贷 P2P（Peer-to-Peer，个人对个人）等新型业务模式的崛起。它们的崛起，触发了另一个"吸噬资金的怪物"，那就是资产证券化[①]。

早在 2008 年美国次贷危机之前，商业银行就找到了一种规避监管（主要是"巴塞尔协议"对资本充足率的要求）的绝妙方法——卖出贷款资产获得资金后，进行下一轮的放贷，这个过程就叫作"资产证券化"。但是这会产生一个致命问题，如果银行可以卖出贷款资产，它们就不会对贷款风险做客观的评估，反正卖出去之后风险也被转移了，但这会增加整体经济中的系统性风险。

换句话说，商业银行拥有创造货币的特权，但却没有防范社会金融系统性风险的义务，如果每家银行都追求收益最大化这种个体上的"正确"，对整体来说可能是极其"错误"的。个体"最优"策略集合的结果远非最优——这就是"合成谬误"[②]。

影子银行的治理

多年前支付宝被奉为国民理财神器，2013 年上线时，旗下余额宝 7 日年化收益率一度达到 6.3%，到了 2014 年初，7 日年化收益率创

---

① 资产证券化是指将缺乏流动性但其未来现金流可预测的资产集合、建池，以资产池内资产所产生的现金流作为偿付基础，通过风险隔离、信用增级和资产重组等技术处理，在资本市场上发行资产支持证券（Asset-Backed Security，ABS）的结构融资过程。

② "合成谬误"是保罗·萨缪尔森提出来的，指"'某个理论对局部说来是对的，那么对总体而言也必然是对的'是一种谬误"。在经济学领域，在微观上是对的东西，在宏观上并不总是对的；反之，在宏观上是对的东西，在微观上也可能是错误的。

纪录地达到 6.76%，支付宝当时的高收益也从侧面体现出市场对资金的极大需求。同期涌现出来的许多互联网金融公司，其业务处于监管的真空地带，操作起影子业务也比传统商业银行要"麻利"得多，许多业务打着科技公司的旗号，其实做的还是"资金掮客"的事，而 P2P 其实就是民间小额借贷。民间借贷很早就有，但互联网一下子放大了规模，这也导致了校园贷、裸贷、高利贷、暴力催收、平台"暴雷"等恶性事件频发。

影子银行让监管对城投、房地产和其他产能过剩行业的监督形同虚设，加上资产证券化的触发，"影子们"给房企扩张提供了充足的资金，直接造成了后来房地产行业的产能过剩，且伴随着的是房企高昂的融资成本。尤其是三四五线城市，房地产库存极大。特别是在 2016 年楼市"涨价去库存""棚改货币化"后，"房价会一直涨"的观念进一步深入人心，例如，从 2013 年初至 2016 年上半年的 42 个月内，明确投向房地产业的银行理财资金的余额由最初的 1650.71 亿元飙升至 2.09 万亿元，增幅高达 1166%，只能用夸张来形容。同时，城投债也成了各大机构眼中的优质资产。所谓城投债（又称"准市政债"），是地方投融资平台作为发行主体，公开发行的企业债券或中期票据，其募资投向多为地方基础设施建设或公益性项目。城投债的本质是企业债，却被市场普遍理解为拥有地方政府隐性担保的债务，因此能享受到比一般企业债更低的融资成本。用非市场化的融资方式去做一些市场化的低收益项目，就是资源没有配置到高效地方的典型，既挤占了实体经济的融资资源，也给未来城投债化债的艰难推进埋下了伏笔。

中国银保监会在 2020 年 12 月发布的《中国影子银行报告》中提

到："到 2016 年底，我国影子银行规模已经相当庞大，广义影子银行超过 90 万亿元，狭义影子银行亦高达 51 万亿元。""影子银行体量与同期银行信贷基本相当，且增速远超贷款增速。"2016 年"中植系"的中融信托其实就在频频"踩雷"了，受困于中融信托募资端长时间依靠利率双轨制的高昂资金成本，在资本市场套利受阻的情况下，放眼望去只剩下房地产能支付得起信托资金的高收益。由此可见，整个社会当时对房地产行业难以割舍的依赖。

2017 年至 2021 年，多重法律法规叠加，同时影响房地产和私募股权、资产管理相关的领域，特别是 2018 年 4 月出台的《关于规范金融机构资产管理业务的指导意见》（简称"资管新规"），限制非标、信托、同业业务，其中明确规定："资产管理业务是金融机构的表外业务，金融机构开展资产管理业务时不得承诺保本保收益。"产业信托和非标理财是地方影子银行重要的资金来源，可以说"资管新规"精准打击了利率双轨制的第二条轨道。

经过三年治理，截至 2019 年底，影子银行野蛮生长态势得到遏制，《中国影子银行报告》指出："影子银行占 GDP 的比例从 2016 年底的 123% 下降至 2019 年底的 86%，降幅达 37 个百分点。"

同时，国际组织和市场机构都对中国影子银行治理取得的显著成效予以充分肯定，他们认为这不仅确保了中国金融体系的稳定，也成为全球影子银行规模下降的主要推动力。2019 年 8 月，央行宣布改革贷款利率，贷款市场报价利率（LPR）机制形成，央行通过中期借贷便利（MLF）等操作直接影响长端的贷款利率，如图 1-31 所示，LPR 利率两轨开始并成一轨，这在一定程度上消除了市场化利率和政策利率之间的套利空间。更重要的是，这影响了银行的高收益资产配置行为，让商业银行从技术上缺少了高收益来源。因此，从 2023 年开始，商业银行的存款利率持续下降，对于储蓄来说，存款利率未来越来越低的概率大大增加，将来可能难以找到 2%以上的银行存款了。

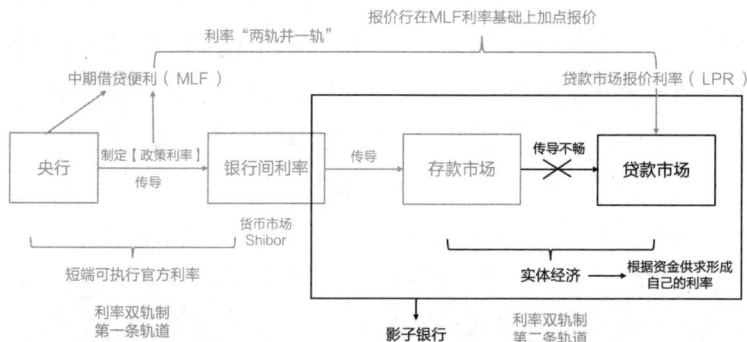

图 1-31　中期借贷便利及利率"双轨并一轨"

作为对传统银行的补充，只要实体经济对资金有需求，影子银行就会存在。"影子们"只会转移，不会彻底消失，而银行资金等资本会在房地产使命终结后，锚定下一个有利可图的领域。但是，下一个有利可图的领域并不好找，总体来说，银行之所以在过去的二三十年间能赚到钱，是因为企业和居民对资金的迫切需求，是"利率双轨制"之下无视资金成本很高的贷款意愿。而这种意愿本质上来源于以下两个信念：

第一，中国的制造成本足够低，海外的市场足够大，钱投入制造业会轻易得到一个比信贷成本高一些的利润率。

第二，房价会永远涨，基建会一直建，只要居民有资格买房，开发商有赚快钱的意愿，银行的资金就不愁借不出去，钱就不愁赚。

银行的"好日子"正是因为全社会这两个信念的存在。但利率双轨制的第一条轨道（政策利率），只会随着各个地方发行新的低利率显性债务和债务展期而被迫降低，第二条轨道（市场利率）也会随着地方隐性债务，以及房地产企业债务的重组和置换变得越来越低。在人民币汇率承压和中国央行"不搞大水漫灌"的主基调下，商业银行从央行的"进货成本"又迟迟没有明显下降，因此银行的经营压力在可预见的未来会持续存在，这时候降低高达数百万亿元的存款利率是唯一的解决办法。

长期的利率持续走低是经济大环境下的必然，因为我们有太多的债需要偿还，利率就不可能高，何况在过去经济增速高达 8% 的时候，居民的储蓄利率却只有 3%，这也是"利率双轨制"造成的，是商业银行的资本为了逐利而导致的现象。

《中国影子银行报告》做出了这样的评价："影子银行是金融工具，介于天使与魔鬼之间，管理好了是天使，管理不好是魔鬼。"监管影子银行的目的是遏制"为套利而套利"，而监管的最终目的是为实体经济提供资金支持，让资源被更有效地配置，鼓励经济生态的良性循环，以此实现传统金融业务与影子银行的长期健康共存。

第 04 讲
美联储："预期管理大师"

美元是"全球货币"，美联储（全称是美国联邦储备系统）是"全球央行"，因此读者理解美联储的运作机制，对理解货币运行原理和全球经济至关重要。前面介绍了中国央行的历史以及货币政策，这一讲开始我们把目光重点放在美联储货币政策上。

我们平时常说的美联储其实指的不单单是联邦储备银行，而且是由联邦储备委员会（Board of Governors）、12 家联邦储备银行（Federal Reserve Bank），以及联邦公开市场委员会（Federal Open Market Committee，简称 FOMC）共同组成的体系。美国人清楚地知道当权力过于集中于一个机构时，容易滋生出更多的社会问题。美联储体系中的"分而治之"正是平衡各方权力与利益的最佳选择。

如图 1-32 所示，美联储有三大重要组成部分。先来看联邦储备委员会。联邦储备委员会是联邦政府的独立机构，虽然美联储对外宣称自己是一家私有的中央银行，但联邦储备委员会这个部门仍然受到国会的直接管理。《联邦储备法》规定了 12 家联邦储备银行的独立运行权，即 12 家联邦储备银行每家单独运行，负责自己的片区，并相互监督。

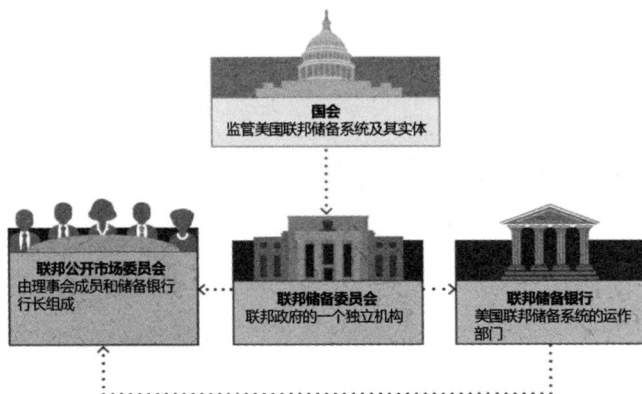

图 1-32　美联储系统结构示意图

除此以外，在 1933 年和 1935 年，《联邦储备法》重新修订，增加了联邦公开市场委员会（FOMC）作为制定货币政策的专门机构。按照传统，FOMC 的主席为联邦储备委员会主席，副主席通常由纽约联邦储备银行（简称纽约联储）行长担任。值得注意的是，12 家联邦储备银行的 12 名行长每次只有 5 个人可以在公开市场会议上投票，除了纽约联储行长有终身投票权外，其余 4 人每年轮流当选。所以纽约联储行长的讲话通常需要高度重视。FOMC 每年在华盛顿召开不低于 8 次会议，每次议息会议都在寻求经济与通胀的平衡。

美联储的货币政策

货币政策是央行为了实现特定的经济目标，而采用各种控制和调节货币供应量与信用量的政策的总称。美联储的货币政策工具箱分为传统货币政策和非传统货币政策两大类别。其中传统货币政策由调节联邦基金利率、公开市场操作、调节存款准备金率与调节再贴现率组成。联邦基金利率指的是美国银行和银行之间的短期拆借利率，美联储通过公开市场操作影响联邦基金利率，从而影响社会投放的货币总量。

公开市场操作指的是美联储在公开市场上买入或卖出债券的行为。如果美联储想要提高联邦基金利率，就可以采用公开市场操作的方法在市场上抛售国债，用国债来收缩市场上的货币供应量以达到减少货币流动性的目的，从而提升拆借利率。美国国债由美国财政部发行（而不是美联储），财政部发行国债后向市场公开筹集资金。而美联储也可以购买市场中的国债，把因财政部发行国债而从市场上抽走的流动性再给补充回去，从而加大市场中货币的供应量，达到降低利率的目的。

非传统货币政策包括量化宽松（Quantitative Easing，简称 QE）和前瞻性指引（Forward Guidance）。量化宽松本质上属于公开市场操作的一种方式，但和常规性公开市场操作不同的是，量化宽松明确了周期和规模两个目标："量化"二字重点强调了一定数量上的货币发行，"宽松"则侧重于减轻银行的资金压力，使金融机构拥有继续向市场投放货币的能力，以此保住资产价格。具体实施方式是央行在市场中大量购买中长期政府债券或其他金融产品来增加货币供给。量化宽松通常在政策利率接近零时才被启用，因为此时传统货币政策的操作空间已经消失。

前瞻性指引指的是政策制定者将经济和政策走向与市场和公众进行沟通，以此提供利率预期路径来影响家庭、企业和投资者的金融决策。沟通的方式多种多样，包括政策制定者的演讲、政策会议纪要、定期出版物等。我们平时接触到最多的前瞻性指引就是 FOMC 会议纪要。同时，美联储为了让市场对未来加息或降息的动作有预期，还运用点阵图作为预期管理手段。在每年的 3 月、6 月、9 月、12 月公布,点阵图就是美联储中最重要的 19 位委员对利率的预测,然后归纳到一张图上展示。

比如,图 1-33 就是 2023 年 12 月的点阵图,横坐标为时间,纵坐标为利率,横坐标上的时间点分别对应着当年、未来三年,以及长期(Longer run)。而每个圆点代表着 19 位委员在对应年份给出的利率预期,圆点的位置越高,表示该委员对未来利率的预期越高,反之亦然。

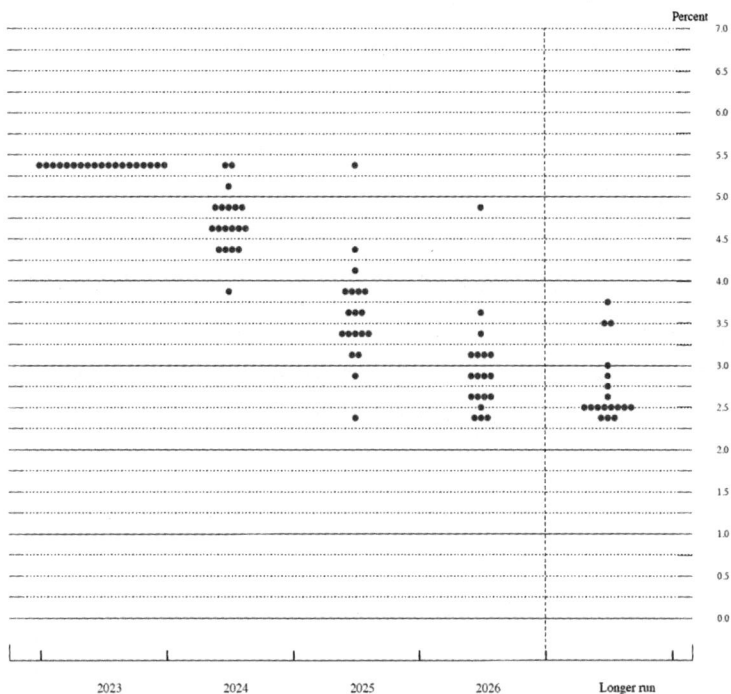

图 1-33 美联储点阵图

"扩表"与"缩表"

我们都知道量化宽松会造成货币供应量的增加，因此直观上大家会认为通过量化宽松"放水"会导致物价上涨，那么为什么美国在 2008 年金融危机后实施 4 轮量化宽松并没有引发严重的通货膨胀呢？

自 2008 年美国雷曼兄弟（Lehman Brothers）破产之后，美国共实行了 4 轮量化宽松。2008 年 11 月第一次量化宽松（QE1）由美联储前主席伯南克开启，于 2010 年 3 月结束；2010 年 11 月启动第二次量化宽松（QE2），于 2011 年 6 月结束；2012 年 9 月启动第三次量化宽松（QE3），于 2014 年 10 月结束。

从图 1-34 中可以看到，从 QE1 开始到 QE3 结束的这几年间，美联储的通货膨胀水平大多数时间都被控制在了相对较低的空间内。所以量化宽松式的"印钞"并没有让美国物价变得不可控。

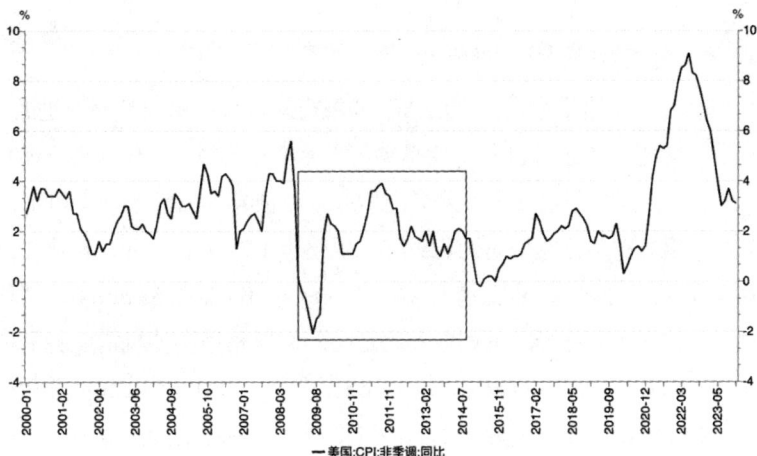

图 1-34　2000 年—2023 年美国 CPI 月度同比

同样，如图 1-35 所示，日本从 2001 年 3 月开始启动量化宽松，直到 2006 年 3 月结束，在这期间日本的物价水平同样没有因为量化宽松而变高，原因主要有以下两点。

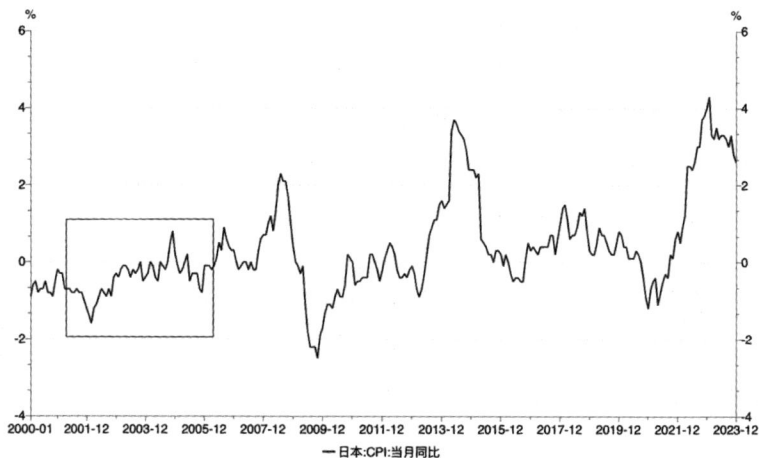

图 1-35　2000 年—2023 年日本 CPI 月度同比

第一，虽然量化宽松"放水"的规模较常规货币政策是激进的，但是量化宽松的运行机制主要是央行（无论是美联储、日本央行还是欧洲央行）从商业银行手中购买国债或企业债券等债权类资产。例如，美国在第一次量化宽松时期购买资产规模达 1.75 万亿美元，包含 1.25 万亿美元的抵押贷款支持证券（Mortgage-Backed Security，简称 MBS）、2000 亿美元由房利美和房地美等政府资助实体机构发行的债券（Government Sponsored Enterprise，简称 GSE）和 3000 亿美元国债。央行购买债券或金融衍生品等资产把钱都留在了大企业或者大型商业银行中。换句话说，量化宽松本质上并没有把钱直接撒向普通居民和消费市场，而是为了解决特定问题，诸如银行流动性不足或者房企债务违约的问题。量化宽松多出来的钱留存在了机构，机构更多地选择了股票等投资工具，让资本市场充当蓄水池。所以在量化宽松期间，我们一般会先看到股市上涨，物价上涨会明显滞后。

第二，用费雪方程式（Fisher Equation）也可以得出相应的结论，如图 1-36 所示。

$$M \times V = P \times Q$$

货币总量　　货币流通　　商品价格　　商品数量
　　　　　　速度　　　　水平

图 1-36　费雪方程式

其中，流通中所需的货币总量（M）乘以货币流通速度（V），等于商品价格水平（P）乘以商品的数量（Q），即流通中所需要的货币总量 M=P×Q÷V。所以，理论上在货币流通速度不变的情况下，货币总量和商品价格水平是成正比的。但经济危机下货币流通速度并不是恒定的，经济危机会减小货币流通速度。试想一下，如果回到 2008 年，美国人纷纷失业，大家对商品的需求自然会降低，所以经济系统中需要的流通货币会越来越少，货币流通速度（V）降低的情况下，M 会因为量化宽松而加大，商品价格水平（P）的上涨倾向在一定程度上就会被抵消掉。

量化宽松的逆向过程又被叫作"缩表"，我们先来看一下"表"是什么样的。

图 1-37 展示了美联储资产负债表的结构，"表"其实指的就是美联储的资产负债表，在资产负债表中，左侧的资产之和要与右边的负

债之和相等。当"扩表"时，资产负债的整体数字同时增大，"缩表"时资产负债两边的数字同时减小。需要注意的是，钱在我们手中是资产，但是在美联储的账本上就是负债（美联储向社会打的欠条）。

资产端	规模	占比	负债端	规模	占比
黄金凭证账户	11,037	0.14%	联邦储备券	2,297,432	30.08%
特别提款权账户	5,200	0.07%	逆回购协议	1,085,975	14.22%
铸币	1,426	0.02%	存款	4,373,296	57.26%
证券、未摊销证券溢价和折扣、回购协议、贷款	7,587,100	98.78%	存款机构定期存款	0	0.00%
直接持有证券	7,187,450	93.57%	存款机构其他存款	3,459,409	45.29%
美国国债	4,753,330	61.88%	美国财政部一般账户	743,464	9.73%
短期国债	216,788	2.82%	外国官方账户	9,691	0.13%
中长期名义债券	4,057,147	52.82%	其他	160,731	2.10%
通胀保值债券	365,578	4.76%	延期可用现金项目	829	0.01%
通胀补偿债券	113,816	1.48%	财政部对信贷工具的注资	7,438	0.10%
联邦机构债券	2,347	0.03%	其他负债及应计股息	-126,798	-1.66%
MBS	2,431,773	31.66%	总负债	7,638,174	100.00%
未摊销证券溢价	278,627	3.63%			
未摊销证券折价	-25,798	-0.34%			
回购协议	0	0.00%			
贷款	146,820	1.91%	资本		
主街信贷工具净投资组合	16,173	0.21%	实收资本	36,065	84.17%
市政流动性工具净投资组合	213	0.00%	盈余	6,785	15.83%
定期资产支持证券贷款便利净投资组合	46	0.00%	其他资本账户	0	0.00%
托收中项目（在途资金）	92	0.00%	总资本	42,850	100.00%
银行固定资产	429	0.01%			
中央银行流动性互换	1,357	0.02%			
外币计价资产	18,385	0.24%			
其他资产	39,567	0.52%			
总资产	7,681,024	100.00%			

单位：百万美元

图 1-37　美联储资产负债表（截至 2024 年 1 月 3 日）

这一点在图 1-38 中的美元钞票图示上可以看到，在美元钞票的左上角写着 FEDERAL RESERVE NOTE，意思是美联储印发的借条。布雷顿森林体系瓦解之前，"美元借条"是可以兑换黄金的——35 美元可以兑换一盎司黄金，一盎司黄金就是美联储的资产，35 美元就是美联储的负债。

图 1-38　100 美元钞票示意图

　　总的来说，美联储的资产其实可以分为两大类。第一是各种证券，包括美国国债、抵押贷款支持证券、企业债券等。第二类就是给商业银行放出去的各类贷款。美联储"扩表"时，会通过"公开市场操作"购买资产负债表中左侧的各类债券。比如，美联储决定从市场上购买1000 亿美元美国国债，那么资产栏中就会增加 1000 亿美元债券，相应的右侧负债栏中会增加 1000 亿美元。所以美国量化宽松是到市场中购买大量债券增加货币供应量，美联储"放水"并不是我们想象的直接开动印钞机。"缩表"与"扩表"是相反的过程。缩表的本质就是缩小资产下的科目，美联储有以下几种选择。

　　第一，Tapering。Tapering 的本义为逐渐减少，即逐渐缩小量化宽松的购买规模。假设美联储在量化宽松阶段计划每月购买 1000 亿美元的国债投放流动性，Tapering 就是联储准备"踩刹车"了，但不是"急刹车"，而是慢慢"减速"。例如，从每个月购买 1000 亿美元国债，下降到 800 亿美元，再下降到 400 亿美元，直至完全退出宽松政策，这个慢慢"踩刹车"的动作就叫作 Tapering。所以 Tapering 减小的是资产负债表的增速，是美联储逐渐放缓资产购买行为直至不再购买的过程。而想要真正实现"缩表"，还需要下面的步骤。

第二，直接在公开市场上进行国债抛售。扩表的本质是美联储在公开市场上进行资产购买，想要达到"缩表"的目的，可以在公开市场将手中的各类债券资产抛售，从而减小资产规模。

第三，Balance Sheet Runoff。Runoff 是"流出""流走"的意思，即资产栏中的债券到期，美联储选择不续购以减少资产规模，从而实现"被动缩表"。

美联储的预期管理

事实上，美联储加息中的"息"已经超出了联邦基金利率本身，"加息"也演变成了一种抽象化的概念，而不是简单直接地通过诸如公开市场操作的方式增加或降低货币供应量，包括美联储官员发言的前瞻性指引、备受市场关注的经济预测摘要（Summary of Economic Projections，简称 SEP）[1]，以及对关键经济数据的"修正"都会改变市场对于美联储加息或降息的预期，而预期本身远比实际加息这个动作更重要。如果通过改变市场预期就能实现加息或降息的政策效果，那么市场参与者就会对"息"所指引的具体标的做出改变，因为联邦基金利率对市场预期的反应是"迟钝"的。而 2 年期美国国债收益率对美联储预期管理的反应更能代表市场对未来加息或减息的预期。

从图 1-39、图 1-40 可以看出，在同样的时期内，美国联邦基金利率的反应是平缓且"迟钝"的，呈阶梯状变化，而 2 年期美国国债收益率对美联储的货币政策预期管理更加"灵敏"。

---

[1] 美联储官员们对本年度和未来三年经济增长、失业、通胀，以及最重要的联邦基金利率的预期，被统称为经济预测摘要（SEP），是 19 名美联储官员个人预测的中值集合。与加息决定的投票不同，SEP 是匿名进行的。

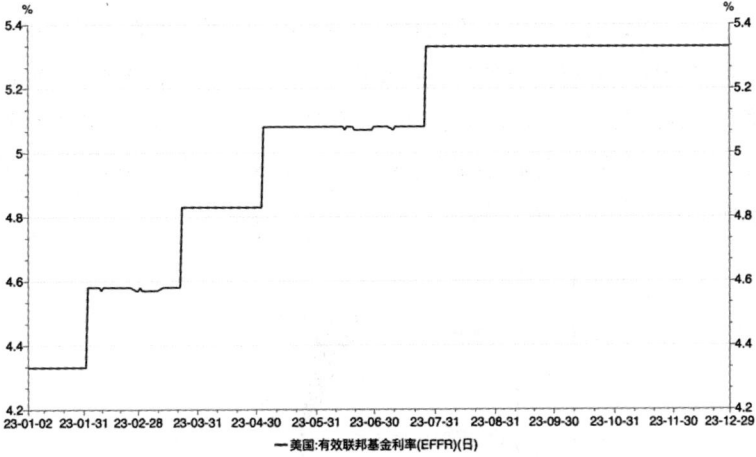

图 1-39　美国联邦基金利率走势

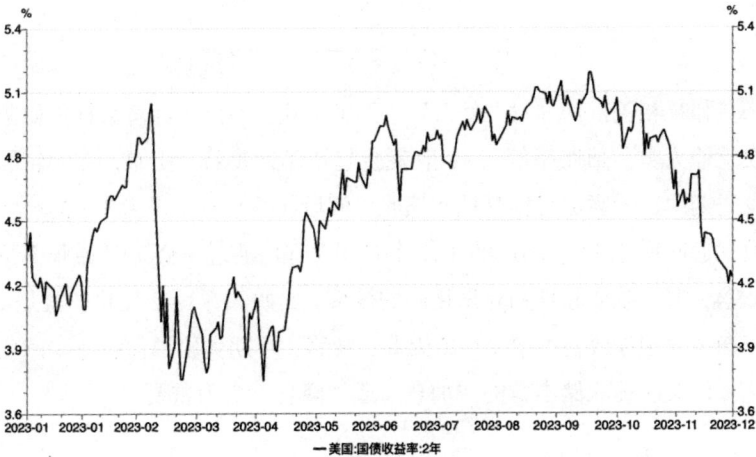

图 1-40　2 年期美国国债收益率走势

前文提到的点阵图其实就起着引导预期的作用，如果美联储在一轮加息周期中通过经济预测摘要或者议息会议后的发言透露了"推迟降息"的意图，即便联邦基金利率没有改变，总体上也会对市场起到诸如"加息"般的效果，如图 1-41 所示，2 年期美国国债收益率也会相应提升。

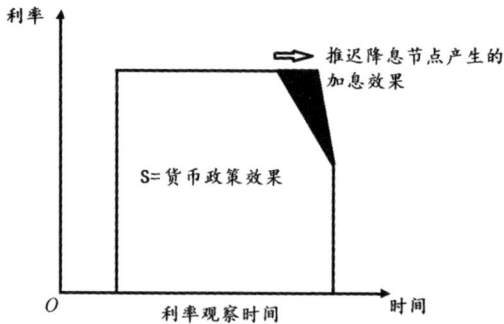

图 1-41　推迟降息节点产生的加息效果

如果相关部门通过"修改"数据的方式，下修了经济数据（如非农就业人数、通胀率等），一般就会起到降息效果。比如，在一轮加息周期中，美联储目标是控制通胀，假设在某个月（设为 T）的经济数据通胀率是 3%，随后的 T+1 个月相关部门通过下修 T 月通胀率至2.5%，那么就会起到和降息相同的效果。比如，图 1-42 反映的就是 2年期美国国债收益率的下降。因此，观测 2 年期美国国债收益率的变化，比关注美联储本身的"加息"或"降息"更为重要。

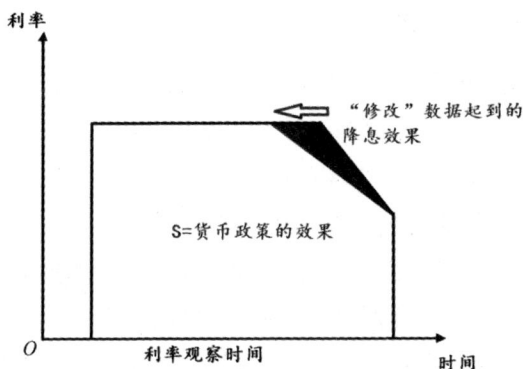

图 1-42　"修改"经济数据产生的降息效果

美联储与全球经济

美联储的货币政策之所以能在全球"呼风唤雨"，根本原因在于美元在国际上的主导地位。"石油美元"是其中一个例子，1971 年布雷顿森林体系瓦解后，美国逐渐从"黄金美元"过渡到"石油美元"。美元与石油绑定后，美元在全球贸易结算中就成了"硬通货"，无论美联储执行什么样的货币政策，全球其他国家只要对石油有需求，就必然与美国的货币政策有所联系。

假设国家 A 要从中东进口石油，那么国家 A 要将本国货币换成美元，中东国家 B 这时收到了国家 A 以美元结算的贸易货款。持有美元的中东国家 B 在满足自身进口需求后，手中盈余的美元就会投资美国资产，美国国债或者美国股市就成了最佳选择。美国靠出售自己的金融资产收回美元，便可以在全球各地进行资产购置，从而形成石油美元的贸易闭环，美元和全球贸易就此形成紧密联系，这给美联储对全球经济的强大影响力打下了基础。

美联储与利率预期

在了解美联储货币政策对全球市场的影响前，有必要先了解一下 10 年期美国国债的底层逻辑。10 年期美国国债收益率又被称作"资产价格之锚"，由于国债产品天生的低风险性，国债收益率在一定程度上扮演着"无风险利率"的角色。

市场资金天生是逐利的，资本一定是朝着投资回报率高的地方流动。如果无风险的 10 年期美国国债收益率能达到 5%，就说明市场上其他风险资产的收益率需要达到 5% 以上才能得到资本青睐。所以在短期市场存量资金恒定的假设下，股市与债市存在着"跷跷板"效应，国债收益率的升高会把股市资金"虹吸"到债市中，造成股市下跌。

从图 1-43 中可以看到 10 年期美国国债收益率与标准普尔 500 指数的走势，二者呈现负相关性。美国国债收益率的涨跌是因为债券价格的变化，需要注意的是债券价格是自变量，债券收益率是因变量。例如，美联储加息收回流动性后市场会缺美元，且市场感受到美联储对未来加息预期的升温，市场参与者们只能抛售美国国债换美元，这会造成债券价格下跌，最终推升债券收益率。

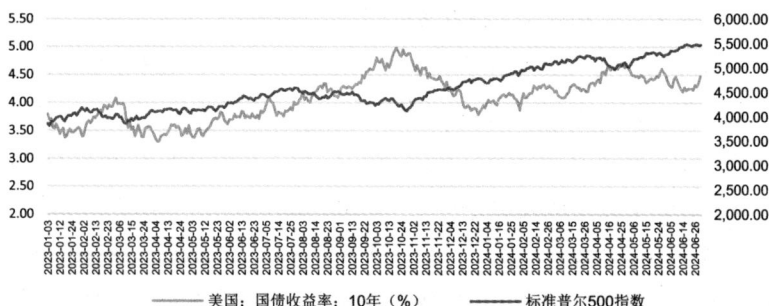

图 1-43　2023 年—2024 年 10 年期美国国债收益率与标准普尔 500 指数的关系

所以，我们真正需要关注的不是美联储的利率水平，而是需要预测美联储对利率政策的预期变化，上文提及的 2 年期美国国债收益率相比于"钝化"的联邦基金利率对市场预期变化的反应更值得大家关注。

再如，2022 年 3 月美联储开启新一轮加息周期，2023 年全年都处在加息周期中，美股在 2023 年 8 月—10 月经历了一波趋势性下跌，如图 1-44 所示。但在下跌期间美国经济数据却与股市走势背离。

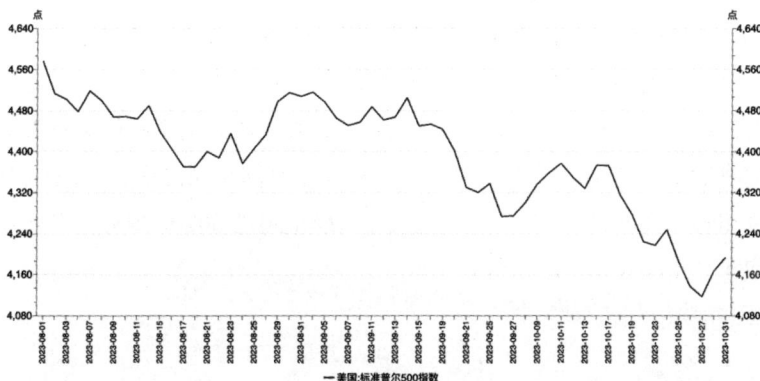

图 1-44　2023 年 8 月—10 月美国标准普尔 500 指数走势

美国劳工部在 2023 年 9 月公布了超预期就业数据，以及同年 10 月美国商务部经济分析局（BEA）公布了 2023 年第三季度 GDP 超预期数据，都没有能阻止美股下跌，其根本原因还是因为市场预期不佳。

"股市是经济的晴雨表"这句老生常谈的说法并不完全正确，其实更准确的一种解释是：股市并不是对当下经济情况的一种反馈，而是对预期中经济情况的反馈。虽然经济数据向好，但市场对美联储为了抵抗通胀而加息的预期反而增强了，最终导致了股市下跌。所以我们在关注美国公布的经济数据时，相比于数据本身，对美联储货币政策预期的解读更为重要。

美联储与市场流动性

流动性由宏观到微观有三种不同的层次，即货币层面的流动性、银行体系中的流动性和市场中的流动性。从宏观到微观，货币层面的流动性需要通过银行体系才能最终注入金融市场发挥作用。

比如，2008 年金融危机后，在美股标准普尔 500 指数跌幅接近50%的时间点上美联储宣布了量化宽松的开始。如图 1-45 所示，首次量化宽松购买了总价值高达 1.75 万亿美元的资产，为市场注入了充足的流动性。如图 1-46 所示，作为衡量市场中投资需求的广义货币供应量 M2，自首次量化宽松以来，连续 9 个月同比涨幅超过 7%，同时也扭转了美股自 2008 年金融危机之后跌幅超过 50%的预势，自此开启了"十年长牛"的走势。

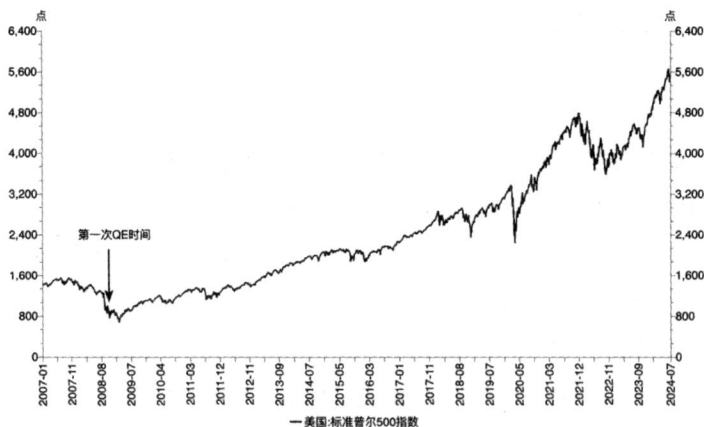

图 1-45　美国 2008 年量化宽松后的美股走势

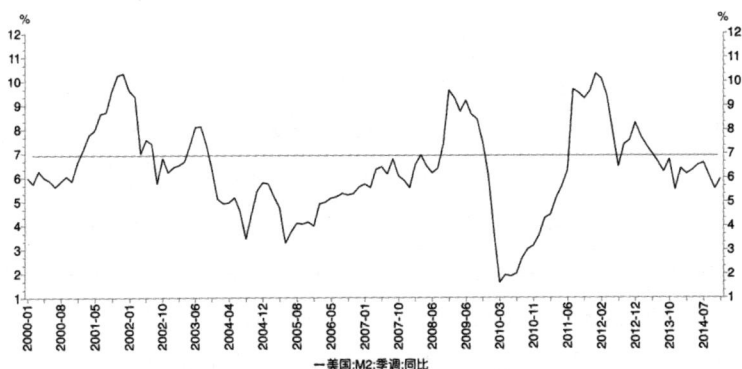

图 1-46　美国 2000 年—2014 年 M2 同比

　　M2 是经济领先指标,也是股市同步指标,我们可以通过 M1 与 M2 的剪刀差判断市场投资需求的强弱,找到投资需求的拐点。M1= 现金+企业活期存款,M1 流动性更强;M2=M1+单位和个人的定期存款,流动性比 M1 弱。M1 与 M2 的剪刀差可以作为判断信用和经济的先行指标,通常领先于其他经济数据。

　　如果 M1 增速上涨,且 M1 与 M2 的剪刀差扩大(M1-M2>0),意味着短期活期存款和贷款增速大于长期存款和贷款,预示着短期可用的资金越来越多,对实体经济发展有利,并且利于股市上涨。如果 M2 增速上涨,M1 与 M2 的剪刀差收窄甚至为负,意味着居民和企业更倾向于把钱存在银行中,减少短期投资。

中美货币政策背离

　　下面会分析中美两国货币政策对股市的影响,特别是中美两国货币政策发生背离时对中国 A 股的影响。

　　历史上曾多次出现过货币政策背离的情况。比如 2018 年,中国逐步进入经济下行周期，开启了结构性去杠杆过程，2018 年 4 月央行降低存款准备金率，中国逐渐进入货币宽松周期。从 2018 年 4 月至 2019 年 1 月，央行共进行了 5 次降准。相反，美国在 2018 年分别于 3 月、6 月、9 月、12 月各加息一次，在 2018 年底完成了最后一次加息，直到 2019 年才开启降息周期。所以从 2018 年 4 月开始，中美两国货币政策出现了背离。如图 1-47 所示，A 股从 2018 年 4 月到 12 月开始了长达 8 个月漫长的单边下跌周期，而美股从 2018 年 4 月到 10 月则缓慢上涨，A 股与美股由此形成了一段背离走势。

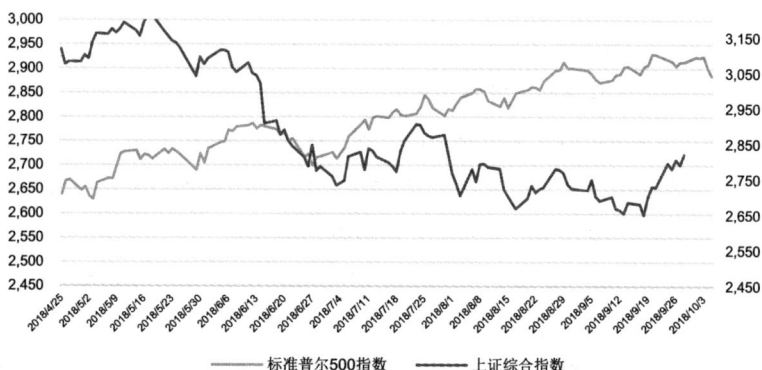

图 1-47　2018 年 4 月—10 月标准普尔 500 指数与上证综合指数走势对比

造成股市走势背离的原因主要有两点。第一，中美两国利息差持续扩大，对中国资本形成了外流的压力。资本倾向于从低回报的中国市场流入高回报的美国市场，导致 2018 年中国 A 股全年上证指数下跌 24.59%，进入"资本寒冬"。第二，中美两国利息差加大给人民币造成持续贬值的压力，人民币贬值让以人民币计价的资产承压，加速了资本"出逃"，如图 1-48 所示。

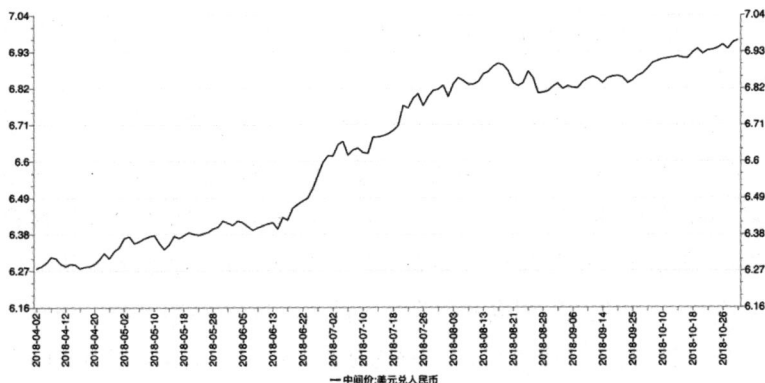

图 1-48　中美利息差造成的人民币贬值

美联储与新兴市场金融危机

美联储加息往往会导致新兴市场形成债务危机。由于美联储提升利率收紧了全球美元的流动性,严重依赖外资的新兴市场就会有债务和资本外流的压力。此外,由于美联储加息造成新兴市场货币贬值,也会让处在低利率的新兴市场国家跟着美联储一起加息,以避免本币进一步贬值。而跟进加息则让新兴市场国家的债务成本进一步加大,这无形中提升了债务违约风险。如 20 世纪拉美债务危机的外因便是 1977 年至 1981 年美联储的加息周期。

提到拉美,很多人会想到从"贫民窟"中走出的足球巨星与频发的社会动荡,但拉美国家也曾是高速发展的"明日之星"。二战之后,各国在废墟中充满了重建世界的渴望,对石油、矿产、原材料有着巨大需求,而地大物博、坐拥丰富矿产资源的拉美,也借此机会迎来了发展的最好时机。1965 年,人均 GDP 数据足以说明拉美国家高速发展的成果:巴西为 265 美元,委内瑞拉为 869 美元,阿根廷更是达到

1285 美元；但亚洲的韩国为 108 美元，新加坡为 516 美元，日本为 993 美元。

　　20 世纪 70 年代先后爆发第一、第二次石油危机，导致石油等大宗商品价格上涨，1970 年不到 2 美元一桶的国际原油价格到 1988 年甚至一度接近 40 美元一桶，涨了 20 多倍。资源丰富的拉美赚得盆满钵满，创造了"拉美奇迹"。1971 年—1974 年，巴西经济年均增速超过 10%，从低收入行列进入中等收入行列，20 世纪 70 年代，墨西哥经济年均增速也达到 6.5%。这虽然成就了拉美，但也成了欧美国家的噩梦。在经济学原理中，原材料价格的飙升是造成经济"恶性通胀"的重要原因。在此阶段，石油危机重创了美国经济，飞升的原材料价格带来了严重的通胀，美国经济处在"水深火热"之中。此时美国政府选择先保经济与就业，进而使用了相对宽松的货币政策，联邦基金利率整体维持在较低水平。美元低利率把拉美国家"馋哭"了，处在黄金发展期的它们，也提出了"出口替代进口"的战略，大幅借入以美国国债为主的外债，发展民族企业，热火朝天地进行工业化建设，这就导致了以美元计价的外债规模急剧膨胀。1970 年—1980 年，墨西哥、巴西与阿根廷的平均外债规模从 63 亿美元增加到 523 亿美元，涨幅超过 7 倍，外债规模的扩张也为拉美债务危机埋下了种子。

　　1979 年第二次石油危机时，美国通胀率再次突破 10%，时任美国总统卡特任命了一位新的美联储主席保罗·沃尔克。这位在美国经济发展长河中留下"浓墨重彩"一笔的美联储主席，也正是拉美债务危机的噩梦缔造者。与之前美联储保经济的策略不同，沃尔克开始向美国的高通胀"开刀"，他要做的就是通过激进有效的货币紧缩政策，打断工资、物价相互"刺激"的死循环，压低恶性高通胀，也就有了著名的"沃尔克时刻"。1979 年底至 1982 年初，美国联邦基金利率惊人地提高并维持在 15% 以上的历史高位，1980 年底和 1981 年中，利率更是两度突破 20%。此举一方面严重增加了拉美国家的美国国债利息负担，另一方面，高息政策导致全球美元回流美国，拉美国家同时面临不断加大的流动性紧缺问题。快速走强的美元，也使得大宗商品价格不断下降，严重打击了大幅依靠大宗商品出口的拉美国家的创汇能力，其整体出口收入下降明显。

终于，拉美国家顶不住了，1982 年 8 月，墨西哥财长表示，墨西哥几乎耗尽全部外汇储备，再也无力偿还到期债务本息，随后墨西哥宣布暂停付款 90 天，要求重新协商付款条件和新贷款。之后巴西、阿根廷、委内瑞拉等十余个国家也纷纷宣布推迟偿债，拉美债务危机彻底爆发。无力偿还外债，导致拉美国家油田、矿山等优质资产被变卖，公司破产，国民对国家和社会信用的信心严重不足；外债掣肘还导致本国政府没有财力和物力去刺激经济，对国内经济衰退束手无策。流动性严重不足，通胀恶化，失业率大幅升高，国民叫苦不迭，游行罢工等社会动荡事件频发。1980 年至 1985 年，拉美地区人均 GDP 经历了近 9% 的负增长。如今，债务问题还在让拉美国家隐隐作痛，这一顽疾可能随时再次发作。一些在 20 世纪 50 年代至 60 年代就已经迈入中等收入行列的国家，却因为这场危机至今还在"中等收入陷阱"中徘徊，而曾经落后于他们的日韩已经迈入世界高收入国家行列。

另一个例子是美国自身次贷危机引发的全球金融危机，外因依然是美联储 2004 年—2006 年的加息。2000 年左右，互联网泡沫破裂，美联储为了刺激经济活力，将利率下调，2003 年 7 月利率已降至 1% 左右，以此鼓励居民贷款买房，希望通过房地产来拉动美国经济。最初银行只给收入稳定的中产阶级发放购房贷款，后来整个中产市场趋近饱和，但房地产市场行情仍在持续推涨，所以银行开始向没有稳定收入、信用评级不太好的人提供贷款，这就叫作次级贷款，次贷危机的"次贷"根源就在这里。

贷款机构把手中的资金悉数贷出，次级贷款泛滥后，贷款机构依旧贪婪，并且想转嫁风险，它们开始瞄准金融贷衍生品市场。贷款机构放款后，购房者需要按时还房贷，银行在未来几十年都会收到固定的现金流，放出去的贷款在银行资产负债表上形成应收账款，即银行的资产。银行与金融机构联合将这些应收账款放进一个组合包内，对组合包内的资产进行估值后，打包并拆分成多份，变为一个个理财产品，这就是房地产抵押贷款支持证券（MBS）与担保债务凭证（Collateralized Debt Obligation，简称CDO）最基本的构成方式。

在美国房地产市场蓬勃发展的阶段，底层资产是每个月购房者固定还款的低风险房贷，这部分现金流会稳定持续二三十年，这类理财产品在美国深受个人投资者与华尔街金融机构的追捧。对银行而言，相当于把欠条卖给了别人，从中赚到通道费或利差，总收益变少，但次级风险转移了、资产脱手、资金回笼，还能提高资金周转率，扩大经营，把回笼的资金拿去放更多的房贷，然后再打包卖掉。但投资者与金融机构担心理财产品的底层房贷断供，这时就有提供"保险"服务的公司收取保费，如果理财产品项下的房贷断供，保险就会进行赔付。提供"保险"服务的公司按照当时市场行情测算，断供房贷的人是极少数，觉得很划算，就开始售卖"保险"——信用违约互换（Credit Default Swap，简称CDS），有了CDS的托底加持，MBS和CDO等产品就能卖至全世界。

　　这似乎是银行和投资者"双赢"的做法，而当一切看似"合理"时，2004 年—2006 年，美联储累计 17 次加息，联邦基金利率三年中升至 5.25%，次级贷款问题频出。越来越多的人还不起高昂的房贷，开始选择断供抛盘，银行按照合同收走抵押的房屋进行拍卖，市场上房屋供应量增加，促使房价下跌，造成了房贷断供—房屋拍卖—房价下跌—更多人断供的恶性循环。银行坏账率激增，房地产泡沫就此破裂。

　　这时 MBS 与 CDO 中大量底层产品发生违约，提供 CDS"保险"服务的公司损失惨重，这些公司没有应对危机的资金，在 CDS 对赌的获胜方要求赔付时，他们根本拿不出钱来。雪崩式危机中没有人能够幸免，这种大面积的房地产市场崩盘、金融理财产品违约迅速蔓延至整个美国金融市场，大家都担心下一个"暴雷"的产品和自己相关，开始恐慌性地抛售各类金融资产。当金融市场出现"踩踏事件"时，局势只会愈演愈烈，股票市场、债券市场急速下跌，随后蔓延至全球，引发全球性金融危机。此次次贷危机在美国导致至少 800 万人失业，600 万人无家可归，财产损失约 5 万亿美元。而 2004 年—2006 年美国这段过于"乐观"的加息周期，带来的就是典型的美国经济"硬着陆"，给世界金融市场造成的破坏不可估量。

美联储"迫使"他国货币政策失灵

　　1999 年，克鲁格曼教授在蒙代尔-弗莱明模型（Mundell-Fleming model）的基础上提出了"不可能三角"理论（Impossilbe Trinity Theory），如图 1-49 所示。"不可能三角"强调了一个国家不可能同时实现资本自由流动、货币政策独立性及固定汇率，最多只能拥有其中的两项。如果一个国家选择了资本自由流动，那么只能在货币政策独立性和固定汇率中选择其一。

图 1-49　"不可能三角"理论

在美联储 1994 年—1995 年的加息周期中，美国与新兴市场国家的利息差持续扩大。如果此时新兴市场国家利率在低位，就会对本国债券形成抛压，资本就会去购买价格更低、收益率更高的美国债券进行套利，或者资本在利率低的新兴市场国家借入本币换成美元，再到利率高的美国借出美元赚取利差。无论以上哪种情况，都会对本币造成贬值压力。

如果一个国家或地区实行的是联系汇率制，则需要在保持资本自由流动和保持货币政策独立性中放弃一个选项。例如，中国香港采用美元-港元联系汇率制。1997 年金融风暴期间美元汇率升高时，港府为了维持固定汇率，就会抛售香港金融管理局（相当于香港的央行）资产负债表中的美元资产购入港币，把处于贬值压力的港币推回规定的汇率区间。如果这些为了维护固定汇率的措施可以预测，市场参与者就会重复在低利率市场借入港币，然后兑换成美元再出借，或者卖出港币债券，换成美元债券，更恶劣的是，通过期货标的融券做空港币债券。无论以上哪种行为，都会因为港币债券的抛售加剧港币市场利率的提升（债券价格下跌，收益率上涨），造成本币被迫加息，进而失去货币政策的独立性。

1997 年，索罗斯"血洗"泰铢就是利用了当时泰铢与美元的利息差和泰国政府采用固定汇率的天然漏洞。大致做法是重复以较低成本借入大量的泰铢，在 1997 年 6 月集中抛售泰铢，换成美元。泰国这时实行固定汇率制，政府不得不消耗本就不多的外汇储备去买入被外资恶意卖出的泰铢，以此保住泰铢汇率。这时索罗斯又联合泰国及国际上一些经济学者，发文看空泰铢，泰国民众开始恐慌，纷纷跑去银行卖出泰铢换取美元，很快到了 1997 年 7 月 2 日，泰国政府在万般无奈下放弃泰铢固定汇率制，改为自由浮动，此举就像是在金融战中"举手投降"，允许泰铢贬值又束手无策，这也达到了索罗斯的目的，泰国民众间发生了卖出泰铢的"踩踏效应"，恐慌情绪一发不可收拾。几个月内，泰铢兑美元汇率从 25∶1 迅速降至 57∶1。

美联储与全球贸易

美联储加息造成的本币贬值，理论上利好贸易顺差国家的出口，具有刺激经济的作用。但国际金融体系复杂，就中国而言，我们还需要考虑中国贸易竞争对手的外汇是否也有着相同程度的本币贬值。

比如，中国贸易前两大竞争对手是欧盟和日本，如果同样处在美联储加息周期，人民币的贬值幅度大于欧元和日元，那么中国由于货币贬值带来的出口成本优势就大于竞争对手，所以对中国的出口是利好。反之，虽然同时处于美联储加息周期之下，但是如果中国的货币贬值幅度不及日元和欧元，那么其他国家对中国的进口需求就会被外汇贬值成本优势更大的日本和欧盟取代。

2023 年，人民币兑美元虽然全年呈现出贬值的态势，但人民币兑日元相对升值。这就造成中国出口成本的优势被削弱。所以从出口成本角度来说，在 2023 年虽然人民币贬值，但出口并没有呈现出相对强势的情况，如图 1-50 所示，货币贬值幅度的差异是造成这种现象的原因之一。

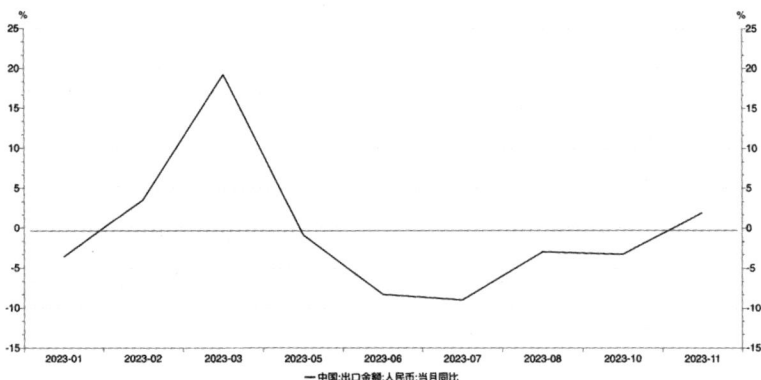

图 1-50　2023 年中国出口金额月度同比

美联储独特的货币政策作用机制

上文中我们了解了美联储货币政策工具的种类以及对全球市场的影响，接下来重点探讨美联储独一无二的货币政策作用机制。这部分内容是美联储相关知识中最难理解的部分，理解后，我们对常见的很多经济现象（如美国长短期国债利率倒挂、美国为什么要加息等问题）会有更深刻的认识。

中美货币政策的本质差异

下面我们以中美两国货币政策的对比来理解二者作用机制的差异：美国货币政策体系以价格引导为核心，而中国货币政策体系则以数量约束为核心，这是二者本质的不同。

美国通过价格引导的方式直接引导市场利率，比如前文中提到的几个"操纵"市场利率预期的手段，如 FOMC 的讲话、利用关键经济数据引导市场预期等。中国的央行体系依靠调整中期借贷便利和贷款市场报价利率、设定利率走廊机制、调整存款准备金利率等，从而达到控制货币供应量的效果，以此来间接引导市场利率[①]。这就会造成中美两国银行间市场利率走势的巨大差异。

如图 1-51 所示，把 2024 年 3 月到 6 月的美国联邦基金利率（本质为美国银行间隔夜拆借利率）和上海银行间同业拆放利率（Shibor）做对比，可见美国联邦基金利率维持在 5.33% 的水平，没有任何波动，呈现出一条直线，而同期的上海银行间隔夜拆放利率却有很明显的持续波动。这就说明了美国的货币政策对资金的短期价格是严格控制的，而中国的货币政策对短期资金价格没有直接约束。这样的差异主要是由两国的金融地位和经济情况决定的。

中国采用控制数量的办法控制货币供应量，主要是因为中国利率市场化还处于发展阶段，并且调控以国内需求为主，居民和企业对资金的需求主要取决于是否有高速增长的行业。举个例子，中国 2001 年加入 WTO 后，外贸行业盛行，出口红利存在且不断涌现，企业的借款需求对利率的敏感性很低。反过来也是如此，在房价下跌的预期

---

① 《中国的利率体系与利率市场化改革》，中国人民银行，2021 年 9 月 28 日。

下，下调 LPR 以及房贷利率的作用比较有限，必要时采取抵押补充贷款和保障房专项贷款收储商品房来定向刺激。因此，美联储价格引导的方式在中国行不通，本质原因是中国的利率与实体经济间的沟通并没有完全打通。

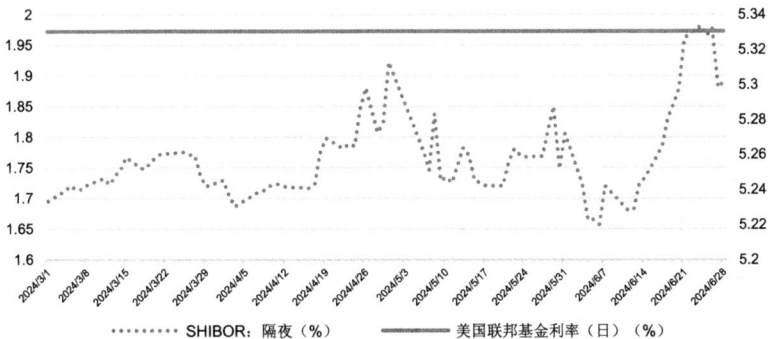

图 1-51　中美银行间隔夜拆借利率

美国之所以要用资金价格（也就是利率）来直接引导，除了美国利率市场化程度较高，还因为美联储作为"全球央行"，不但要调控国内货币的流动性，还需要一个能够迅速作用到全球的货币传导机制，如果像中国一样单纯依靠数量传递，就会让美联储货币政策作用到全球的效果大打折扣。所以美联储货币政策需要的是一种以信号形式传导的工具，利用价格的变化影响全球就成了最好的选择。比如，平时我们在新闻中看到有关美国加息的消息，就会发现全球金融市场都会不同程度地迅速响应，这就是以信号形式产生效果的方式；如果美联储靠基础货币投放，一般只能影响到美国本土市场，很难跨越国界影响全球美元的流动性。

这里再用一张表将中美银行体系概念简化，如表 1-2 所示，我们可以将商业银行体系的资产端简化成准备金加贷款，负债端简化成活期与定期存款。中国的货币政策实际上调节的是银行资产端的准备金规模，而美联储的预期调节机制影响的是活期存款利率水平。换句话说，中国通过影响商业银行的资产来实现货币的扩张与收缩，而美国则通过影响商业银行的需求来实现货币的扩张与收缩。中国调供给，美国调需求，这和经济发展的早期阶段供给决定需求，而经济发展成熟阶段需求决定供给是一个道理。

表 1-2　商业银行的资产负债表

资　　产	负　　债
准备金（中国央行机制）	活期存款（美联储机制）
贷款	定期存款

美元全球体系的机制

　　美联储货币政策的扩张与紧缩取决于本土经济的强弱和市场活期利率水平，这会造成美国货币政策与全球经济情况"割裂"的现象，因为美国货币政策制定的参照标的锚定美国本土经济水平（至少美联储是这么声称的），美联储不会参考其他国家的经济水平而影响自己的政策制定。而矛盾又在于，美元是全球的美元，美联储的政策会对全球经济产生影响，这就会造成其他经济体与美国货币政策不匹配。这里用"两部门"模型来解读，如图 1-52 所示，假设美元全球体系可简单分为非美经济部门和美国本土经济部门两个部分。"两部门"全球美元体系的核心是美联储，且美联储的货币政策对全球都会产生影响。全球所有的经济部门依据是否在美国本土分为离岸的非美经济部门和在岸的美国本土经济部门，银行体系也以此分为离岸银行体系和本土在岸银行体系。银行体系对美元的影响与美联储货币政策通道通过彼此"银行体系中的货币乘数"[①]相互连接。

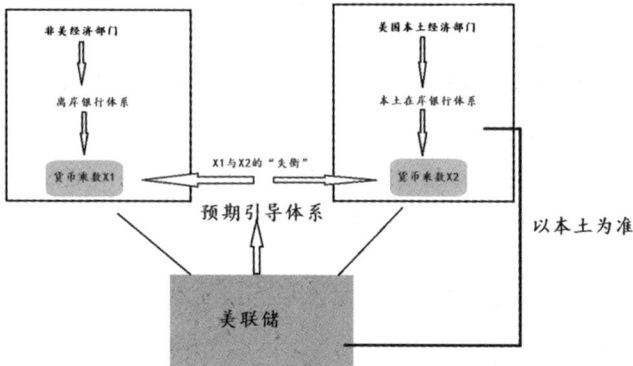

图 1-52   "两部门"模型

上文提到，中美两国货币作用机制不同，即美联储货币政策对应的是市场活期存款利率的引导，中国体系对应的是准备金的调节，基于此，这里先解释"银行体系中的货币乘数"的意义。美联储货币供应量的影响因子简化为货币乘数 X 与活期存款组合形成的函数，当美联储引导货币体系利率提高时，活期存款的需求会提高，货币乘数等于货币的总供给（总负债）与活期存款的比值，所以货币乘数会降低，从而使总体货币供应量收紧。因此，也可以把美联储加息与减息的操作看作对货币乘数的控制，当经济强劲时，货币乘数比值较大；当经济衰退时，货币乘数比值较小。

正因如此，美联储的这种全球美元体系也会产生很多问题，这里

---

① 货币乘数是货币供应量对基础货币的倍数关系。简单地说，货币乘数是一单位基础货币所产生的货币量。完整的货币（政策）乘数的计算公式是：k=(Rc+1)/(Rd+Re+Rc)。其中，Rd、Re、Rc 分别代表法定准备金率、超额准备金率和现金在存款中的比例。而货币（政策）乘数的基本计算公式是：货币供应量/基础货币量。

以核心变量货币乘数为基础进行展开。首先大家要明白，美元指数[①]是美元相对于其他国家主要货币强弱的指标，美元指数主要用于衡量离岸美元的稀缺情况。

第一种情况，当离岸经济体的货币乘数大于美国本土的货币乘数时，即图 1-52 中的货币乘数 X1 大于货币乘数 X2 时，美国经济弱于"两部门"模型中的非美经济部门，美联储会根据美国本土的经济状况引导市场利率下调，此时的利率水平与美国本土经济适配，但是与非美经济部门发生错配。相对于非美经济部门的经济发展水平，降低后的市场利率过低，这就造成离岸市场美元泛滥，此时对应着美元指数的下降。如图 1-53、图 1-54 所示，2017 年 6 月—2017 年 12 月，美联储市场利率在岸水平低于离岸经济体利率水平，美元指数也随之下跌。

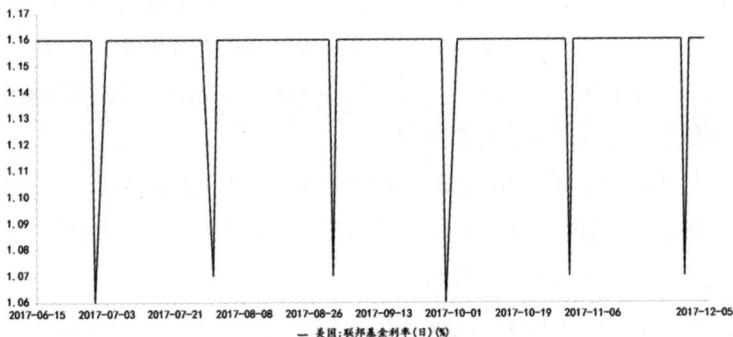

图 1-53　2017 年 6 月—12 月美国联邦基金利率走势

① 美元指数，又称美汇指数，是衡量美元在国际外汇市场汇率变化的一项综合指标，由美元对六个主要国际货币的汇率求加权几何平均数计算获得。美元指数包括六种国际货币，即：欧元、日元、英镑、加元、瑞典克朗、瑞士法郎。美元指数就像温度计，它告诉我们美元在全球市场上的热度和影响力。

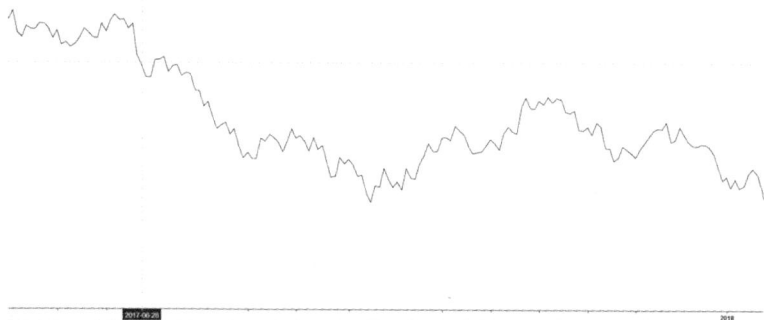

图 1-54　2017 年 6 月—12 月美元指数走势

第二种情况，当离岸经济体的货币乘数小于美国本土在岸的货币乘数时，也就是当 X1＜X2 时。此时，美国本土经济水平强劲，非美经济部门较弱，美联储根据美国本土经济强劲的状态提高市场利率。此时本土市场利率水平适配，但与非美经济部门利率水平发生错配。由于离岸美元过高的利率水平与较弱的实体经济之间失衡，导致离岸美元缺乏，最终造成美元指数飙升。

如图 1-55、图 1-56 所示，2022 年 3 月—9 月美联储处于加息周期，非美经济部门的实际经济情况与美国本土经济错配，非美经济弱于美国本土经济水平，美元指数飙升。

因此，全球金融市场风险的本质其实可以归结为不完美的世界美元体系和不对称的世界。因为全球美元利率水平是按照美国本土的经济情况制定的，而美国本土经济与非美经济部门的经济时常出现较大的差异，由此导致离岸美元利率与离岸经济"失衡"，这也为非美经济部门发生的种种危机现象埋下了隐患。于是就有了美国财政部前部长康纳利的一句经典名言："我们的美元，你们的麻烦。"

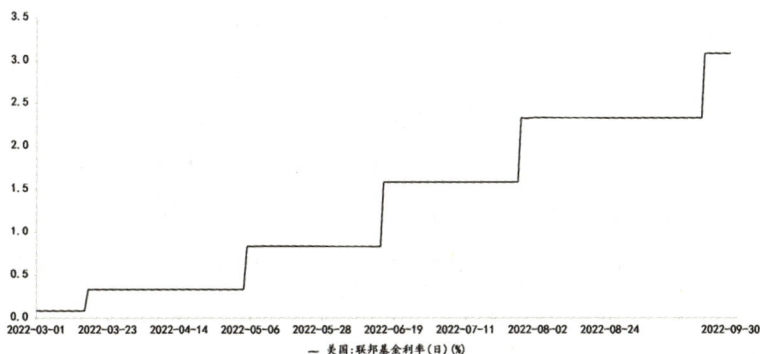

图 1-55　2022 年 3 月—9 月美国联邦基金利率走势

图 1-56　2022 年 3 月—9 月美元指数走势

　　美元全球体系的"不对称"性也是美国能够一直沿用其"收割"套路的根本。美联储通过降息让美元离岸银行体系放出大量低息美元贷款，让海外经济体背上美元债务，然后通过加息使离岸美元市场流动性快速枯竭，海外经济体此时无法借新还旧，只能设法将资产在低价位"割肉"卖出偿还债务。非美经济部门被美联储"收割"，但整个游戏规则的设计者美联储也可以"冠冕堂皇"地将此归结为正常经济周期波动的结果。正如格林斯潘表面上将 2008 年次贷危机的根源归结为新兴经济体崛起，造成了全球收支失衡，导致市场现金流过于充裕，最终引发危机，但潜台词应该是："作为美联储主席，我要着眼于美国本土经济的发展，强劲的非美经济部门会造成大量的美元泛滥。"所以问题本质还是失衡的全球美元体系。美联储能影响全球资本市场，却只以美国本土经济为政策制定依据，那么美国本土经济数据的客观与否就值得深思了。

进一步理解美国国债收益率

从全球美元体系的角度延伸，读者可以更好地理解 2 年期与 10 年期美国国债收益率持续走高以及倒挂现象的本质。上文解释了美国加息会真实体现在 2 年期美国国债收益率的变化上：2 年期美国国债，也就是短债，反映的预期是未来 2 年内美国的利率水平，是充分考虑了市场中的各种情况后，一种对短期市场投票的均衡结果，2 年期等短期美国国债能更好地反映美联储控制短期利率的动作。如图 1-57 所示，我们可以把 2 年期美国国债收益率看作对美国本土经济情况的充分反映。

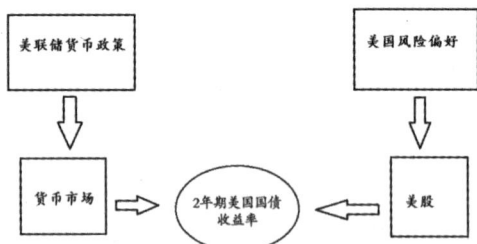

图 1-57　2 年期美国国债收益率

上文提到，美元指数可以看作对离岸经济状况的一种反馈。10年期美国国债作为长债，是资本对未来10年利率水平的综合投票结果，也是资本用充分的时间消化各种预期后的一种反馈，更是资本与实体经济长期传导后得到的均衡利率。所以10年期美国国债收益率可以看作美元指数与2年期美国国债收益率的综合反馈，即对离岸非美经济部门与在岸美国本土经济部门的充分反映，如果仍然用"两部门"模型阐述，它们之间的逻辑将是图1-58中这样的。

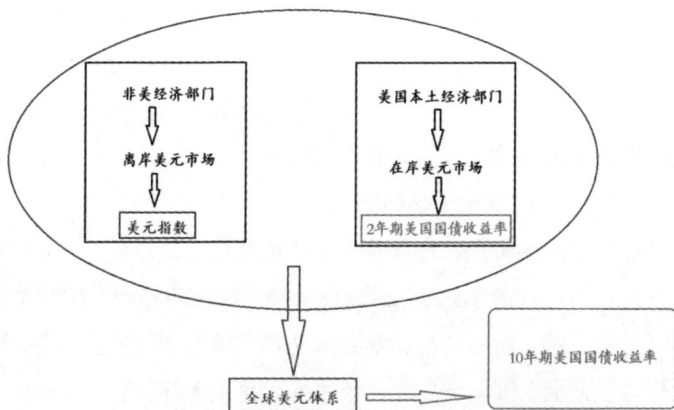

图1-58　10年期美国国债收益率传导机制示意图

若2年期美国国债收益率与10年期美国国债收益率发生倒挂（短期收益率高于长期收益率），则表明美国本土在岸经济与全球经济发展情况不匹配，此时在岸经济强于全球平均经济水平。如图1-59所示，2000年后共发生过3次显著的2年期美国国债收益率与10年期美国国债收益率倒挂的现象。

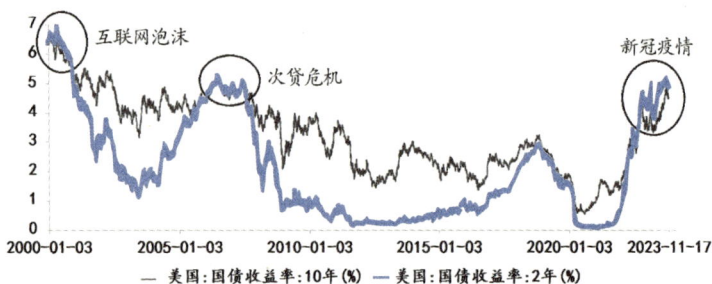

图 1-59　2 年期与 10 年期美国国债收益率走势对比图

第一次倒挂发生在 2000 年左右，随后酝酿成了轰动一时的千禧年互联网泡沫；第二次倒挂出现在 2006 年，后来便是 2008 年的次贷危机；第三次倒挂发生在 2022 年新冠疫情期间，美联储开启疯狂的加息周期让全球经济一度陷入衰退的诅咒。

这些现象的本质在于强劲的美国本土经济部门与相对弱势的非美经济部门之间的失衡，也就是本土货币乘数 X2 大于离岸货币乘数 X1。失衡现象一旦产生，美联储以自身经济状况为锚制定的政策就会以加息作为对策，而加息会导致离岸美元市场流动性快速枯竭，随后逐级传导，直至引发全球资产价格崩盘。这又从另一个角度解释了为什么美国长短期国债收益率的倒挂往往伴随着金融危机甚至经济衰退。

另外，10 年期美国国债收益率的飙升也可以用全球美元体系框架来解读，10 年期美国国债收益率飙升是本土在岸经济与非美离岸经济共振造成的。这里用 2023 年 5 月到 10 月的 10 年期美国国债收益率持续飙升为例来解释。首先，美联储"鹰派"的点阵图引导、对经济数据的"篡改"，以及前瞻性指引中对加息的预期都推升了本土在岸美元利率水平。同时，非美经济体央行相对"鸽派"的货币政策又加速推升了非美经济体的离岸美元利率，使得离岸美元利率水平与离岸实体薄弱的经济水平发生背离，造成离岸美元流动性逐渐枯竭。非美经济体央行为了维护离岸汇率，会选择抛售或者减持美国国债换回美元，从而加剧了美国国债收益率的攀升。离岸与在岸美元利率水平共同走高，造成了 10 年期美国国债收益率持续上升，如图 1-60 所示。所以 10 年期美国国债收益率飙涨本质上是全球在岸与离岸美元流动性枯竭引发的。

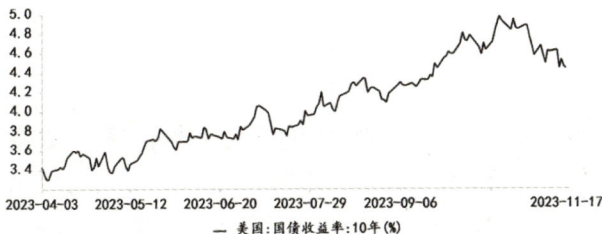

图 1-60　2023 年 5 月—10 月 10 年期美国国债收益率走势

本讲最后一部分的难度有所提高，但这是理解美国货币政策为何能影响全球经济的核心内容，希望读者朋友反复研读，这样可以对美联储在全球经济中扮演的角色有更深一步的感悟。

拓展阅读：美国的关键经济指标

我们在财经新闻中常看到美国的经济数据，大家可能觉得美国的经济数据和身在中国的我们关系不大。其实美国的经济数据很大程度上决定着美联储的货币政策，这些货币政策又影响着全球经济，如果平时不关注美国的经济数据，就可能会在投资中迷失方向。

比如，很多投资者发现美国非农数据超预期与否在短期内决定着大类资产的走向。通常情况下，如果非农数据超预期，美元指数会瞬间做出反应，比如 2023 年 12 月 8 日晚，美国劳工部公布的 11 月非农新增就业人口是 19.9 万人，高于预期值 18.5 万人和前值 15 万人，属于超预期，数据出炉后，美元指数直接拉升。

美元资产的一举一动也会潜移默化地影响中国资产的走向。如果美元指数持续上涨，人民币汇率贬值压力增大，便会导致资本外流，以人民币计价的资产价格就会下跌，由此可见美国货币政策在全球的影响力。

经济数据与美联储的货币政策目标

美国国会赋予美联储的双重任务是稳定物价和就业规模最大化。

第一，为了保持价格稳定，美联储将年度通胀率的目标设定在了 2%，并长期保持这一目标。这既保持适度的通胀，又有利于经济的稳定，通胀数据过高或过低都会增加美联储通过货币政策调节流动性的可能。

第二，为了实现就业规模最大化，美联储会采取一系列措施刺激消费和投资，从而带动企业扩张和就业增加。此外，美联储还可以通过增加货币供应量的方式，降低资本市场的借贷成本，让企业融资成本更低，激发企业的活力。美联储的就业目标是使其保持在自然失业率附近，而不是充分就业，这样既提供了充足的就业，又能避免过高的通胀。充分就业是一种理想状态，在现实经济环境中很难实现，而自然失业率是劳动力市场供需均衡的状态。如图 1-61 所示，在劳动力市场供需曲线中，横轴 N 为劳动力数量，纵轴 W 为薪资水平，图中的 E 点表示劳动力市场供给与需求达到均衡状态，此时对应的 N^E

为自然就业率，W*是自然薪资水平。如果市场的工资水平上升到 W**，劳动力供给会增加，此时愿意工作的劳动力数量就会上升到 N2，但企业实际愿意雇佣的劳动力数量是 N1，N2-N1 就是经济学中的"非自愿失业"人数，也是统计中的实际失业人数。

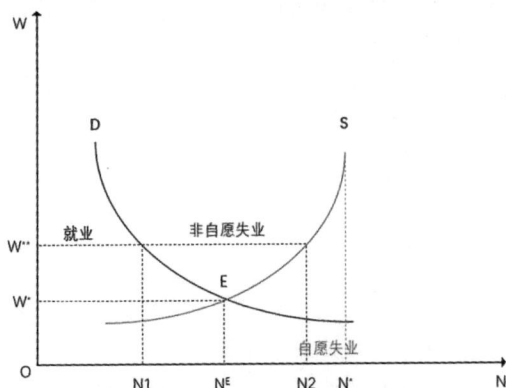

图 1-61　劳动力市场供给需求曲线

不过美联储对失业率是否过高的判定标准也在变化，并没有一个硬性的判定规则。2019 年，美联储和总统经济顾问委员会的经济学家克劳迪亚·萨姆（Claudia Sahm）提出了"萨姆规则"（Sahm Rule）。萨姆规则表示，如果过去 3 个月失业率的平均值上升到过去 12 个月的最低值以上 0.5%，经济衰退就极有可能发生，此时美联储就有很大可能采用宽松的货币政策应对失业率的走高。

美国物价指数

在通胀指标上，大多数国家以 CPI 作为参考，但美联储更偏好PCE（Personal Consumption Expenditures Price Index）。PCE 即个人消

费支出价格指数，通常由美国商务部经济分析局（BEA）在每个月的月末公布上一个月的数据。2000 年后，美联储将 PCE 作为判断通胀的主要指标，相比于 CPI，机构投资者更看重 PCE 的变化。

如图 1-62 所示，虽然 PCE 和 CPI 在主要走势上大致相同，但二者的计算方法存在着明显的区别，首先，CPI 采用拉氏指数加权平均法[①]计算，PCE 采用链式加权平均法[②]计算，相比之下，PCE 更能反映价格上涨后商品的替代效应。

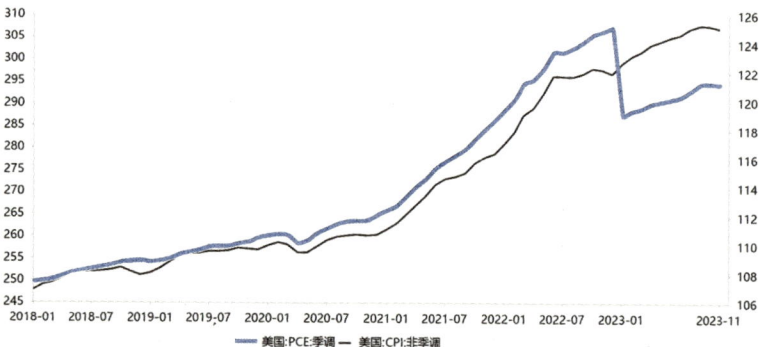

图 1-62　PCE 与 CPI 走势对比

举个例子，在煤炭价格上涨后，消费者对替代品天然气的需求就会增加，从而让 PCE 对大幅上涨的价格形成对冲，起到"削峰填谷"的作用，CPI 对于价格冲击的"过滤"更弱一些。

---

① 拉氏指数是德国经济学家拉斯贝尔（Laspeyre）于 1864 年首先提出的，他主张无论是数量指标指数还是质量指标指数，都采用基于同度量因素（权数）的指数。

② 在链式加权平均法计算中，每个数据点的权重取决于其在链式结构中的位置。具体到 PCE，计算时会分别计算当期名义消费量与上一期消费量为权重的价格变动，再取二者的几何平均数，得到每期价格变化的环比值。

再者，CPI 衡量的是一篮子固定消费品和服务的平均价格水平，PCE 的篮子侧重点与 CPI 也有所不同。CPI 的篮子主要衡量城镇人口消费的物价水平，而 PCE 的篮子则将农村人口、非营利组织等部门的消费也纳入了统计，从二者的篮子构成来看 PCE 更全面。

除此以外，PCE 篮子的权重也与 CPI 不同，比如房地产占比在 CPI 中占到了 33%，但是在 PCE 中仅占 16%。能源在 PCE 中的占比也比 CPI 要低，因为能源与食品价格经常受到短期冲击，比如俄乌冲突期间的天然气价格暴涨，所以美联储需要一个能不受短期因素影响的中长期价格指数。

因此，剔除食品与能源影响的核心 PCE 价格指数（Core PCE Price Index）在 2002 年后就成了美联储联邦公开市场委员会跟踪通胀的主要指标。2012 年 1 月，美联储将核心 PCE 价格指数 2% 的年增长率设定为长期通胀目标，自此，美联储将核心 PCE 价格指数与货币政策绑定在了一起。PCE 中 75% 的子项都来自 CPI，剩下 25% 的差异主要来自能源、医疗和住房三个分支项目，核心 CPI 与核心 PCE 的差值主要来自住房和医疗。

虽然 PCE 的重要性在逐年上升，但 CPI 在发布时间上领先，仍具有重要的参考性。CPI 数据由美国劳工部在每个月 10 日至 15 日发布，PCE 数据由美国商务部经济分析局在每个月的月底发布，所以优先发布的 CPI 是投资者预测 PCE 的重要参考。

根据 PCE 与 CPI 的细分项目的不同，我们可以推理出 CPI 与 PCE 的剪刀差主要来自能源、住房及医疗这三项内容，核心 CPI 与核心 PCE 的剪刀差主要来自住房和医疗。通过一些先行变量的观测，投资者也能提前对通胀做出预测，例如，可以根据布伦特或 WTI 原油价格、美国薪资增速的变化预测 CPI 或 PCE 的走势。

美国劳动力市场数据

劳动力市场主要看四个指标，分别是每月公布的失业率、初请失业金人数，以及"大非农"和"小非农"。其中初请失业金人数是在过去一周内首次申请失业救济金的美国劳工人数，由美国劳工部每周发布。

"非农"表示美国非农业人口就业状况（Nonfarm Payroll，简称 NFP），其核心数据包括非农就业人数、非农人口就业率和失业率。非农就业人数是美国工人人数的衡量标准，代表绝大多数美国劳动力，但不包括农场工人和一些政府工作人员，也不包括私人家庭雇员、非法人企业主、非营利部门雇员等。"大非农"统计包括全美所有行业，由美国劳工部在每个月第一个周五北京时间 20:30（如果是美国实施冬令时的月份则推迟一小时）公布，投资者只需关注"大非农"中的新增非农就业人数就可以了。"小非农"是 ADP（Automatic Data Processing）就业数据的简称，统计的是私营部门非农数据，"小非农"由美国自动数据处理公司在每个月第一个周三发布，发布的时刻与"大非农"一样。因为"小非农"的公布时间比"大非农"提前了两天，所以"小非农"数据的好坏对"大非农"有着重要的预示作用。

非农数据由预期值、前值、修正值和实际值组成，其中修正值对市场的影响作用较小，投资者平时重点关注预期值与实际值之间的差值。如果实际值大于预期值，就证明实际就业人数比预期的要多，即实际经济情况比预期的要强劲，这增加了美联储加息的可能性，美元指数会随即走高，贵金属走低，利空美股。反之，如果实际值小于预期值，则证明经济比预期的要差，美联储降息预期增加，美元指数利空，贵金属走高，美股上行。

为什么就业表现好反而利空美股呢？美联储理事鲍曼（Michelle Bowman）的解释是这样的：就业向好意味着工资上涨，由此可能带来物价上涨压力，后续会促使美联储进一步加息来压制通货膨胀。这里可以理解为就业超预期意味着经济已"过热"，如果暂不降息甚至继续加息，那将会提高市场的资金价格，导致市场流动性的缩减，而流动性的减少会使股价下降，所以投资者视其为"利空"。

失业率与通货膨胀率之间的关系可以用经济学中经典的菲利普斯曲线来描述，如图 1-63 所示，菲利普斯曲线刻画了通货膨胀率与失业率在短期内存在的反比关系，即失业率升高通常伴随着通货膨胀率降低。当美联储在货币政策组合中做权衡时，通货膨胀率和失业率之间通常只能保其一。

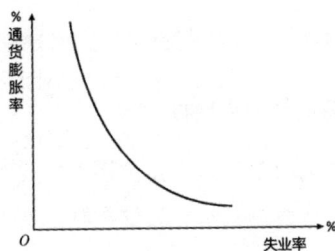

图 1-63 菲利普斯曲线

以 2020 年新冠疫情期间的美国为例，如图 1-64 所示，在 2020 年以来的美国失业率与 CPI 走势对比中可以看出，失业率与 CPI 之间近似成反比关系。由于疫情的冲击，美国失业率飙升至 14.7% 的高位，为大萧条以来的最高值。货币政策上，特朗普政府为了刺激经济，提出了 6000 亿美元贷款支持方案，具体以"贷款便利"的形式向中小企业发放，同时通过"市政流动性便利"向州政府和市政当局提供 5000 亿美元的贷款，这两项刺激政策一定程度上加大了在岸美元的流动性。经济得到了刺激，失业率从高点一路走低，但流动性释放的代价就是美国通货膨胀水平走高。

单位：百分比

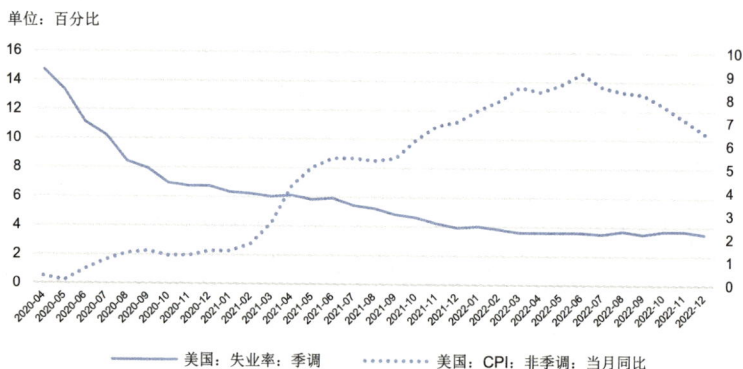

图 1-64　2020 年后美国失业率与 CPI 走势

联邦公开市场委员会利率决议

前文提到，美国货币政策体系是价格引导式的，美国货币政策的核心是预期引导，经济数据只是美联储在制定货币政策时的参考。真正决定执行加息还是减息货币政策的，是一年 8 次的联邦公开市场委员会（FOMC）会议。

对于 FOMC 会议，投资者主要关注利率决议是否超预期，一般预期中的利率是由最近一次公布的加息点阵图决定的，如果会议上公开的利率决议水平大于预期水平，就会对股票市场产生压制，利好美元。但 FOMC 会议的另一部分，即利率决议后的新闻发布会也是决定资本市场的重要变量，有时利率决议显示出“鸽派”姿态，但是新闻发布会如果转“鹰”，也会让市场走弱。比如，2022 年 11 月的利率决议，虽然加息 0.75 个百分点符合预期，被市场解读为“鸽”，但随后的新闻发布会上，美联储主席鲍威尔对市场连泼冷水，让美股市场由“涨”转“跌”。所以投资者除了关心利率决议本身是否超预期，还要等待美联储主席对市场的定性，有时虽然数字显示利好，但新闻发布会利空也可能让市场走弱。

另外，即使 FOMC 会议对当下经济的判断符合市场预期，但对未来经济形势的态度超预期，也会对市场产生影响。比如 2022 年 12 月 15 日的利率决议，美联储决定加息 0.5 个百分点，虽然在市场预期之内，但美股却以连续下跌作为回应。当时的通胀数据已大幅度回落，按照逻辑来讲应该弱化了加息预期，为什么美股不涨反跌呢？因为会议上决定的 0.5 个百分点已经被市场消化，属于“Price in”[①]，也可以被理解为“Sell the News”[②]，在有效市场理论中，被消化的信息就不会再影响价格。所以市场当时的关注点并不在美联储 12 月是否加息这个问题上，反而转向了美联储对未来利率的预期，特别是当美联储公布点阵图后，对未来两年更加“鹰”的利率预期让市场有了超预期的“体验感”，所以资本市场应声下跌。

---

① “Price in”是经济学名词，暂时没有合适的汉语对应，指某种预期已经被市场消化，而导致消息公布后股票价格未变动，简单来说就是消息虽然未出，但预期已经体现在股价上了，市场已经消化了信息而给出相应的价格，即“看不见的手”对未来价格的反映。

② “Buy the rumor, Sell the news”，意为“在谣言中买进，在消息中卖出”，是一种利用对新闻事件的预期来获利的交易策略，交易者在听到相关新闻的谣言或预测时买入资产，并在新闻正式发布后卖出资产。这种方法的逻辑是：资产价格会因预期而上涨，然后在实际新闻发布后下跌，因为市场已经消化了预期。

先行经济数据

我们可以多关注一些先行指标，比如通胀的先行指标，像美国 EIA 天然气库存、EIA 原油库存变动、API 原油库存变动。因为原油库存水平会影响原油价格，原油库存高，原油供给量大，原油价格就会下降。而能源价格与通胀之间又存在着密切的联系，能源成本上涨会对通胀形成向上牵引的效果。

另外，每个月由美国商务部公布的"耐用品订单"（Durable Goods Orders）也是比较重要的先行指标。耐用品订单代表了对不易损耗物品的订购数量，一般是寿命超过三年的商品，比如国防设备、飞机、汽车、重型工业商品等，这些商品的需求也是美国制造业的"晴雨表"，对未来经济产能具有先行指导意义。

与耐用品订单逻辑相似的还有美国"新屋销售"（New Home Sales）数据，其在每月 28 日前后由美国商务部经济分析局（BEA）公布，该数据记录了新的独栋房屋销售数据，多单元房屋的销售并不在统计范围内，新屋销售总数也是建筑业的"晴雨表"，它与耐用品订单数据结合分析，就能为投资者对美国 GDP 的预测打下基础。当耐用品订单和新屋销售数据超预期时，表明经济活力增强，利好以美元计价的资产。

美国经济数据最为重要的还是美国的就业率和通胀率，这两项是美联储制定货币政策的参考依据，就业率关注非农数据，通胀率关注 PCE，这是投资者需要跟踪的两个指标。另外，一年召开 8 次的 FOMC 会议也是政策走向的关键，每次会议中都需要关注美联储官员的讲话，"鸽派"与"鹰派"的观点将对资本市场走向有着重要的指导意义。

第 05 讲
美日量化宽松对中国经济的启示

美国与日本长期作为世界最大经济体与第三大经济体，在全球经济中占据着举足轻重的地位。美联储与日本央行在一些特殊时间节点实施的货币政策对全球经济的稳定和发展至关重要。其中不禁让人联想到日本"失去的三十年"内日本央行的一系列措施和 2008 年美国金融危机期间美联储实施的量化宽松政策。随着时间的推移，不论是成功的经验还是失败的教训，历史都会一一将其呈现出来。其中所能带给中国经济的启示或是警醒都是弥足珍贵的。

提起量化宽松，真正的先行者其实是日本央行。2000 年，日本经济遭遇了"流动性陷阱"①，实际需求不足导致全国经济萎靡，常规的货币政策对经济的刺激也显著失效。

货币政策大致可分为两种类型，一种可以被理解成"利用利率杠杆"，另一种是"利用数量杠杆"。

利率杠杆也就是常规性货币政策，比如公开市场操作，这些都是利用短期债券的买卖来调节市场利率的方式，流动性也会随着利率变

---

① 流动性陷阱（Liquidity Trap）是英国经济学家凯恩斯提出的一种假说，也称"凯恩斯陷阱"。当一定时期的利率水平降低到不能再低时，无论增加多少货币，其都会被人们储存起来。发生流动性陷阱时，再宽松的货币政策也无法改变市场利率，进而使得货币政策失效。

化而改变。但当利率接近于零的时候，这些用利率杠杆调节流动性的货币政策便会面临失效。比如 2000 年的日本，虽然名义利率已经降低至零了，但是货币政策仍然无法对需求形成有效的刺激。这时候就需要用到另一种方法——以数量杠杆为底层逻辑的货币政策，也就是接下来介绍的主角——美国与日本的量化宽松。

美日量化宽松的经验

我们先来回顾一下美国和日本过往量化宽松的过程。2000 年，日本在名义利率降至零的条件下，经历了严重的通货紧缩（简称通缩）。在通货膨胀率较低的情况下，实际利率大致等于名义利率减去通货膨胀率，如果通货膨胀率是负值，那么即便名义利率为零，实际利率也会出现偏高的现象。从 1999 年开始，日本经济出现了严重的通缩，如图 1-65 所示，这段时间内日本的 CPI 同比一直是负增长，直接导致日本实际利率偏高，即便名义利率为零，也会让实际借贷成本维持在高位，货币政策对实际需求的刺激无法发挥作用。

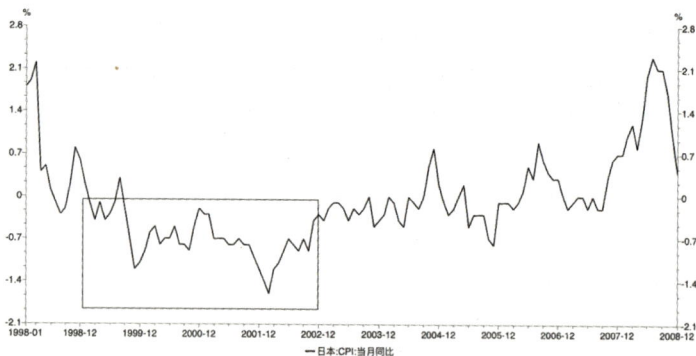

图 1-65　日本 CPI 走势

　　此时常规的货币政策工具不再奏效，只能通过非常规的量化宽松抑制市场的实际利率水平。从 2001 年 3 月一直到 2006 年 3 月，日本央行开始大量买入公共债券和长期国债。

　　从技术层面上讲，量化宽松其实就是央行在二级市场大规模购入中长期债券。常规的货币政策工具重点是对短期债券的买卖，这是与量化宽松不同的地方。对长期国债大规模的买入会推升长期国债的价格，以此压低长期国债的收益率，变低的长期国债收益率会对长期的市场利率形成指引。

　　从前面提到的央行资产负债表角度思考，实施量化宽松其实是紧急情况下避免资产负债表衰退的方法。比如在 2008 年美国金融危机后，美联储历史上第一次对外宣布将购债范围扩大至国债、抵押贷款支持证券（MBS）和联邦机构债券，以此作为扩大资产负债表的方式。如果美联储不亲自下场"救火"，那么金融危机引发的资产价格下跌将把美国家庭和美联储的资产负债表纷纷击穿。如果资产价格下跌，以美国国债为主要资产的美联储将会被迫"缩表"；美国房地产如果崩盘，数千万个美国家庭的资产将会大规模缩水。所以在美国量化宽松的第一阶段，美联储购买了大规模与房地产有关的直接债务，比如由房地美、房利美、联邦住房贷款银行发起的债务，目的是确保市场稳定，即确保家庭资产负债表不被下跌的资产价格击穿。

　　在美联储量化宽松的第二阶段，美联储复制了和 2001 年日本央行相似的措施，购买了近 6000 亿美元的美国长期国债。如果说第一阶段的量化宽松（QE1）是为了保障美国家庭的资产负债表，那么第二阶段的量化宽松（QE2）则可以看作保护美国整体的资产负债表，即 QE1 救的是家庭，QE2 救的是美国财政部。

当然，一个国家的资产除了国债和房地产，还有股票、基金等权益类资产。日本央行就曾"开创性"地将日本股票纳入资产负债表管理中。2010 年，时任日本央行行长白川方明就曾小规模进行过实验，将股票和基金的购买纳入日本央行量化宽松计划。2013 年黑田东彦上任后，日本央行加大了日本股票的购买规模，效果十分显著，2013 年，日经 225 指数实现了自 1972 年以来最强劲的年度表现。困扰日本经济的物价问题也得到了明显的缓解，通货膨胀率涨幅也超过了 3%。截至 2022 年，全日本 ETF 总额的 80% 都被日本央行持有，日本央行通过购买股票和国债成功稳定住了资产价格，避免了资产负债表衰退。

虽然日本央行在量化宽松过程中负债不断增加，但日本政府却从未出现债务违约，也未发生严重的经济危机。相比于欧美时不时就会"暴雷"或发生危机，如美国的次贷危机、银行"暴雷"，欧元区的欧债危机等，日本的做法或许值得思考和借鉴。

日本在大规模量化宽松后为什么没有出现债务危机？这个问题需要从两个方面去讨论。

一方面，日本债务结构和一些新兴市场国家不同。日本的债务主要是内债（以日元计价的债务），而新兴市场国家的债务通常是美元债，属于外债。一旦发生了债务危机，外债高额的偿债成本通常都是引发债务危机的导火索，比如 2022 年的斯里兰卡和 1997 年亚洲金融危机中的东南亚诸国。但是日本的债务并不是美元债，内债问题在现代经济学的货币理论中被认为是可以通过提升货币供应量解决的（人们常说的"内债不是债"）。日本政府的量化宽松就是通过政府举债的方式，把居民储蓄巧妙地转化成了政府投资，一旦债务压力过大，便可以通过继续发行日元内债的方式将债务货币化，以此进行重组和置换。

另一方面，日本债务的利息成本普遍偏低。引发债务危机的通常不是债务规模，而是债务到期无法支付利息导致的现金流断裂（流动性风险）和信用崩溃。日本政府在这方面处理稳妥，比起单纯追求债务规模，日本政府更在意每期债务的成本。这就好比购房者按揭买房，贷多少钱其实不重要，重要的是每个月还多少钱，月供还不上导致的资金流断裂是更严重的问题。自 2014 年以来，尽管日本政府的杠杆率逐年攀升，但每年的利息成本几乎不变。也就是说，虽然日本政府每年借的钱越来越多了，但"月供"却没有增加。

那日本政府是如何在量化宽松过程中降低偿债成本的呢？

第一步，靠发行长期国债。我们看到的关于量化宽松的定义都强调大规模购买长期国债，债务周期越长，平摊到每期的债务成本就越低。在日本的债务结构中，大多数债务偿还期限都是 10 年以上，最长的公债偿还期限可达到 30 年。

第二步，日本政府采取了债务"置换"的方式，新的债务利率普遍都低于 2%，用更低利率的长期债务去置换以前高利率的短期债务，达到在更长周期内摊平债务成本的目的。

第三步，日本中央财政主动去支持地方财政，中央财政用转移支付的方式为地方债务提供了担保，同时日本地方债务占全部债券发行的比例也在逐年降低，这代表日本用信用更高的中央政府债券置换信用级别较低的地方债务。日本法律不允许地方政府破产或者债务豁免，所以日本地方政府并不存在实际赤字的情况，地方政府的债务最终都要由中央政府承担。

日本国债收益率曲线控制政策对企业的启示

债券收益率的变化常常被视为经济健康状况的重要风向标。当企业或国家债券的收益率发生显著波动时，市场参与者往往会重新评估其信用风险和前景，尤其在房地产和金融领域，债券收益率的变化不仅反映了投资者的信心水平，还可能预示着更广泛的经济趋势和潜在风险。通过分析债券收益率的变化，我们可以洞悉市场的潜在动向，识别经济中隐藏的风险因素，进而更好地理解和预测市场的未来走向。下面将深入探讨债券收益率的变化对市场的影响，并分析这种变化对投资决策和经济政策的意义。

在债券市场中，债券价格的下跌通常说明投资者对于发行企业未来的预期偏向悲观。当投资者认为企业无法兑付债券本息的风险增加时，会倾向于卖出这些债券。而当这种风险变得更显著时，更多的投资者会选择折价抛售，以求快速脱手。尽管债券的市场价格发生了变化，理论上企业到期兑付本息的总额也是不变的。换句话说，债券的市场价格越低，其收益率就会越高。这是因为债券价格是由其未来的现金流（即利息和本金偿还）根据当前市场收益率进行折现得出的。因此，债券价格的下跌可以等同于债券收益率的上升，两者之间存在反向关系。这一反向关系也解释了为何债券市场会存在价格报价和收益率报价两种方式。例如，美国国债的报价方式就是收益率报价，而不是我们传统理解的价格报价，如图 1-66 所示。

投资者在面对高收益率债券时，通常会进行谨慎评估。例如，当某企业的债券收益率异常上升但市场仍旧持续抛售时，就表明市场的悲观情绪非常强烈，特别是在国际债券市场上，参与者往往拥有丰富的信息获取渠道，能够敏锐捕捉到潜在风险，因此他们的投资行为对市场信心有着显著影响。而当这些专业投资者都避开某企业的债券时，市场对该企业的紧张情绪自然会加剧。

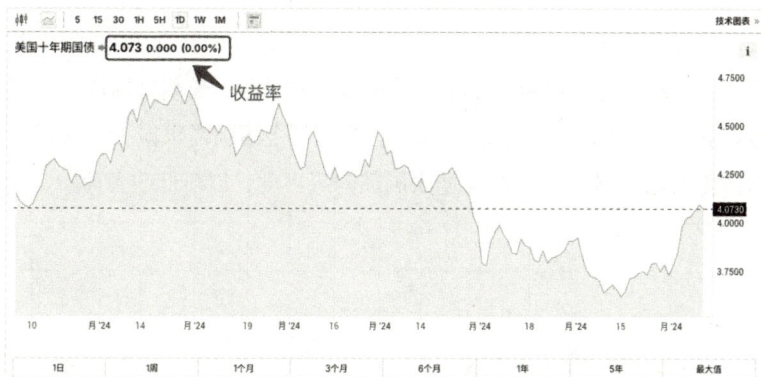

图1-66 美国10年期国债收益率报价示意图

对企业而言，企业在债券市场中的表现对其融资成本和经营稳定性有直接影响。当面对债券市场价格的剧烈波动时，企业往往会通过公开发声来安抚市场情绪，强调公司基本面的稳定性，并列举具体的应对措施。这些措施可能包括展示短期内无重大债务到期、筹措备用资金、获取再融资额度等。通过这些方式，企业可以间接引导市场风向，维持债券价格体系，从而确保低成本的融资环境。对企业来说，维持债券价格稳定比维持股票价格更为急迫，因为债券价格的大幅下跌会导致企业面临更高的融资成本。这种对债券收益率的高度敏感性不仅适用于企业，还适应于国家。例如，日本央行的收益率曲线控制（Yield Curve Control，简称YCC）政策就是典型的例子。

日本的收益率曲线控制政策是日本央行采用的一种货币政策工具，旨在通过市场操作管理短期和长期利率，以实现经济增长和通货膨胀的目标。具体来说，日本央行设定了短期和长期利率的目标范围，并通过固定利率买卖国债等手段，确保利率维持在预定范围内。

这样做的目的是引导市场预期、降低借贷成本，从而推动经济增长和控制物价水平。自 2016 年实施 YCC 政策以来，截至 2023 年上半年，日本央行通过调整购买国债的规模和速度，长期将国债收益率维持在 0.5%以下，如图 1-67 所示。当市场上国债需求减少，导致收益率上升时，日本央行便会加大国债购买力度，以压低收益率。

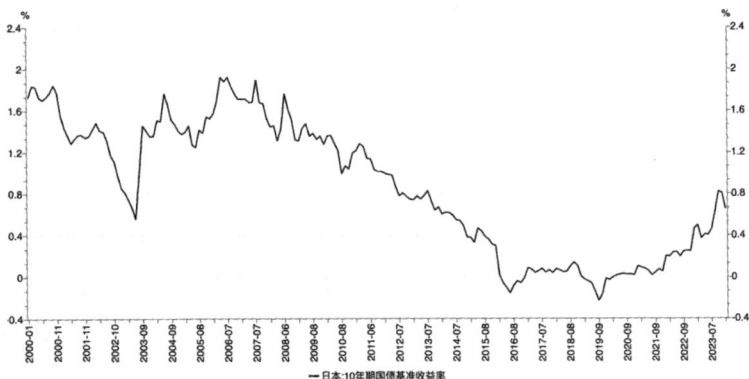

图 1-67　日本 10 年期国债基准收益率（2000 年 1 月至 2024 年 7 月）

凭借着几乎无限的货币发行能力，即使市场上没有其他买家，日本央行也可以用政府设定的价格全额购买国债，从而实现对国债价格和收益率的控制。例如，某一期日本国债的市场价格为 100 日元，一年后到期本息兑付 110 日元，其年化收益率为 10%。但日本政府希望将利率降低至零，那么日本央行便会以 110 日元的价格购买所有卖盘，而到期时债券仍兑付 110 日元，即该批国债的到期收益率会稳定在零附近。这就是收益率曲线控制的基本原理。

日本央行和日本政府采取这一措施的原因在于，国债收益率是国家无风险投资的锚定基础。现代货币理论（Modern Monetary Theory，简称 MMT）对此提供了重要的解释。MMT 主张，政府作为货币的垄断发行者，可以通过发行货币和财政赤字来管理经济，而不必过分担忧传统意义上的债务问题。在这一框架下，国债收益率被视为无风险基准利率，是政府调控经济的重要工具。国债收益率会影响整个市场的融资成本和投资回报，通过控制国债收益率，政府可以间接影响市场利率，降低社会融资成本，从而刺激投资和消费。

日本长期面临的主要经济问题是企业和民间借贷低迷，以及通货紧缩。为此，日本政府希望降低市场利率，以刺激借贷和消费需求。然而，由于财政紧张，政府只能通过发行国债来筹措资金，并由日本央行购买这些国债，从而为财政赤字提供资金，这种做法是典型的财政赤字货币化①。尽管日本政府的债务水平截至 2023 年底已达到本国 GDP 的 2.5 倍，但政府并不急于偿还本金，而是通过按时支付利息和借新还旧的方式来维持债务稳定。因此，只要国债收益率（政府借债成本）足够低，债务的实际负担就会减轻。这就是日本央行致力于压低国债收益率，从而为政府创造一个低成本融资环境的重要原因。

类似的操作在许多国家或多或少都存在，但只有日本大大方方地将央行对收益率的控制公之于众，并定期公开其设定的收益率区间，目的是希望市场能够理解并配合这一目标。这一做法既可以保障投资者的利益，又可以减少央行的运作压力，实现多方共赢。

然而，从 2022 年开始，日本央行开始多次放松 YCC 政策。第一

---

① 财政赤字货币化又称政府债务货币化，指以增发国债为核心的积极财政政策，即中央银行通过发行货币的方式为财政融资，结果导致货币供应量增加。

次是 2022 年 12 月，日本央行把国债收益率上限从 0.25%提高至 0.5%；
2023 年 7 月，国债收益率上限从"不得超过 0.5%"变成了"可以在
一定程度上高于 0.5%"；紧接着，10 月再次将收益率上限提高至 1%。
这一系列调整意味着短短一年之内，日本国债的融资成本上升了 3 倍。
日本央行如此大幅度的调整，是为了应对日元贬值的问题。人为压低
的日本国债收益率导致了日元与美元之间的利差不断扩大，尽管在日
本国内国债收益率具有锚定作用，但在全球市场中，接近 5%的美国
国债收益率更具吸引力，这使得国际资本倾向于卖出日元换取美元，
导致资本流出日本，加剧了日元贬值。放松 YCC 政策有助于提高日
本国债收益率，从而缩小日元与美元之间的利差，减缓日元贬值的速
度。

　　日本面临的主要经济挑战之一是如何在"保国债"和"保汇率"
之间取得平衡。国债价格下跌可能会提高政府的融资成本，这属于"远
虑"；而日元汇率的崩盘则属于"近忧"，一旦发生，则可能会立即对
日本经济造成严重冲击。

　　长期以来，日本的政策理念是优先保障国债市场的稳定，其次要
考虑日元汇率的稳定。这一策略通过维持低利率环境来激发国际资本
对日元的需求，从而提升日元的国际地位，并刺激出口。然而，由于
全球经济环境的变化，尤其是其他主要货币（如美元）的高收益率，
日本的低利率会导致资本流出，加剧日元贬值。日元的贬值进一步加
速了投资者对日本国债的抛售，使得日本国债市场流动性严重不足，
日本央行又不得不下场"救火"。

　　日本目前的困境表明：日元问题不解决，国债问题就难以好转，
而国债的低收益率又是日元贬值的主要因素。为解决这一困境，日本

央行逐步放松对国债收益率的控制，使其回归市场主导，期望以此吸引新的投资者，为债券市场增加新的流动性，从而提升国债收益率，缩小与其他国家之间的利差，最终缓解日元贬值的压力。而在沉重的债务负担和经济低迷的背景下，这一政策调整犹如走钢丝般艰难。

综上，日本政府在宏观调控方面的政策可以简单归纳为以下几个阶段：首先，政府通过确保国债刚性兑付来建立信任。随后，政府会通过借新还旧的方式管理债务，以减轻短期的偿付压力。最后，为了进一步降低利息开支，日本央行介入市场，通过控制预期和管理市场情绪来维持政府融资成本的稳定。即使遇到困难，日本政府也会暂时通过高成本的借新还旧策略来稳定信誉，为未来的经济复苏做准备。对日本来说，"保国债"和"保汇率"的优先级也在随着经济环境的变化而变化。

2008 年美国金融危机后，美国采取了"超低利率+弱美元"的策略，这为日本降低国债收益率并实施宽松的货币政策创造了条件。2016 年，日本央行宣布实施国债收益率曲线控制政策，以进一步推动经济增长。这一政策虽然能够降低融资成本，但也需要大量的资金支持。随着国际货币政策的变化，日本面临的挑战逐渐增多，特别是 2022 年美国加息周期开始后，日本的汇率和债务问题变得更加复杂，日本央行不得不在不同的经济目标之间进行权衡，以确保整体经济的稳定。

日本政府面临的困境对于许多高风险、高杠杆的企业同样具有借鉴意义。企业可以通过发行外币债务来享受低融资成本和潜在的汇率收益，然而，长期依赖低利率融资会使企业沉溺于"舒适圈"，逐渐丧失对风险的敏锐感知力。若全球的利率环境转向高利率，那么企业将面临再融资成本上升的问题。原本以低利率发行的债券到后期需要以更高的利率再融资，这不仅大幅增加了企业的融资成本，还加剧了汇率风险，因为在高利率环境下，本币可能贬值，导致以外币计价的债务负担更加沉重。

在这种情况下，即使企业曾经口碑良好，资本市场也会对其偿债能力产生疑虑，导致企业债券和股票价格下跌，进一步削弱其财务状况和市场信心。面对这种挑战，企业可以借鉴日本央行的"预期管理"策略，通过发表声明来证明自身的基本面健康，并尝试引导舆论来减少海外债券暴跌所带来的连锁反应。然而，需要注意的是，企业并不具备央行的印钞能力，无法对整个债券市场进行调控。因此，在缺乏足够资金支持的情况下，"预期管理"的效果有限。

特别是在全球流动性紧缩的环境下，债券收益率波动和市场动荡显得尤为明显，这使得企业面临更大的压力。资本无国界，国际资本在流动时趋向于避险，倾向于通过做空等手段寻找盈利机会，对目标市场形成冲击。例如，1997年的亚洲金融危机，"大空头"乔治·索罗斯以及其他投资者利用泰国政府的固定汇率政策和金融系统的脆弱性，通过量子基金（Quantum Fund）等平台，对泰铢和泰国股票市场进行了大量做空操作，加剧了市场对泰铢的恐慌，让投资者对泰国金融体系的信心迅速崩溃。这种大规模的投机行为推动了泰铢的急剧贬值，最终迫使泰国政府放弃固定汇率制度，使整个泰国乃至东南亚的经济受到了严重打击。

这一历史教训表明，金融市场的动荡往往伴随资本的大规模流动和投机行为。为了应对这种情况，企业需要建立健全风险管理体系，优化财务结构，并制定灵活的融资策略。例如，通过借鉴日本的 YCC

政策，企业可以学习如何管理市场预期，以维护稳定的融资环境。这些措施能够最大限度地帮助企业在金融市场动荡中保持稳定，实现持续发展。

对中国未来货币政策的启示

在购债方式上，中国央行与日本央行和美联储有不同之处。美联储和日本央行是央行直接下场购买债券或股票，从而达到推动资产价格上涨的目的。但是《中华人民共和国中国人民银行法》第二十九条规定："中国人民银行不得对政府财政透支，不得直接认购、包销国债和其他政府债券。"这也就导致了中国央行无法像美联储一样直接大规模购债给政府提供融资。换句话说，中国在法律层面不支持走财政赤字货币化这条路。

中国政府发行的国债、地方的专项债和一般债都是通过国有商业银行和政策性银行直接采购的，银行再以国债作为抵押向央行申请贷款才能获得流动性，如图 1-68 所示。

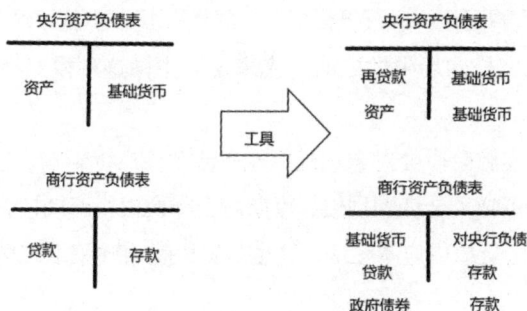

图 1-68　中国可行的购买国债的方式

第一步，政府发行国债，购买者一般是商业银行等金融机构。

第二步，央行配合，通过逆回购和中期借贷便利（MLF）等货币政策工具向商业银行注入流动性，解决大量发行国债抽走商业银行流动性的问题，类似于借钱给商业银行购买国债。

第三步，政府通过国债募集的资金和政府支出，变成各部门的收入和银行存款，增加信用货币。

中美两种购债模式实际上对应着两种不同的货币操作理论，中国的模式更强调央行的"独立性"：央行从财政部分离，分化出负责货币发行的央行和负责信贷的商业银行，这在让财政体系与银行体系分离的同时，还保持了央行与商业银行之间的独立性。这套运作模式类似于 20 世纪 80 年代至 90 年代欧美国家普遍采用的模式，但和欧美国家在实行量化宽松时的"凯恩斯主义"不同，实行量化宽松的欧美国家央行更贴近"干预主义"的操作模式——当市场遇到危机时，央行可以直接下场干预，充当"最后贷款人"。

这就造成了一个很有意思的现象：美国的量化宽松是在一个市场化程度很高的地方，执行一种行政干预色彩很强的措施；反而中国的"商业银行认购国债，央行提供资金"的模式是在实施市场化的操作。在谈到量化宽松的局限性之前，先来说说中国这种模式会产生的问题。

第一，实施阶段会对金融机构原有流动性产生影响。财政发债，商业银行用可贷资金认购国债，短期内会降低银行流动性，推高银行间利率，导致货币供应量紧缩。这也是宽松货币政策下市场资金时常会"明松实紧"的直接原因之一。

第二，中国的国有商业银行作为央行和实体经济的中间机构，购买国债的行为相当于商业银行给财政发放贷款。但国债的收益率作为"无风险收益"，一般远低于普通商业贷款利率，而且商业银行毫无议价权，只能全盘接受低收益率。这样一来，商业银行债权资产的加权平均收益率会显著降低。虽然商业银行可以降低存款利息来维持息差，但央行的逆回购和中期借贷便利等货币政策工具，也需要商业银行向央行支付利息，并且成本不低。当情况恶化到一定程度时，商业银行就会出现亏损，在资本充足率不足时需要融资补充资本。而在中国股市中，银行股的估值普遍不高，也就意味着银行通过再融资来补充运营资本难度较大，并且随着央行和财政的"相对独立"，以及财政资金的稀缺性，中投公司与中央汇金公司也难以再像 2007 年一样大规模向银行注资，更何况财政自己都要靠银行买债。

根据中国经济的自身特点，结合美联储与日本央行所带来的经验教训，得到以下启示：

第一，中国央行可以考虑在二级市场增加买卖国债的力度，充实货币政策工具箱，直接把商业银行低收益的国债资产变成潜在高收益的可贷资金，同时增强对国债收益率的控制。

第二，中国中央政府的杠杆率与主流发达国家相比更健康，而且中国的美元债务（外债）占比很低。例如，2023 年中央财政债务余额总计约 30 万亿元，其中内债余额约为 29.7 万亿元，以美元债为主的外债规模仅有 3346.28 亿元①，外债与内债之比约为 1：100，而且从经常账户的贸易差额来看，中国常年的贸易顺差也保证了中国稳定的外债偿还能力，因此中央政府进一步提高负债率这个举措其实是切实可行的。

---

① 数据来源于财政部。

中国可以用长期的债务置换短期的债务。截至 2024 年 4 月底，中国 10 年期以上的国债占存量国债的比例为 16.9%，其中 15 年期、20 年期、30 年期和 50 年期占比分别为 0.1%、1.6%、11.6%和 3.6%。如果能够把债务期限延长，每一期的偿债成本就能逐步降低。

更为宽松的货币政策也会让普通消费者有明显的感受。比如贷款利率下降，消费者更容易获得包括房贷与车贷在内的贷款，这会鼓励更多人购买房屋与汽车。再如投资与就业方面，由于市场流动性增加，股市与房地产市场的价格可能会上涨，同时整体经济受到正向刺激，营商环境优化向好，企业可能会拓展业务、增加投资，从而创造更多的就业机会，以此缓解"就业难"的问题。但是也要注意其可能带来潜在的负面影响，比如通胀和人民币汇率压力。工具没有好坏之分，适合才重要，所以，如何从其他经济体中汲取经验教训，在改革中寻求平衡，实施具有中国特色的货币政策更为重要。

量化宽松的局限

虽然量化宽松能有效提升商业银行的流动性（准备金），但社会的借贷意愿并不会直接因为商业银行流动性的增加而增加。相反，在遇到危机时（量化宽松常常伴随着危机），商业银行的风险厌恶程度提高，并不会把多余的流动性提供给前景不明朗的实体经济。加上未来预期不明朗，实体经济的主体（主要是制造业）自身也不会有强烈的借贷意愿，甚至多有提前还贷的倾向。因此量化宽松本身并不能刺激实体经济，但会间接对实体经济产生影响，具体通过下面几种方式：

第一，通过推高资产价格（如国债）来降低无风险利率，以此打击资金扎堆投资低风险资产，从而引导资金流向高风险（如企业购买设备）领域，促进经济回升。

第二，通过推高资产价格（如国债）来降低无风险利率，从降低折现率①的角度提升风险资产（如股票、商品房）的估值。

第三，风险资产价格的提升可以提升部分企业（增发股票）或个人（现房抵押）的信用，从而提升融资能力。但是，如果这些企业通过融资获得的新资金没有用于扩产，甚至用于提前还贷，就会加剧信贷紧缩，让量化宽松的初衷和结果背道而驰。

可以看出，以上影响对实体经济来说都是间接的，量化宽松能否挽回实体经济的颓势主要取决于社会的信贷意愿（包括银行、政府、企业和居民的意愿），而这又取决于宏观经济背景。日本在 2001 年启动量化宽松，但依然深陷通缩泥潭；美国在 2008 年启动量化宽松，有效地抵御了因楼市短期大幅度下挫所引起的信用紧缩。美国和日本量化宽松的不同结果就印证了因为国与国之间宏观经济背景不同，量化宽松的效果也会大相径庭的事实。

从这个角度讲，中国的政策方向不能照抄美国和日本，但可以参考其中带有普遍规律性的原则。

拓展阅读：美国的债务上限

美国债务问题常引发人们的关注。美国联邦政府财政收入与支出的不平衡导致债务积累，通常联邦政府的年度财政收入会低于其支

---

① 折现率是指将未来有限期预期收益折算成现值的比例。折现率是特定条件下的收益率，说明资产取得该项收益的收益率水平。在收益一定的情况下，收益率越高，意味着单位资产增值率越高，所有者拥有资产价值就越低，因此收益率越高，资产评估值就越低。

出，造成财政赤字。例如，2022 年美国联邦政府的财政收入是 4.9 万亿美元，支出则超过 6.27 万亿美元。同样地，2018 年，其财政收入为 3.3 万亿美元，支出为 4.1 万亿美元。财政赤字的不断积累会增加国家债务总额，加重财务负担，并最终接近"法定临界值"。

法定临界值是指美国国会设定的债务上限，即联邦政府可以借款的最高金额。因此，当美国联邦政府的债务接近或达到法定债务上限时，政府必须请求国会批准提高这一上限，以便继续借款来弥补财政缺口并履行财政义务。然而，提高债务上限的谈判有时会陷入僵局。若国会和政府之间无法达成一致，则可能会导致政府资金耗尽，无法支付到期债务的利息和本金，也就意味着，美国国债这个全球最安全的投资产品理论上会面临违约风险。这也是历史上每当美国遇到债务上限问题时，总统和国会都会进行紧急谈判，以避免这一风险的原因。

法定债务上限的演变

法定债务上限，可以简单理解为美国国会给联邦政府设置的一个信用额度，最初是为了给政府提供更大的财政自主空间，而不是单纯地限制支出。这一概念始于 1917 年，当时正值第一次世界大战期间，国会批准了债务上限，联邦政府在支出时不必逐一向国会报批。这就像银行的信用卡，给予用户一次性额度，在此额度内可以自由支配，其目的在于提高支出效率而非限制支出。

在 20 世纪 80 年代里根政府执政之前，政府通常会严格控制财政赤字和债务规模。然而，由于当时的美国刚经历 70 年代的滞胀、日货对美国制造业的冲击，以及美苏冷战的加剧，里根政府决定采取激进的减税措施和增加国防支出来提振经济，这也导致债务大量累积。
里根政府发现，通过增加财政赤字以刺激经济，竟在政治上取得了成
功，逐渐上升的债务问题则成了继任者所要面临的挑战。

从那时起，历届政府普遍倾向于增加债务以应对经济挑战。从里
根时代起，各届总统在面对经济问题时普遍增加了债务，例如，小布
什政府执政时期的阿富汗战争和伊拉克战争，奥巴马政府通过实施经
济刺激计划、金融救助和扩大社会福利来应对 2008 年的金融危机，
而特朗普政府积极推行减税政策（财政收入减少，还债资金就减少，
间接增加了债务）。每位总统都以不同的理由大幅增加债务。即便在
财政盈余的克林顿政府时期，美国国债的总规模也有显著增长。2020
年，为了应对新冠疫情，拜登政府采取了破纪录的财政刺激措施，导
致美国债务规模及赤字率达到历史最高水平。

美国政府与国会的关系可以类比成公司管理层和董事会的关系。
公司管理层倾向于通过增加债务来追求短期业绩的提升，董事会更关
注公司长期稳定和收益。这种由于目标和利益不一致而产生的潜在冲
突，在管理学中被称为委托代理问题。为了缓解这种风险，关于公司
借债等重大问题，董事会需要进行表决，或者直接设定一个借债额度。
美国国债的上限制度具有类似的功能，该制度用于控制和管理国家的
财政负担。美国政府和国会在债务上限问题上的互动，充满了复杂的
利益协调与决策过程。

债务上限谈判：政治博弈与现实挑战

尽管债务上限是一个限制政府借款的指标，但其实际约束力有
限。自 1940 年有记录以来，美国联邦政府债务规模屡次逼近甚至达

到债务上限。截至 2023 年 1 月，这一红线已被修改 104 次，平均每 9 个月一次。1917 年首次设定的债务上限为 115 亿美元，相较于 2023 年的 31.4 万亿美元，这一数字增长已超过 2700 倍。

既然一个约束政府借债行为的指标可以随意调整，那设置这个指标的意义何在？其实这里面大有文章，简单概括就是"党争"，或者说是美国"驴象两党"在"债务上限"这个"道德牌坊"下，愈加激烈的政治博弈。例如，2023 年 6 月，美国国会通过了《2023 年财政责任法案》，该法案规定暂缓债务上限生效至 2025 年 1 月 1 日，这意味着在暂缓期内政府借款不受限制。这次债务上限的谈判过程经历了多轮磋商，堪称惊险。据美国有线电视新闻网（CNN）报道，2023 年 5 月，白宫同国会众议长办公室就提升政府债务上限的谈判以失败告终。共和党人称，谈判最大的难点就是削减政府开支，国会众议院共和党人同白宫在此问题上分歧极大。国会希望政府以削减开支来换取提高债务上限，但政府方面不同意。原因如前文所述，政府作为"管理层"，有使用短期激进策略的动机，可以在面临换届选举时确保自身利益。在经济面临衰退的情况下，若缩减开支，则势必不利于政府职能的实施，进而影响拜登政府的连任。此外，这些债务并非在拜登政府执政期间产生，前任总统特朗普在其四年任期内就借入了 7 万亿美元的债务。基于以上两点原因，美国白宫不同意缩减开支，并坚持要求国会不附加任何条件地批准提高债务上限。随后，国会和白宫又展开了多轮谈判。最终，在债务"无力偿还"的最后一刻，双方同意在 2025 年之前暂缓债务上限生效。

共和党控制下的众议院，真的以缩减开支为目标吗？显然不是，共和党在掌权时也是高支出的主力。实际上，缩减开支只是一个幌子。

共和党的目的是通过给民主党制造障碍来争取更大的话语权。可以看出，如今债务上限问题已成为在野党向执政党要求政治让步的有力筹码。例如，在共和党特朗普首次执政期间，民主党控制的国会也曾采取类似的策略为特朗普设置障碍；同样，奥巴马推行全民医保时，共和党控制的国会也是一样的。未来无论两党之中谁来执政，类似的对抗都可能存在。双方都在利用这个机会给对手设限，以便在下一次大选中占据优势。

与此同时，通过削减政府开支，共和党也可以打击自己背后资本的竞争对手。例如，2023 年 4 月，共和党人提议允许将债务上限提高 1.5 万亿美元，但前提是白宫必须大规模废除新能源税收抵免政策，以缩减政府开支，而共和党背后的资本正是传统能源巨头。然而，拜登政府也不甘示弱，于是计划对富人和大型石油、医药企业增加税收，要削减支出就削减传统能源企业。这在一定程度上也让国会无话可说，导致谈判陷入僵局。

可以发现，美国每次债务上限谈判都不会顺利，但最终一定能达成协议。设想一下，如果国会不肯提高债务上限，导致美国国债违约，这些国会议员还能继续任职吗？毕竟美国国债最大的持有者不是中国，也不是日本，而是美国国内的机构和投资者，美国政府不能忽视这些持有者的利益。债务上限谈判引发市场担忧的原因在于，民主党和共和党的分歧越来越大，已经上升到意识形态上的深层次矛盾。早年间，两党虽然存在分歧，但还能就具体问题进行实质性讨论。而如今，双方的对立已发展成：只要是对手提出的建议，无论是否合理，都要反对。这正是美国社会分裂在政治领域的生动表现。

在这种背景下，公众舆论的引导和政治观点的塑造变得更重要。近年来，媒体存在着明显的偏见和偏执，左右翼媒体的兴起加剧了信息的分裂，使得公众陷入"信息茧房"，难以接触到不同的观点。极端言论也更容易在社交媒体上传播，使得拥有极端立场的政客更轻松地获得支持。

虽然两党的分歧在债务上限谈判中显得尤为突出，但不能因此认为美国国债会违约。即使谈判不能在最后时刻达成共识，政府也可以通过短期延迟、减少非必要支出，或采取其他措施来避免国债实质性违约。白宫一定会优先偿付国债利息，因为信用是金融市场的核心，在美国主导的全球化背景下，美国国债的信用至关重要。

美元弱势不足以引发担忧，因为短期内没有其他国家的货币可以替代美元，可一旦美国国债违约，美元体系便会迅速崩塌，为美元以外的其他货币提供机会。美国政客非常清楚这个道理，因此党派利益固然重要，但唯独高不过两党都赖以生存的美国信用和经济。换句话说，白宫可以关门，但美国国债绝不能违约。只是，如果白宫不改变"寅吃卯粮"的财政模式，且两党争斗的政治格局不变，那么"债务上限"会继续成为约束财政的工具和政治斗争的筹码。

从债务上限到全球债务危机：系统性问题与未来挑战

在过去的 100 年里，美国的债务增长了 2700 多倍，所有人都知道它是一张无法偿还的白条，只能通过借新债还旧债来维持。然而，还是有包括美联储在内的投资者源源不断地给美国政府提供资金。放眼当下的美国乃至全球，都不得不以更大的债务来解决现有的债务问题，这无疑是一个时代的悲哀。

这一现象背后涉及现代财政体系的缺陷——权责不对等。财政和信用本质上是一种公共资源，当代的财政体系让掌权者垄断了这一资源，却不承担对等的责任。这种权责不对等必然导致掌权者滥用公共资源。这里所说的掌权者是一个广义的概念，包括美国政府、美联储、华尔街，以及其他国家的央行、国有企业和地方政府，它们都是掌握信用投放权力的机构和个人。这种权责不对等的现象使得掌权者在债务扩张周期中获益，而在债务周期的下半段，却由整个社会承担风险和代价。

权力之所以能被滥用，根源在于市场化和价格机制的缺失。从这个角度来看，我们可以更好地理解"市场化"和"价格机制"的重要性。例如，如果美国国债无限制地发行，则美国国债供应过剩将导致债券价格下跌、收益率上升，进而增加融资成本并限制政府的融资能力。然而，这种情况并不能解决债务问题，因为根本问题在于如何管理和偿还这些债务，而不仅仅是发行量和融资成本。市场化和价格机制能够提供更有效的反馈和控制机制，帮助实现资源的合理配置并提升政府的财政管理能力。然而，无论世界各国如何减持美国国债，美联储仍然可以通过量化宽松政策印钞来支撑市场，从而扭曲美国国债的价格机制。所以，只有实现了真正的市场化，才能改变这种现状，无论是在美国还是在其他国家。

这个世界不存在完美的制度，而这种不完美是造成全球债务迅猛扩张的重要原因。自 1971 年美元和黄金脱钩以来，我们开始了一场前所未有的信用货币大实验，这一实验已持续超过 50 年。尽管 50 年在人生中显得漫长，但在整个人类经济史上，这个时间却相对较短。从更广阔的历史视角看，债务问题并不会随着时间的推移而自然消

失，而是会受到经济模式和制度变革的深刻影响。债务问题的根本在
于如何有效地管理和偿还，而不仅仅是债务上限的设置。随着时间的
推移，债务问题带来的挑战必将推动决策者们对债务管理机制进行
重新评估和改革，以提高债务的可持续性，进而增强经济整体的稳
定性。

第 2 章

社会经济学：
一切皆为周期

人们的最大问题是，除了容易把成功归因于自己，还容易把自己看成独一无二的那一个。在周期面前，每个个体都是渺小的存在。

第 06 讲

GDP 一直在增长，为什么钱却这么难挣

中国的 GDP 仍然保持着 5%左右的增长率，但老百姓的"体感温度"仿佛没有跟上。这究竟是哪里出了问题？本讲我们从工业化和城镇化的角度来解答一下。

早期的工业化与城镇化

新中国成立以来 70 年的工业化历程，可以分为几个阶段。

20 世纪 50 年代初期到 70 年代末期是一个阶段，这个阶段的主题是"重工业"，主要是跟苏联学习。那个时候苏联是老大哥，中国跟着苏联执行"政府大投资"拉动的模式。当时工业化模式的代表事件，正是赫赫有名的"156 项重点工程"：以 156 个重点工矿业项目为核心，900 多个限额以上大中型项目配套为重点，中国初步建起了完备的工业体系——这属于典型的占用大规模资金的一种资本密集型工业化模式。资本密集型的优势是"集中力量办大事"，劣势是带动就业人口较少，以至于后来出现了城市劳动力过剩到无法消化的现象，这才有了当年"上山下乡"的人口疏散安排。这一阶段，中国经济可以说只有工业化，没有城镇化，如图 2-1 所示，自 1970 年至 1978 年，中国的城镇化率保持在了 17%的水平。

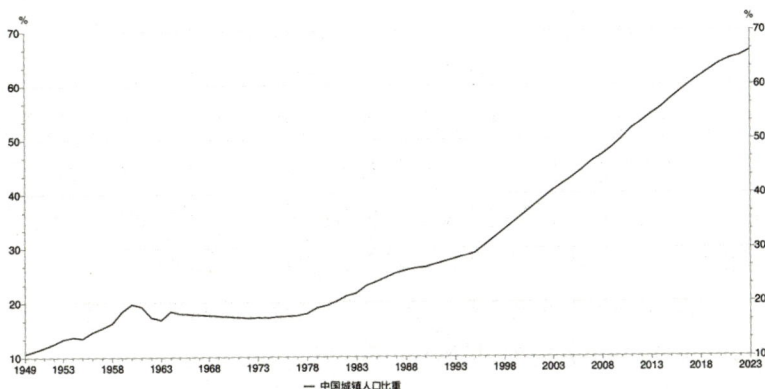

图 2-1   1949 年至 2023 年中国城镇人口比重（城镇人口/总人口）①

后来，中苏关系恶化，美国趁机向中国示好，中美两国进入了很长一段时间的蜜月期，这个蜜月期的本质随着时间的变化而变化：改革开放之前主要是美国在美苏冷战之下的政治需要，改革开放之后，蜜月期的本质变成了美国需要中国给它"打工"。

随着改革开放的进行，中国工业化模式转向了农业、轻工业和重工业协调发展。幸运的是，这恰好让中国赶上了西方国家低端产业链转移的最后一波浪潮。彼时恰逢 20 世纪 60 年代"婴儿潮"一代人开始进入社会，缺资本、缺技术，唯独不缺人，于是，廉价劳动力的优势让中国从资本密集型产业转型为以轻工业为主的劳动密集型产业，民间投资和出口都增长起来了。劳动密集意味着人力集中，所以带来了快速的城镇化。从此时到 21 世纪初期，中国进入了工业化与城镇化并存的阶段。

这里先解释一下工业化和城镇化的关系。

---

① 数据来源于国家统计局。

　　工业化就是投资建工厂发展生产，城镇化就是把人聚集起来，这样不仅能发展工业，实现规模经济，还能发展服务业。例如，建工厂之后，需要人去操作厂里的设备、做生产销售，聚集的人口多了，就诞生出包括衣食住行、娱乐消费在内的生活服务，这些服务又提供新的工作岗位，吸引更多的人聚集，更多的人就需要更多的生活服务，如此循环，就形成了城镇化，所以工业化推进了城镇化。

　　城镇化进程中的核心要素是"人"，主要从农村人口中引流，吸引人靠的是工业化生产提供的高工资。随着工业化齿轮的推进，城镇化的齿轮也转了起来，人越聚越多，投资越来越火热，不断增加的投资项目又聚集了更多的人，消费力持续拉涨，进一步刺激投资生产，经济开始快速发展。

　　1996 年至 2010 年，中国城镇化进入加速增长期，常住人口城镇化率从 30.48% 上升至 49.95%，平均每年增长 1.39 个百分点。这就说明工业化若是偏重劳动密集型模式，那么就会出现比较高的人口聚集效应，城镇化进程会和工业化进程同步进行。劳动密集意味着大量的就业，虽然出口以初级产品为主，老百姓赚得不多，但这样的经济增长带来的大量财富比较容易回馈给普通家庭，所以 2010 年之前人们感觉钱是好赚的，心气也是比较高的，数据上也支持这种"感觉"，那段时间老百姓的收入增长快于 GDP 增速，消费增速更是远远快于GDP 增速，如图 2-2 所示，社会消费品零售总额增速甚至一度超过20%。

　　简单来说，那个时候能靠出口解决问题，出口好了，消费和投资就不会差。这也让人们开始"迷信生产，忽视消费"。但是 2008 年美国金融危机对世界的影响，打破了中国工业化和城镇化的良性循环。

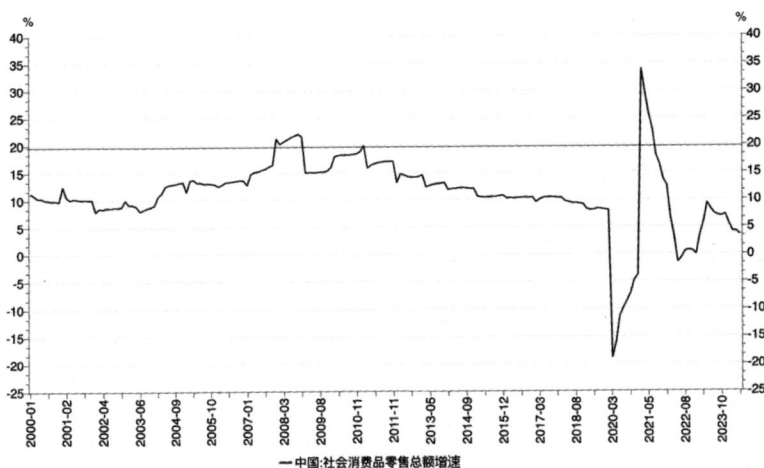

图 2-2　中国社会消费品零售总额增速（2000 年 1 月至 2024 年 8 月）

"大规模刺激计划"主导的工业化

为了应对出口的断崖式下跌，国家于 2009 年启动了大规模刺激投资计划。泼天的资本倾洒下来，彻底改变了中国经济的增长模式，出口的比重开始下降，投资板块里政府主导的投资比重大幅增加。这意味着中国进入了工业化的第三个阶段，产业结构由劳动密集型产业占据主导，再次转变为资本密集型产业占据主导，中国期望用投资拉动复制出口拉动的成功，继续加速城镇化进程和居民收入增长。2008 年至 2020 年中国基础设施投资额占 GDP 比重如图 2-3 所示。

但事与愿违，在城镇化方面，虽然彼时中国城镇化率还在快速增长（2010 年至 2015 年中国城镇化率从 49.95% 上升至 57.33%），但如果和其他发展中国家比较，2010 年至 2015 年我们国家城镇化率和工业化率的比值并没有显著提高，提升的幅度甚至不如一些城镇化进程已经非常成熟的发达国家，如图 2-4 所示。

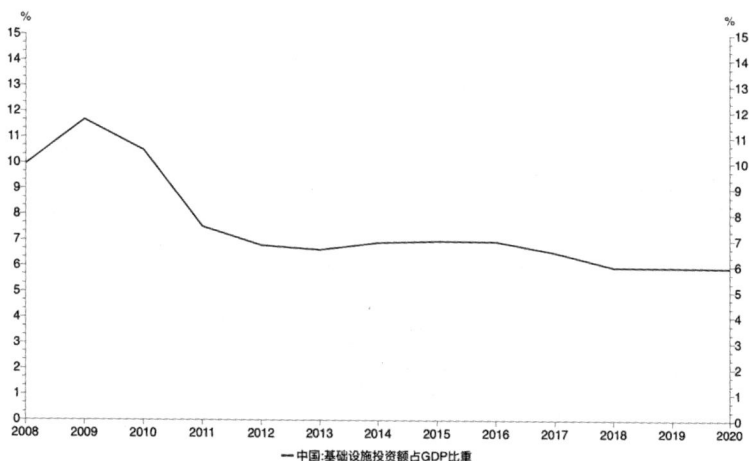

图 2-3　2008 年至 2020 年中国基础设施投资额占 GDP 比重

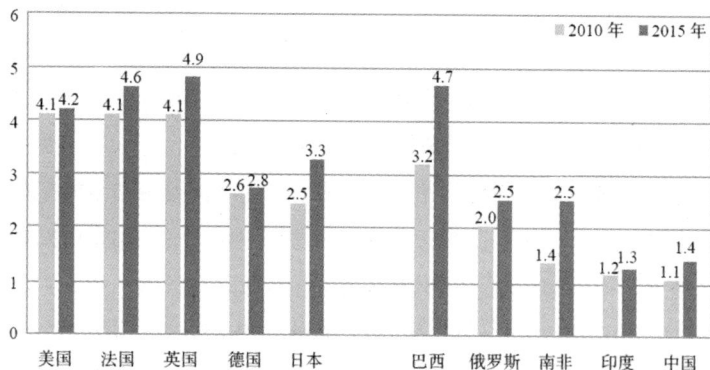

图 2-4　2010 年与 2015 年全球主要国家城镇化率/工业化率比值

而且，中国的城镇化指标本身和国际惯用的"城镇化率"在反映人口与城市聚集的比例上不完全可比。一方面，中国的城镇化有很大一部分来自行政区划的变动，特别是 2010 年之后又开展了一轮"县改区"，很多人原有的生产和生活方式还是农业化的，只是名义上被"城镇化"了。另一方面，中国的城镇化率统计的是常住人口，"户籍城镇化率"远低于常住人口城镇化率，简单理解，就是我们国家城镇化人口把进城的农民工也算进去了。这些人虽然常住在城市，但享受不到城市的福利，更没有真正参与城市经济活动，他们和城里人的消费习惯也不一样，这是长期的"城乡二元体制"造成的结果。因此，2010 年以后中国的城镇化率开始明显虚高，2013 年的一份调查显示，中国户籍城镇化率仅为 27.6%，70% 的农民工不打算回乡就业①。

再说居民收入。在 2009 年之前，和基建投资相比，出口红利可以惠及更多的人，比如外贸公司招聘的对象是普通老百姓，出口经济和老百姓是有直接关系的。虽然出口以惠及沿海地区居民为主，但大规模的人口流动一定程度上抵消了全国居民收入的不平衡，所以居民可支配收入占 GDP 的比重一直在上升。国家统计局于 2013 年开始发布全国人均可支配收入数据，自此中国可支配收入占 GDP 比重在 42% 至 45% 之间波动，而该指标 2020 年全球平均水平在 60% 左右，为什么出现这种情况？

从表面上看，政府投资代替出口成了经济增长的主要动力，中国经济从"重出口"转向了"重投资"，从劳动密集型产业转向了资本密集型产业。劳动密集型产业对城镇化推进效果更好，但资本密集型产业却不能惠及大多数人。

随着经济发展到一定阶段，资本开始厌恶劳动密集型的低端制造

①《清华大学调查显示中国户籍城镇化率仅为 27.6%》，《中国青年报》，2023 年 11 月 5 日 07 版。

业，因为来钱慢，产业重合度高，产能过剩风险大，容易出现坏账，所以资本会慢慢转移到有房产抵押物的行业内。这也是中国经济结构慢慢偏移，基建和房地产投资成长为拉动经济增长主力的原因。

经济增长模式的变化同时改变了收入分配结构，投资可分为民间投资和政府投资两大块。民间投资对应的大多是下游产品的生产，即以廉价商品为主的制造业。政府部门则负责投资基础建设、上游原材料和基础民生服务，譬如电力、石油、化工、金融等上游支柱性产业，彼此可谓分工明确。这就会造成一个问题，随着 2009 年大规模刺激计划的落地，央企国企收入开始大幅度增加，加上一直以来企业搞"利润包干"①和"利改税"②的传统，国有企业实际上缴的利润很低，比如央企上缴比例仅仅为 10%~25%，这就造成了投资刺激使国企央企累积了大量利润。其实"普通人钱不好挣"的现象，早在 2012 年就出现了，从那时起财富分配开始向着上游国央企内人群和一些特定人群流动。

这是居民收入占 GDP 比重停滞不前的直接原因。不过虽然占比不高，但是随着 GDP 这个分母的持续增加，整体的消费能力应该越来越好才对，就像以韩国日本为代表的东亚模式，重出口和重投资最

---

① 利润包干，是对国营企业利润在国家与企业之间进行分配的一种方式。企业按核定的上缴利润目标向国家承包，超过承包目标的部分，归企业留用一部分或全部，完不成承包目标的部分，由企业用自有资金补齐。利润包干的目的是通过责、权、利的紧密结合，调动企业积极性，提高经济效益，保证完成财政收入任务。利润包干于 1981 年—1983 年曾在一部分企业中施行，1987 年以后，大部分企业采用了内容不尽相同、形式多种多样的上缴利润包干方式。

② 利改税指将国有企业向国家缴纳的纯收入由利润上缴形式改为缴纳所得税和调节税等税收形式，从而把国家与国有企业的利润分配关系用税法的形式固定下来。企业纳税后剩余的利润，全部留归企业支配。

后带来了重消费。例如，2023 年日本私人消费占国内生产总值约54.39%，同期韩国私人消费占国内生产总值约 49.92%。这说明，收入流向少数领域的速度，可能超过了中国经济总量增长的速度。例如2020 年，可投资资产在 1000 万元以上的中国高净值人群达 262 万人，与 2018 年相比增加了约 65 万人，年均复合增长率由 2016 年—2018年的 12% 升至 2018 年—2020 年的 15%。

　　更重要的是，2016 年楼市开启了"涨价去库存"，高企的房价带来了沉重的房贷，进一步压制了中国居民的消费能力。在过去经济高速增长的黄金时期，本应惠及广大民众的经济增长成果，却因房地产价格的急剧攀升而被大量吞噬，普通民众的生活质量与财富积累受到挤压。另外，2016 年去库存去的是上游的库存，如建材、水泥、有色金属和化工等，而下游的库存并没有得到疏导，下游以民间投资为主，这意味着整体上民间资本难以回本。

　　虽然从人均 GDP 来看，中国已经毫无疑问进入中等收入国家行列，但从居民收入占 GDP 的比重来看，中国人的收入增长主要体现在了房地产增值带来的财产性收入增值，而非劳动收入上。换句话说，中国因缺少高附加值产业导致广大劳动群体缺少"主动赚钱"的能力。曾经的中产阶级觉得自己很有钱，不是因为他们真的有钱，而是手中的资产增值让他们觉得自己有钱。房地产的"财富效应"①在中国表现得比其他国家更加明显，这就带来一个问题：一旦楼市停止上涨，居民就会因实际收入的限制而减缓消费。从这个角度来看，进行产业

---

① 财富效应指由于货币政策实施引起的货币存量的增加或减少对社会公众手持财富的影响效果。人们资产越多，消费欲就越强。这个理论的前提是人们的财富及可支配收入会随着资产上升而增加，在此前提下，人们更愿意消费。

升级、尽快摆脱以财产性收入为主的被动模式，需要尽快提上日程。我会在本书的后半部分详细讨论。

一个人的支出是另一个人的收入

当房价不再上涨，居民纷纷捂紧钱包的时候，企业赚不到钱就会开始裁员，引起一系列的连锁反应，这就会打击城镇化进程。

举一个中产家庭的例子，在降薪裁员之前，这个中产家庭里有保姆，有准备装修的新房，还养着猫狗等宠物，女主人热衷于精致消费。夫妻降薪之后，不得已辞退了保姆，在房子装修延迟的同时还降低了生活标准——猫狗直接送农村老家让爸妈用剩饭喂养，消费上开始各种"9块9真香"。这样表面上看是单个家庭过起了紧巴日子，但实际上却是保姆失了业，装修公司收入减少，员工也跟着失业或降薪，小区周边的宠物店生意少了甚至可能关门，店主关门影响背后的房东无法收到房租，房东因为无法收到房租可能把自己的保姆也解雇了，同时开始了"9块9真香"的消费。所以，一家落寞，其他人也跟着难过，这是一个大家很少察觉到但时刻都在发生的连锁反应。

一个人的支出就是另一个人的收入，每个人都开始"9块9真香"，必然是所有人都感觉挣钱难。缺少获得较高收入的机会就会直接打击农民进城的意愿。GDP虽然在增长，但主要是通过政府投资大项目拉动的，一群老百姓的消费才是另一群老百姓的收入，而国家的投资只是少部分人的收入，这是城镇化率增速放缓的直接原因。世界上发达国家城镇化率均超过80%，和其他发达国家相比，中国经济在虚高的城镇化率还有近15%的差距时放缓，是一个非常值得关注的宏观现象。

未来方向：中国特色的城镇化战略

北上广深只是特例，县域经济才是中国经济的底色。支撑着县域消费的特定人群，如今也面临着失去"三个钱包"的现实。首先，县城人口将会大幅减少，基础设施也早已饱和，这意味着未来机构很可能要精简，行政区"划撤并"成为主流；其次，经济高增长时代已经过去，中央财政的增长也放缓，同时还要将大量资源投入科创升级以及大国博弈。这种情况下，县城能获得的中央转移支付必然会减少。

另外，过去除了卖地，以经济建设为名借债也是很多县城获取资金的一大途径。而现在，地方债已经受到严管，并开始了痛苦的化债模式。所以地方尤其是没什么产业的县城，想再发债基本上很难了。而从长远来看，即便化债告一段落，中央重新允许地方有节制背债，这个"好处"也十有八九到不了县城。对于绝大部分没有产业，也就是没有造血能力的内地县城来说，三大财源的减少，尤其是土地财政和借债渠道的断绝，其带来的结果可以说是毁灭性的。

2024 年 7 月，国务院印发了《深入实施以人为本的新型城镇化战略五年行动计划》，表面看上去，说的还是老话题，依然围绕着继续推动城镇化来展开。但是仔细研读就会发现，这个"新型城镇化"和过去十多年里提出的"城镇化"有很大区别。过去说的城镇化主要是向大城市提供各类资源的支持，广大县城、乡镇甚至大城市的卫星城镇，只要向核心城市群提供劳动力和购买力，完成土地资本化，使得各地方可以通过卖地向民间进行大规模融资即可。至于这些进城农民工该如何在城里用医保看病，其子女如何安家落户、如何读书等问题，地方少有照顾，有些大型城市甚至对这些外来人口唯恐避之不及。但新型城镇化不一样了，生产要素不再只向大城市倾斜，而是在全国各地"就地城镇化"。比如在人口众多并且城镇化率不高的粤西、豫东南、冀中南、皖北、川东等地区，在现有的基础上完善基建，吸引周边农村人口在当地完成城镇化，其本质是改变农民低效的生产和消费习惯，让过快的工业化"等一等"落后的城镇化。

《深入实施以人为本的新型城镇化战略五年行动计划》提出："实施新一轮农业转移人口市民化行动"，直言不讳地鼓励农民进城安家，只要农民愿意进城，就要求地方送上"新手大礼包"，从落户到社保、医保、子女读书等，统统都要安排上。除极个别城市外，落户限制基本上要求放开，户口很快成为历史，这和过去二十年里大中型城市对于进城务工人员的态度相比，可以说是 180 度大转弯。

三年疫情只是一个催化剂，资本密集型工业化无法像劳动密集型工业化一样高效促进城镇化，这是自 2019 年以来城镇化率增长幅度显著下降的本质原因。反过来说，城镇化开始显著落后于工业化，那么工业化的红利就没有办法惠及大多数人。"过度资本化"之下，"工业化超前，城镇化不足"，就是 GDP 增长但是老百姓感觉赚不到钱的根本原因。

第 07 讲
中国楼市：向常识回归

在中国悠久的历史文化中，既有"安其居而乐其业"的美好愿景，又有封建时代土地兼并造成的"富者有弥望之田，贫者无立锥之地"的残酷现实。这表明，有无田地房产直接决定了一个人的财富情况和所属阶级，也决定了一个人的社会地位。"房屋情结"在中国老百姓心中久久不可抹去。所以房地产行业对于国家财政或老百姓个人财富都有着重要影响。

中国楼市发展的三个阶段如图 2-5 所示。我们可以将 2008 年至 2024 年这 16 年的中国楼市发展分为三个阶段。第一阶段是 2008 年至 2019 年的快速发展阶段，经历了 2008 年美国金融危机影响后，国家推出了大规模经济刺激计划，大量资金流入楼市。为了快速挽救经济，国家也开始将资源向房地产和基建行业倾斜。

城镇化进程的快速推进，让大量农村人口涌入城市，对住房的需求进一步增加，同时许多人看到了楼市的商机，"炒房"进入了人们的视线。这个阶段，楼市"过热"主要受居住需求与投资需求的双重驱动。居住需求伴随着城镇化的推进，是正常且健康的，但投资需求更像股票市场中"追涨杀跌"的"追涨"阶段，"炒房热"风靡一时，身边越来越多的人信心爆棚，加入"全民炒房"的行列，对房价上涨深信不疑。多地的房产呈现供需失衡状态，刚开盘的项目短时间内就会被抢购一空。

全国综合房价（二三线城市平均）

图 2-5　中国楼市发展的三个阶段

　　第二阶段是 2019 年至 2021 年，楼市价格高位震荡，居住需求依旧火热，主要是改善性需求，但不足以继续推动楼市上行。第三阶段则是 2021 年至 2024 年。2021 年，伴随着居民部门的债务水平达到历史极值，62% 左右的居民部门杠杆率①已经远远高于其他国家，房价越过高峰也开始逐步下调。这意味着楼市投资的意义越来越小，中小城市楼盘甚至出现亏损，两大需求之一的投资需求逐渐消退，这时就开启了"追涨杀跌"中的"杀跌"阶段，随着想要卖房离场的投资者越来越多，市场上房产的供给变多，房价就会持续下跌，这导致更多的人想要抛售，如市场出现过度恐慌情绪，还可能出现"踩踏"现象。

　　伴随着中国城镇化进程放缓，2022 年开始人口出现了负增长，社

---

① 数据来源于国家金融与发展实验室国家资产负债表研究中心。

会上越来越多的年轻人选择"躺平""摆烂"。2023 年，中共中央政治局会议也提出"我国房地产市场供求关系发生重大变化"，居住需求也在减弱，这意味着高速发展阶段产生的楼市供需失衡问题得到了解决。经过了这三个阶段，将楼市上涨阶段与下跌阶段的供需进行对比，可以发现造成下跌的最主要原因是投资需求没有了，仅剩的居住需求扛不住这个多年来靠"上涨"造就的巨大市场。

中国楼市已经进入"后城镇化"时代

投资需求何时能再大规模入场呢？首先要认识房产投资的基本逻辑。根据一个国家楼市所处发展阶段的不同，逻辑可分为两套：其一为"高速城镇化"阶段逻辑，这时市场上以新房交易为主；其二为"后城镇化"阶段逻辑，此时市场上以存量房（二手房）交易为主。

根据发达国家走过的城镇化进程进行判断，当城镇化率达到 70% 或 75% 时，这个国家的楼市处于"高速城镇化"阶段，此后城镇化速度放缓，进入"后城镇化"阶段，城镇化率缓慢增长至 80%。处于"高速城镇化"阶段时，投资逻辑相对简单，伴随着城镇化进程的快速推进，城市人口显著增加，住房需求火热，人们抱着投机的心理纷纷下场"炒房"，投资需求也持续高涨，这时投资楼市，价格会持续上涨，直至居民债务负担达到极限。

到了"后城镇化"阶段，各主要城市随着城镇化进程的放缓直至稳定，住房需求变少，经过市场的剧烈调整后，人们普遍认识到房价既能上升又能下降，心中预期调整，楼市投资并不是稳赚不赔的买卖，以投机为主要目的的炒房者会越来越少。这时人们心中开始有一杆"秤"，用来衡量投资并持有房产的回报与风险。"后城镇化"时代的楼市投资逻辑就演变成了一个可以量化的金融学公式：投资收益≥投资成本＋风险补偿。这个公式十分重要，只有理解了这个公式，才能完全读懂这一讲对于未来楼市的走势预判。

首先，我们要看中国处于城镇化进程的哪个阶段。2023 年中国常住人口城镇化率为 66.16%[①]，根据西方国家的发展逻辑判断，中国仍处于快速城镇化阶段。但中国国情特殊，完全套用西方国家的判断并不准确，主要原因如下：

首先，2021 年全国流动人口为 3.85 亿人，占总人口比例为27.2%[②]。大量的流动人口多为进城务工的农民，由于中国土地公有制制度，他们在进城的同时并不能卖掉自己的土地，而是继续维持农村户口以保留其名下土地。如果经济形势变差，城市就业和收入情况下滑，其中一部分人就会选择回到农村。这一部分流动人口带来的是"不彻底的城镇化"，该现象会使中国的城镇化率变动更剧烈，城镇化率甚至可能出现不增反减的情况。

其次，随着中国经济增速放缓，城市不能继续创造更多增量工作机会。再加之中国城乡二元化结构凸显，城乡差距较大，城乡融合不易，这些都会导致之后的城镇化进程愈加困难。

此外，考虑到中国的政府财政手段，在 2008 年后楼市大幅走高的阶段，"土地财政"提前透支了许多"土地红利"，一些城市已经"超前"完成了城镇化进程。综合这些原因，我们并不能通过城镇化率这个单独的指标来判断中国楼市处于哪一个阶段。

"高速城镇化"阶段，市场以新房交易为主；"后城镇化"阶段，

---

① 数据来源于国家统计局。
② 数据来源于国家统计局。

市场以二手房交易为主。那么最直接的方法，就是对比新房与二手房的成交量，以此来判断所处阶段。

如图 2-6 所示，从青岛 2015 年至 2023 年新房与二手房成交量不难看出，自 2020 年至 2021 年楼市开始下跌，新房成交量明显下降，与二手房总体成交量相差不大，甚至在 2023 年底，二手房成交量有超过新房的趋势，不难判断，新房成交量超过新房的拐点即将到来。

单位：平方米

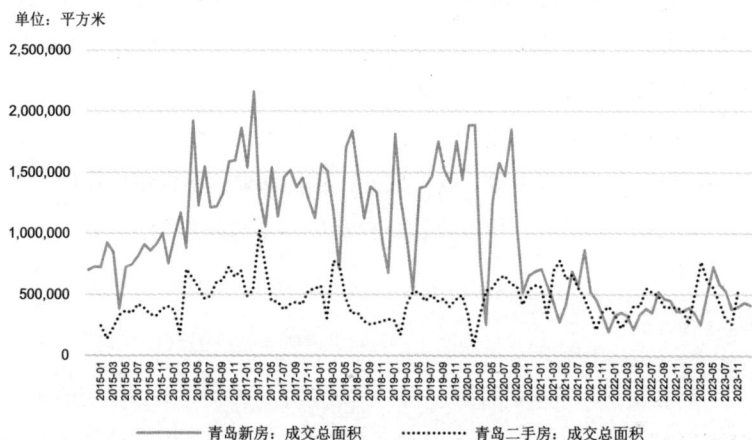

图 2-6　青岛新房与二手房成交量走势

青岛并不是特例。2023 年南京（含高淳、溧水）二手房成交量为 99 353 套，同比上涨 35.3%，而在 2023 年中国 25 个代表城市新房和二手房累计总成交量中，二手房占比升至 55.6%。就一线城市而言，2024 年 3 月，北京二手房网签量为 14 280 套，环比上涨 125.5%，突破 1.2 万套的"荣枯线"，并创下了近一年来的最高点；同年 3 月，上海二手房成交量超 2 万套，越过 1.5 万套的"荣枯线"；深圳二手房网签达 5196 套，环比增长 116.6%，突破了 5000 套行业"荣枯线"。整体来看，2024 年 1 月—7 月，中国 25 个代表城市新房和二手房累计总成交套数同比有所下降，其中二手房成交量占比进一步提升至 64.1%。这些数据都可表明，2024 年二手房成交量有超过新房的趋势。

这也意味着市场已经从以交易新房为主的"高速城镇化"阶段逻辑，转为以交易存量房为主的"后城镇化"阶段逻辑，并且这个转变是必然且不可逆的。随着城市的扩张，城市中心与周边都已经进行了大规模房产开发，当城市人口规模平稳，不再持续增长时，城镇化进程就会暂停，市场参与者也只能被动选择交易二手房。所以我们要接受中国楼市已经来到了"后城镇化"阶段的现实。

这个阶段最大的特点，就是投资需求会完全取代居住需求，成为决定房价的唯一根本力量。既然如此，我们就要回归常识，找出投资需求回升的前提条件：投资收益≥投资成本＋风险补偿。

投资收益≥投资成本＋风险补偿

"后城镇化"阶段的投资逻辑，其核心是"投资收益≥投资成本＋风险补偿"。这个公式是从经济学中的"MR=MC"，也就是"边际收入=边际成本"演变而来的。后者在微观经济学中也十分重要，生产者以追求利润最大化为目标，便可以根据公式来定价和定量。"边际收入"是指每增加 1 单位产出，所能带来的增量收入，反映在楼市投资逻辑公式内就是投资收益；而"边际成本"是指每增加 1 单位产出，所消耗的增量成本是多少，在楼市中就是投资成本。

产出会同时带来收入与成本的增量，对应在楼市中，分别指房租和投资者持有房产所付出的成本。当边际收入＞边际成本时，工厂每多 1 单位产出，产生的收入便可以覆盖成本，还能增加利润，工厂这时就会选择持续生产，并且有强烈提高产量的意愿，因为工厂生产越多，所带来的利润就会越多，当大众看到这个行业带来的可观收益时，便会有越来越多的工厂与潜在竞争者加入进来，反映在楼市中就是楼市投资者收到的房租在扣除资金成本等持有成本后，依然可以赚得收益，投资者也有买入并且持有更多房产对外出租的意愿。此时持有房产可以给自己带来更多的净收益，楼市积极健康，拥有活力，且充满良性竞争。

当边际收入＜边际成本时，工厂会减产或停工，因为每多 1 单位产出，其带来的收益还不足以覆盖生产成本，"吃力不讨好"的做法只会持续增加损失，如果行业长时间处于这个阶段，就会有一个接一个的工厂倒闭、越来越多的市场参与者退出市场。反映在楼市中，当投资收益不足以支撑投资成本时，持有房产的投资者就会抛售房产，除去"刚需型"购房者，没有人愿意做"赔钱"生意，楼市会越来越冷清，社会对于楼市的信心与预期也会逐渐下降。

当边际收入＞边际成本时，越来越多的市场参与者入场，工厂增产带来供给增加，边际收入就会越压越低，直至边际收入＝边际成本。当边际收入＜边际成本时，随着产能减少、工厂倒闭，市场上供给减少，边际收入就会被市场推高，直至边际收入＝边际成本。这是市场参与者们共同选择的结果，也是均势相继被打破、市场不断循环，又被"无形的手"托回平衡的动态过程。反映在楼市中，经过从"快速城镇化"阶段向"后城镇化"阶段的转变，城镇化进程进入稳定期，中等规模以上国家的存量房市场一定会达到"投资收益=投资成本"的平衡。

将楼市投资逻辑公式拆分并量化，读者就能找到中国楼市企稳并且回升的信号和时间节点。

如图 2-7 所示，投资收益被拆分为潜在价值和房租。潜在价值指买房带来的潜在增值、情绪价值，以及诸如学区房的学区价值等。伴随着"房价一直涨"信仰的破灭，这部分价值也在逐渐消失，并且难以量化。而房租（主要是房产租金回报率）是一个市场化程度更高的指标，一定程度上也包含了潜在价值，在"后城镇化"时代，房租可以被视为投资收益的全部。

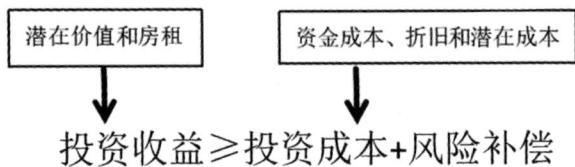

$$\boxed{潜在价值和房租} \qquad \boxed{资金成本、折旧和潜在成本}$$

$$\downarrow \qquad\qquad\qquad \downarrow$$

投资收益≥投资成本+风险补偿

图 2-7 "后城镇化"阶段的楼市投资逻辑拆解

在图 2-7 中，投资成本可拆分为资金成本、折旧和潜在成本。资金成本分为两类，其一为自有资金成本，可以用存款利率来替代。自有资金成本也是"机会成本"：当投资者选择了一种投资（如买房）时，就要放弃另外一种投资（如存款）带来的回报。其二是贷款成本，这是大多数购房者不得不承担的部分。折旧往往容易被购房者忽略，在"后城镇化"阶段，由于市场上的新房越来越少，因此随着时间的推移，存量房的折旧率就会提高。潜在成本是小区物业费或房产税，物业费会因房产所处地市、地段不同，或地产开发商不同而有差别，成本较低但计算标准模糊；房产税可以参考西方国家，大致为每年房价的 1%~2%，但当中国楼市处于低位时，过快开始增收房产税会进一步提高购房成本，打击市场，所以暂且不列入量化计算中。风险补偿是指投资者在持有房产期间，因为承受价格波动风险与流动性风险需要的额外收益补偿。在市场对楼市上涨预期比较一致时，投资者对风险补偿的要求比较低，而在"后城镇化"时代，随着楼市不确定性增加，投资者对风险补偿的要求会变高。风险补偿也会因投资者风险偏好不同而有差异，并不能做到整体的量化。

综合来看，潜在价值、潜在成本与风险补偿三个变量个体差异大且难以定量，为了让计算更直观，这里假设以上三个变量的作用相互对冲，剔除后留下的最终判断公式为：房租≥资金成本＋折旧。

房租：这里取 2023 年 GDP 排名前 10 的城市主力成交小区年租金回报率，为了更具代表性，剔除北京、上海两个租金最高的城市，剔除武汉、南京两个租金最低的城市。对中间的深圳（1.47%）、广州（1.80%）、重庆（2.1%）、苏州（2.15%）、成都（2.33%）、杭州（2.43%）的数据进行平均，求得 2.05% 作为房租的年回报率。

资金成本：自有资金取 2024 年 4 月工商银行三年期 2.35% 定存利率为代表，再搭配保险投资等低风险偏好的理财产品，2024 年上半年储蓄性保险预定利率为 3%；2024 年 5 月首套房贷款利率约为3.45%，三者平均值为 2.93%。

折旧：如上文所说，折旧是人们容易忽视的部分，但房产本质上也是一种消费品。消费品就一定存在折旧，在楼市成熟的欧美，一般用 2% 的年折旧率作为楼市投资的可行性核算标准。如表 2-1 所示，根据存量房市场数据，这里提供了房产年折旧率参考值。

表2-1　房产年折旧率参考值

楼龄（不含下限年数，含上限年数）	年折旧率
0～5 年	0.3%
5～10 年	0.7%
10～15 年	1.2%

续表

楼龄（不含下限年数，含上限年数）	年折旧率
15～20 年	1.7%
20～25 年	2.2%
25～50 年	2.7%

可以很明显地看出，房产折旧率会随着年份的增加不断增长，房龄越久，折旧成本就越高。考虑到中国新房大部分是 2010 年后建成的，前期折旧较慢，2025 年逐步开始加速，剔除开发商高周转模式所带来的潜在质量问题，这里可以取 1.7% 的年折旧率来代表。

中国楼市现状与未来

至此，我们就得出 2024 年中国楼市投资公式：

$$房租 \leqslant 资金成本 + 折旧$$
$$2.05\% \leqslant 2.93\% + 1.7\%$$

综上，中国楼市 2024 年明显还处于"投资收益<投资成本+折旧"的阶段。也就是上文中提到的工厂不断减产，进而接二连三停产倒闭的时期。但进入"后城镇化"阶段，随着时间的推移，在中等规模以上国家的存量房市场，市场与参与者会不断自我调控，投资收益与投资成本会达到均衡状态。房产的租金回报率可参考悉尼（约为 4%），纽约（4%~5%），东京（4%~5%）这三个世界级的大都市，其平均租金回报率约为 4.5%，如果把这个数字代入表达式，中国楼市基本达到了均衡状态，到那个时候，我们可能才会看到房价的全面企稳。当然，地区与地区之间、城市内板块与板块之间，达到平衡所需要的时间也不尽相同，这是第一个层面的"楼市分化"，但底层逻辑是不变的。

这个公式对应了三种达到均衡的路径。其一是提高房租，但房租与老百姓收入挂钩，且政府不能直接进行政策调控，可以说房租明显是"用脚投票"的价格，调整起来相对困难。其余两种路径是房价下跌与资金成本下跌（降息），这也是政府调控楼市的着力点：2023 年—2024 年国家不断下调房贷利率，一方面是为了刺激购房需求，另一方面是为了减少房产持有者的资金成本。未来可能的走势是：利率随着政府调控逐步下调，房价因市场供需变化震荡下跌，投资成本逐渐向投资收益靠拢，直至二者大体相等。

当租金回报率随着房价下跌而上升，资金成本持续下降一段时间后，房租和资金成本将趋同，即"房租=资金成本"，但此时房租还不足以覆盖资金成本与折旧。这时市场会出现明显分化，即大中城市核心地段的新房（简称核心房产）会迎来反弹，主要原因如下：首先，核心地段投资者普遍的心理预期较好，所以作为"成本"的风险补偿较低，情绪主导房价反弹；其次，折旧成本是随着房龄的增长而递增的，刚购置的新房折旧成本可以忽略不计；最后，核心地段交通便利、工作便利、娱乐休闲便利等增值因素与"情绪价值"会让租金快速上涨。综上，这时的核心房产不论是从投资者预期的角度，还是从进行量化计算的角度，都更接近本讲"后城镇化"阶段投资逻辑中最核心也是最初的均衡：投资收益≥投资成本＋风险补偿。

楼市阶段性企稳，房价稳定乃至反弹。核心房产会吃到第一波反弹带来的"红利"。未来核心房产和整体楼市的关系，就如同沪深 300 指数和上证指数的关系，如图 2-8 所示，股票市场中沪深 300 指数，统计的是中国股市中市值最高、流通性最好的 300 家公司，沪深 300 指数不论是上涨还是下跌，其走势都明显超过囊括了整个市场的上证指数，这是另一个层面的"楼市分化"。

上证指数与沪深300指数走势

图 2-8　上证指数与沪深 300 指数走势

市场经济的核心是竞争，企业通过竞争来争夺市场份额，争夺资源与客户。投资者和消费者通过交易平台或公司年报等市场信息，会把资质更好、市值更高、服务更优质的公司筛选出来；当优质公司获得投资，有充足的现金流，进一步通过科技创新、技术发展来提升自身竞争力，抢占更多市场份额时，市场上低效企业就会被淘汰。

针对楼市，"优胜劣汰"现象会愈加明显。此时，小城市房产与大城市郊区房产（远离就业中心），还有"老破小"（简称非核心房产）的二手房成交量与房价会继续下跌。

楼市流传着房产大亨李嘉诚的"地段论"："决定房产价值的因素，第一是地段，第二是地段，第三还是地段。"投资楼市与投资公司或股票相比，没有过高的信息壁垒，普通人能较轻易地判断哪个地市或哪个地段房价更高，更具竞争力。达到一定资金实力的投资者会投资地段更好、更新的核心房产，这也是楼市的自我选择机制。对于存量房市场的非核心房产而言，随着房龄增高，折旧加速，风险补偿会越高，持有成本会持续增加。和核心房产相比，非核心房产没有就业、地段等优势，房租上涨也变得不太可能，所以此时非核心房产不会表现出见底企稳的迹象。

伴随着以核心房产带动的房价反弹，租金回报率下降，"房租=资金成本"的平衡再次被打破，市场再度陷入低迷。这时市场已经经历了一段时间"后城镇化"阶段，也就是交易以存量房为主的阶段，市场上新房越来越少，二手房房龄增高，折旧成本加速增长，楼市也在市场与投资者共同选择下震荡起伏。楼市上行，投资者纷纷下场买房，市场走高直至再次达到"房租=资金成本"的平衡。接着由于市场过于拥挤，楼市下行，平衡再次被打破，房租<资金成本，投资者又纷纷离场。最终市场会达到"投资收益=投资成本+风险补偿"的真正均衡，这时全国房产调整完毕。简单地说，整个过程就是"核心房产反复波动，非核心房产持续下行。"

日本楼市的经验

日本自 1985 年底到 1990 年初，短短四年多时间里，城市地价增长了 200%，1990 年底资产泡沫达到高点。20 世纪 90 年代初，美联储开始加息，日本央行也开始了紧缩政策，巨大的房产泡沫破掉。1991年，日本房价的跌幅达到 20%~30%。随后，投资者因为看不到希望而大量抛盘，房价开始狂跌。在这之后的三年时间里，日本房价就跌了近 60%，开启了"失去的三十年"。

日本楼市在前二十年间并没有企稳回升。直到 2012 年，安倍晋三再度当选日本首相，随即推出了"三支箭"①计划，有效刺激了日本经济与楼市，楼市也出现了明显反弹，从那一年开始，日本楼市再次进入投资者视野。东京是日本最大的城市，也是日本投资者心中"最核心房产"的所在地。如图 2-9 所示，从 2012 年开始，东京都市圈的房价不论是反弹速度还是反弹力度，都远远高于全日本数据。2021年东京都市圈房价已经超过了 1990 年资产泡沫顶峰时的最高点，创下泡沫破灭近 31 年以来的新高；2023 年东京都市圈新公寓的平均价格升至 1.148 亿日元，较 2022 年上涨了 39.4%。

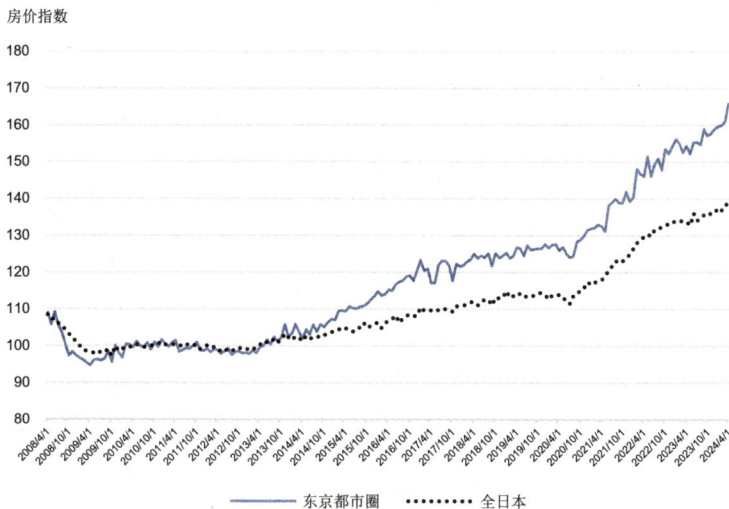

图 2-9　日本房价指数走势

---

① 2012 年起，安倍晋三第二次执政，在任职的八年时间里，他和日本央行行长黑田东彦一起实施了一系列经济政策，被称为"安倍经济学"，其中包括了"三支箭"。第一支箭：积极有为的货币政策——实施量化宽松；第二支箭：活跃扩张的财政政策——增加政府支出；第三支箭：变革增长的经济政策——提振民间投资。

"核心房产"所在的中心城市汇聚了最优秀的教育、医疗、文化、交通等资源，在楼市反弹期间的虹吸效应也愈加明显。土地面积占整个日本 0.6% 的东京，聚集着日本 41.8% 的银行，76.5% 的外资企业和 46.1% 的注册资本金 10 亿日元以上的企业，以及 17.8% 的大学和 17.7% 的研究所。虽然自 2009 年起，日本总人口已连续 15 年下降，但如图 2-10 所示，东京都人口却始终保持稳步增长。而关于日本城镇化和劳动力要素流动的启示，本书在第 16 讲有更多讨论。

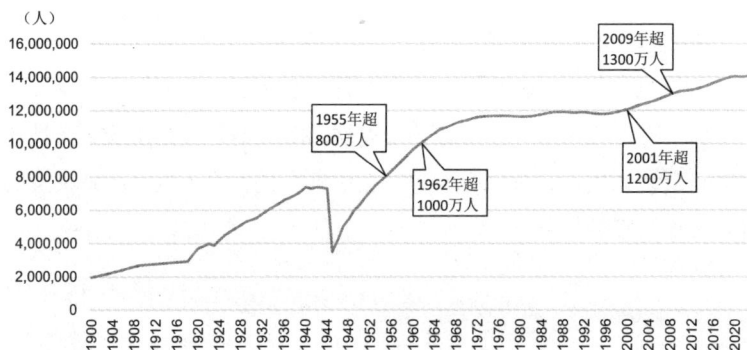

图 2-10　东京都人口的变迁①

一个城市人口的平稳与增长，对于当地楼市发展至关重要。上文提及了"高速城镇化"阶段，在此阶段快速的城镇化进程带来激增的城市人口，因此购房需求源源不断，投资人买房"躺着就能赚钱"。2022 年中国总人口同比减少 85 万人，是 20 世纪 60 年代以来首次全国人口负增长。2023 年，全国人口萎缩幅度进一步扩大至 208 万，中国也同样面临人口总数不断下降的问题。不论是从历史经验，还是人

---

① 数据来源于东京都政府官方网站。

口和资源虹吸角度，长期看来，在中国核心城市投资"核心房产"的优势均会愈加明显。

通过本讲的定量分析，我们可以理解自 2021 年房价开始下跌以来，国家政策对于楼市"托而不举"的本质原因——既不允许大幅下跌，又不允许大幅上涨。从"高速城镇化"到"后城镇化"阶段的转变，是每一个大国在城镇化发展到特定时期一定会经历的，楼市进入收益与成本不平衡的状态也是必然的，这是市场与消费者的共同选择决定的。

我们能做的就是打破"惯性思维"，打破长久以来对于房产不切实际的幻想与预期。归根结底，房产就是消费品，楼市与许多投资市场一样，有上行周期，也会有下行周期。本讲不是预测房价，而是让大家充分认识周期，对市面上的信息做到去伪存真，在自己做决策的时候有更清晰的思路。

第 08 讲
学区房、教育和周期红利

新冠疫情基本结束后，学区房的热度大大下降。首先要明白，家长买学区房不一定只是为了孩子上学，可能还有一个更重要的目的——投资，更确切地说是"投机"。很多家长的心态是：在孩子出生的时候买一套学区房，等孩子高考完卖出去，学区房赚的钱能把孩子整个教育生涯的费用全部覆盖，并且还能有剩余。

根据统计，2023 年全国小学共招生 1877.88 万人，比 2022 年增加 176.5 万人，增加 10.37%[①]，情况看起来还不错。但 2016 至 2017 年，出生人口数在"两孩政策"后达到一个高峰，那个高峰时期出生的人群在 2023 年恰好应该上小学。另外一组数据显示，2023 年学前教育在园幼儿人数为 4093 万人[②]，相比于 2022 年减少了 534 万人。幼儿人数 2022 年比 2021 年减少了 177 万人，而 2021 年比 2020 年只减少了 13 万人，2023 年比 2022 年减少超过 500 万人，反映了 2017 年之后出生人口的断崖式下跌。

尽管教育资源整体还是稀缺的，但稀缺也分程度，十个人抢一套房子和两个人抢一套房子，成交价必定差别很大。这是学区房贬值的

---

① 数据来源于教育部。
② 数据来源于国家统计局。

表面原因，更深层次的原因，是学区房背后的高考制度已经不能很好地适配当前的经济形势了。

在老百姓眼里，高考改变命运。但仔细看一下历史就会明白，其实高考改变命运，本身就是一件罕见的事。很多人并不明白自己是怎么成功的，人们不会把自己的成功归结为其他原因，而是认为自己才是成功的原因。如果去问那些参加过高考的长辈，他们为什么成功，他们会告诉你，因为自己上了大学，进了单位踏实肯干就成功了。看上去他们的成功是因为教育，对吗？实际他们的成功来源于经济周期，真正改变命运的不是高考，而是经济周期，高考不过是给了普通人一个参与经济周期的机会罢了。

高考 1.0：高考恢复下的制度红利

20 世纪 70 年代末到 80 年代，本讲暂且称为高考 1.0 时代，这个阶段高考吃到的是制度红利。

1977 年 9 月，教育部召开了全国高等学校招生工作会议，决定恢复已经停止了十余年的高考，以统一考试、择优录取的方式选拔人才上大学。1977 年 10 月 21 日，《人民日报》在头版头条发布《高等学校招生进行重大改革》，明确招生对象为"工人、农民、上山下乡和回乡知识青年，复员军人、干部和应届高中毕业生"。具体来说，医学院校、师范院校和农业院校，将分别主要招收表现好的赤脚医生、民办教师和农业科技积极分子，录取学生时，将优先保证重点院校。这次具有转折意义的会议最重要的决定是这一句——学生毕业后由国家统一分配。

那个时候参加高考，只要能考上就能"起飞"。参与者不需要大量的努力和独特的天赋，国家会分配工作，考上就有编制，还大概率是核心部门，只要进去不犯错，最后都能混得不错。

举个例子，20世纪80年代初期，干部队伍出现了青黄不接的情况，于是中央提出了干部年轻化的思路。1991年，《中共中央关于抓紧培养教育青年干部的决定》等文件连续下发。根据2009年全国培养选拔年轻干部工作综述，从1982年到2007年，全国省市县三级党政领导班子成员的平均年龄分别下降了8.4岁、6.8岁、5.7岁。截至2007年底，全国机关干部中45岁以下的占71.5%，35岁以下的占30%，具有大专以上文化程度的占87.5%。不是高考改变了命运，是制度红利改变了命运。高考的存在，只是给了大家一个分享制度红利的机会。只要考上了，参与者就赢了，赢的原因很简单：那是一批最早吃螃蟹的人。

高考2.0：改革开放的工业化红利

进入高考2.0时代，依靠的是外贸红利，或者叫工业化红利。这个阶段贯穿了整个20世纪90年代，并随着中国加入WTO达到顶峰。随着改革开放的深入推进，大量私营外贸企业涌现，但当时中国技术相对落后，出口的商品以轻工业品等低附加值产品为主，教科书称之为"来料加工"，除了价格低廉，谈不上竞争力。

另外，当时国内市场被一众外资品牌占据，日系的东芝电器，欧洲的大众汽车，都成为一代国民的记忆。但进入中国的不仅有商品，还有对应的技术，也就是所谓的"市场换技术"。那时候大量国内的厂家开始成为国外品牌的生产线，从生活日用、快销服装到奢侈品，再到电子产品，形成了全工业门类的产业链，中国成为"世界工厂"。

产业升级，看似升级的是产业，本质上升级的是技术，而技术掌握在人的手中，所以机械、土木、航天、电力、铁路等行业开始兴起，这些领域脱颖而出的中高层领导最多，不是因为他们能在同龄人中脱颖而出，而是因为经济周期发展到这里，需要他们脱颖而出，于是高考依旧改变命运，而且这种命运改变起来是有可能"一飞冲天"的，因为他们的知识就是那个年代最需要的东西，是工业化选择了他们。

此外，工业化初期的企业都非常重视技术的研发和投入，于是就提供了源源不断的就业机会。举个例子，外贸工作需要英语技能，英语专业一度非常吃香，而工业化和外贸带来的是中国全产业链条的崛起，这就需要一个又一个创业者、一个又一个高素质人才的参与。中国的进出口总额从 1979 年的 454.6 亿元，增长到 2001 年的 42 183.6 亿元[①]，涨了近 100 倍。那个时候不存在"坏专业"和"学历歧视"，只要是大学生，就有用武之地，因为毕业生进入社会看到的是中国全产业的超高速发展。当时只要有学历，就等于拥有了各个行业的"敲门砖"，这个阶段改变命运的也不是高考，而是工业化红利，高考的存在是给了大家一个享受工业化红利的机会。

高考 3.0：土地财政与城镇化红利

高考 3.0 时代从 20 世纪 90 年代末开始，一直持续到 21 世纪前 20 年，参与者吃的实际是城镇化红利和土地计划经济红利。

20 世纪 80 年代，经济的主题是"承包"，农村搞土地承包，城市搞企业承包，地方政府搞财政承包，思想的解放让地方经济快速增长，

---

① 数据来源于国家统计局。

财富大量留存在地方，但是中央层面却越来越捉襟见肘，于是 1994 年中国实行了分税制改革，大大强化了中央财权，减少了地方可支配的财政收入。但分税制留了个伏笔，它把当时不起眼的国有土地出让金收入和土地使用权转让的决定权全部留给了地方，就是这个伏笔，拉开了中国接下来长达三十余年的"土地计划经济"大幕。

1998 年中国停止了福利分房，实行住房分配货币化，同时《土地管理法》修订，将土地分为农用地、建设用地和未利用地三类，而农村集体土地要参与城镇化建设成为建设用地，首先要政府征为城市国有土地。土地计划经济时代彻底到来了。

为什么叫它"土地计划经济"？"土地财政"的本质是什么？表面上看是一种财政收入来源，其实是一种财富分配计划。房地产虽然看上去是市场经济，但在国家层面上，地方需要靠"卖地"来参与财富的分配；虽然看上去是市场经济，但在社会层面上却是要靠卖地把制造业老板和居民手里的盈余进行再分配。所以这个阶段的核心，还是"计划"。在整个计划的层面上，一切都要为土地财政服务，这个时期所有和体制绑定的经济运行，都被绑在了土地财政这条船上。

同时期开始的便是大学的扩招。1998 年高校招生数量为 108 万人，1999 年就达到了 160 万人，增幅高达 47%。表面上看是扩招，实际是为了推进城镇化，这也是计划的一部分。因为绝大多数的大学生会离开农村走到城市，而他们进城的第一件事就是买房，这就为财政提供了源源不断的收入。

在 2000 年之前土地出让收入占地方财政收入的比重不到 10%，2003 年土地出让收入占地方财政收入的比重达到了 55%；到了 2013 年变成 60%，2018 年达到 66%，2020 年达到 84%。可以说是土地财政奠定了中国社会的财富分配体系，于是所有离房地产近的行业都获得了极大的加持，因为房地产本身就是当时中国最大的财富，而土木工程曾是众多院校的王牌专业。

高考 3.0 时代也是经济最百花齐放的时候，有人在做饮用水，有人在做家电，有人在做社交软件，有人在做电商，这些人完成资本原始积累后，又在各个行业"攻城略地"，造就了商业的繁荣。只不过读者要搞清楚，这里面有一部分行业是"计划"之内的，比如基建和房地产下的土木工程、机械制造、有色金属等；有一部分行业是"计划"之外的，比如互联网行业，注入互联网行业的资金，不光有国内投资，还有西方资本，后者就不属于"计划"的范畴。

不管是计划内还是计划外，在工业化红利和城镇化红利的共同加持下，社会每个部门都缺人。表面是缺人，实际是背后经济周期影响到了这里。地只要卖得好，不管学的是什么专业，都不过是离房地产近还是离房地产远的区别罢了，所有经济核心都已经被这个大框架框定了。在这个阶段，专业不重要，学历才重要。因为只要是从农村走向城市的人，就有买房的需要，离"计划"更近。而高考的作用，就是把这些人送到离"计划"最近的地方。学历变现的逻辑在这个时期也是通畅的。如果学历比专业重要，那学区房就能卖得动，而如果专业比学历重要，那学区房的价值就会大打折扣。

"大厂"要靠学历撑门面，中产收入人群要靠学区房确保孩子未来获得体面工作，维持学区房价值的表面上看了学区，实际是学历的众多获益者，这就是高考 3.0 时代的核心。家长们太想在孩子身上复刻自己的"成功"道路了，他们笃信赢得高考就能成功。家长们要做的不是迎合市场，而是去迎合"计划"的方向，参加高考就是迎合"计划"的方向。

高考 4.0：从"计划"重返"市场"

现在已经进入高考 4.0 时代，制度红利早已殆尽，城镇化红利开始示弱，"计划"红利随着房地产出现新的供求关系也即将消失，然而参加高考的人数还在上涨。2019 年，高考报名人数突破千万人大关，达到 1031 万人；2023 年，高考报名人数增长到 1291 万人；2024 年，高考报名人数达到 1342 万人，比 2023 年多出 51 万人[①]，再创历史新高。然而，高考已不能适配新的经济形势，社会上才有了"一千万新生儿嫌少，一千万大学生嫌多"的尴尬局面。本质原因是什么呢？就是高校教育按计划的思路走，跟"市场"不适配。

这会令不少人倍感受挫，甚至迷茫焦虑，感觉哪里都是红海竞争、存量博弈，找个心仪的工作是越来越难了。

随着卖地这个项目的消失，"计划"的力量会变得不那么好使。在这种情况下，计划并不能覆盖社会的就业，那得靠什么？得靠"市场"。一旦行业不缺人，自然就会对求职者有更高的要求。之前的互联网"大厂"，大专生可以进，但现在"985"院校毕业的研究生都不一定能进了。不是"大厂"膨胀了，而是供需关系变了。

现在社会依然认可文凭，但除了文凭，社会还想看到其他东西，这要看求职者能不能提供了，例如，除"你的专业是不是符合我的要求"外，可能还有"你能不能再给我带来点什么资源"等。其实苛刻的不是招聘要求，而是供需关系。经济周期一变，学历变现这条路就

---

① 数据来源于教育部。

堵塞了。当专业、资源、背景比学历更重要的时候，学区房就不值钱了。

换句话说，高考已经越来越不能成为红利变现的方法，因为大家还不知道下一个红利是什么。纵观人类历史，高考改变命运这件事，放在历史的长河中本身就是特殊情况，不能下意识把它当成必然。自从隋唐开科取士以来，通常在科举考试中考中进士才有官做，而进士的录取率很低。据统计，中国实行了 1300 多年的科举制度，共录取 10 万余名进士，平均每年录取进士 76 人，进士的稀缺程度大致相当于现在的高考全省前三名。也就是说，自科举制度开始，每年全国受益的还不到一百人。

之后的教育体系或许会像韩国和日本那样，要么按照路径依赖全面"卷"计划，要么另辟蹊径去"卷"市场，让孩子自己去找成功的渠道。例如考试不行，那就从事体育行业，体育行业不行，就从事音乐或者美术行业，有直播天赋的孩子也可以去做直播，这就是市场化。

新出生人口的下跌以及学区房房价的暴跌，只不过是随着家长们慢慢开始感受到这个变化，而逐渐做出的反应。伴随着社会经济的发展，学区房的"泡沫"必然被挤破。人们最大的问题，除了容易把成功归因于自己，还有容易把自己看成独一无二的那一个，而拉长时间，在大的经济周期下，每个个体其实都是渺小的存在。

第 09 讲
"内卷"和"躺平"的根源

后冷战时期,东亚地区有个外号叫"怪物房",因为"怪物房"里的国家就像进入了世界杯"死亡之组"一样,把里面任一国家扔到世界其他地区,其军事实力都会被视为一方霸主的存在。不过这些实力像"怪物"一样的中日韩朝,却全部挤在东亚地区,近距离相互竞争。在这种环境中的国家为了不被挤掉队,最终都形成了穷尽一切内在能量追求发展的国民生态,因此在极度内卷的东亚国家竞争过程中,上至国家、下至百姓,都很难有机会歇歇脚,"内卷"这个词在东亚用得也最多。

就是这样一种竞争文化,在二战后不到 80 年的时间里催生出了三个世界排名前列的经济体,其中日本、中国先后在经济领域被美国视为全球范围内最大的竞争对手,韩国在二战后则从发展中国家进阶成为发达国家。东亚地区国家在短时间里爆发出的能量让全世界都叹为观止,但事物都是一体两面的,国家级的内卷与经济短时间内大爆发一定会带来其他方面的牺牲,例如被迅速消耗掉的正是东亚三国的生育意愿。在全世界老龄化严重的国家里,东亚的中日韩榜上有名。东亚三国手拉手开创过经济奇迹之后,又一起栽进极端老龄化困局中,这或许不是巧合。

财富与周期
宏观经济第一课

　　中日韩三国的工业化，都是在短短几十年里加速走完了西方 100年甚至 300 年走完的路，佐证就是二战之后世界公认的前三大经济奇迹都集中在中日韩三国。先是日本"战后奇迹"，接着是韩国"汉江奇迹"，最后是中国"改革开放奇迹"。伴随着飞快的经济发展速度，社会矛盾的积聚和认知观念的冲突也在快速浮现。高速发展的确会掩盖很多问题，一旦经济增速下降，老百姓能直接体会的就是高速发展的另一面——各项成本急剧上升。

　　特别是东亚国家短期内就完成了工业化，带来的副作用大多数都被刚进入社会的年轻人承受了：生活成本、劳动压力急剧增加，随之而来的结婚、生育欲望和消费需求被快速抑制。生育是一个风险厌恶型的决策，托儿所、营养品、所穿所用、学区房、辅导班等的花费，都是长期且巨大的家庭开支，生育从来不是简单的从怀胎到生产这么简单，收入存疑、工作不稳就会倒逼年轻人延迟生育甚至拒绝生育。因此，这让中日韩三国从婴儿潮、人口爆炸到不婚不育、少子化，再到负增长的更迭速度很快，如图 2-11 所示。

　　美国人花了 300 年才衍生出了解构社会关系、反抗一切主流、崇尚个体天性解放的嬉皮士和朋克文化，而日本二战之后仅仅七八十年就诞生出了"平成废柴"①。韩国从朴正熙改革时代算起 60 余年，便出现了"抛弃恋爱、结婚、生子"的韩国"三抛"一代，甚至还出现了"五抛""七抛""N 抛"的现象，即将房屋住宅、人际关系等也一并抛弃，这和现在的"躺平"文化非常相似。

---

① 从 1989 年开始，明仁继位日本天皇，日本的年号从"昭和"换成了"平成"，时代也发生了诸多转变。"平成废柴"是日本网络流行词汇，指日本平成年代出生的一代年轻人，调侃他们（亦用于自嘲）如"废柴"一样丧失活力。

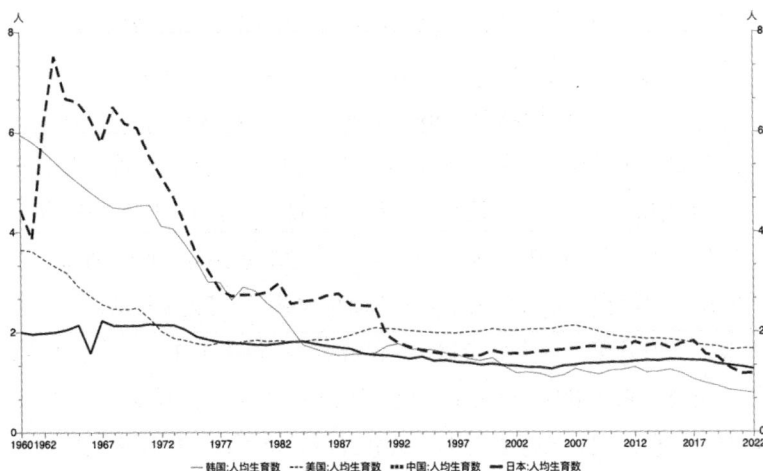

图 2-11　1960 年至 2022 年中国、韩国、日本、美国人均生育数①

　　中国从改革开放至今不过 40 多年，这意味着老龄化速度在东亚三国中呈现出不断加速的态势。2023 年全年，中国出生人口 902 万人，人口出生率为 6.39‰；死亡人口 1110 万人，人口死亡率为 7.87‰。究竟是哪儿出了问题？

日本"团块世代"的"破产"

　　说起"躺平主义"和"极简文化"，绕不开日本这个"躺平鼻祖"，数以百万计的中青年躲在家里，不社交、不恋爱、不结婚生子。这些人被称作"御宅"或"茧居族"，他们对物质和精神都没有追求，只对自己的个别小兴趣抱有少许热情。其中很多人长期不上班、不出门，

---

① 数据来源于世界银行。

像蚕茧般将自己封闭，因此也被日本一些媒体称作"消失的人口"，而"消失的人口"还得先从"团块世代"说起。

2016 年日本广播协会（NHK）的节目《老后破产》引发热议，纪录片采访了几位 60 岁到 85 岁老后破产的日本老人，他们正是日本出名的"团块世代"。"团块世代"是日本战后于 1947 年至 1951 年间出生的婴儿，大约 1000 万人，约占日本人口的 10%，其中 80% 是工薪阶层，他们在日本经济发展最迅速的七八十年代成了社会主力，其中很多人离开家乡到大城市打拼，勤奋努力，热爱工作，以企业为家，用"团块"来比喻他们，是因为他们想要改善生活，所以辛勤付出，紧密地聚在一起，支撑着日本社会和经济，也因此"团块世代"构成了日本全民中产的一代。

然而，前期享受了时代红利的"团块"，在 40 岁左右时就经历了日本经济泡沫破灭，收入逐步下滑，之后迈入老年却没有足够的资本养老。2007 年起，团块世代 1000 万人相继退休，年金、医疗保险等面临严峻挑战。"团块"的父母又是日本著名的长寿一代，因此"团块"既要照顾年迈生病的父母，又要不定期资助中年失业的子女，成了上有老下有小的"夹心层"，三代人共同陷入困境，很多人退休后继续打工补贴家用。这些老人并不是没有资产，而是他们拥有的房产和存款不足以支撑基本生活需求，难以应对医疗费用、护理费用等计划外支出，导致入不敷出、财务状况恶化，最终面临"老后破产"的窘境。

面对采访，节目中一位老人的回答让人深思："年轻的时候没考虑过老了会破产，总是竭尽全力工作。"都努力工作了还能怎么样？总不能每个人都是投资高手。为了维护自己的生活，大家已经做出了最大的努力，但养老问题依旧是日本乃至全世界的大难题。全球的富豪们都在向抗衰老领域投入资金，追求更长的寿命，但在日本，长寿似乎要比想象中更残酷。

日本年轻人的焦虑情绪就是因为"力不从心"。经济高速发展时上一辈铆足了劲工作，买车买房。可是经济高速周期一过，收入减少、失业大潮突袭而至。收入是柔性的，负债可是刚性的。每月要还贷款，还要面对家庭的日常消费、孩子教育支出、老人医疗支出等，人们活得像一台无休止工作的机器，运转一辈子，不能停、不能休息。于是年轻人开始反思过去加杠杆的冲动，开始反思这是不是自己想要的人生，价值观受到冲击，日本进入低欲望社会。

低欲望社会形成前的"单一价值观"

这一切都源于低欲望社会形成前的"单一价值观"。

在单一价值观体系下，大家都有相似的追求，认为金钱和社会地位是证明自己还存活在这个世界上的证据，于是就去拼命争抢。有益处吗？也有，比如日本的匠人精神诞生于单一价值观的内卷之中。但负面影响更大，因为赢的只是少数人，多数人卷而不获肯定要走向"躺平"，最终带来低生育率和低欲望社会。

当国家经过长时间稳定和繁荣的巅峰之后，单一价值观的负面作用就展现出来了。举个例子，据记载，乾隆后期到嘉庆年间，清廷官僚机构的懒政不作为到了登峰造极的地步。公事拖着能不办理就不办理，如嘉庆十二年，福建巡抚一个衙门未结词讼近 3000 件；嘉庆二十三年，新的山东省按察使上任时发现积案有 4000 余件之多[1]。官员在官场的懒政现象和社会上普通人"躺平"是一个道理：国家版图不再扩大，官僚系统的增长性和流动性慢慢丧失，精英阶层逐渐失去进取意识，尤其是在清朝闭关锁国的环境中，国内知识阶层的单一价值取向就是通过科考进入官僚系统，在这个价值观引导下，懒政不作为是能让官僚阶层利益最大化的行为。毕竟少做事就是少犯错，做错了就可能被追责，不犯错就能长期做官，为己牟利。这样的"躺平"为当时的社会带来了巨大问题，老百姓跟着倒霉不说，因为这些人长期尸位素餐，使得新鲜血液无法进入这个管理系统。知识群体的阶层流动性丧失了，很多人开始觉得读书无用，这也是清朝时期大文豪少，诗词歌赋和文化作品都比不过前几个朝代的原因之一。

现代年轻人焦虑和迷茫的本质原因，正是缺乏确定性。而确定性的来源有两处，即增长性和流动性。

什么是增长性？例如房地产黄金时代，大量房企追求规模化，不断地拿地，拿地之后追求高周转率，需要以极快的速度组建新团队开拓新市场，对于房企的部分员工而言，就有了个人职业的成长空间。在楼市经济腾飞的年份，很多地产人凭着自身的努力奋斗，两三年一个跃级，快速走向管理岗位并不是什么难事。岗位提升和工资增长的预期都很高，所以这群人消费积极性高，在经济大潮中敢加杠杆、敢买房。工资收入全部拿来偿还房贷的例子比比皆是，在以"增长性"为主基调的社会，人们相信自己未来的收入肯定会增长，"增长性"让人们相信"爱拼就会赢"。

①《清代州县词讼积案与上级的监督》，邓建鹏，《法学研究》，2019 年第 5 期。

什么是流动性？古代商鞅变法，使秦国建立以"耕战"①为核心的阶层上升制度，直接打破了贵族垄断爵位的局面，激发了全国庶民务农参战的积极性，因为这一变革为庶民进入核心统治阶级，也就是上层社会打开了通道，这就是社会阶层的流动性。商鞅用阶级流动性提升了秦军战力，只要敢杀敌，获得胜利越多，获得奖赏就越多，提升就越快。也因此，司马迁称《商君书》为"开塞耕战书"：农、战两方面是商鞅变法的重要内容，正是得益于经济与军事并行改革，秦国才能在孝公时一举成为战国群雄中的强国。

不过商鞅所做的不仅仅是为庶民提供上升通道这么简单，还包括"制造内卷"。他为庶民提供阶级越级可能性的同时，还强化了弱民和抑商等政策，用意很明显，即让选择其他发展路径变得没有吸引力，也让其他渠道无法证明自身价值，战场御敌获得胜利就是庶民们唯一证明自己价值的办法。在这种"单一价值观"的加持下，秦人只知耕战，六国皆畏惧秦人之武力。

多年前成功学被吹捧，开口闭口讲奋斗，而在人们的精神世界里，完全想不起流传了千年的"蒹葭苍苍，白露为霜"，也忘却了父辈曾追逐过的莎士比亚、海子的那句"面朝大海，春暖花开"。过去在日常社交中，聊生意经、赚了多少钱、买了哪只股票、入手了哪个理财产品才让人觉得充满正能量。如果一个人到了三四十岁了，社交时还聊梦想、聊哲学或唯心主义等，便会发现他很少能获得共鸣，最后只得再次转换到房子、工作等话题上来。所以一些人宁愿一个人刷刷短

---

① 古代重视农耕和战争，并主张两者相结合，"耕"即发展农业生产，"战"指武力军功，参与保卫国家或对外扩张的战争。耕战思想就是为强国服务、为战争服务的经济思想，商鞅是耕战思想的执行者。春秋战国时代，封建地主阶级通过"耕战"在各国陆续取得政权。

视频，也不愿社交，因为话题太单一了。总之，流动性创造了社会的大发展，但单一价值观体系下的流动性，在宏观经济不确定阶段，会让年轻人"内卷"到极致。

过去法西斯国家为了凝聚战力，通常要传播单一价值观，但这些国家建立单一价值观后，一般都要走扩张路线。一方面，因为战争本身可以消耗部分人口，避免人力"臃肿"。另一方面，随着国土版图的扩张，更多财富被收入囊中，社会需要重建，军队也需要扩编，军官的岗位数量在不断增加，相当于社会有了一定的增长性和流动性。

总的来讲，唯财富至上的价值观是社会文化的"毒瘤"，也是年轻人低欲望、"躺平"的核心动因。在大众的意识里，除了更多的财富和社会地位，再找不到其他的价值追求点。可在经济形势不明朗的大背景下，挣钱越来越难，人们越来越感到力不从心，低欲望和"躺平"，对于一国的经济发展、人口增长、社会活力等都会产生长期且深远的影响，拒绝结婚就是其中很典型的例子。

日本的"茧居族"和韩国"进入人口紧急状态"

日本经济泡沫破灭后开始进入"低欲望社会"。没有消费支撑的日本，经济增长长期乏力，中国的4%至6%低经济增速的"新常态"，在日本看来却是难以企及的奢望。日本长期以提高国内通胀率为经济发展目标，以低利率等政策试图唤醒年轻"躺平"一代起来投资消费。其实哪个年轻人不喜欢吃大餐、开豪车、穿名牌、出国游呢？但是他们更喜欢宅家独处，甚至从人类社会"消失"。

2016年8月，在日本一档名为《可以跟着去你家吗？》的综艺节目里，节目组采访了一位名为前田良久的"茧居"老人。他在父母遗留下来的豪宅里封闭"躺平",靠着遗产活到 68 岁（节目组拍摄时），家里垃圾堆积如山，父母去世后 20 多年就没再打扫过卫生，每天靠着便宜的纳豆充饥。少年时求学失败，成年后工作两年多便职场失意，失去对生活的希望和期待后，他选择了放弃与社会沟通，让生命在孤独中逝去，"孤独"二字在他的身上成了具象化的存在。

20 世纪 90 年代，日本经济下行，很多年轻人一蹶不振，"茧居族"开始大量出现，根据 2019 年 3 月日本内阁公布的调查数据：在日本，39 岁以下的"茧居族"为 54 万人左右，而 40 到 64 岁的人群中有 61 万人是"茧居族"。这种现象一直成为困扰日本社会的一个难题。

再看日本的未婚率。根据 2015 年的统计数据，日本 50 岁之前从未结过婚的男性比例约为 23.4%，女性比例约为 14.1%，预测到 2035 年，日本 15 岁以上人口中约有 4805 万人是单身者，有配偶者约为 5279 万人，即约有一半日本人会过单身生活。20 世纪 90 年代日本经济泡沫破灭后，日本人的平均收入开始掉头下行，男女的"终身未婚率"（即 50 岁时仍未结婚的比例）开始急速升高。以上数据调查的负责人认为，日本经济环境恶化、收入下滑是导致很多人不想结婚和不能结婚的重要原因，尤其是日本男性的收入下降，导致很多男人无力结婚；而日本女性的就业机会增加，提高了其经济自立能力，日本女性 50 岁之前未婚率就越来越高。不难看出，现代人不愿意组建家庭的主要原因还是两个典型的问题：经济基础和追求个人意志。

除了日本，邻国韩国的年轻人也在"躺平"的道路上一骑绝尘。国际上通常以 2.1 作为人口世代更替水平，即考虑到死亡风险后，平均每对夫妇大约需要生育 2.1 个孩子才能使上下两代人人数相等。2024 年 6 月，韩国宣布"国家进入人口紧急状态"。韩国总和生育率自 2015 年达到 1.24 的峰值后不断下降。韩国新生儿数量在 2017 年首次跌破 40 万人大关，2020 年跌破 30 万人，2022 年跌破 25 万人。2023 年，韩国新生儿数量为 22.997 万人，总和生育率为 0.72，双双创下有相关记录以来的最低值。据 2018 年的报道，韩国统计厅发布的一份数据显示，在 20～29 岁的韩国人当中，91.3% 都是未婚的。年轻人拒绝婚恋的同时，已婚的年轻夫妇也表示为避免陷入贫困而拒绝生育。

日本年轻人不想花钱，也没钱可花，更不想努力工作升职加薪；老年人有钱却不够花、不敢花，日本消费萎靡不振，整个社会几乎"凝固"，人们没什么强大动力去奋斗以实现阶层跨越。这种"躺平主义"正是造成日本经济持续几十年震荡在极低水平，甚至偶有负增长的直接原因。日本经济高速发展的 20 世纪七八十年代，战后复苏解放社会生产力的同时，也引导并放大了欲望：人们为了私欲透支消费能力，资本家们通过各种消费主义、房产投资引导等，提前支取普通人未来的财富，市场经济利用人类的欲望换取日本的繁荣，这使得整个社会价值观单一化，最终被市场经济的疯狂增长所反噬，阶层严重固化。

其实人们并非真的是生理上或心理上的"低欲望"，而是刻意压制自己的精神欲望和物质欲望。所谓"躺平"，其实是一种无声的抗议。失落了 30 年，单一价值观和财富不均衡所带来的割裂，使得新一代年轻人饱尝现实的无力感和生活的压迫感。让年轻人什么都要不起，不想要，也不敢要，只想在"茧房"里躺着。得不到很痛苦，所以选择克制欲望，自己动手把欲望的内在驱动力给摁住了。相较于"低欲望社会"，年轻人所表现出来的不买房、不恋爱的极简主义生活方式，从经济角度可以用"低消费主义"来形容。

前田良久老人在录制时，告诉节目组人员，如果可以，还是要尽早组建家庭,他面对镜头感慨:"人间啊,在人之间才叫人间。""无欲则刚"或许是圣贤的境界和人们对自我的要求,但如果每个人都像前田良久老人一样,完全失去了对物质的追求、失去了对情感和精神的寄托,那么从宏观上看,这样的"低消费"社会会带来恶性循环,影响每个人的生活。

从经济角度看婚姻,应该警惕什么

对个人而言,婚姻是维系二人情感的纽带,婚姻组成的家庭可以让人获得归属感和满足感;对社会而言,婚姻又是社会稳定的重要因素,只有大部分个体婚姻状态稳定,家庭才能稳定,社会才能和谐。

前面提到了日本和韩国的婚姻状况,随着经济的发展,中国的婚姻状况也发生了很大转变,人们身边晚婚、不婚,甚至离婚的人越来越多。民政部发布的《2024 年 2 季度民政统计数据》显示,2024 年上半年全国结婚登记 343 万对,仅为 2014 年同期 694 万对的一半左右。另外,中国人的结婚年龄,尤其是初婚年龄大幅推迟:2020 年中国的平均初婚年龄为 28.67 岁,比 2010 年的平均初婚年龄(24.89 岁)增加了 3.78 岁。2022 年国家卫生健康委在《求是》杂志发文,表示中国"十四五"期间总人口将进入负增长阶段。整体来看,晚婚已成为主流趋势。那么,在去杠杆周期下要怎么从经济的角度解读对应的婚姻现象呢?

卡尔霍恩老鼠乌托邦实验

首先是离婚率的问题,如图 2-12 所示,2021 年与 2020 年离婚率下降,一方面是"离婚冷静期"政策落地,很多因为生活琐事造成的冲动型离婚数量下降；另一个原因就是伴随着房价预期的不确定，人们不再热衷于或不再急于通过"离婚"的方式买房了，但是中国每年的离婚人数也是从房价开始暴涨的 2010 年开始逐年攀升的，最终达到 2020 年的峰值，直到 2021 年伴随离婚冷静期政策出台和房地产降温，离婚率才出现回落，这并不是一种巧合。

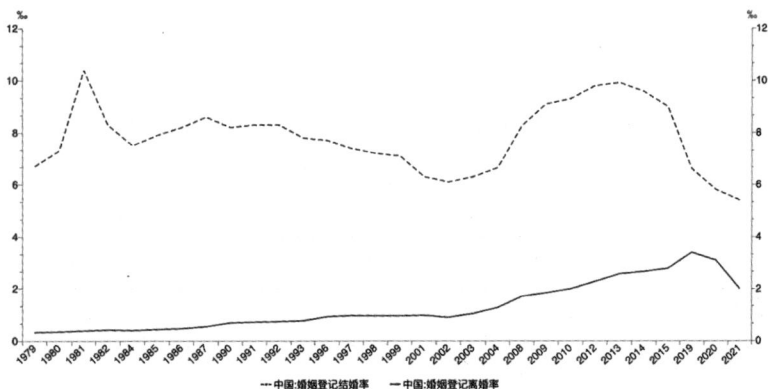

图 2-12　中国结婚率与离婚率[1]

　　相比于离婚率下降的原因，结婚率暴跌的缘由更加值得关注和思考。年轻人为什么越来越不倾向于结婚了？1968 年著名的卡尔霍恩[2]老鼠乌托邦实验或许可以让我们找到一些原因。在一个食物和水充足的密闭环境下，实验人员将精心挑选的 4 对健康成年老鼠"夫妇"放入乌托邦的密封世界，任由鼠群发展。但比较吊诡的是，无论实验人

---

① 数据来源于民政部。
② 约翰·邦帕斯·卡尔霍恩（John Bumpass Calhoun，1917 年—1995 年），美国动物行为学及行为学研究者，他以对人口密度及人口密度对人类行为影响的研究而闻名。

员怎么努力，鼠群总是在增长到一个临界值后突然掉头向下，老鼠们似乎在某一时点失去了繁衍和求偶的本能，任由自己的族群自生自灭，直到最终全部灭绝。无论实验人员多么精心地打扫生活环境、提供更为充分的食物，但都如同有一只隐形之手摁住了鼠群的繁衍，老鼠们不再像过去那样争强好胜，反而像丧失了一切欲望，集中在一起，只是梳理自己的皮毛，直到生命结束，其中最先停止的就是老鼠择偶的欲望。

卡尔霍恩用老鼠乌托邦的结局预言未来人类社会的结局，当然也有学者指出了老鼠乌托邦的不合理之处，毕竟人类社会的构成远比老鼠"社会"的构成要复杂。这里不去探讨实验本身的缺点和漏洞，以及实验是否可以印证人类未来的合理性，只是要说明：老鼠乌托邦反映出的老鼠演化规律非常值得大家深思，特别是在结婚率暴跌、离婚率暴涨的今天，类似的思考更为重要。

宏观经济经常遇到人口和出生率的问题，但再往前看一步，实际上人口和出生率的问题就是婚姻的问题。在没有更先进的科学技术代替人类繁衍，且没有对应的法律支持之前，一定程度上可以说婚姻成了人类未来存亡的关键因素之一。相比于老鼠，人类有更复杂的情感诉求。

例如著名的马斯洛需求理论，就将人类的需求分为了五类，这五类需求被描述成金字塔的形状，从层次结构的底部向上，分别为：生理需求（如基本的食物和衣服）、安全需求（如有工作保障）、社交需要（友谊、爱情、归属感）、尊重需求（受到尊重和肯定）和自我实现需求（发挥潜能、实现理想）。人们在满足基本生理和安全需求后，就会有社交、尊重和自我实现的需求，但这也带来更多的困扰：当婚姻无法满足大家的多样性需求，甚至还变成了大家追求多样性需求的阻力时，人们可能就会通过晚结婚甚至不结婚的方式去应对这种变化。

探讨婚姻的本质

婚姻的本质是什么？从经济学、社会心理学和生物学的角度来看，结婚的目的有三点：生育、互助和舒适。伴随着经济发展和城镇化率提升，在全球大都市房价普遍高企的背景下，年轻人的劳动力已经被二三十年的房贷锁定，婚姻所能带给现代人们的这三点益处发生了变化和动摇。

先说生育，例如，中国传统的生育观讲究"养儿防老"，但在工业化推动城镇化发展的背景下，类似的观念已不再适配相应的经济情况：一是养育孩子的成本飙升，包括培训班、从幼儿园到大学的教育、未来给孩子购房等的费用；二是即使投入人力物力培养出了孩子，也不一定能获得和这些投入对等的经济回报以及社会价值，学历是否能继续"变现"都要打问号——年轻人就业难、涨薪慢已经成为世界经济的顽疾，中国自然也不例外，面对当前的社会竞争，自给自足已经不容易，自然也就没有额外的生育意愿去抚养下一代；三是现代社会分工越来越精细，养老制度不断完善，养老可以通过社会提供的服务解决，不一定要通过生育。从以上三点看，如果人们的生育意愿衰减，结婚可能就会显得"多余"。

再说互助，以往的婚姻确实可以平摊两人的生活成本，达到一定的规模效应。结婚不仅限于恋爱，更是一对夫妻的结合，也是两个家庭的结合。相较于独身一人，当夫妻二人乃至夫妻二人的原生家庭都有稳固的经济地位时，通过婚姻可以加强彼此的经济地位，从而抵御经济周期波动。从经济的角度来看，很多人选择结婚是为了巩固自身的经济成果，达到事半功倍的效果。但是对于现代人来说，"事半功倍"逐渐成为"事倍功半"，原因无他，正是高房价带来的高债务，以及经济不稳定造成的收入减少、开支增加。现代人如果想要结婚，一套婚房几乎成了必需品。

过去以农业为主的社会，土地是第一生产资料，房屋只是土地的附属品，人人被锁定在土地上的另一面就是人人都有土地，即使没有土地的所有权，也可以通过为地主打工获得土地的使用权。而社会为了维护长期稳定，地主与其土地上打工的佃农有了长期乃至终身的雇佣关系，其与现代社会公司和员工的雇佣性质完全不同，那时几乎没有"失业"的概念，只需要关心自家的收成及上缴官府粮食的比例。在这种封闭但稳固的体系下，结婚的益处就显而易见了：通过婚姻，可以让两个家庭的财富得到汇聚，而且由于分工上的互补，对双方而言都是收益上的增进，这就是经济学中的"分工产生效率"。因此，古人的头等大事就是到了适婚年龄就结婚，因为谁结婚早，谁就可以先获得婚姻带来的"额外增益"。

如同生育成本效益的转变一样，这种婚姻带来的"额外增益"因为市场经济下的高房价和经济不稳定反而渐渐变成了"额外损耗"。古代地主有自己的土地，而佃农长期租住在地主的土地上，类似于今天的长期公租房，所以无论是地主还是佃农都不会为住房问题发愁，毕竟有土地的地主和富农是少数，而佃农是构成人口的绝大部分，故没有自己的土地和房屋是常态，拥有土地是少部分人的特权。

而现代人对住房的观念则不同，住房对于现代人来说是一件商品，而且是一件金融和心理属性远大于使用属性的商品。在自己生活的城市只有拥有一套属于自己的住房，才能向周围人乃至自己证明：自己居有定所而非这个城市的匆匆过客。在这种心态的驱使下，高涨的房价带给新人的债务也随之攀升。此外，伴随着经济的不确定性，"另一半"可能需要付出更多的努力和承担更大的压力。所以在高昂的债务压力和就业不稳定的环境下，婚姻的第二个作用"互助"也变得越来越脆弱。

婚姻带来的另一个作用是"舒适"，也可以理解成"陪伴"或者"情绪价值"，结婚除了生育的本能和经济上的紧密连接，还可以带来身心的"愉悦"。与一个情投意合的人朝夕相处、白头偕老是很多人都希望通过婚姻获得的情绪满足或者幸福感，但婚姻长久的核心并不在于所谓的"情投意合"或"两情相悦"，长久的关系不是依靠激情维系的。婚姻是动态的平衡，要两个人共同迎接生活的变化，其中的核心是"包容"：包容对方的缺点、包容对方的家人，以及包容对方随着年纪增长和环境改变而发生的性格变化，并且在双方成长的道路上，会阶段性地配合家庭牺牲自我成长的机会……唯有此才有可能让婚姻长久。因此步入婚姻后，自己获得的"舒适"带来的"岁月静好"，可能是"另一半"的妥协带来的"负重前行"。

伴随着工业化的推进，现代自由主义思潮来袭，作为独立的个体，为了满足自我实现的需求，很多人不愿放弃自我成长的机会而"负重前行"，大家转而重视"婚姻"这段旅程获得的感受，也因此，婚姻成了"个人选择"而非必需品。同时，随着生育功能和互助功能的解构，以及信息快速流转、社会分工的精细化，"陪伴"的功能可以被其他形式替代，例如"搭子文化""抱团养老""轻社交"，或者长期相伴但不结婚的伴侣等，"陪伴"和"情绪价值"也不再是婚姻的专属。

总结而言，生育、互助和舒适三个功能都发生了改变，这样一来，对年轻人而言，就没有什么问题是一定要通过结婚来解决的。

资源分配与结婚意愿

站在经济学和社会学的角度来看，想明白以上三点，读者们就更容易理解为什么现代人不愿意结婚，因为结婚对于年轻人而言更像一种枷锁而非幸福。不光中日韩三国如此，所有工业化程度较高的经济体都面临类似问题，以美国为例，1982 年到 2009 年，美国结婚率稳步下降，2009 年到 2017 年美国每千人结婚数稳定在 6.8 到 7.0 之间。2017 年到 2018 年，结婚率又下降了 6%，每千人结婚数从 6.9 下降到6.5，创下了 1900 年到 2018 年期间的最低值①。

回到老鼠乌托邦实验，如果老鼠可以在有限空间里和平生活，在资源充足、社会稳定的情况下，种群是不会全部灭绝的。社会欲望的不断丧失，才是实验最核心的病症。老鼠在实验一开始血性非常强，争斗欲望强烈，但到了竞争后期，所有失败的老鼠聚集在一起，失去了斗争的能力，阶级固化严重，处在边缘的老鼠没有力量获得竞争的胜利，无法争夺包括领地、交配权、优先权、地位等在内的社会资源。即使实验人员可以提供充足的生存资源，但社会资源无法均分，也无法控制，这就导致它们不断失去欲望，形成越来越庞大的"失败者"群体。这些群体不得不压抑欲望，性格发生变化，当无法压抑情绪时，

① "Marriage Rates in the United States, 1900–2018", *National Center for Health Statistics*, April 29, 2020.

便和旁边的失败者打斗，直到群体活性越来越低，这是不是和当今社会低婚育状况如出一辙？

结婚率下降的本质是社会资源的分配出现了问题，人们无法从社会资源分配上得到相对公平的对待，越来越多的人会选择压制欲望，而极低的社会欲望就伴随着极低的婚育率。所以如何能更公平公正地分配社会资源，让更多的人通过自身努力就可以获得与之匹配的社会地位，显得至关重要。

这就需要国家和社会在分配资源时更有重点，不光注重基本生存资源的分配，还要注重社会资源的分配。乡村振兴和共同富裕分配的是生存资源吗？不是，中国经济已经过了分配生存资源的初级阶段，中国正在调节社会资源，宏观政策的钟摆正在迅速从"追求效率"摆向"追求公平"。只有社会资源分配公正透明，才是解决婚姻、人口乃至社会问题的核心。婚姻看似是个人的事，但实际上家庭是构成社会的最基本单位，个体婚姻幸福、家庭稳定，国家才有未来和希望。也希望我们每个人都能找准自己的定位，去追寻自己幸福的本源。

长期以来，中国注重的是对于生产者的投资：提供失业补助、提供创业基金、提供广泛的教育平台，但是缺失的其实恰恰就是对于生育者的投资，所以社会上才会有"一千万新生儿嫌少，一千万大学生嫌多"的调侃。孩子是七八点钟的太阳，我们创造辉煌的经济成就，为的是让后代过上好日子，如果后继无人，那么繁荣也就会丧失一部分重要的意义。

第 10 讲
"通缩"的来龙去脉

近年来，受到世界各国货币政策以及地缘政治等因素的影响，许多国家面临通货膨胀（简称通胀）冲击的新闻铺天盖地，因此越来越多的人开始关注这一经济现象。通货膨胀是指一国经济中商品和服务的总体价格水平持续上升，导致货币购买力下降的现象。与之相反的经济现象则是通货紧缩（简称通缩），通缩是指一国经济中商品和服务的总体价格水平持续下降，从而导致货币购买力上升的现象。部分读者可能听到通胀的第一反应就是"货币超发"，听到通缩的第一反应就是"经济萎靡"。然而造成通胀、通缩的原因纷繁复杂，其中有良性的自然调整，也有多元环境的复合影响。

随着经济周期的更替，通胀与通缩会自然地交替出现。从最初的经济复苏到经济过热，产出、就业、消费以及投资都会逐步走强。因此，随着社会上的潜在需求被持续推高，经济体内部的综合价格水平也会被推高，从而逐步造成通胀的走强。另外，随着经济发展增速放缓，消费力水平收缩，通缩也会逐渐体现出来。而当经济再次进入复苏阶段时，通缩解锁，并且会开启下一个通胀的周期。简而言之，自然的通胀之后必会有通缩，反之亦然。因此，能反映经济周期变化的价格水平调整部分，就被称为通胀、通缩的预期。

之所以要与读者讲解通胀和通缩的概念，是因为它们往往是一国央行制定货币政策的重要依据。当普通大众都信心满满，经济增长如脱缰野马，生产资源因出现短缺导致成本节节攀高的时候，社会的价格水平很有可能会非理性地激增，造成"奔腾通胀"的问题。这时候就需要央行的介入，通过公开市场操作、加息等政策性工具，及时地拉住过热的经济，从而更加平滑地进入下一发展阶段。同理，当人们悲观情绪蔓延，经济增长接近停滞之时，央行也会通过降息、量化宽松等手段，稳定民众的情绪，调整社会的预期。总而言之，央行的作用就是根据现行的经济现象，及时地调整政策方向，最终实现温和通胀、充分就业、币值稳定，以及经济平稳增长的目标。

通缩的复杂性

目前，主流经济体都会使用消费者物价指数（CPI）的变化来衡量通胀、通缩水平。其正向的变化往往预示着通胀的到来，而逆向的变化往往预示着通缩的可能性。经济学中有一个著名的概念，叫作"绝对购买力平价"，也就是同样的一个商品，在不同国家的"价格体现"，就代表了两国的汇率。举个例子，一瓶 2 升的可乐在中国卖 7 元人民币，而在美国卖 1 美元，假设两国的可乐毫无差异，那么人民币和美元的汇率应该就是 7∶1。而与之对应的概念则是"相对购买力"，简单来说，就是两国之间"通胀率"的差异，反映两国间货币相对价值变化的趋势。如果一国的通胀持续性比另一国高，那么在不考虑其他因素的前提下，该国的货币相对另一国，长期来看就会贬值。因此，宏观经济学者、研究员等往往都会关注国与国之间通胀率差异的变化。

需要注意的是，不同的经济数据可能会带来相悖的结论，而仅关注某个单一的数据也难以让人们综合了解现行经济状况。比较显著的案例就是国内生产总值（GDP）的增长率和储蓄率。储蓄率一定程度上能反映出人们对于经济现状的信心。总结来说，经济好就少储蓄，多满足物质欲望；经济差就多储蓄，以备不时之需。与此同时，经济的高速发展，体现在 GDP 上就是更高的增量变化；GDP 又能间接地反映国民的整体工资水平（通过人均 GDP），而当收入上涨时人们的消费需求也应该上升，因为消费相对于储蓄而言，理论上会具备更大的弹性，所以储蓄率应该会小于 GDP 的涨幅。而同时高涨的 GDP 和储蓄率，就会给人们矛盾的感觉，毕竟两者得出的是截然相反的结论。但消费、储蓄也会受到文化、生活习惯的影响，相较于美国，中国的老百姓普遍更倾向于将财富"存起来"，而不是"花出去"。另外，过度关注某个单一的经济数据就如同管中窥豹。比如看到中国 CPI 数据的增速慢于世界上其他的主要经济体，或者看到中国的货币政策和西方国家不同，就"贸然"做出了中国出现通缩或通胀的预期。

有些人对于通缩的观点可能还停留在表象上，认为通缩就是简单的物价下降预期，这样的预期会推动某些商品成本的下降，生活负担压力更低，例如房价、生产要素、能源以及粮食，因此整体态度偏向积极、乐观。也有人对于通缩会"谈之色变"，认为通缩就代表了悲观和衰退。然而，通缩现象给未来经济的走势带来了诸多的不确定性，其影响可能会是多元且复杂的。

回顾 1991 年，经历了资产价格泡沫破裂后的日本，经济增长大大放缓，物价水平持续下降，随后进入通缩周期。在此前，日本经济的高速发展带来了高不可攀的房价，日本年轻人常"望楼兴叹"，毕竟苦心经营也难以实现置业梦想。因此，在通缩之初，日本年轻一代难掩喜悦的预期。然而，随着通缩周期的深化，首当其冲开启价格下行的并非一般性消费品，而是资产。资产价格的下滑，造成了大量日本家庭财富"缩水"，促成了人们持币观望的偏好，因此投资活动逐渐停滞。到最后，除了东京都市圈，日本的其他地区都遭遇了严重的房产流动性危机：楼市有价无市，房价成了一串"没有意义的数字"。因此，即便日本中小城市的楼市进入了寒冬，日本的房价最终也没能跌成"白菜价"。生活必要支出降幅不足，同时资产价格又不断下降，这就造成了"要买的东西在涨价，买不起的东西在降价"的局面，这基本就是通缩的缩影。在面对食品、房租等必需品时，日本民众支付的成本并没有减少多少；而伴随着资产价格的下行，普通日本民众投资、财富配置的渠道却在加速收缩。由此可见，长久的通缩，不仅会放大社会对于未来发展的悲观预期，还有可能封闭普通人通过资产增值而实现阶级跃升的路径。

中西方债务转移方向的差异

前面提到，当经济陷入过度通缩、通胀之时，央行会通过多元的政策工具来进行调节。因此不仅消费增长率能和通胀率呈现正相关关系，货币供应量也能和通胀率呈现正相关关系。然而这样的关系并不一定真的具有普适性，中国广义货币供应量（以下简称 M2）增速与消费增长率之间有时也会出现差异化的现象。之所以西方国家的扩张性货币政策能有效地刺激通胀，而中国的通胀对于货币宽松敏感度偏弱，是因为中国和西方主流经济体在货币政策实施路径上存在差异，这个差异导致中国的 M2 和通胀走势之间的关系并不显著。

2024 年 3 月末，中国 M2 总量突破 300 万亿元大关；相较于新冠疫情开始前的 200 万亿元，中国的 M2 存量在 4 年内实现了 50% 的增幅。有些人可能会认为，即便 M2 的增量数据"高企"，但 CPI 数据却相对"疲软"，因此对中国未来的价格趋势持有悲观态度。然而，这种思维往往是借鉴了西方经济学的理论体系，因而可能忽略了中国经济的特殊性以及复杂性。

在《财富之眼：用经济思维看清世界》中我们讨论过，西方许多经济体，在执行央行货币政策的时候，都会遵循着"现代货币理论"（MMT）。该理论的实践体现，就是通过央行直接向国家财政部认购国债的方式，来完成货币的增量发行。之所以需要将货币增量和国债绑定，是因为新货币的发行流通，一定要有等额的资产与之对应；而新发行的国债，就是西方经济体"人为"创造出的增量资产。央行和财政部通过这种方式直接控制货币的发行量，而不是通过市场机制来调节。这种"货币增量绑定国债增量"的模式有一个非常明显的特点，就是西方国家的中央政府实际上是以扩大自身负债规模为代价换取超发货币的能力。而新增的货币，再以福利、补贴等方式，直接向企业和居民定向发放。因此，从逻辑上来说，西方国家相当于直接承接了企业和居民的负债，整个社会的债务也是以"自下而上"的模式在进行转移。

与西方国家不同，中国则以"自上而下"的模式进行债务转移，其中相对典型的例子就是中国楼市。相较于西方国家的"新增货币对应新增中央政府债务"的模式，中国则是"新增货币对应新增居民、企业以及地方政府债务"的模式，而新增债务要绑定等值的新增资产，因此东西方世界对于资产价格波动的敏感度也有差异。

在西方国家的 MMT 体系中，央行发行货币的主要目的是支持政府支出，尤其是福利和补贴，而不是直接考虑资产价格的变化。这是因为货币的发行与债务的增加是同步的，且通过政府支出直接注入经济中。西方国家的这种货币传导机制，可能会让货币政策的调整相对地独立于资产价格的波动。相比之下，中国的货币发行与资产价格的关系更为直接：中国的货币增量往往与居民、企业以及地方政府的债务挂钩，这意味着资产价格的波动直接影响债务的稳定性和货币的发行能力。资产价格的贬值可能会导致债务违约，从而影响货币的发行效率及作用。

需要了解的是，中西方这两种货币发行的传导机制有着本质的差异，各有各的优势。西方国家的优势在于不需要居民和企业实际举债就可以快速实现货币增发，具体的债务承担主体实际上是中央政府而非民营部门，而以"社会福利"的形式发行也能保障增量货币定向可控、有迹可循。再叠加西方民众透支消费的观念，例如通过信用卡等进行大额消费的习惯，西方央行通过"扩张性货币政策"对本土消费以及通胀进行刺激，效果立竿见影。

尽管如此，西方的 MMT 也有其内置的缺陷：MMT 对其的本币和央行国际信用基础形成挑战，配合着央行货币政策的变化，中央政府的资产负债表规模也会呈现出高波动率的态势。随着 2008 年美联储开启量化宽松，全球开始对美元价值的稳定性存疑，因此纷纷抛售美国国债。但受到疫情冲击，为了复苏本土的实体经济、恢复民间的消费行为，美国又不得不大幅提高国债发行上限，从而陷入了恶性循环。

与之不同的是，中国的货币政策反映的是整个社会的借贷规模，也就是企业、居民以及地方政府整体的负债率水平。西方国家的货币政策，考验的是中央政府的举债能力；而中国的货币政策，考验的其实是社会整体的举债能力。当整个社会的负债率逐步到达峰值时，宽松货币政策产生的边际效果也会逐步递减。但中国模式有一个独特的优势：因为货币政策对接的是真实的社会债务，因此新增的货币体量一进入市场，就会立即被债务和资产锁定。虽然短期来看，这对消费品价格的影响并不大，但依然能造成资产价格的上涨，从而间接地刺激民间的投资信心以及消费欲望。

由此可见，因为中国和西方国家在货币政策传导机制上的区别，中国 M2 的增量和通胀的关联性就不会像西方国家那样强。中国通胀率的水平，主要受到新增社会债务的速度以及规模的影响。当房地产行业经历调整，而经济体中又无法迅速找到相同体量的债务标的进行置换时，新增货币的流通在短期内就可能受阻，因此即便中国货币供应量的增速很大，实际进入消费市场的货币增量，也远没有广义货币供应量显示的那么多。随着人们的预期调整，当大家信心增强时，新增的货币才会真正进入生产和消费市场，从而高效地渗透到交易流通的循环之中。

总结来看，社会新增债务量在中国经济中扮演着举足轻重的角色：新增债务对于中国货币政策的实际执行效果、经济循环的状态以及居民端、企业端对于未来发展的预期，都有着深远的影响。央行扩大 M2，就是希望刺激社会债务的增量，从而实现良性循环。债务增量的变化折射出社会投资情绪，反映的是市场对未来的信心。

说到底，中国和西方国家的区别，反映出了中国经济长期的发展模式。过去在欧美市场需求旺盛的十几年中，中国依靠劳动力红利和土地增值，选择了一条相对好走的路，却在一定程度上弱化了本土消费力的提升，这样做可以用最快的速度实现集约式发展，但集约式快速发展是靠牺牲居民长期消费能力换来的。不过笔者相信，随着新政策的出台、发展模式的优化，中国的发展未来可期。

第 11 讲
康波周期下的世界经济繁荣和衰退

2020 年新冠疫情暴发之后的这个时间节点很特殊,因为我们可能要见证人类文明从极端繁荣且相对和平的黄金时代,向着黑铁时代跌落了,这个情况发生的概率正在随着计算机技术的见顶而不断加大。

当科技带来的生产潜力以及经济红利被人类逐渐挖掘殆尽,随之而来的就是广泛的资产荒——不论投资什么或者从事什么行业都感觉不赚钱。我相信相当一批人在"后疫情时代"就是这个感觉。国家和国家之间则进一步从全球化的合作转向对抗,实际上这才是人类在过去 5000 多年里的常态,只是我们很幸运,生在了全球经济的"蜜月期"。而这一切,都可以在康波周期中找到注脚。

康波周期概括来说就是随着革命性新技术的萌芽、发展、见顶以及枯竭,促使经济也拥有了四个阶段的周期往复:衰退期、再投资期、繁荣期和萧条期,一旦进入萧条期,经济自发恢复到健康水平就非常困难,可以说人类历史上没有单纯依靠货币政策或者经济政策来逆转经济周期的成功先例,无论是罗斯福新政、亚洲经济奇迹,还是千禧年大繁荣,背后的本质都是人类新科技的集中爆发。

康波周期下的罗斯福新政

在罗斯福新政之前，美国经历了史无前例的大萧条（Great Depression，1929 年—1933 年），全世界都陷入了对资本主义的质疑中，直到传奇总统罗斯福带着他的经济新政上任，美国迅速扭转了经济颓势，因此后人常常把这一功劳记在罗斯福的身上。

从表面上看，罗斯福实行"以工代赈"①的集体主义效果显著，但是如果把视野放大到当时的全球就会发现，罗斯福上任的时期正是人类全面电气化的前夜，社会的生产效率已经到了从量变到质变的关键节点。同时二战的阴云也徘徊在欧洲上空，资金、人才、需求向着孤悬大洋彼岸的美国转移，这些疯狂涌入的经济要素刺激着美国的消费和制造业。

如果没有这些前提，无论多少新基建也拉不动"大萧条"时一潭死水的消费：因为当时美国经济的顽疾正是严重产能过剩（消费不足），资本家倒牛奶的故事就发生在那期间，但是新的电气化科技大爆炸颠覆了人类固有的生产方式，也诞生出了大量的前所未有的新消费场景。

1900 年之后，钢筋混凝土结构开始在工程界大规模使用，为集约化城市的出现奠定了基础；1925 年欧美流水线汽车生产已经全面推广，物流业、旅游业和机械自动化因此开始兴盛；1930 年电视图像和声音同时发播，电视机开始量产，电影、喜剧、动画等行业兴起。就

---

① 以工代赈，是指政府投资建设基础设施工程，受赈济者参加工程建设获得劳务报酬，以此取代直接救济的一种扶持政策。罗斯福"新政"由两个主要"百日新政"构成，其中第二个"百日新政"始于 1935 年 5 月，所采取的措施是兴建公共工程，以工代赈，以此扩大就业来提高社会购买力。

这样，一只脚已经踏进"鬼门关"的美国及其他资本主义经济体硬是被科技大爆炸"拽"了出来，罗斯福的新政只是刚好踩准了新周期的起始点，而仅仅是踩准节奏，就可以彻底改变国家的国运，带来半个世纪的繁荣。

康波周期下的"煤老板"

有不少读者可能记得，2000 年至 2011 年，煤炭企业经营者和开发者们让人印象深刻。通常，这部分煤炭企业经营者或煤炭资源开发者既缺乏闪亮的文凭，也没有深厚的家学，但偏偏是当时全中国最富裕的一批人，这样"本不该存在的存在"极大地刺激着所有人的神经和认知。不过就像他们一开始突然出现在大家的视野中一样，最后又忽然在一夜间消失得无影无踪，其实这些经营者的崛起和消亡都是康波周期的力量。

2000 年对世界而言又是一个极为特殊的节点，1995 年至 2001 年间，西方世界的互联网泡沫破碎，大量的金融和互联网企业破产或者退市，欧美经济进行了一次深刻且透彻的"泡沫出清"，能够活下来的企业都有自己的"金刚钻"，比如 1980 年上市的苹果、1986 年上市的微软，以及 1997 年上市的亚马逊，这些企业都是当年经济危机的幸存者。

出清了泡沫的市场，投机性降入谷底，这给了实业家上位和成功的机会。同时，伴随着信息产业踏入摩尔定律的快速发展周期，计算机领域迎来了真正的繁荣。和罗斯福那个时候一样，在新科技大爆炸的刺激下，西方社会拓展出了更多的消费需求，资金不再空转，全部涌入了新兴行业的发展和拓荒中。而这对于刚刚打开国门加入世贸组织体系的中国来说，是一个天赐良机，外有闲置资金和技术，内有空白市场和人口，中国无形中在世界大康波周期中嵌套了自己的一个小康波周期，两个周期的上升波段完美重合、产生共振，带着中国经济"一飞冲天"。

中国的小康波周期恰恰"碰到"这批煤炭企业的经营者和开发者。随着欧美从衰退周期重新回到康波繁荣的轨道上，再加上中国对外打开了经济国门，世界资本的暖风时隔几十年又一次吹进了中国。大大小小的工厂开始建立，随之而来的就是配套基建设施的需求上升和房地产的繁荣，而这些都离不开电力供应，因此中国用电需求开始井喷。但是经济需求永远会走在基础建设之前，生产部门对于电力的需求实在太大，年年有缺口，缺口年年变大，新装机的发电厂供电量根本赶不上新增需求。电在新世纪的中国成了一种稀缺的工业必需品。而中国的电力供应严重依赖煤炭火力发电，直到 2015 年，原煤占一次能源[①]生产总量的比重仍为 72.2%，2016 年该数值才开始降到 70% 以下[②]。随着电力需求的暴涨，煤炭供应缺口越来越大，煤炭企业们终于迎来了自己的春天。是因为他们天资聪明吗？当然不是，而是他们不经意间站在了康波周期的波峰上。

既然是周期，自然有繁荣就有衰败。随着信息技术的见顶，钱多项目少的问题在全世界范围里越来越严重，资产荒导致游资被迫进行过剩的投机，甚至次级债务都被欧美人炒上了天，所以西方国家在 2008 年首先遇到了经济危机，而这次危机宣告了康波周期上升阶段的

---

① 一次能源指自然界中本来就存在的、不经加工转换就能利用的能量资源，又称天然能源，如煤炭、石油、天然气、水能等。
② 数据来源于国家统计局。

结束。

为了尽可能延长繁荣周期，西方国家大力推崇凯恩斯主义的货币放水论，增加货币供应量，而 2008 年中国也开始启动大规模的经济刺激政策。一切人为干预只会推迟出清日的到来，但是不会改变进入波谷的大趋势，至此，大家很明显地感觉到世界各国的贸易对抗烈度开始加强，因为增量蛋糕已经不复存在，只能争相保护好自己碗里的这一份。

在这种大背景下，中国的基建速度、工业化进程以及地产开发都进入了降温阶段，这就导致了中国用电量增速开始放缓，煤炭价格也一路走低，例如环渤海动力煤价格指数（BSPI）①从 2011 年最高峰的853 元/吨，暴跌到 2015 年的最低值 371 元/吨，超过 50% 的跌幅只用了四年的时间，煤炭企业从此走下神坛，此后中国大宗能源行业的民营企业家们可能会长期受到下游需求疲软的影响。对于个人来说，这是漫长的等待，但回看历史就会发现，在康波周期超长的历史规律面前，个体，甚至所谓的行业都是渺小的存在。

康波周期和工业革命

中国的煤炭企业和美国电气化的故事只是康波周期中的两个例子，实际上，康波周期可以应用到不同经济体、行业乃至个人发展上面。

---

① 环渤海动力煤价格指数（Bohai-Rim Steam-Coal Price Index，简称 BSPI），是反映环渤海港口动力煤的离岸平仓价格水平以及波动情况的指数体系的总称，素有"煤炭价格风向标"之称。

　　1807 年，随着工程师罗伯特·富尔顿（Robert Fulton）发明了现代蒸汽轮船，第一次工业革命全面开启，全世界开始逐渐摆脱手工业生产的落后制造模式，而煤炭、钢铁和蒸汽机主导的机械科技爆炸在解放生产力的同时，还带来了强大的消费需求，英国借着康波上升周期迅速崛起，成为世界霸主。然而从 1830 年开始，粗糙的机械制品在经济领域中显示出颓势，企业间同质化严重，劳工阶层被迫接受剥削以换取工作机会，童工在英国司空见惯，人民收入停滞不前甚至开始出现倒退，英国陷入了动荡的黑暗时期，"雾都杀人魔"等关于英国社会的行凶事件层出不穷，自此欧洲进入了康波周期的衰退期。直到 1870 年第二次工业革命爆发，人类才算重新迎来新一轮的康波周期，而从 1807 年到 1870 年，这 63 年正好是康波周期一个轮回。

　　新一轮的康波周期依然是踩在科技大爆炸的鼓点上，随着内燃机、交流电、石油开采等技术的突破，人类迈入了新的增量期，大量前所未见的行业和需求被创造出来，电话、冰箱、洗衣机、飞机、塑料等缔造了现代文明基石的东西，大部分都源于那个时期。

　　然而一切都有见顶的阶段，第二次工业革命绝大多数发明创造都集中在 1870 年至 1900 年这三十年时间里。到了 20 世纪初，随着可供商用的专利数量不断减少，增量市场再一次陷入停滞，世界强国为了"存量蛋糕"擦枪走火，最终在 1914 年引发了第一次世界大战，战争可以看作衰退的另一种表现，政客为了转移矛盾，只能强势对外，战争虽然是意外引起的，但也是一种必然，更是一种比经济危机更加残忍的结局。第二次世界大战依然是一战的延续，一战前的经济危机并没有因为战争被解除，反而由于数额庞大的战争债务变得更加危险；直到 1945 年全世界才在废土上迎来和平，康波周期也最终被归零重置，仔细算一算，从第二次工业革命的 1870 年到 1945 年一共是 75 年，即使有战争的扰动，康波周期依然精准到让人感到可怕。

开始于 2020 年的新冠疫情以及由此带来的全球供应链失序，极大地加速了之前繁荣期资产泡沫的累积速度，而 2020 年之前，全球印钞机几乎在日夜不停地向市场投放新钱。中国说"六十年一甲子"，而一甲子就是一个康波周期，1990 年到 2018 年的近 30 年间，人类经历了从信息技术大爆发到储备科技理论被商业化榨取殆尽的全过程。摩尔定律预言：人类每隔两年就可以把集成电路上晶体元器件的数量翻一倍，同时让电子产品性能也增加一倍，之前半导体行业确实按照摩尔的预测在前进着，自 20 世纪 90 年代末，"摩尔定律的终结"一直是人类讨论的话题，人们只能安慰自己，车到山前必有路。但是投资人没法再等下去了，物理定律锁死了人们关于信息技术产业的一切想象空间，就像科幻小说《三体》中智子锁死人类科技一样。资本市场最需要的就是讲故事，面对摩尔定律这个讲了 30 年的故事即将"失效"，资本却不断押注下一个能够承载全球 80 亿人口的风口：从 5G 到物联网，从云计算到人工智能，从 AR 到 VR，从元宇宙到比特币，一个个名词都是资本疯狂尝试的产物。

我们只能承认，从 1990 年以来的 30 多年间，人类取得的一切经济成就和繁荣都是依托于芯片以及互联网，而正如第一次和第二次工业革命的故事那样，如今的世界正在面临技术红利的枯竭，所以和人类历史上千百次的重演相似，国家之间的对抗在最近十年间不断升级，在下一场科技大爆炸来临之前，我们或许暂时看不到和平的全球化协作了。

　　"内卷"会是疫情后 20 多年的主旋律，但是下降不意味着没有机会，因为康波周期中依然嵌套着一系列小周期，比如象征着投资生产循环每 10 年往复一次的朱格拉周期，或者是代表了库存周转周期、3年一轮回的基钦周期，在大小周期的共振中依然存在大量的财富机会，而这些认知正是可以让我们迅速和同龄人拉开距离的关键。

第 3 章

产业经济学：
重新认识"新质生产力"

在逆全球化和高息环境下，我们会看到一次声势浩大的财富洗牌：后房地产时代，资金或许会被引导至股市做大企业股权，而科技带来的高附加值产品才有更多"溢价"，只是科技发展没有既定的路径，其中充满了一次次的巧合，直到这种巧合能以最低成本最大限度地满足人们的需求，这样的巧合就促成了"工业革命"。

第 12 讲
三十年财富逻辑：资本游戏的演变与新挑战

在过去三十年里，资本逐利的核心逻辑是什么？为何二十年前房地产兴盛，十年前互联网繁荣，而其他行业就比不上这两者的发展速度？若不理解这背后的逻辑，那么在追逐财富的游戏中只能沦为陪跑者。先说结论：在过去三十年里，能赚大钱的核心投资逻辑就是"借短买长"。

"借短买长"——财富增长的秘密

投资本质上讲究的是成本和收益，要么短期资金使用成本足够低，要么远期收益足够高。前者需要低息的宽松政策，后者则需要货币超发所引发的资产泡沫。如果可以同时实现"短期成本低、长期回报高"，那么资本便会狂欢。

20 世纪 80 年代末，随着保罗·沃尔克卸任美联储主席，继任者艾伦·格林斯潘提出了温和通胀理论（Greenspan's Benign Inflation Theory）。该理论主张，适度的通胀（2%～3%）对经济是有益的，不应被视为负面因素。这个观点与其前任保罗·沃尔克对通胀零容忍的立场形成了鲜明对比。

在这种理论支持下，美国不再需要用高利率来抑制通胀，而且较低的利率环境有助于降低企业的债务成本，刺激长期投资，促进经济增长。于是，在 20 世纪 90 年代初期，格林斯潘一方面开始大幅降低联邦基金利率，使得货币短期使用成本显著下降；另一方面，他推行了宽松的货币政策，增加货币供应量，鼓励银行贷款和企业投资。再加上互联网信息技术革命，这些因素共同铸就了美国 20 世纪 90 年代的迅猛发展。此后，借短债、投资长期资产赌估值上升的策略成为资本逐利的准则。

分析历史数据可以发现，从 20 世纪 90 年代初期开始，美国国债短期收益率显著低于长期收益率。这是因为长期投资所蕴含的丰厚回报必然导致货币的长期使用成本提高，使得"借长买长"无利可图。因此，投资人自然就将目光转向利率较低的短期信贷。

举个例子：有人想借 1 万元钱，希望十年后还清，银行给出两个选择，若一年后还清，借款利率为每年 1%，如果十年后还清，则借款利率为每年 3%。若此人想要利润最大化，则一定会选择一年期的方式，然后用借新还旧的办法重复借十年，最终就可以实现以短期低息获得长期信贷的目的。这里 2% 的利差便是利润所在，稳定的长短期利差成了资本套利稳赚不赔的买卖。

在过去三十多年中，这种"借短买长"的策略在不同行业都得到了广泛应用，从房地产到互联网，从金融业到科技行业。如此一来，既能赚到利差，还能享受到资产估值上涨的红利。我们经常听到一句话："想要赚钱，就要去离钱近的行业。"这个"近"其实就是指谁能用最低的"今天"的成本拿到最多的"明天"的钱。

房地产和互联网之所以能成为风口行业，是因为大量的资本选择了它们。房地产行业侧重用高周转的杠杆套利，用大量廉价短期债务环环相扣形成低息的长期债务，以实现土地开发的高利润。只要周转稳健运行，长短期利差存在，利润自然滚滚而来。而互联网企业则依靠资产未来估值的上升潜力换取今天的财富，通过讲好长期收益的故事来实现资本变现。

因此，互联网企业经常用讲述愿景和新颖概念来吸引投资，因为它们的高估值依赖投资者对企业潜在市场价值和前景的评估。例如，大家熟知的共享单车和无人超市，两个行业虽然侧重不同，但殊途同归，无论是通过股权还是债务，最终均依赖于"借短买长"这一核心策略。

一直到 2018 年初，美联储主席鲍威尔上任时，"借短买长"的盈利逻辑依然没有改变。美联储实行的所有政策本质上都是在维护"短期收益率低于长期收益率"这个目标。而一旦经济下行导致债券长短期收益率有倒挂风险，美联储就会通过降息和量化宽松政策让经济以最快的速度重回"正轨"。

美联储长期以来在经济衰退时期降息的做法，使得资本界形成了条件反射：面对市场上的衰退信号，投资者不是主动降低杠杆规避风险，而是借更多的钱提高杠杆，并视此为难得一见的致富机会。而"长短期国债收益率倒挂"则成为市场赌美联储降息的显著信号，此时，资本界一方面通过渲染衰退预期向美联储施压，另一方面则准备好迎接即将到来的盈利周期。这一策略在过去三十年中被反复使用，屡试不爽。

高利率时代的市场洗牌

"借短买长"的模式在面对经济环境变化时也暴露出其局限性。

例如，2022 年美联储加息导致的长时间国债收益率倒挂现象，使得传统的"借短买长"逻辑面临挑战。美联储此轮加息是为了应对新冠疫情后的供应链中断、能源价格上涨、大量货币和财政刺激措施导致的通货膨胀，这标志着美国结束了自 2008 年金融危机后长达约 14 年的低利率环境。

所谓倒挂，是指短期债券收益率高于长期债券收益率，这说明投资者预计未来经济增长将减缓，甚至可能出现衰退。资本市场初期对倒挂现象感到振奋，因为在投资机构看来，这似乎是一个熟悉剧本的重演：首先出现收益率倒挂，然后以衰退为由向美联储施压，最后通过降息重回宽松政策，开启新一轮的财富周期。

然而，随着时间的推移，市场对这一剧本表现出明显的担忧和怀疑。

首先，本次倒挂的持续时间和幅度远超预期。如图 3-1 所示，从 2022 年 7 月到 2024 年 7 月，倒挂现象已持续了两年。不仅如此，倒挂幅度也创下了自二战以来的最大值。在高峰时期，长期债券的收益率比短期债券低 130 多个基点。

这种幅度的倒挂让投资者感到不安，因为它意味着短期借贷成本过高，严重影响了资产价值和企业利润。作为风险资产的代表，以科技股和成长股为主的美国纳斯达克综合指数在倒挂刚开始的时候表现明显弱于以多元化和传统行业为代表的大盘指数（如标准普尔 500 和道琼斯工业平均指数），因此不得不大幅渲染人工智能的资本故事来对冲。

图 3-1　美国 10 年期国债收益率和 2 年期国债收益率[①]

　　其次,资本市场的乐观预期遭遇了挫折。尽管市场强烈呼吁降息,但美联储依旧保持强硬的高利率政策,以应对持续的高通胀。这种坚决的态度使得传统的"借短买长"策略面临挑战,迫使资本市场重新评估其盈利模式。尽管美联储主席鲍威尔当时不断表态,表明只要通胀数据下降、就业市场情绪缓和,就会停止加息甚至降息,以防止经济衰退,但现实情况是,尽管美联储已维持高利率水平长达两年之久,但对通胀的遏制效果却有限。这意味着,回到低息宽松的政策环境可能比预期的要漫长。

　　那么,为什么美联储 2022 年到 2024 年的加息对通胀的遏制效果不如预期呢? 在过去三十年,美国凭借科技爆发、全球化进程加速,以及产业空心化,很少遇到显著的通胀压力:电气化、信息化、电子化的发展使生产效率大幅提升,而全球化带来的低成本商品进一步压制了物价上涨。与此同时,产业外移导致美国国内失业率长期维持在

---

① 数据来源于美国财政部。

中高水平，理论上，美联储可以通过调控货币政策轻松控制国内通胀。然而，随着逆全球化趋势和产业回流的兴起，再加上科技红利逐渐消失，美国面临着更复杂的经济环境：核心通胀率下降速度远低于预期，并且失业率处于历史低位。

在这种新常态下，宽松的货币政策不再像过去那样有效，超发的货币第一次困在了美国本土，继而在存量市场造成了顽固的核心通胀（Core Inflation）。核心通胀剔除了波动较大的食品和能源价格，因此更能准确反映出经济中的长期通胀压力。

美联储面临的不再是传统意义上的通胀问题，而是逆全球化和科技红利消失带来的结构性挑战。因此，简单的加息和货币紧缩政策已经不能有效地遏制通胀，相反，美联储被迫采取了更长时间、更严格的紧缩措施，带来的后果就是资金成本显著提高，并对资产的远期收益率和估值产生了负面影响。

在这种经济环境中，杠杆和融资将首先失去生存的土壤，许多高估值的创新型企业和依靠利差盈利的组织可能会面临倒闭的风险，企业将重回以现金流为王、创造真实价值的时代，这与 20 世纪七八十年代的美国市场情况相似。当时的股市更注重公司的实际盈利能力，而不是企业描绘的未来图景。例如，通用电气、波音和 IBM 等拥有宽阔"护城河"和充足现金流的企业就是那个时代的领头羊。那个时期的投资逻辑是基于企业的实际效益，而不是通过利差套利来获得金融收益，这是两个时代的显著区别。

人们在货币超发的宽松环境下生活了三十多年，很多人尚未体验过高利率环境带来的影响。最显而易见的表现之一，就是由高企的房贷利率和商业汇票利率所带来的对居民生活和企业经营的巨大压力。

然而，高利率所带来的悲观预期和债券收益率的长期倒挂才是真正值得我们警惕的。因为收益率倒挂就意味着"借短买长"逻辑的崩塌，而长期倒挂就会引发资本市场全面的估值调整。在此期间，我们会看到一次声势浩大的财富洗牌，那些拥有稳定现金流和坚实业务基础的企业可能会重新获得市场的主导地位，而产业金融化、产业空心化的趋势会逐渐发生逆转。

技术驱动下的财富逻辑重塑

以债务驱动的财富逻辑对过去三十年的全球经济格局产生了显著影响，从 2020 年开始，人们面对的全球经济泡沫已经远超千禧年的水平，世界经济格局的复杂程度也今非昔比。与此同时，中国的新质生产力正在崛起，成为经济增长的新引擎，可能为这一次全球经济的可持续发展提供了新的视角和应对策略。

经济学家卡萝塔·佩蕾丝（Carlota Perez）对推动社会发展的"技术–经济范式"进行了系统阐述。她认为，人类历史上发生了五次重要的技术革命，每一次革命都引入了新的技术、新的关键生产要素、新型基础设施和新兴产业，进而推动经济发展。

例如最近的一次技术革命（21 世纪初至今），人工智能、大数据、物联网和先进制造等技术的崛起推动了智能化和自动化的发展，深刻影响了各行各业的生产和服务方式。这种技术革命驱动经济发展的模式被称为"技术–经济范式"，每一次历史发展的巨浪都会使新的范式替代旧的范式。

为了实现这一转变，新范式需要突破现有的社会制度约束，并在对旧制度的改造中吸收新技术，进而逐渐替代旧范式，形成新的组织原则。同时，技术革命（新范式）的形成要满足两个条件：首先，技术突破需要扩展到更广泛的应用领域；其次，旧范式已无新的增长潜力。只有当旧范式的财富创造潜力接近极限时，新的技术革命才有可能发生。

这一理论为我们理解新质生产力的形成提供了重要视角。它强调技术革命不仅推动了经济发展，还引发了社会结构和生产方式的深刻变革。新质生产力正是基于这种理论的实际应用，其形成过程可以被视为对传统生产方式和社会制度的全面升级和重塑。

新一代信息、生物、能源和材料领域的突破性技术不断涌现，展现出深度融合、复杂性高和多点开花的发展趋势。同时，这些新技术也推动了基础设施的扩展和升级，形成了新型的数字化和智能化基础设施体系，这标志着科技创新正在成为经济发展的新驱动力，更标志着我们要从传统要素驱动模式的旧范式向以科技创新为核心的新范式转变。这不仅是对旧有经济模式的替代，更是在传统的"借短买长"投资策略难以持续的情况下，为全球经济转型提供了重要的实践依据和新的方向。

我会在接下来的内容中让大家重新认识"新质生产力"。

第 13 讲
后房地产时代，对社会的下一轮融资

未来普通人的机会，就藏在中国从"做大财政"到"做大企业"的转变。不理解这句话的意思？没关系，下面会给大家梳理清楚下一个阶段"钱"会去向哪里，看完后再结合后面的内容，相信你对中国经济的大方向会有更深的认识。

做大土地

自 18 世纪中叶工业革命以来，工业成为人类创造物质财富的主要渠道，也是现代经济发展的最重要支柱。中华人民共和国在成立初期，是一个以农业为主的国家，工业基础薄弱。1978 年改革开放开始，中国进入工业经济腾飞期，之后提出"以经济建设为中心"。经济发展用大白话说，就是提高现有资源的使用效率，把手上的牌打好，以此来提高产出。

中国是一个资源相对匮乏的国家，经济建设初期，只有人口和土地两项优势，那么怎么把手里这两张牌打好呢？那就是通过土地的金融化，来提高土地的使用效率，想方设法提升土地的价值，土地金融和土地财政就顺应趋势登上历史舞台，开始帮助中国的工业化进程进行原始积累，而中国是少数拥有这项"天赋"的主要经济体。

在土地普遍实行私有制的西方国家，土地的增值并不能直接转化为政府的财政收入，土地升值直接的受益方是土地所有者（私营部门），政府如果想通过土地升值获得额外的财政收入，则必须通过一个严密的税收体系（如房产税），但税收财政依赖于和纳税人的博弈，在"选票政治制度"之下，政府很难完全享有土地增值所带来的收益。

在土地公有制的中国，土地的增值可以通过诸如国有土地使用权出让等方式直接为政府提供额外的收入。相对于"征税"方式，通过"出售"来回收公共服务投入的效率就会高很多。

管仲的"官山海"①和桑弘羊的"盐铁论"都是很好的例子。这也带来了一个现象，因为"出售"比"征税"效率更高，中国公民从古到今普遍缺少"纳税人意识"，中国的税收长期也以老百姓直接体感不强的间接税为主。

1994年分税制改革，为了把主要税种中的大部分上收中央，国有土地转让的决定权和收益都留给了地方政府。2001年所得税改革后，中央财政进一步分走了更多的企业所得税，地方政府收益减少，为了增收，不得不更多地利用土地来做大财政。总之，计划经济遗留下来的土地公有制制度，使土地成为中国地方政府巨大且不断增加的收入来源。

"土地财政"包括土地使用权转让收入和土地开发相关的税收。税收方面，税基是按照土地价值来计算的，地价高，税收就高，这些税收也基本归地方政府所有。因此，地方的发展模式就从以"工业化"为主导，变成了"工业化"和"城镇化"并行。在这个过程中，地方

---

① "官山海"一词见于春秋时期管仲作品《管子·海王》中的"唯官山海为可耳"，也称"管山海"，指对国家各种自然资源进行官方专营的思想。

政府一边用较低的价格供应工业用地，吸引企业投资建厂，让企业用工业生产带动经济增长，增加税收；另一边要限制商业住宅用地的供给，有限的土地供应才能使和商业住宅相关的地价攀升，土地转让收入和相关税收才会增加。从数据上看，虽然商住用地面积只占出让土地的一半，但是贡献了绝大部分的土地转让收入，因此"土地财政"就变相成为"房地产财政"，深圳就是其中的一个典型。

　　在《财富之眼：用经济思维看清世界》和本书中，均讲到了康波周期。对于"80后"来说，当他们在21世纪初步入社会时，只要在大城市买到了房子，就基本吃到了制度和发展的红利，因为他们踩在了康波周期的"过度建设期"上。他们在城镇化大浪潮中吃到的红利，其实是楼市靠着向民间第一次大规模举债堆积起来的。这一轮向民间的大规模举债，离不开政策的引导，1998年"房改"①之后，地方政府开始做大楼市，从而做大财政，因为工业化原始积累的过程需要政府部门来主导，也只能靠政府部门主导，比如通过给政策、划特区、调整户籍制度等措施来调动人口、资本等资源向工业部门流动。但土地财政是一次性红利，因为城镇化进程只有一次。城市扩张的步伐已经明显放缓，直接影响之一就是各地的发展对土地没有那么多新增需求，城市不再大规模扩张。加上高房价带来的低生育率，中国2022年人口比2021年减少85万人，逾60年来首次出现负增长，于是，高房价和还贷的压力让很多年轻人在买房这件事上展现出"躺平"的姿态。而土地金融化和房地产金融化的过程是抬高房价的过程，也是抬高居民、企业杠杆率的过程。居民杠杆率过高就会抑制消费，企业

---

① 房改指中国在1998年全面实施的一项"城镇住房制度改革"，改革方向为城镇住房的市场化、货币化、商品化。

杠杆率过高就会导致企业的经营风险，这是中国不得不面临的难题。

总而言之，之前的经济发展模式从风险和收益看，已经开始对各方都不友好了。

做大企业

中国广义货币供应量 M2 不断创下新高，社会上的"钱"在 2024 年 3 月末突破了 300 万亿元的规模，其中大部分是居民和企业不断存到银行的超额储蓄，资金确实在金融体系空转。关于这一点的论述，可以参考本书第 1 章的内容。

在楼市持续萎靡的过程中，中国旧有的货币创造机制就被打破了，资金全部"拥堵"在银行，而没有所谓的"派生货币"，这时就会出现一个问题：看似货币供应量很大，但实际上很多货币并没有被真正创造出来，这就是整个社会资金"明松实紧"的特征——政策面松，国企和政府层面松，社会融资增量的贡献主要来源于国企向银行贷款和政府发债，而真正需要资金的广大民营企业资金面其实非常紧张。楼市贷款派生机制的退化，造成货币政策的失灵，毕竟货币政策调控的初衷并不是让钱只在银行和政府之间流动。

为了顺应经济刺激和全球主要经济体对"现代货币理论"践行的需要，长期看来，中国依然还是需要相对宽松的货币环境，但是房地产派生货币的职能被削弱，在这种旧的货币发行方式被推翻的情况下，怎么让货币出现实质性的宽松呢？答案很简单：参考美国的经验，尝试以国债的形式投放基础货币，再以企业贷款为主，而不是楼市贷款为主的方式，实现货币派生。

这就是为什么在 2023 年和 2024 年，中央将财政赤字率定在了历史相对较高的 3%的水平，这部分赤字正是要以中央发行新的国债来弥补，并且 2023 年第四季度增发了 1 万亿元国债，这个国债是计入赤字的，赤字率算下来提高到 3.8%左右[1]。也就是说，在房地产"瘦身"带来国家资产负债表衰退的情况下，财政刺激要避免货币发行和传导不畅通的问题。关于资产负债表衰退的细节，请参考本章对中国是否会"日本化"进行的论述。

介绍完了货币发行的问题，可以确定货币要继续发，那下一阶段这些发行的货币会去哪里？答案是进入企业，但不会进入那些产能过剩的企业。中国的基础工业化进程空间已经不大，中国已经拥有世界上规模最大、门类最全、配套最完备的制造业体系，规模经济的部分已经没有太多空间了，像煤化工、多晶硅、风电制造、钢铁、水泥等多个行业还出现了产能过剩的情况，所以现在只有一条路可以走，就是继续在工业化上加码，进行产业升级。

这里重点来了：产业升级靠的是企业参与，这里暂不讨论是以民企为主导还是以国有企业为主导，总之，只有企业在生产和销售的循环中，不断试错来积累技术，整体的升级和突破才可能会实现。产业升级需要的技术升级，恰恰需要用市场竞争去提炼、去大浪淘沙。因此，产业升级的推动主体是企业，而不是政府或者地方城投公司。

最典型的例子就是国家大力发展的新能源汽车行业。自从 2014 年以来，小鹏、理想、蔚来这样的造车新势力崛起，它们的方法就是先找代工企业生产，把车制造出来，然后用成品融资，通过资本市场反哺，在这个过程中，又不断了解市场的需求，改善性能，再攻克技

---

[1]《赤字率为何拟按 3%安排？超长期特别国债投向哪？……》，中国政府网，2024 年 3 月 8 日。

术、提高产能。这些新势力的出现，也倒逼着传统国有汽车企业开始研发和制造新能源汽车，在整个竞争中实现行业的技术积累。

产业升级需要企业的参与，甚至连新型货币的发行机制都需要企业主导完成，所以未来政策的发展思路，就会从之前靠土地和房地产向民间融资，从而做大财政，转向靠产业升级来扩大企业规模。那如何扩大企业的规模呢？当然也需要向民间进行大规模融资。

首先企业要扩表，这里我们可以从企业的资产负债表角度来说，最基础的会计恒等式是"资产=负债+所有者权益"。一个企业要做大，实际上就是要将它们的资产规模做大，这个过程其实也就是企业扩大负债和所有者权益的过程。

先说负债，对于未来很多符合条件的企业来说，政策在各种贷款申请上都会有倾斜，不管是额度还是利率方面。这就是常听到的"定向刺激""普惠金融"。

从货币发行机制的角度看，基础货币发行后，也需要企业不断贷款，再做货币派生，另外会加上企业债等其他债权融资形式。当然负债并不能无限扩大，特别是在中国企业杠杆率整体比较高的情况下，所有者权益的扩张才是未来的主要方向。那所有者权益，也就是股权部分怎么扩张呢？当然就需要社会资金大规模参与了。问题又来了，怎样才能引导社会的资金大规模进入股权投资领域？那就要构建"良好的投资环境"，其实所谓的"良好的投资环境"听起来很虚，但实质就是让股市涨起来，股市涨起来，投资环境才良好，居民对股市的参与度就高。

那么最关键的问题来了，怎么让股市涨起来？在国内经济乏力和全球经济形势不明朗的情况下，股市很难自发上涨，这时候就需要借一个力，这个"力"就是国有上市公司。因此，中国首先要解决国企股票价格长期"萎靡不振"的情况，这才有了 2022 年开始不断喊话的"提升国有企业的估值"。国企的盘子大，靠着未来不断加码的政策引导，股市的资金真的能慢慢向国企汇聚，这不仅有利于国有资产的运营效率，一定程度上补上土地财政的缺口，更重要的是，庞大的国企盘子能有效地拉动股票指数，形成赚钱效应，同时还给企业降了杠杆率，一举多得。资金或许就会像当年进入楼市一样，再被引导至股市。

当然不单是国企，那些真正能在产业升级中发挥作用的民营企业，股权资产也必然会被做大，随着股权增值，未来超发的货币就不再需要被"引导"，而是自发参与其中。2018 年 12 月，中央经济工作会议提出"打造一个规范、透明、开放、有活力、有韧性的资本市场"。这也是此后国家把资本市场提高到前所未有的战略高度的原因。我们可以看到 2023 年 2 月"股票发行注册制"①的推出，实质就是把企业上市的门槛调低，为企业直接向社会融资创造更好的条件。2023 年 3 月，中国证券监督管理委员会由国务院直属事业单位调整为国务院直属机构②，级别和话语权都有实质性提高，国家尝试从政策层面给做大企业股权扫除一切障碍的信号已经很明显了。

中国的股市长期被投资者质疑，本质原因是在之前的中国经济发展模式下，中国股市（直接融资）扮演的角色还无法和银行信贷之下

---

① 股票发行注册制指发行人在申请发行股票时，必须依法将公开的各种资料完全准确地向证券监管机构申报。证券监管机构的职责是对申报文件的全面性、准确性、真实性及及时性做形式审查，不对发行人的资质进行实质性审核和价值判断。发行股票的良莠将交由市场来决定。

②《中国证券监督管理委员会调整为国务院直属机构》，新华网，2023 年 3 月 7 日。

的房地产（间接融资）所承担的历史使命相提并论。但切忌刻舟求剑，我们要用发展的眼光看问题，回想一下，之前中国社会长期存在的"楼市信仰"是什么时候开始的？是中国的基础工业融入全球贸易和 20 世纪 90 年代末房改后的几年逐渐形成的，在未来产业升级和政策不断引导的背景下，"股市信仰"也会逐渐形成，而且像房子一样，股票只要涨起来，开启全面的"慢牛"，信仰很容易形成。当然中国楼市有它的一些特殊性，但只要信心在股市凝聚，股票市场会一改中国人对它的印象，我们可以拭目以待。

总结一下，在之前经济模式不可持续以及房地产作为"印钞机"失灵的情况下，我们唯一能走的路就是产业升级，以及在产业升级之下建立新的货币传导机制。产业升级的过程就是国家要从之前的做大财政，转向做大企业的过程，这本质上是继楼市向民间进行第一次大规模融资之后，股市向民间进行的下一轮大规模融资，这种大规模融资大概率也会像第一次一样，撑起接下来的资产价格。

随着中国高层对资本市场的重视程度日益提升，中国股市过度强调"融资市"的时代或许正悄悄发生改变，普通人要想在这波浪潮中分得红利，核心就是参与到"做大企业"的过程中。

第 14 讲
日本的"长痛模式"和美国的"短痛法"

高手解决问题的方式从来都不是纠结于问题本身，而是升维，升维成功，问题也就解决了。

20 世纪 90 年代初，日本进入了一段发展停滞期，一直持续到了 2024 年。在此期间，日本社会产业升级受阻、创新乏力、居民收入停滞不前。在这种大环境下，日本普通人无论怎么挣扎，都很难改变现状，整个社会如一潭死水般令人窒息，网络上将这种状况称为"日本化"，而这一切要先从日本债务出清的"长痛模式"和"失去的三十年"说起。

日本的"长痛模式"

20 世纪 50 年代，"二战"战败国日本靠着美国扶持和全球化的红利迅速崛起。战后初期 GDP 年均增长率高达 9.2% 的日本，跑步冲刺成为世界第二大经济体。与后来的中国一样，日本也是"出口导向型"的经济体，其经济之所以能快速崛起，是因为全球化红利就是日本的出口红利。随后，日本在科技和制造业领域开始影响美国的利益。在美国的要求和日本的默许下，美国、日本、西德、法国和英国于 1985 年签订"广场协议"，日元大幅升值，从此以美元计价的日货开始变得昂贵，使得日本经济的基本盘——出口遭受重创，经济陷入萧条。

为了刺激经济，日本央行开始大幅降息，市场上到处是廉价资金，叠加日元升值，境内外资本开始疯狂借贷投机，其中大部分资金抛弃了日渐式微的制造业，转而进入楼市和股市，日本人疯狂加杠杆买房、炒股，于是一场吹泡沫运动开始了：1985 年，东京的商业用地价格指数为 120.1，到了 1988 年暴涨至 334.2，在短短三年内增长了近 2 倍；1990 年，仅东京都的地价就相当于美国全国的土地价格，这制造了世界上空前的房地产泡沫。在泡沫最高峰的 1990 年，居民部门杠杆率高达 68%，非金融企业杠杆率更是高达 139%。

为了降杠杆给经济去火，遏制不断被推高的房地产价格及经济通胀，1989 年，日本央行开始收水，连续五次加息，"热钱"纷纷撤出，随后资产价格暴跌。1990 年 1 月，日经指数顿挫，以 1990 年新年为转折点，日本股市陷入了长达 20 余年的熊市之中。1990 年到 2015 年，日本六大一线城市住宅地价指数下跌 75%，六大一线城市外的主要城市下跌 47%，无数家庭和企业破产。

悲剧的是，这场挤泡沫的反向运动竟然持续了漫长的三十年，日本 GDP 直接拉成了一根水平直线，甚至偶有负增长。1990 年，日本 GDP 是美国的 53%，到了 2020 年只剩美国的 24% 了。2010 年，日本经济总量被中国超越，但日本毫无反击之力，一副"平成废柴"的蔫巴样子。

面对危机，日本"不破不立"：破，就是落后产能出清；立，就是产业转型升级，即本讲开篇所说的经济升维。

因为对"僵尸企业"出清不力，把急症拖成了慢性病，日本经济学家星岳雄提出"僵尸企业"的概念，这一概念后来被艾伦·格林斯潘引用：在政府注资救助的惯例下，日本的银行倾向于隐藏，而不是暴露风险，持续给经营不善的"僵尸企业"续命，"僵尸企业"中包括钢铁、船舶等传统的产能过剩企业。在日本出口受到重创的情况下，为这些"僵尸企业"继续输血造成了资源的重大错配和浪费。1991年至2001年，日本企业中"僵尸企业"平均占比高达16.1%，同期日本银行为处理不良贷款造成的损失约90万亿日元，相当于1986年至1990年间日本新增贷款的八成。

超发的流动性变成了"僵尸企业"的无效信贷，宝贵的资源石沉大海般砸在了落后产能上，这自然不会带来通胀和资产增值；另一边，新兴产业信贷投放不足，加上美国的围追堵截，日本的产业升级之路彻底"到站下车"，本来在半导体领域里的竞争优势也因为美国的围剿而渐渐失去。

面对危机，美国习惯采取"短痛模式"，而日本习惯"长痛模式"，即用更大的债务来解决债务问题，所以造成资产泡沫破灭后的头几年，日本企业的杠杆率还在快速上升。虽然后来日本政府坚持长达数十年的货币宽松政策以填补债务的大窟窿，企业和居民债务逐渐被政府和时间消化，但代价是日元资产收益率长期处于极低的水平，居民消费长期萎靡不振，致使日本经济进入了"失去的三十年"。

2016年7月7日，美国《华盛顿邮报》专栏作家马特·奥布莱恩（Matt O'Brien）发表了题为《世界经济正在日本化》的文章①。奥布莱恩在文章中列举了彼时美国、日本、德国、瑞士的10年期国债相继出现低利率甚至负利率的情况，表明不管是在美国还是在其他国家，世界经济正在"日本化"，同时传达了"零利率具有传染性"的观点。

经济学上，"日本化"会更广泛地用来描述一个经济体经历长期

---

① "The world economy is turning Japanese", *The Washington Post,* July 7, 2016.

停滞和持续通缩的现象。原本中国与"日本化"这个词是没有关系的，但在新冠疫情后，尤其是在 2023 年二季度后，由于经济大环境不明朗，以及美国的疯狂围堵，"中国的未来将会'日本化'"一时间成为一种潮流说法。而对于"日本化"的起因，在"后疫情时代"有一种新的流行说法，即由日本野村综合研究所首席经济学家辜朝明所提出的"资产负债表衰退"（Balance Sheet Recession）论。

"资产负债表衰退"简单来说就是一个国家的企业或者居民在资产价格膨胀期间，借债购买了很多资产，这些资产可以是股票、房产。而在资产价格泡沫破灭之后，企业和居民的资产负债表的负债价值不变，资产价格却严重缩水，导致账面上资不抵债。这些企业和居民的生产经营或者收入还能维持生存，但由于资产价格缩水，企业和居民的目标会由"利润最大化"转为"负债最小化"，也就是将赚到的钱主要用来偿还过去的负债。

对微观个体而言，这是一种自救行为，但如果所有的企业和居民都这么做，就会导致私营部门整体的信贷需求减少甚至陷入停滞，央行刺激信贷的政策操作就会失效，哪怕央行把利率降到零，大家也不愿意借款，最终导致央行不能释放流动性，货币政策失效，社会整体的借款和投资需求萎缩，整个国家进而陷入持久的大衰退，此现象被经济学家们称为"合成谬误"，这个概念在前文第 3 讲曾解释过。

美国的"短痛法"

2008 年，美国的次贷危机也是一场高杠杆和资产泡沫破裂引发的严重衰退。千禧年之后，低利率的环境推动美国房价加速上涨，贪婪的华尔街为了收益最大化，甚至给没有收入的人提供购房按揭贷款，再把信贷资产打包卖给全世界，导致美国的地产泡沫迅速吹大，陷入其中的玩家越来越多。2008 年，美国居民部门杠杆率高达惊人的99.1%，这个比例大幅高于 1990 年房地产泡沫破灭时的日本。该年，杠杆再也无法往上加了，美联储开始加息，次贷危机到来，房价暴跌、股市腰斩。但是，美国仅用了三五年就完成了修复，恢复了 GDP 的增长。

经济危机后，美国和日本的相同点在于它们都是靠着低利率与量化宽松政策扩大财政支出、加大公共投资，以此把债务从企业和居民头上转移到政府头上。2008 年之后，美国的杠杆率在宽松的货币环境下快速下降，消费投资很快企稳。为什么宏观政策思路相似，而结果却大相径庭呢？因为应对危机，美国是"一破一立"：破，就是落后产能出清；立，就是产业转型升级。

先说"破"。根据联邦存款保险公司（FDIC）的数据，2008 年美国有 25 家银行倒闭，2009 年有 140 家银行倒闭，2008 年至 2012 年期间有 465 家银行倒闭①，银行系统累计核销坏账超过万亿美元。2008 年，作为当时美国华尔街五大投资银行（简称投行）之一，拥有 158 年历史的雷曼兄弟控股公司（Lehman Brothers Holdings Inc.）宣布倒闭，这也创下了美国历史上规模最大的公司倒闭纪录，远超大家熟知的世通和安然。美国政府并未对雷曼兄弟进行救助，并且当时有争论：为何美国救助贝尔斯登，却不救助雷曼兄弟？对此，当时的美联储主席伯南克解释道："与贝尔斯登不同，雷曼倒闭之前没有足够的抵押物，所以美联储无法向其提供借款，美国财政部不像联邦存款保险公司拥有保险基金自主支配权。"

---

① "Failed Bank List", Federal Deposit Insurance Corporation (FDIC).

雷曼兄弟的倒闭成为全球金融危机全面升级的标志性事件，此次倒闭也表明"大而不能倒"的神话并不会一直上演。奥巴马于 2009 年就任美国总统，但刺激方案在其 2008 年竞选时就开始酝酿，他向后来担任财政部长的蒂莫西·盖特纳（Timothy Geithner）和国家经济委员会主席劳伦斯·萨默斯（Lawrence Summers）表示，他要扯掉"创可贴"，需要一项能快速而明确地结束这场危机的战略。

之后美国政府开始力推金融监管改革，重点依然放在建立体系，避免"大而不能倒"，主导推动了新的"巴塞尔协议"，将宏观审慎监管与微观审慎监管结合在一起，在原有的资本充足率监管上，引入杠杆率监管，并建立流动性风险量化标准。基于此，美国银行业在 2008 年金融危机后重塑了自己的资产负债表，金融体系更加健康，从那之后迎来了稳健的十余年的大发展。

除了五大投行的倒闭和重组，还有居民部门。根据美国房地产数据分析公司 RealtyTrac 的统计数据，2007 年 1 月至 2011 年 12 月期间，全美国约有 400 万间房屋被银行收回拍卖，用于支付拖欠的银行贷款。这些资产负债表最虚弱的家庭被动完成了债务重组，虽然过程痛苦，但整个美国经济迅速完成了去杠杆，2010 年 GDP 增长率就由负转正，仅用三年就恢复元气并开始了新一轮的增长。

从 2008 年次贷危机这个代表性事件就能看出，美国在解决债务危机的时候，往往会选择"短痛法"，也就是通过主动加息，主动刺破泡沫，让该倒闭的企业倒闭，让银行该注销的坏账注销。

类似的措施在美国历史上不断上演，例如，20 世纪 70 年代至 80 年代初，美国因为连续遭遇两次石油危机，布雷顿森林体系终结，全国陷入长达 10 年的高通胀、高失业、低增长的滞胀，民众对美联储抗击通胀失去信心。1980 年 3 月，时任美联储主席保罗·沃尔克将联邦基金利率从 10.25%猛然提升到 20%，直到 1981 年 5 月，最终以两年内美国经济两次陷入衰退为代价，成功逆转了美国滞胀的严峻形势，随后美国经济的扩张周期持续到 20 世纪 90 年代。这一段历史也为宏观经济学史留下了"沃尔克时刻"（Volcker Moment）这一名词。

再如，20 世纪 90 年代，信息革命和互联网泡沫推动美国股市上涨，美联储低息的货币政策是互联网泡沫的催化剂。随后美联储开启加息周期，自 1999 年 6 月起共加息 6 次，互联网泡沫破裂。这些措施短时间内造成大量企业倒闭、大批中产阶级返贫，甚至众多民众无家可归，但换来的是银行不断优化的资产负债表和企业轻装上阵后所带来的经济繁荣。

美国经济债务快速出清后，迅速开始了"立"的过程。2007 年，美国"信息高速公路"建成，给美国带来了新的经济增长点，创造了巨大的经济效益。移动互联网时代伴随着苹果公司第一代 iPhone 的发布拉开了序幕：2010 年划时代的 iPhone 4 登场，从此智能手机开始了推土机式的扩张。

高速发展的移动互联网创造出了社交、电商、视频、知识付费等前所未有的商业模式，美国经济又进入了新一轮红利期。就这样，美国一边去杠杆一边实现了科技和产业升级，整个经济完成了资产负债表的修复。

为什么美国能迅速完成资产负债表的修复，而日本却陷入了漫漫"长痛"，其中固然有双方经济政策应对方法的差异，不过这顶多算是表面原因。本质原因还在于产业升级，以及美国一些"鲜为人知"的手段。"日本化"和"资产负债表衰退"是结果，实际上，是美国的全球产业政策才导致了日本的"日本化",以及相对应的"资产负债表衰退"。

当时日本企业虽然欠了很多债,但并不是没有新的红利可以开拓,最典型的就是互联网。互联网所产生的巨大红利,只要日本能抓住一部分,就足以带动巨量的就业和税收,从而慢慢覆盖掉债务。但日本没能抓住,其互联网市场被美国企业垄断,现在大众能说出几个日本的互联网公司呢?

当然,就算新红利没抓住,日本还可以去吃旧红利,比如半导体产业。20 世纪 80 年代初期,日本企业在半导体领域也是一个主要玩家,但在 1985 年"广场协议"和 1986 年《日美半导体协议》之后,日本"被迫"割让半导体市场份额,也不再被允许进入新的市场,这就导致日本企业不知如何是好:新红利抓不住,旧红利不敢吃,那作为企业,投资方向几乎就没有了,于是日企赚到的现金就只能拿去还债,或者到海外投资。

而美国通过扶持台积电(TSMC)和三星电子(Samsung Electronics)等企业,在半导体领域瓜分日本的蛋糕。产业升级上不去,原有的产业又被后来者瓜分,这导致日本国内失去了能消化债务的高附加值产业,日本便有了"日本化"。原先日本人过度消费,是建立在未来经济可以高速至少中速增长的前提上,人们预期债务将来能够还上。被美国硬生生地打断脊梁后,日本没有了增长前景,但债还是那么多,那资产负债表就只能"衰退"。毫无疑问,只强调"资产负债表衰退",而不去追溯其原因,意义有限。

基础技术与统一大市场的重要性

如果看看美国 2023 年的对华策略——在高端技术上禁止中国进入，在中低端领域希望转移中国的供应链——就知道这和当年打压日本几乎如出一辙。但这套手法当年对付日本能成功，是需要三个客观条件的：一是日本没有主权，二是日本市场太小，三是日本没有基础技术。

今天的中国有主权，市场也比日本大得多，但和日本一样，中国也长期缺乏基础技术。基础技术包括从"0"到"1"的技术，范围很广泛，涉及数学、化学、物理学、天文学、生物科学、能源科学、力学、材料科学、海洋科学等。

日本在科技上虽然是优等生，但其实很缺乏基础技术。例如，极紫外线光刻机（简称 EUV 光刻机），其难度几乎逼近物理学、材料学和精密制造的极限，截至 2023 年，除了荷兰的阿斯麦（ASML），全球很难再有企业研发出 EUV 光刻机。对于芯片行业来说，阿斯麦独家的 EUV 光刻机几乎是生产先进芯片的唯一选择，一台售价约为 3.5 亿欧元（约合人民币 27 亿元）。

日本经济产业省的资料显示，从按金额计算的半导体光刻机市场份额来看，阿斯麦占比超过 9 成。阿斯麦垄断了台积电、三星电子、英特尔（Intel）等最尖端工厂不可或缺的 EUV 光刻机市场。曾几何时，全球光刻机产品的市场格局是阿斯麦、尼康、佳能"三分天下"，但为何阿斯麦却在 2000 年开始一骑绝尘？

其实，在 20 世纪 90 年代研发 EUV 技术的时候，日本就已经被美国排除在外了。1997 年，英特尔和美国能源部牵头组建前沿技术组织极紫外线有限责任公司（EUV LLC），投资两亿美元，联合了通信巨头摩托罗拉、芯片巨头 AMD、劳伦斯利弗莫尔国家实验室等众多重量级单位。阿斯麦作为美国以外的企业，表现出更为开放的态度，在对美国做出一堆许诺之后，被允许加入 EUV LLC。美国以最前沿技术不能有"外人"为由，致使尼康、佳能失去加入该组织的入场券。

相较于日本而言，荷兰市场同样很小，阿斯麦也意识到了这一点，所以执行全球化路线。例如，阿斯麦在高端光科技的技术研发中，只掌握其中 10% 的核心技术，余下则需要依靠欧美为主的 5000 多个供应商支持。2000 年左右，英特尔、三星和台积电陆续成为阿斯麦的股东，本质上结成了战略合作联盟。2012 年阿斯麦提出"客户联合投资计划"，客户入股可以优先拿到最新设备。除了资金，阿斯麦会听取客户的意见，根据反馈，再对技术不断打磨，以更好地满足客户的需求。而庞大利益集团的形成和绑定提高了进入这个行业的门槛。

尼康和佳能是以日本市场为重心的。高端光刻机零配件数量高达 10 万个，这个量级的零配件数量已经不是日本单一企业或少数企业内部垂直整合的研发模式所能够负担的，它需要一个更加开放的研发平台；同时 EUV 光刻技术研发异常困难，这也导致了和阿斯麦相比，尼康、佳能可以生产其他制程的光刻机，但只能故步自封于日本自己的产业链和成功的经验上。

日本不是没有想过突破基础技术，只是受限于客观条件，这个客观条件除没有主权、美国不允许外，就是其国内市场太小。日本国内市场的大小会直接决定资本的投入强度。例如，日本的光刻机市场需求少，但研发光刻机上下游成本加起来可能需要上百亿美元，如果没有国际客户，还得不到市场的充分反馈，研发跟不上，自然而然就会拖慢自身的技术进步。需求小，投入却很大，回本遥遥无期，企业就没有积极性去做基础技术研发，这又决定了日本这方面会依赖外国，再加上美国对日本的刻意打压，因此日本的"日本化"是注定的。

中国条件比日本好不少，有主权，市场规模也大得多，这有利于资本的投入。依然拿光刻机市场来说，阿斯麦于 2021 年在中国净销售收入为 27.40 亿欧元，2022 年为 29.16 亿欧元，2023 年更是实现了72.51 亿欧元[①]。2023 年，阿斯麦在韩国净销售收入为 69.49 亿欧元，中国替代韩国成为该公司第二大市场。所以就中国市场而言，再算上尼康和佳能，光刻机市场规模总计妥妥超过了 600 亿元人民币。

因为中国长期没有多少半导体生产线，2019 年，中国芯片自给率仅为 30%，因此还有巨大的增长空间，再加上汽车的电动化，芯片需求量大幅增加，保守估计光刻机市场会上涨成一个超千亿元人民币级别的市场。也就是说，中国未来的光刻机市场至少能供养一个阿斯麦级别的企业，这就是"大市场"的优势。光刻机本来利润率就极高，足以极大地刺激资本投入，从而实现基础技术的突破，这一道理在其他领域也成立。之所以过去长期没有突破，很大程度上是产品倾销、国内缺乏资金、依赖西方产品等因素综合导致的。

缺乏基础技术，则可能导致新红利吃不到。比如，在 2023 年开始大火的 AI 浪潮中，中国企业严重依赖英伟达的芯片，如果美国断掉供应，中国的 AI 行业就会受到很大影响。在美国拼了命要让供应链转移的情况下，不转移就会被美国制裁，转移才能获得美国的芯片供应。企业是否去东南亚或其他国家，实际上是美国的一种服从性测试，并非单纯的商业决策。但在 2023 年 9 月，华为 Mate 60 携麒麟9000S 芯片横空出世，让国人看到了希望。专业的半导体行业观察机

---

① 数据来源于阿斯麦 2023 年年度报告。

构 TechInsights 在对华为 Mate 60 拆机后发现麒麟 9000S 芯片的设计、制造基本实现了国产化。这也表示，中国在基础技术自主化的道路上迈出了更扎实的一步。

上文提及的"日本化"三要素：缺乏主权、国内市场狭小、基础技术缺失。中国早就有了第一个，第二个也在不断增长中。一直以来最大的阻碍是第三个因素：基础技术缺失。华为的突破会让资本看到巨大的利润，进而加大投入。小米随即重启了对芯片工程师的招聘。此前小米在研发澎湃芯片时失利，巨额投入打了水漂后，很长时间都不敢去碰基础技术，还有智能手机公司将旗下芯片公司解散，这共同构成了中国企业的心态缩影：对尖端技术没有突破的信心，畏之如虎。但华为的突破让友商们看到了希望：华为成功了，自己也就有信心了。随着时间的推移，更多的资本会进入尖端技术领域，在市场和资本的加持下，光刻机的突破也是早晚的事。或者可以这么说，华为的突破会逼着它们加大对尖端技术的投入，因为在手机市场的生态位中，苹果手机长期独占高端，中国一些手机品牌与其不直接形成竞争，就算没有核心技术，守着中低端市场和国外市场，依然能活得不错，尤其是华为被制裁后，它们吃到了不小的红利。但华为回来了，华为的手机中高低端兼具，和它们构成直接竞争。华为有核心技术，想要和华为竞争，所有人必须硬着头皮去研发、去突破，起码不能被华为领先太多，否则会被市场淘汰。而半导体领域在取得突破后，会给其他领域起到示范效应，毕竟很难找到比半导体更难的产业了。

这个态势表明，中国注定不会和日本走同一条道路，但这并不代表万事大吉。因为不会"日本化"，还是可能会"苏联化"。所谓"苏联化"，就是指美国通过一系列措施，将当时的苏联围堵在一个"狭小"的空间内。纵观整个美苏冷战，苏联都没能突破这个狭小的空间，只能困守自己的一亩三分地，市场和人口规模远不如美国阵营，等美国完成微电子革命后，双方的差距就彻底拉开了。苏联没能突破狭小空间，更直接的原因是它没能将自身的软件推向世界，即没能构建一个大范围的新的世界体系。

还是以华为为例，虽然华为目前突破了硬件，国内市场是不用担心了，但未来如何突破国外市场，需要在软件上下功夫。在国外市场，华为手机被制裁后，最大的问题不是缺乏芯片，而是不能使用美国企业的应用，导致被消费者抛弃。以谷歌"全家桶"、脸书、推特（现已更名为 X）为首的美国应用，在全球市场很强势。手机用不了应用程序，在国外约等于"板砖"，自然就走不出中国市场，只能困守本土。长时间困守本土，就会渐渐拉大与国外巨头的差距，因为市场大，竞争就更激烈，技术进步就更快，这是一个规律。

国内市场再大，也只是相对的。在很大程度上，美国企业依靠的是美国构建的全球化市场体系。这不是华为一家能解决的，甚至不是半导体行业能解决的，需要更多中国企业的携手，甚至国家力量的介入，来进行协调，这也是我们将要面对的新难题。

第 15 讲
什么是 "全要素生产率"

1980 年至 2021 年，美联储共经历六轮加息周期，从 2022 年 3 月开始，进入第七轮加息周期。美联储的政策带有双重使命（Dual Mandate），第一是促进充分就业，第二是稳定通胀。但本书会绕开通胀和就业，从美国债务和技术进步放缓的角度来讨论，为何美国在第七轮加息周期持续保持高利率。

经济发展需要 "资本" 这个要素，为了不错过发展机会，企业和政府就会借债，如果债务带来的资金能助力经济增长，那么这样的债务就是 "好债务"。短期看美国的债务状况（例如，2024 年 3 月底公布的联邦债务利率平均为 3.22%，低于名义 GDP 5%的增速），只要经济发展的成果可以支付债务利息，即债务带来的回报高于借债的利息、短期内债务占 GDP 的比值逐步下降，那么债务便可以促进经济增长。但是长期来看，如果经济增长不能持续，高利率势必会引起更高的利息开支，这就会迫使政府发行更多的国债，用更大的债务解决眼下的债务问题。

根据 2024 年 7 月底美国财政部公布的数据，美国国债总额首次达到 35 万亿美元，相当于中国、德国、日本、印度、英国五国的经济总量之和。美国国债规模快速增长，未来所需支付的利息也相应地增多：到 2033 年，美国国债利息支付额将从 2022 年的近 4750 亿美元增加两倍，超过 1.4 万亿美元；到 2053 年，美国国债利息支付额预计将飙升至 5.4 万亿美元，这将超过美国在社会保障、医疗保险、医疗补助等项目上的支出。

债务规模过高，增长不可持续，如果再叠加美国加息"收割"其他国家的"套路"不成功，那么破局的方法就是让美国国内生产力发生质的飞跃，提高自身造血能力。而现阶段技术进步的放缓正是美国经济需要直面的问题。

索洛剩余

拉动经济到底要靠什么？传统经济理论认为，经济增长主要靠资本和劳动力两种生产要素的增长来推动，但这种观念被诺奖得主、美国经济学家罗伯特·默顿·索洛（Robert Merton Solow）的研究颠覆了。索洛在研究 1909 年至 1949 年间美国经济增长时发现，资本积累和劳动力增长只能解释美国人均产出增长的 13%，剩余的 87% 其实来自生产率的提高，而这 87% 就是"索洛剩余"，即经济学家们所说的"全要素生产率"（Total Factor Productivity）。全要素生产率就是技术进步率，是在资本和劳动力投入不变的情况下，靠生产率的提升带来增长。也因此，索洛为经济增长理论奠定了基础。经济增长从生产函数的角度可拆分为全要素生产率、劳动和投资三个来源，其公式如下：

$$GY=GA+aGL+\beta GK$$

其中：GY——经济增长率；GA——全要素生产率；GL——劳动增加率；GK——资本增长率；a——劳动份额；β——资本份额。

其中，全要素生产率就是在资本和劳动力投入不变的情况下，靠技术的进步带来经济增长，可以理解成对资本和劳动力的开发利用率，全要素生产率的增长情况常常被视为科技进步的关键指标。

从另一个角度讲，经济增长还可以看 GDP。GDP 恒等于总人口乘以人均 GDP，人均 GDP 的增长，只能通过劳动生产率（Labor Productivity，简称 LP）的增长来实现。从宏观经济的角度看，劳动生产率的增长决定着企业的盈利能力和国家的经济竞争力，是推动长期经济增长的关键因素之一。就美国而言，美国劳工统计局会对各指标进行统计分析。美国劳工部将劳动生产率分解成了三个部分，即"劳动生产率增长=全要素生产率增长+资本密集度贡献+劳动力构成贡献"。麦肯锡在 2023 年的一份报告显示，如果美国劳动生产率从 1.4% 提升到 2.2%，将带来 2021 年至 2030 年间 10 万亿美元的累计增长[1]。图 3-2 来自美国劳工统计局 2024 年 3 月发布的《2023 全要素生产报告》[2]，从图中可以看出，美国劳动生产率从 2005 年起，就开始了长达 10 多年的停滞，这也成为美国经济的长期挑战，意味着技术进步速度的放缓。可以看到，劳动力构成贡献从 1990 年开始，保持在 0.3% 的数值，没发生大变化，而从 2000 年开始，资本密集贡献度和全要素生产率的下降甚至停滞，便是导致劳动生产率停滞的根本原因。

假设美国劳动力构成贡献从 2024 年开始，依然没有大的变化，那么美国要恢复自己的造血能力，就需要资本加码支持，同时提高自己的技术进步速度，即提高对资本和劳动力的开发效率。而从货币政

---

① "Rekindling US productivity for a new era", McKinsey Global Institute, February 16, 2023.

② *TOTAL FACTOR PRODUCTIVITY – 2023*, Bureau of Labor Statistics, March 21, 2024.

策的角度出发，当劳动生产率提高时，在企业提供的商品和服务不提价的情况下，可以用更多的资金来提高员工的工资，货币政策可以不用过于担心通胀。因此，美国会继续修炼内功，短时间需要用高息把资金锁在境内，助推科技革命，以此让美国经济持续增长。

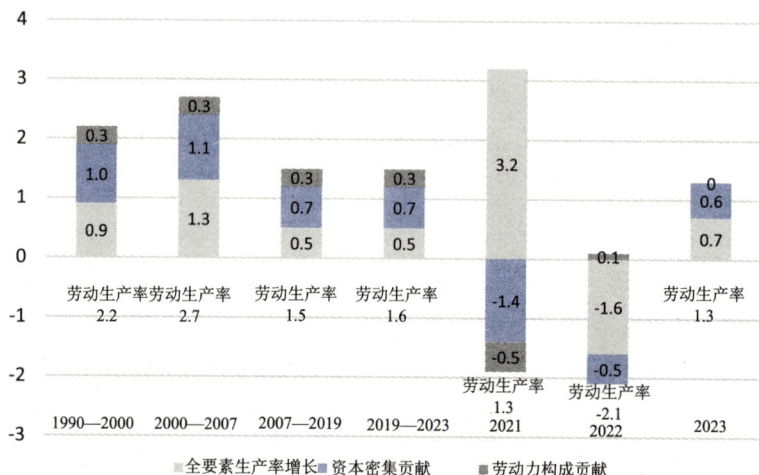

图 3-2　私营非农企业部门对劳动生产率增长的贡献

从另一个角度来说，历史上每一次工业革命都伴随着金融革命及资金的大规模投入，促使生产要素配置中资本支出占比提高。第一次工业革命以蒸汽机为代表，机器生产代替人工，伴随而来的便是现代商业银行业的资金支持。17世纪后半期，世界上第一家中央银行英格兰银行成立，这成为英国"金融革命"标志事件。因为蒸汽机在第一次工业革命中被发明，对固定资产的投资增加了企业对长期贷款的需求，而工厂扩张和日常运营有了短期融资需求，资金由此可以在特定行业、不同期限的诉求中投放，以获得更多的利息收入。

第二次工业革命以电气化革命为特征,伴随的是现代投行业务的发展。1817 年 3 月 8 日,"纽约证券交易委员会"正式成立,这标志着美国资本市场的形成,该委员会在 1863 年更名为"纽约证券交易所"。例如,电气化革命期间,美国铁路大规模扩张,铁路网络帮助建造美国境内的统一市场。庞大的基础设施建设满足了市场经济的快速发展,煤炭开采蓬勃兴盛,钢铁、轮船等重工业焕发活力,由此产生的巨大融资需求,促使华尔街诞生了一批专业的投资银行,如前面提到的 1850 年成立的"雷曼兄弟",铁路相关的证券也在当时成为华尔街投资的主要品种。

第三次工业革命始于 20 世纪五六十年代,以原子能、电子计算机、生物工程的发明为主要标志,现代创业投资体系应运而生。二战后,汽车、电器等消费品的需求逐步释放,美国军工企业开始转移部分产能以满足民用市场需求,因此美国需要发展中小企业承接转型的军工企业的产能和业务,以此来调整经济结构,因而推动了创业投资资本的产生。现代创业投资促成了活跃的一级市场,同时也推动了二级市场的发展:1971 年 2 月 8 日,美国全国证券交易商协会(NASD)设立了世界上第一家采用电子交易的股票交易市场,这就是大家所熟悉的纳斯达克。纳斯达克的上市公司涵盖了软件、计算机、电信、生物技术、零售和批发贸易在内的高新技术行业,它拓宽了创业投资项目的退出渠道,促进了创业投资资本在一级市场和二级市场的良性循环。

第四次技术革命或许会出现在 2023 年和 2024 年间热议的 AI 领域,而从 2024 年的趋势看,最有可能挑战美国在 AI 领域主导地位的只有欧洲和中国。高盛在 2023 年 4 月一份关于 AI 的报告中就表示,在生成式人工智能的加持下，未来 10 年间，美国劳动生产率的年增长率有望提高 1.5%，全球年均 GDP 有望增长 7%（约合 7 万亿美元）。如果想抓住这次科技革命，美国的企业就需要资金的助力，因此美联储会长时间保持比历史上美国中性利率（均值保持在 2.5% ~ 3% 的水平）更高的利率水平，以此减缓资本流出美国的速度。

总结来说，美国长期以来都是通过加息让资金回到美国本土的，如果美国不能再通过美元强势引爆目标国家的经济给自己"输血"，那就只能靠自己"造血"，用时间换空间，把资金这个生产要素封锁在国内，押注科技革命。

另外，说到美国的颠覆性创新，读者会想到什么呢？是大把的美元吗？是白宫、总统、加州政府吗？当然不是，想到的应该是乔布斯、马斯克、萨姆·奥尔特曼等一个个鲜活的人物。他们的身上有双重标签，一是科技创新"狂人"，二是民营企业家。在科技创新这条道路上，企业家精神是 1，其他要素是 1 后面的 0。

改革开放以来，中国民营企业以其卓越的创新力引领了多个领域的革命性突破，如华为的 5G 技术引领全球通信新纪元，宁德时代巩固了电池产业的国际地位，新能源汽车领域的比亚迪、蔚来、理想更是加快了汽车产业的绿色转型。同时，小米、OPPO 等品牌让智能手机普及全球，而腾讯、阿里巴巴、京东、拼多多则深刻改变了人们的消费习惯，推动了移动互联网的蓬勃发展。这些企业还在全球舞台上大放异彩。在迈向制造业强国的征途中，我们更需进一步激发民营企业的企业家精神，这股不竭的创新动力是推动中国经济持续高质量发展、实现产业升级与转型的关键所在。

就中国的生产要素而言，在劳动力方面，廉价的劳动力虽然让中国迅速变成了"世界工厂",但劳动收入的"廉价"也影响了老百姓的消费能力,带来产能过剩的问题。除了土地制度不同,发达国家也都走过和中国类似的道路,传统的生产要素是一个国家进入工业化初级阶段必不可少的前置条件,但是当堆砌资本和劳动力不能再带来经济增长,土地利用效率低了时,经济要想继续增长,就得期望这三要素效率全方位的提高。

以劳动力要素为例,很大一批劳动力难以进入生产效率更高的制造业和服务业,这就降低了"索洛剩余",所以就降低了潜在的经济增长,要想改变现状,就需要进行创新和优化。比如,全国的住宅用地指标能否真正完成跨地区流转,实现"地跟人走",从供给层面解决大城市住房难的问题,进一步让进城务工人员居有其屋。要想实现劳动力向生产效率更高的地方流入,就需要土地制度的创新和优化。再如,要想让国有银行为主导的融资模式转型,让资本配置在科技创新领域,而不只是在基建和房地产领域,需要资本市场制度的创新和优化,这部分可以参考本章关于金融机构对外开放的讨论,这里只是举了一些例子。

中国最大的资本其实就在于一个全国统一的大市场。一提到全国统一的市场,很多读者想到的是区域之间经济发展的不平衡、教育分化不平等。但实际上通过全球城市发展数据来看,人口区域化集中,有利于人均 GDP 的平衡、教育的公平。2023 年 11 月,联合国人居署发布了《释放城市潜力:为可持续城市发展融资》报告[①],报告提到,运作良好的城市可以促进国家经济发展,功能失调的城市则会阻碍可

---

① "Unlocking the Potential of Cities: Financing Sustainable Urban Development", United Nations Human Settlements Programme, November 14, 2023.

持续发展（具体可以参考本书第 4 章对巴西城市化的探讨）。但从长期看来，城市化和经济发展之间有高度正相关性，国家的城市化水平越高，人均 GDP 就会越高。

城市化水平越高，意味着人口聚集程度越高，从经济上讲，人口聚集的本质就是劳动力要素流动所带来的劳动力资源配置效率的提高。发达国家的经济结构以工业和服务业为主，工业和服务业都需要聚集，尤其是现代服务业以知识、信息和技术为核心竞争力，更加依赖大城市。事实上，发达国家的人口还在进一步向大城市聚集。截至 2022 年，大量美国人口集中在加利福尼亚州、得克萨斯州、佛罗里达州和纽约州，四个州的人口大约为 1.1 亿人，约占美国总人口的 1/3。东京都市圈（包括神奈川县、千叶县和埼玉县在内）面积约占日本国土面积的 3.6%，截至 2023 年，该区域人口为 3693 万人，约占日本总人口的 29.6%[①]。

中国发展也以区域中心城市和城市群作为区域发展的载体。结合美国、日本等国家国际城市发展的趋势，大家可以思考：中国的城市分化严重吗？大城市真的大吗？

在美国，纽约（非指纽约都市圈）作为一个大城市，2022 年人口为 833.6 万人，约占美国总人口的 2.5%。2022 年，东京都（非指东京都市圈）人口为 1399 万人，占全日本人口的 11.2%。2023 年拥有 2487 万人口的上海，人口占比为中国总人口的 1.78%，因此上海对比纽约和东京都来说，人口占比还很小。东京都人口总数在 1962 年就已突破 1000 万人，但 30 多年之后才增加 100 万人，到 2000 年超过 1200 万人。2000 年以后，平均每 10 年增加约 100 万人，即每年 10

[①]《日本人口加速向东京都市圈集中》，《人民日报》，2024 年 2 月 22 日第 17 版。

万人（参见第 2 章的图 2-10）。

从图 2-10 中可以看出，从整体上说，东京都呈现人口持续增长趋势。另外，东京都市圈（也被称为首都圈）是全世界最大的都市圈，东京都与东京都市圈的关系类似上海与长三角的关系，上文提到东京都市圈人口 3700 万人左右，相当于每三个日本人就有一个在东京都市圈，东京都市圈的总面积约为上海全境加苏州的面积。

从中可以窥探到一种趋势：将来像上海这种核心城市的人口还会继续增加。由此，未来上海都市圈的建设规划或者说基础设施和公共服务为了对标人口增长，还会有新的突破。以上海为例，又能类推全国其他三个城市群：京津冀、珠三角和川渝地区。未来这几个城市群的虹吸效应还会进一步加强。

希腊债务危机下的"欧洲化"

城市进一步分化，背后会带来什么问题呢？或许我们可以从欧债危机中得到启示。图 3-3 展示了各国之间经济合作的不同程度，底端最松散的合作模式是特惠关税区，越往上代表经济一体化程度越高。欧洲希望从贸易一体化，走向货币一体化，最终实现欧洲区域的规模经济，之后像美元一样收铸币税。根据《马斯特里赫特条约》[1]，申请加入欧元区的国家必须满足通货膨胀率、公共赤字、公共债务、汇率与长期利率等趋同标准，例如公共债务累计额不能高于 GDP 的 60%，政府赤字不能高于 GDP 的 3%等，以此避免某个政府信用破产，

---

① 《马斯特里赫特条约》，又称《欧洲联盟条约》，是 1991 年 12 月欧洲共同体首脑会议上通过的以建立欧洲经济货币联盟和政治联盟为目标的条约。该条约于 1993 年 11 月正式生效。

拖垮整个欧元区。但欧债危机打破了这个希望。

图 3-3　经济一体化示意图

从经济角度看，欧债危机主要导火索就是欧洲统一了货币却没统一市场。欧洲各国虽然可以劳动力自由流动，但不同国家的文化、语言存在较大差异，实际上劳动力的流动并不充分，导致劳动生产率良莠不齐。在这种情况下统一货币，一旦遇到经济危机，弱势国家没法通过自主的货币政策来刺激经济，要走出危机只有增加财政赤字这一个选择，最终就像希腊一样，在债务上出问题，这就是"欧洲化"趋势。

希腊以农业、旅游业和航运业为主要产业，2022 年，第一、二、三产业增加值占 GDP 比重分别为 4.5%、19.1%和 76.4%，经济实力相较于德国法国并不强势。希腊在加入欧元区之前就已经"滞胀"，即经济发展停滞且通胀高企，借债利率一度超过 15%，和德法相比国债的信用低、利率高。希腊政府为了加入欧元区，在高盛集团的操作下，用货币掉期交易等金融衍生品隐藏了 28 亿欧元的债务，2%的赤字率就这样从国家账户中消失[1]。隐藏债务满足"入会"条件后，希腊在

---

① "Wall St. Helped to Mask Debt Fueling Europe's Crisis", *The New York Times*, February. 13, 2010.

2001 年踉踉跄跄跨过欧元区门槛。

2008 年美国次贷危机和 2010 年欧债危机之前，欧洲经济被欧元盘活，再加上全球经济形势一片大好，欧元区货币政策也是低息宽松的，此时劳动生产率高、有能力取得收支顺差的德国和法国就会借机扩张生产。而希腊发现自己竟然还可以和德法一样用 3% 的低利率发债，与"入会"前相比低很多，自然是能借多少就借多少。

例如，2004 年雅典奥运会筹办期间，主办方花费超百亿欧元，高出预算两倍多，为保证办奥运资金充足，希腊发行债务。希腊本身社会福利很高，工资和社会福利占（非利息）公共支出总额的 75%。但新的债务没有带来新的经济增长，越发入不敷出的希腊，为了维持国内经济平衡，就不断靠更大的债务去解决债务问题。

希腊用于借债的抵押物很大一部分是美国的次级债券，当经济前景乐观且抵押资产价值稳定时，政府可以不断借入新债来偿还旧债，维持其债务循环。但 2008 年美国次贷危机到来，全球信用收紧，次级债券被抛售，希腊没有办法增加抵押物来再发新债，结局就是国库被掏空。如果希腊拥有自主的货币政策，短期内央行就能通过货币贬值、刺激出口来提振经济，提高还债能力，长期还能通过债务货币化稀释债务。但使用欧元后，货币和金融政策由欧洲央行统一负责制定，各成员国央行负责实施，因此希腊没有自定货币政策的权力了。加上偿债能力弱，遇到债务危机没有办法借新还旧，虚假的繁荣一击就破，希腊国债也在 2010 年被评级机构评为垃圾级。

为了保证欧元整体的信用，以德国为首的欧盟委员会、欧洲央行和国际货币基金组织在 8 年间对希腊进行了三轮高达 3000 亿欧元的救助计划，相当于每个希腊人欠款 3 万欧元。2018 年，希腊从最后一轮救助计划中"成功退出"。这 8 年来希腊失业率飙升、政治和社会动荡、国家失去信用。截至 2022 年末，希腊政府债务存量为 3562.6 亿欧元，公共负债率从 2020 年 206.3% 的高点降至 171.3%，但仍是欧盟所有成员中负债率最高的国家①，在全球仅次于日本。2023 年 10 月，标普宣布将希腊信用评级从 BB+ 上调至 BBB-②，时隔 13 年希腊终于重返投资级国家行列。但有经济学家预测，希腊债务全部还完需要等到 2060 年③。在欧盟，希腊只是典型，葡萄牙、意大利、爱尔兰、西班牙的经济与德法相比并没有那么发达，因此面临和希腊一样的债务问题，导致欧债危机，这四国和希腊也因此共同被媒体称为"欧猪五国"④。

为了让劳动力更高效地流动，即便是已建立现代养老金制度逾半个世纪的德国、法国、丹麦、瑞典和芬兰等老牌欧洲福利国家，仍在不断地摸索改革，以帮助各国居民实现异国就医和跨国养老；在"欧盟 2020 发展战略"（Europe 2020 Strategy）中，欧盟提出不少整合并扩大流动性的计划，包括通过跨国协调来提高青年的就业率，以此让劳动力在欧盟内实现优化配置。

和欧元相似的问题在本书第 4 章关于非洲法郎的部分也有讨论。虽然中国是统一的国家，但也存在城市分化、中东西部劳动生产率不同等问题。

---

① 《对外投资合作国别（地区）指南丨希腊（2023 年版）》，中华人民共和国驻希腊大使馆经济商务处。

② 《时隔 13 年，希腊重获投资级评级》，《参考消息》，2023 年 10 月 23 日。

③ "Greece emerges from eurozone bailout programme", BBC, August 20, 2018.

④ 最初是"欧猪四国"（PIGS），即葡萄牙（Portugal）、意大利（Italy）、希腊（Greece）、西班牙（Spain），它们深陷欧债危机中，因英文国名首字母正好组成"Pigs"，故得此贬称。后来爱尔兰（Ireland）也被加入其中，组成了"欧猪五国"（PIIGS）。

从历史上看，国内经济的发展一直采取的是分权路线，即把经济事务分给各个地方，发挥地方的积极性，这就会导致地方只着眼于当下，不关注长期目标。在经济处于上行周期时，国内弱势城市像希腊一样，为了取得贷款争取项目，会大搞无效基建，并不断借债维持内部平衡；强势的城市就会像德国和法国一样，借债扩张和发展优势产业，这样形成的"马太效应"就埋下了国内市场不统一的"雷"。每个地方都不愿意其他地方把自己的经济资源吸纳过去，也不想注册地在外地的企业来自己地区竞争，结果各地都只顾自己的产业布局。此时如果中央想实现制度的市场化，比如提出全国统一大市场，就会让两股力量交织在一起，造成部分资源重复浪费，效率降低。

国内区域经济发展一直崇尚"转移支付"[①]，就像希腊接受援助计划一样。但中西部地区面临的挑战之一就是投资回报率的显著下滑，中西部地区投资效益边际递减，即新增投资带来的增长动力逐渐减弱。要想有效地通过投资和转移支付促进这些区域的经济发展，其中一个先决条件是人口迁移要先于转移支付，只有在人口基础稳固的前提下，转移支付才能更有效地转化为经济增长的动力。

因此，要促进区域经济平衡，降低城乡差距和教育差距，反而更应该促进人口迁移。世界上区域发展相对平衡的国家和地区基本实现了劳动要素自由流动，生产要素流动使得要素流动均等化。户籍对于教育非常重要，"高考移民"就是户籍制度下，不同城市之间教育不平等导致的现象。城市房价高企，临时住在城市里的农民并不具有在

---

① 转移支付是一种收入再分配的形式，该支出不涉及商品或服务的交换，不涉及消耗生产要素，也不会增加社会产出，即为政府或企业无偿地支付给个人或下级政府，以增加接收方的收入和购买力。转移支付包括养老金、失业救济金、退伍军人补助金、农产品价格补贴、公债利息、特定企业补贴等。

城市长期生活下去的能力。如果他们有了城市户籍，再加上保障房的建设，他们留下的可能性就会大一些，也不会出现大面积留守儿童的问题。城市的排外政策，长久以来导致中国家庭大规模分居，因此，未来中国只有实现了相对自由的人口迁移，大城市的人口增长才有机会达到真正的顶点。当然，这肯定会有人反对，表示大城市的承载力有限，容易得"城市病"，居住在大城市的人会因为房价、交通、物价等水平而生活得不舒适。这里需要强调的是，本书探讨的城市化并非极端的城市化，而是一种合理的要素流动。根据联合国人居署报告，一些发达国家的大城市不会无限制地发展和聚集下去，发展到一定规模会稳定下来。比如部分高净值人群会结合个人情况，移居至自己认为性价比更高、更舒适的城市。而大城市空出来的位置又会由新人填补上，达到一种动态平衡：大城市总体人口在增长，后期增长越来越慢，最终达到一定的稳定状态。

另外，对于人口流出地也不必过于担心。美国的人口之前也曾在短时间内聚集，大约 8 成人口集中在 4%的国土面积上：50 个州里，9 个州集中了一半多人口。令人意外的是，美国人均 GDP 却是相对平衡的，即使是中西部人口数量只有几十万人的州，其人均 GDP 和人口多的州人均 GDP 相差不大，这是因为产业结构会随着人口的减少而转变，例如人口流出地转变成旅游城市或农业产地。就像 2023 年爆火的网红旅游城市淄博、哈尔滨一样，国内一些人口流出的城市演变成旅游城市，也是相似的道理。换句话说，对于人口流出地最重要的是找到新的经济增长点。

总结来说，欧美国家在经历数次债务危机后，并没有被债务压垮，反而成为创新革命的引领者，内驱力在其中起到了决定性作用。我们既要看到欧美债务的膨胀，又要看到由欧美推动的这几百年中的文艺复兴、新航路开辟、商业革命、价格革命、农业革命、近代科学诞生、启蒙运动、工业革命、新科技革命和互联网信息革命。每一次的改革都大幅提升了生产力，创造了新的消费需求，从而消化了之前累积的债务。

如果一个国家（如斯里兰卡、委内瑞拉等）由于缺乏内生的驱动力，要么依赖传统农业，要么依赖能源出口，又找不到其他出路，那么债务对这样的实体而言就是一种"毒药"。因为这些国家借债只是为了维持生存，债务并没有带来工业的发展和经济的增长，同时，这些国家在债务扩张期还会因为容易获得债务而上瘾，从而造成国家"强大"的幻觉，不知不觉就习惯了背负跟自己体量不相称的债务，直到最终被债务压垮。读者可以在本书第4章，关于埃及和阿根廷的经济发展故事中了解更多。

总之，生产要素的市场化配置是中国未来长期的制度红利，是一种更高维度提升索洛剩余的方式。我们总能听到一句话：中国处于新旧动能转换、经济转型升级的关键时期。这句话的另外一层意思就是：当选择变得越来越少的时候，就只有制度创新和科技创新了。

如果突破了半导体的"卡脖子"，如果踩上了人工智能的风口，如果人口可以更加自由地流动，那么政策或许就不再需要投鼠忌器，资金或许就不再需要在银行和国企之间空转，人们或许就不再需要因为收入预期下降而"捂紧"钱包，那么这些时间点就会变成1998年那样的转折点，成为未来回首时的一种纪念和感慨，让我们共同关注和期待。

第 16 讲
中国新能源产业对新质生产力的解释

"两个日本"带来的启示

关于日本需要知道一个事实：虽然日本的 GDP 三十多年不涨，但经济总量也没掉队，长期保持在世界排名第二或第三的位置。日本经济虽然陷入漫长的通缩期，但日本百姓的生活质量没有"通缩"。这又是为什么呢？

日本地狭人稠且资源匮乏，但经济总量始终位于世界主要经济体前列，靠的就是强大的工业制造，工业便是日本的立国之本、富强之根。在"二战"中，日本广岛、长崎两座工业城市被夷为平地，但战后短短二三十年，日本工业制造不仅成功崛起，还把战线推到美国本土。20 世纪 70 年代，日本汽车在美国市场的份额一度超过 20%，成为美国最大的汽车进口来源国。2023 年，日系汽车在美国的整体市场份额超过了三分之一，日系汽车更是力压通用和福特两大本土巨头。20 世纪 90 年代初，日本房地产泡沫破裂，但其经济总量并未掉队，根本原因就是：左手工业制造，右手资本投资。

其实，日资海外净资产规模和日本的 GDP 相当，即日本在海外又造了一个日本。截止到 2020 财年，日本海外子公司营业收入已达到日本总公司营业收入的 69.3%；而 2021 年日本海外净资产规模占日本 GDP 比重约为 75%，较 1996 年增长了三倍。这是相当令人震撼的数据，好比本来自己工作前景暗淡、面临降薪，要紧衣缩食，结果副业做得风生水起，此时你还会焦虑吗？不会。这是日本全球经济地位和"失去的三十年"给人一种强烈反差感的本质原因。让日本丧失工业制造优势，才是对日本的釜底抽薪，让日本真正沦为一个二流国家。

从日本的经验可以看出，制造业赚来的利润才能"收割"外国人。美国靠科技和金融立国，日韩、欧洲靠工业制造业立国。通过全民负债壮大的房地产更像是"收割"自己人，"窝里横"不算本事，"在外面横"才是本事。纵观历史，没有一个国家是靠房地产从发展中国家变为发达国家的，这便是中国一直在强调发展"新质生产力"，全面支持电动车、锂电池和光伏"新三样"的原因。

早在 2009 年，中国就以超过 1300 万辆车的年产销量成为汽车生产和消费第一大国，但其中绝大部分的产销量来自合资品牌，主要利润都被美国、日本、德国、韩国等汽车产业强国拿走了。在中国这场"以市场换技术"的尝试中，市场换来的却是德系和日系汽车对中国汽车市场的无底线加价，以及一众国产山寨车型。

到了 2023 年，中国新能源汽车销售达到 949.5 万辆，市场占有率达到 31.6%，其中比亚迪销量突破 300 万辆，同比增长 61.9%，比特斯拉的全球销量 180 万辆还多出了 120 万辆，这不禁让国人眼前一亮。新能源汽车虽然跟房地产动辄二三十万亿元的产值没法比，但它无疑也是一个万亿级别的产业，并且在不断膨胀，不仅承载了上千万人的就业，而且带动了众多相关产业的发展。

只是市场上有一种声音：所谓的新能源汽车，无非就是汽车上安装了一块电池，根本算不上所谓的高端制造，更算不上是产业升级。下面我们就来理性地看看，中国的"电动车"能否走得足够远，能否配得上"高端制造"的头衔，同时我们会从微笑曲线理论、内需的重要性，以及产业升级利润归属三个方面探讨产业升级的关键在哪里。

中国新能源汽车取得的成就

曾经摆在中国汽车企业面前的"三座大山"，同时也是日本和德国汽车企业能够"躺赚"的传统燃油车"三大件"——发动机、变速箱和底盘，被中国企业用"三电技术"，即电池、电机和电控绕过去了。

先说说最重要的电池。对于新能源汽车来说，电池一般指"动力电池"①。曾经的动力电池被日韩牢牢掌控，在 2015 年之前，仅日本松下一家的动力电池销量就占了全球约一半的份额，如果再把第二、第三的日本 AESC 和韩国 LG 加进来，就已经占到全球约 80%的份额。那时，动力电池销量前十名里只有比亚迪一家中国公司。但不到十年，这个情况就发生了 180 度的转变：韩国市场研究机构 SNE Research 数据显示，2022 年上半年，在以国别为单位计算的动力电池出货量数据中，中国占据全球近六成份额，韩国滑落至二成，而日本仅有一成多。

中国动力电池产业拥有宁德时代、比亚迪两个龙头，以及如中航锂电、国轩高科等知名品牌。从 2018 年开始至 2024 年第一季度，

---

① 动力电池，即为工具提供动力来源的电源，多指为电动车辆提供动力的蓄电池，是新能源汽车的核心部件。

宁德时代已连续七年位居全球动力电池装车量榜首，力压韩国 LG 和日本松下这两个传统电池龙头企业。再如中国的动力电池企业"国轩高科"，可能很多人没听过它的名字，但它在"2023 年全球动力电池装车量"排名中，以 2.4% 的市场份额位列第 8 位。这些数据都表明，对于动力电池这个新能源汽车的核心部件，中国品牌已经牢牢占据了其产业前排的位置。

再来看另外两个大件：电机和电控。电机方面，日本在 20 世纪 90 年代就开始做电动车了，在机器人领域也是早期的玩家。在 2018 年以前，丰田、三菱、日立等企业，仍然占到大部分电机市场份额。而在电控方面，其中的核心零部件，如 IGBT 芯片①、MCU 芯片，在 2021 年之前仍然被英飞凌（Infineon Technologies）等外国企业垄断，那时中国的相关芯片依然依靠进口。

但随着中国电动车市场的爆发，像比亚迪、华为、长安、北汽等企业，都开发出了自己的电机电控系统，其中的典型代表就是比亚迪的 e 平台 3.0 和 DM-i 混动系统，以及华为的 DriveONE 平台。而像 IGBT 芯片，2022 年比亚迪在新能源汽车 IGBT 市场的份额约为 15%。

大家可能觉得奇怪了，怎么中国企业一夜之间就扭转了局面？难道电机电控技术这么简单？还是我们有人海战术？或者重金投入了大基金、大产业园？都不是，其实仅因为中国企业在这些领域早有布局。早在 2003 年，比亚迪就开始了电动车研发。几年之后，比亚迪才陆续突破了高速电机和 IGBT 电控系统等技术，并在 2008 年推出

---

① IGBT 的全称叫"绝缘栅双极型晶体管"，属于半导体的一种，作用类似于"超级开关"，每秒开关速度高达上万次，可以高效、稳定地将直流电转化成交流电。一辆新能源汽车需要用到几十甚至上百颗 IGBT 芯片，其成本仅次于电池，占到新能源汽车成本的 5%~10%。

第一代自主可控的 DM 混动系统，2010 年打造出了首款新能源车型专属的 e 平台 1.0。有了这些基础，比亚迪才能将电机电控技术一步步迭代到先进水平。而华为则是在 2013 年入局车联网，依靠自己在智能物联网和电控领域的优势，以及超过 100 个供应商形成的庞大合作体系、超 5000 人的研发团队和每年上亿美元的研发费用，才有了集智能驾驶、智能电驱、智能电动、智能物联网于一体的 "HUAWEI inside"。中国企业为了在汽车领域打破欧美日韩在传统燃油车三大件上的垄断地位，可以说是卧薪尝胆、十年磨一剑。

虽然德国和日本的企业仍然是电机电控的重要玩家，但对于中国企业来说，电机电控领域已经没有壁垒，汽车企业更关注有竞争力的技术和价格，电机电控也是继盾构机之后，又一个被中国企业突破了的高壁垒领域。而像热管理、车身压铸、智能座舱等这些对于电动车来说比较重要的环节，中国的企业也基本上实现了全覆盖。算下来，中国在电动车产业链中，市场占有率比较低的领域就剩刹车系统了，这也是因为刹车系统利润薄，刹车系统的市场份额是德国博世（BOSCH）等供应商通过低价策略获得的。

从这点可以看到一个现象：通过薄利多销来抢占市场份额往往是中国企业的出口策略，但是在电动车产业链上，情况发生了微妙的变化，外国企业在中国强势的电动车产业链面前，不得不放低姿态，让出一部分利润，这其实就是产业升级最直接的好处。

当然也必须承认，中国在智能驾驶领域和特斯拉相比差距不小，这主要由于中国的车载单片系统（System on a Chip，简称 SoC），也就是将中央处理器（CPU）、图形处理器（GPU），以及算法融在一起的高性能芯片，相比于美国还有不小的差距。2024 年，全球汽车芯片产业主要是英伟达（NVIDIA）和高通（Qualcomm）两个巨头的天下，汽车企业基本上靠"抢购"，一片难求，因为先进制程的光刻机、电子设计自动化（EDA）软件，以及先进制程的芯片制造技术，都被美国断供了。

但美国也无法在车载芯片领域"卡中国的脖子"。虽然华为并不能生产最先进制程的芯片，但其设计能力不容小觑，加之电动车的体积大，对能耗也不像一般电子产品那样敏感，哪怕是大一点的芯片也没有关系。像华为的麒麟 990A 芯片已于 2022 年被搭载在了鸿蒙智能座舱上，并用在了跟华为合作的众多车型里面。而未来，随着中国芯片技术的突破，中国的车载芯片还会继续进步。

从整体上说，外国基本没有可能在哪个环节卡中国电动车产业的"脖子"。这就意味着在电动车这个又"厚"又长的赛道上，企业们可以把大部分利润留在中国。总有人质疑，区区一个电动车怎么就成了高端制造了？这里要从利润的角度看：只要一个产业的利润足够大，而且它的利润能稳稳被自己抓住，那不就是产业升级的最终目的吗？

"中国人民勤奋、智慧，中国发展成就理所应当。美中利益交融，如同连体婴儿彼此密不可分。"就在美国的政客们积极推进和中国脱钩断链时，特斯拉的老板马斯克却在 2023 年的中国之行中做出了上述表态。这次中国之行也让马斯克收获丰硕，他不仅和中国多个重量级部门领导进行了会见，美国的资本市场也很给面子——特斯拉的股价经历了一波暴涨。马斯克说的话是事实，中美利益盘根错节，不是想断就能断的，比如 2022 年特斯拉上海超级工厂生产了约 72.6 万辆 Model 3 和 Model Y 电动车，占据了特斯拉超过一半的全球销量。说曾经是中国救了特斯拉这家企业也不为过。虽然特斯拉一直是电动车领域的引领者，但在 2019 年之前，捉襟见肘的产能一直是困扰马斯克和特斯拉的致命难题。难以交付的订单带来的便是无法化解的债务危机，随时会把特斯拉带入破产的绝境。然而，就算马斯克拼了老命睡在工厂，美国工厂的产能仍然是"扶不起来"，就在这时中国帮了他一个大忙。

当时中国的电动车产业刚经历"骗补"风波，亟须一股新的力量来搅动。通过多方谈判，特斯拉投资了 500 亿元人民币在上海建立超级工厂，特斯拉也成为第一个获批在中国独资建厂的外资汽车企业。而中国的工业底子也名不虚传，2019 年 1 月，超级工厂开始动工，同年 12 月底，首批 Model 3 新车就生产出来了，也就是在这批新车的交付会上，马斯克本人亲临现场，表演了一段著名的"尬舞"，可见产能问题的解决释放了他积压多年的压力，同时被释放的还有特斯拉的股价。2021 年，特斯拉市值一度超过万亿美元，直逼苹果公司，相当于大众、丰田、通用等 11 家老牌汽车企业市值的总和，马斯克也因此一举成为世界首富。

当然，特斯拉也给中国新能源汽车产业带来了很大帮助，比如开放了专利技术、在中国广泛建设充电桩等。更重要的是，特斯拉对于整个中国新能源汽车产业链的巨大带动，至此，读者可能会联想到另外一家美国公司——苹果。它们都是用创新的产品让一个巨大的产业链从无到有，再用领先的设计和技术，以及垄断性的销量去掌控供应商，并占据产业链上利润最丰厚的环节——也就是微笑曲线的两端。

微笑曲线

微笑曲线（Smile Curve）是 1992 年宏碁集团创始人施振荣在《再

造宏碁：开创、成长与挑战》一书中提出的理论。从图3-4可以看到，微笑曲线分成左、中、右三段。左段以产品研发为主，中段以生产和组装为主，右段以品牌和服务为主。曲线代表的是附加价值，微笑曲线在中段位置的附加价值较低，在左右两段位置的附加价值较高。微笑曲线的启示是：要增加企业的附加价值，需要往左段产品研发和右段的品牌和服务加码。

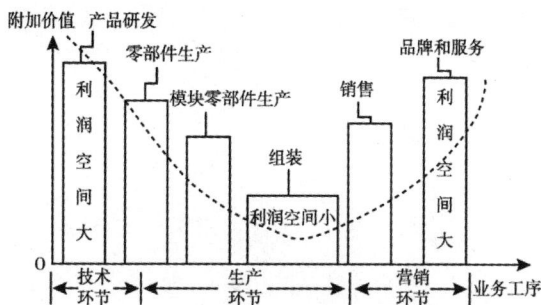

图3-4　微笑曲线

2007年，乔布斯向大家展示了一款极具颠覆性的产品iPhone，它没有键盘，只有一块触摸屏和少数的几个物理按键。第一代iPhone的推出真正标志着智能手机时代的到来。有了这款划时代的产品，苹果公司就能够掌控日本、韩国、欧洲等全世界的供应商为其服务。好在中国企业也快速乘上了iPhone的东风，在苹果公司的供应链中分得一杯羹。从2007年起，富士康就凭借大陆极低的人力成本，承担了苹果产品90%以上的组装环节，但却仅得到不足2%的利润。当时中国的两家公司歌尔股份和德赛电池还加入了"果链"，成为苹果零部件的供应商，这两家公司的名字也被很多股票投资者熟知。而对于读者来说，更加熟悉的故事是：每卖出一部iPhone手机，苹果公司就赚 360 美元，富士康则赚到不过 6.54 美元。

根据美国三位教授联合撰写的文章《捕捉苹果全球供应网络利润》[1]，如图 3-5 所示，2010 年，苹果公司每卖出一部 iPhone 手机，就独占销售所得价值的 58.5%作为利润。分析显示，价值的第二大块是塑胶、金属等原料成本，占 21.9%。韩国凭借技术输出，价值占比排名第三，但也只有 4.7%。

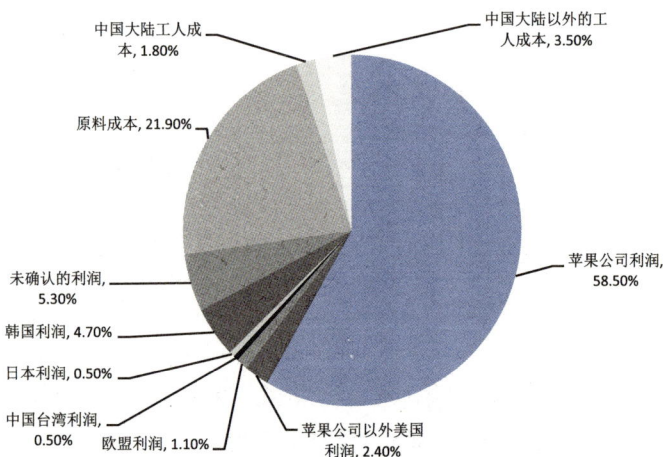

图 3-5　2010 年 iPhone 价值分布图

2021 年第二季度，苹果公司对全球手机出货量的贡献只有 13%，却占据全球手机市场 75%的营业利润。从苹果公司的例子可以看到，一个产品的技术研发和营销服务的环节利润最高，而生产制造，特别是组装环节利润最低，小到手机、电脑，大到汽车，都是如此。

---

① "Capturing Value in Global Networks: Apple's iPad and iPhone", Kenneth L. Kraemer, Greg Linden, and Jason Dedrick, July, 2011.

以前中国的厂家负责生产制造，而欧美通过掌控设计研发环节，再通过垄断关键零部件，拿走产业链的绝大部分收益，当中国厂家交付产品后，外企再通过品牌溢价从消费者手中赚得丰厚利润，中国以出口为主的企业已经习惯了该模式。苹果和特斯拉都是把微笑曲线中段的苦活和累活交给产业链上的其他企业去做，只不过特斯拉产业链和苹果产业链有很大不同，那就是中国企业的地位变了。

同为美国企业的特斯拉，在培育和掌控产业链这件事上，也完全不输苹果公司。据不完全统计，在 2020 年 A 股上市公司中，特斯拉 Model 3 供应商有近 30 家，其中很多公司是在 2019 年，即特斯拉在中国设厂以后才上市或股价大幅提升的。特斯拉对中国本土供应商的重要性可见一斑，但不同于苹果的供应链，对于特斯拉的供应链，中国厂商早有布局。

2023 年，特斯拉上海超级工厂所用的零部件 95%以上来自中国本土。像特斯拉的动力电池，占到特斯拉整车成本的 40%左右，以前常年由日本松下独家供应，但后来特斯拉动力电池的供应份额很大一部分被宁德时代抢走，之后比亚迪刀片电池也分走一些份额。2023 年，马斯克来到中国，和宁德时代的创始人曾毓群也专门见了面，可以看出，相比于苹果供应链上中国企业的弱势地位，中国企业在特斯拉产业链中已经具有一定的话语权。

当然，特斯拉是一家企业，企业发展的首要目标就是盈利。特斯拉在高研发投入和高工资福利的前提下，仍然保持着全行业较高的利润。2022 年，特斯拉电动车的毛利率在 25%左右，营业利润率（Operating Margin）也保持在 14%~17%的水平[1]。相比之下，同期的

---

[1] Tesla, Investor Relations, Q4 and FY 2022.

比亚迪净利润率只有个位数，而"蔚小理"等大家所熟知的新势力品牌更是曾经常年亏损，所以，虽然中国的电动车产量全球第一，但是各汽车企业的利润加在一起还不如特斯拉一家高。正是这个原因，特斯拉经常"一言不合"就降价，让其他汽车企业陷入两难选择：不降价，车就卖不出去、没有现金流；降价了则亏损更多。而特斯拉的利润空间离不开它对供应链的掌控，产业链上的众多中国供应商亦步亦趋，去墨西哥和东欧国家投资建厂做配套，生怕跟丢了特斯拉这只领头羊，这便是特斯拉对供应链掌控力的典型表现，该现象主要来自特斯拉在销售和研发等核心环节的领先优势。

马斯克一直标榜自己不在广告上花一分钱，但特斯拉仍然具有非常高的知名度，因为马斯克本人就是特斯拉最大的代言人，"移民火星"就是他让全世界记住的广告语。他也非常擅长事件营销，2018年2月，马斯克用自己 SpaceX 公司的猎鹰重型火箭把一辆樱桃红特斯拉跑车送上了太空。这一件事就足以产生"病毒式"传播效应，特斯拉线上直销的方式更是对传统汽车销售模式的颠覆，哪怕总是有人吐槽特斯拉的配置低、做工粗糙等，但仍然不妨碍特斯拉成为同等价位中最畅销的电动车品牌。

第一性原理（First Principle），指回归事物最基本的条件，将其拆分成最基本的元素进行解构分析，从而找到实现目标最优路径的方法，而非通过类比推理。第一性原理是马斯克极力推崇的决策框架，在《埃隆·马斯克传》一书中也多次提及他对第一性原理的运用，例如，在制造 SpaceX 火箭时，马斯克挑战权威，提出用更便宜的不锈钢替换碳纤维制造火箭，最终只花美国国家航空航天局（简称 NASA）登月计划 2%的钱就造出了能飞上太空的星舰（Starship）。

在研发方面，早在 2013 年，马斯克就通过第一性原理对三元锂电池进行了改造，大幅降低了动力电池的制造成本。就算在 2024 年，中国的动力电池企业已经很强了，但特斯拉的自研电池在技术先进性上仍处于动力电池的第一梯队。2020 年 9 月，特斯拉发布了与新电芯配套的 CTC（Cell to Chassis，电池直接集成于车辆底盘的工艺）技术，引发了一股席卷纯电动车领域的新技术浪潮，如图 3-6 所示，CTC 方案一直是国产厂商学习的对象。

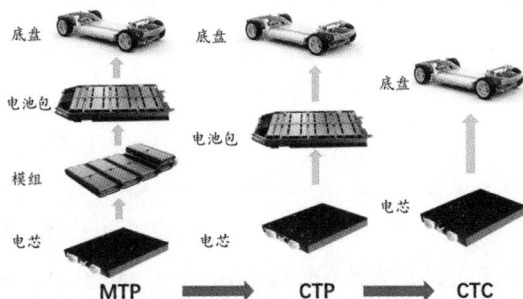

图 3-6　电池包技术发展路径

在电机电控等方面，特斯拉由于研发最早，其技术一直保持领先地位，并且特斯拉也一直坚持芯片自研。虽然英伟达和高通是世界上车载芯片的两大垄断供应商，但特斯拉一直保证着自动驾驶芯片的自主可控。值得一提的是，无论是三电技术还是自动驾驶技术，中国厂商跟特斯拉的技术水平已在同一档次，并不像燃油车时代，中国与欧美日韩在发动机、变速箱上的那种天壤之别。

技术水平差不多还不够，因为真正的"好技术"不是技术难度本身有多大，而是要尽可能以最低的成本满足人们的需求，这是经济研究最朴素、最本质的出发点，而利润就是对满足人们需求程度的最直接的测量依据。

　　中国本土汽车企业与特斯拉还有一个差距，就是特斯拉颠覆性地把传统的微笑曲线中大家看不上的生产制造变成了高利润环节。2019年1月，特斯拉上海超级工厂开工，同年第一辆整车就下线了，生产效率之高令人叹为观止。根据2023年9月的数据，特斯拉上海超级工厂平均不到40秒即可生产一辆特斯拉。2023年9月，特斯拉上海超级工厂第200万辆整车下线；从0到100万辆，用了30多个月，而从100万辆到200万辆，这座工厂用时不到13个月。产能如此巨大的超级工厂却只有2万多名工人，比亚迪车厂的工人数量是特斯拉的二三十倍，能做到这一点，要归功于特斯拉领先全球的一体化压铸技术，这个技术对汽车生产效率的革命性意义，可以和福特T型车的流水线生产技术媲美。

　　1908年，福特推出T型车（Ford Model T），T型车的面世使这一年成为工业史上具有重要意义的一年。1913年10月，福特凭借流水线作业开始了T型车的批量生产。到了1914年，经过优化的流水装配线已经可以在93分钟内生产一辆车，使得汽车的价格降到了中产阶级家庭也可以承受的水平，从此美国成为"车轮上的国家"。直到1927年T型车停产，全世界共有超过1500万辆T型车被生产出来，而这个纪录保持了近一个世纪①。

　　特斯拉的一体化压铸技术也同样起到了这个效果。2020年9月，马斯克在股东大会暨电池日发布会（2020 Annual Meeting of Stockholders and Battery Day）上介绍，特斯拉会使用一体化压铸的铝合金来制造Model Y。简单地说，就是该技术是通过6000吨的压铸

---

① "A Short History of the Model T Automobile", Ford Corporate.

机快速压出底盘和车身，原本的散件被集中制造成一个超大的零件，也因此不再依赖烦琐的焊接和组装来制造汽车，这极大地提升了特斯拉的生产效率和对供应链的管理效率。马斯克在这场发布会上表示，通过一体化压铸技术，可以使下车体总重量降低 30%。此外，用 2 至 3 个大型压铸件替换 300 余个零件组成的下车体，使制造成本降低 40%，而重量减轻，续航里程也因此受益，最高可增加 14%。焊接点大幅减少，因此，一体式压铸机能够在 2 分钟内完成一件 Model Y 车架后地板的铸造。

一体化压铸技术带来的这些优势成为特斯拉打价格战的底气，使得特斯拉成了 2022 年全世界唯一一个利润超过 15% 的电动汽车企业，其利润率哪怕放在燃油汽车企业中也排名前列，与把精益生产做到极致的丰田不相上下。

特斯拉用实际行动向大家展现了一条新型的微笑曲线：并不只是设计研发、销售服务才有高额利润，只要是能够提升生产效率且具有稀缺技术的环节，都可以引领产业链，带来高利润。而这种技术从何而来？纵观特斯拉的发展历程，还是四个字：科技创新。

在 2019 年以前，特斯拉一直有新车难以交付的问题，其实，如果当时马斯克选择了丰田和大众早已成熟的模块化生产模式，新车交付就不是一个问题。可是，由于马斯克对于一体化压铸技术，以及自动化生产线的执念，特斯拉硬生生地被带入了产能危机。直到 2019 年，特斯拉发布了一系列一体化压铸技术的专利，才标志着这个生产线设计完成，当然仅有设计也无济于事，当时除了中国和德国，没有其他国家能够实现特斯拉的设想。最终，特斯拉在中国和德国先后设厂。可以说，马斯克的"痴迷执着"加上中国的强大制造能力，才实现了特斯拉上海超级工厂的奇迹。

看完了马斯克和他的特斯拉，以及苹果公司的故事，相信大家不难发现，发达国家之所以发达，没有什么深奥的道理，那就是始终保持科技的领先地位。只有这样，它们才能不断推陈出新，从无到有创造一个新兴产业，并掌控其产业链，获得各个环节的丰厚利润。这不仅靠专利费和科技封锁去限制对手的发展，更靠着马斯克、乔布斯这样的企业家在前沿领域左冲右突。

产业不存在"弯道超车"

面对人口老龄化、经济增速放缓的现状，科技创新是让中国摆脱中等收入陷阱的唯一途径。道理虽简单，实施贯彻起来却很困难。无论是在网络上还是在现实中，大家仍然会看到浓重的"投机风气"。一说到中国某些相对落后的产业该如何发展时，很多人总是脱口而出"弯道超车"四个字，希望能够通过模式创新、金融创新、市场规模、"造不如买"等"弯道"来绕过发达国家的科技壁垒，从而使中国某一落后产业达到领先水平。

纵观近几十年的历史，中国真正通过"弯道"超越发达国家哪个产业了吗？并没有。我们现在所看到的中国各个相对领先的产业全都是靠早期布局，一步步、踏踏实实地做研发，然后等待时机"一飞冲天"。就像比亚迪的电机电控技术来自 20 年的不断研发；中国的创新药也是从 2008 年左右就开始了一些基础性的研究工作；中国的光刻机却因为常年没有得到重视还停留在相对落后的水平。如果说在以前的智能手机时代，中国厂商抓住了时代的尾巴，在新能源汽车时代，中国厂商跟上了世界先进水平的步伐，那么下一个时代（如人工智能时代），中国需要靠科技创新，才能走在世界前列。

　　"科技创新"四个字说来容易，大家可知背后的代价是什么？以前，我们各行各业都比较落后，跟在别人的后面"照葫芦画瓢"，哪怕比别人动作慢，也总能做出差不多的产品。可现在，我们各个产业要么走到了前面，要么被别人封锁，这就意味着中国制造业走到了十字路口，各个方向都是未知的，只能在不同的方向试错，以求得出正确的结果。

　　就像蒸汽机的发明最初只是为了抽出矿井内的水，谁也不会想到此后其会成为一个社会广泛应用的动力源；石油的炼制最初只是被当作廉价的照明材料，谁也不会想到此后其会引发内燃机革命，甚至变成某些国家制霸全球的工具；化学的大规模应用最初只是为了给人们的衣服染色，谁也不会想到此后其会带来钢铁冶炼、生物医药，乃至半导体的大发展；英伟达创立之初只是为了给游戏提供图像处理硬件，谁也不会想到三十年后其能引领人工智能时代。科技的发展是没有路径的，其中充满了一次次的巧合，直到这种巧合能以最低成本最大程度上满足人们的需求，巧合就变成了"工业革命"。

　　所谓"技术路径"，并不是工程师按照计划设想出来的，而是在市场竞争中为了降低成本或提升效率一点一滴地试错试出来的。这就像是物种的演化，谁也不知道哪次基因突变是有用的，直到没有用的突变被淘汰才能得出最终的结果。

　　优胜劣汰是自然的法则，也是科技创新的法则。但如果没有多个方向的创新尝试，又何来优胜劣汰？而只要是创新，就一定会出错，会有失败，如果因为不能容忍失败，去禁止多方面的尝试，又怎么会有之后的正确和成功？所以，当我们羡慕发达国家不断取得各种科技成就，引领着新兴科技产业发展时，我们自己也要开发一个系统工程。这不仅是砸下大基金、把某个所谓先进的产业给强行拔起来这么简单，更要"刮骨疗毒"，在全社会培养更强的科技创新原生动力。

就如中国的金融市场，高度依赖间接融资（银行信贷）的模式，那又怎么能指望它能数十年如一日地进行科技公司的孵化和风险投资？如果过分强调"集中力量办大事"，是不是就扼杀了私营部门的创新原生动力？以高考为指挥棒的应试教育，如何为科技创新提供更大的动力，也值得我们思考，因为考试的问题已经被设定，答案也只有一个，如果应试者给不出标准答案，就意味着被淘汰出局。

在一次采访中，当主持人问马斯克："你觉得中国能出现马斯克吗？"他非常委婉地说："中国也有很多成功的企业家，但通常来说，创新来自对传统方式的质疑，如果整个教育系统不允许你这样做，那么创新确实会被压制。"马斯克的回答既是对他自己过往成功经验的总结，也是对中国的友好提示。

光伏产业的启示

前面介绍了电动车和手机产业对中国产业升级的不同意义。手机产业链中价值最大的环节（如芯片的设计制造）基本上被国外厂商所垄断，哪怕中国手机出货量全球第一，利润大部分也被这些零件供应商分走了。而中国造的电动车，无论利润在产业链上如何分配，其绝大部分都被中国的企业赚走了。更重要的是，以电动车产业为开端，我们终于看到中国逐步开始占据微笑曲线的两端，渐渐打破了中国产业"两头在外"的尴尬格局。打破这个格局究竟有多重要？我们可以看看中国光伏产业的例子。

从市场占有率来看，哪怕中国的光伏组件已经达到"垄断"地位，在国外也一直卖不上价，本质原因是光伏在内需的"基本盘"没有稳固的情况下，就扩展到了海外，没有强大的内需和利润作为研发的反哺，在海外就只能放低姿态，以牺牲利润为代价，最后整个行业变得非常"卷"，导致中国光伏企业大而不强。

如图 3-7 所示，光伏产业链结构有上游原材料采集加工，以及硅片的加工制造；中游主要包括电池片和组件的加工制造，电池片是组件的主要构成部分，其他辅件包括光伏玻璃、背膜、EVA 胶膜、焊带等；下游主要为光伏电站的建设与运营，辅件包括支架、逆变器、汇流箱、蓄电池等。

高纯石英砂①是用于制造硅棒和硅片的关键辅材，而硅棒和硅片又是整个光伏产业的原材料。硅棒经过后续的切割、加工成为硅片，组装后就变成了大家所熟知的太阳能光伏板。

大家可能想象不到的是，全球 90% 以上的高纯石英砂都来自同一个地方，那就是美国北卡罗来纳州西部一个叫作斯普鲁斯派恩（Spruce Pine）的小镇，这个小镇人口不到 3000 人。而拿到斯普鲁斯派恩矿床的采矿权且以低调著称的尤尼明公司（Unimin，后被整合进比利时矽比科集团）就这样悄悄地进入大众视野。有了这样的垄断地位，美国确实有能力对中国企业进行高纯石英砂的断供。当然，如果他们真的断供，也就不能"躺赚"了，聪明的做法还是"捂盘惜售"，

---

① 高纯石英砂主要用于制造石英坩埚。在硅棒的制作过程中，石英坩埚是单晶炉内用于装高温硅的器皿，在多次加热拉晶完成后会报废，需要更换新的石英坩埚用于下次拉晶。截至 2023 年，行业内还没有找到能完美替代石英坩埚的容器，因此用于制造石英坩埚的高纯石英砂就成为生产硅棒和硅片不可或缺的耗材。理论上，如果没有高纯石英砂，整个光伏产业就有停摆的可能。

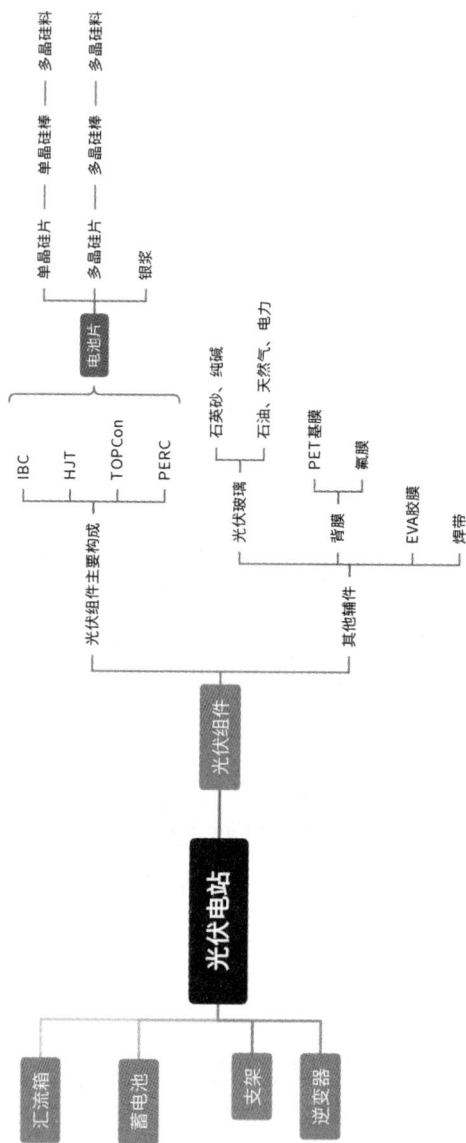

图 3-7　光伏产业链图谱

靠垄断地位搜刮产业链其他环节的利润。到 2023 年初，就在中国光伏产业准备高歌猛进的时候，美国方面却表示"增产意愿不强"，高纯石英砂便出现供需缺口，价格水涨船高。

光伏产业就像是中国制造业的一个缩影。中国的光伏产业已经是优等生了，在短短十几年里从无到有，再发展成为全球的巨无霸，中国几乎覆盖了产业链的所有环节，高纯石英砂这种漏网之鱼也主要是因为国内实在没有符合条件的矿，而且中国各个产品的市场占有率很高，光伏组件占全球的 75%，电池片占到 80%左右，硅片的市场占有率更是高达惊人的 95%，中国光伏产业各个产品的市场占有率都位居世界第一。可以说，中国的光伏产业在全球没有竞争对手。

也正是中国的光伏产业，满足了全球光伏装机量的爆发式需求。在 2022 年俄乌冲突以后，欧盟推出了能源独立计划"REPowerEU"，旨在提高可再生能源于欧盟总体能源消耗中的比例，计划将 2030 年的约束性目标提高到 42.5%，并力争达到 45%。具体到光伏发电上，欧盟委员会制定了目标，即 2025 年新安装的太阳能光伏发电设备达到 320GW，到 2030 年达到近 600GW[①]。

同样于 2022 年，在俄乌冲突的推动下，美国发生了史无前例的通货膨胀，于是 2022 年 8 月美国通过了《通胀削减法案》(Inflation Reduction Act，简称 IRA)，该法案更像是一个促进美国新能源产业发展的总体规划，其中一半以上的资金都用在了可再生能源发电和新能源汽车发展上，比如，给本土的太阳能电池板生产企业提供税收减免，

---

① "Communication from the Commission to the European Parliament, the European Council, the Council, the European Economic and Social Committee and the Committee of the Regions, REPowerEU Plan", *European Commission*, May 18, 2022.

为美国家庭安装太阳能光伏板提供税收抵扣等。

因此，仅 2022 年第一季度，欧盟就进口了 16.7GW 的中国光伏组件，同比增长 145%，而欧洲 2022 年第一季度的进口量占到了 2022 年全世界光伏新增装机量的 8% 左右。根据国际能源署的数据，2022 年全球太阳能光伏发电装机量增长 191GW，几乎相当于 2022 年新增太阳能发电装机量的全部。也正是靠着中国的强大光伏产能，才满足了 2022 年全球新增巨量光伏发电装机量的需求。

既然需求这么大，中国企业应该要大赚一笔了吧？实际上并没有，中国产量的上升不仅导致上游材料价格上涨，而且由于组件厂商们相互压价，在中游并没有赚取超额的利润。比如在 2022 年，比较主流的 PERC 太阳能电池组件，在欧洲的价格大概是每瓦 0.285 美元，折合人民币每瓦不到 2 元，这与国内的价格相差不大。这还是在海外电价暴涨、市场需求旺盛的时候，所以，欧美的电价再高，不管是涨了 5 倍还是 10 倍，中国的光伏企业也不会多赚到钱。在美国，中游光伏组件只是其中一部分，下游电价上涨的盈利主要让国外的光伏电站和渠道商赚走了。

中国的光伏企业费心费力，又是"高耗能高排放"，又是被"卡脖子"，可到头来，还在辛辛苦苦为别人做嫁衣。这就是中国制造业总是面临的尴尬情形：哪怕中国只是赚一点小小的利润，欧美也设法对中国光伏产业进行制裁。

时间再往前移，在 2011 年，中国光伏产业刚起步没多久，欧美各国就开始对中国的光伏产品进行反倾销和反补贴的"双反"制裁。2012 年 10 月，美国商务部对进口中国光伏产品做出"双反"终裁，征收 14.78% 至 15.97% 的反补贴税，以及 18.32% 至 249.96% 的反倾销税，具体征税对象包括中国的晶体硅光伏电池、电池板、层压板、面板、建筑一体化材料等，打算把中国光伏产业扼杀在萌芽状态。他们也差点得手了，中国光伏产品的出口额在两年内下降了七成，即使后来有所增长，也一直没达到巅峰时期一半的水平。到了 2017 年至 2018 年，特朗普政府更是祭出了外贸领域中令企业"瑟瑟发抖"的 201 调查①和 301 调查②，对包括中国太阳能光伏板在内的 3000 多亿美元产品加征了 25%~30%不等的关税，中国对美国的光伏产品出口额再次大幅骤降。

面对美国的制裁，中国的光伏厂商们也努力挣扎过。为避开这些关税条款和法案，企业们先后"下南洋"，将一部分光伏组件的产能搬迁到了如泰国、越南、马来西亚等东南亚国家。但美国商务部仍然穷追不舍，对一系列的东南亚光伏企业进行了审查，检查他们是否使用了中国的硅片等材料，以及和中国制造商是否有从属关系，把制裁的功课做到头了。

对于美国的《通胀削减法案》，欧盟也紧跟其步伐。前面提到，欧盟要推进自身的能源独立，光伏发电量十年要翻一番，按理说，欧盟对于光伏组件的需求也会暴增。但欧盟也没让中国把钱赚得这么

---

① "201 调查"也称"全球保障措施调查"，源自美国《1974 年贸易法》第 201 条。该条款规定，当某种商品进口数量激增，给美国产业造成严重损害，或形成严重威胁时，美国总统可以通过关税、配额等措施限制进口，保护本国产业。与世界贸易组织框架下的反倾销关税不同，"201 调查"中的"保障性关税"不针对具体国家，而是针对某个进口产品类别，目的是保护美国国内特定行业或企业。1974 年以来，美国总计发起过 74 次"201 调查"，其中 80%发生在 1985 年之前。

② "301 调查"源自美国《1974 年贸易法》第 301 条。该条款授权美国贸易代表可对他国的"不合理或不公正贸易做法"发起调查，并可在调查结束后建议美国总统实施单边制裁，包括撤销贸易优惠、征收报复性关税等。

"舒服",陆续推出《净零工业法案》(Net-Zero Industry Act)、《关键原材料法案》(Critical Raw Materials Act)和电力市场设计改革相关法案,这一系列法案被视为欧盟绿色协议工业计划的三大关键立法。有关光伏产业的细节有:第一,加强欧盟光伏和风电的生产制造本土化,到2030年欧盟将在本土制造所需净零技术产品的40%,包括太阳能光伏板、风力涡轮机、电池等;第二,包括稀土、锂、镍、钴和硅在内的十余种战略原材料,从单一第三国采购的比例不得超过65%,以此降低供应链中断的风险[1];第三,任何单一国家新能源产品占比不能超过60%,但如果光伏企业招标价格低于市场价的10%,那么不能超过60%的限制自动取消。

欧盟虽然没有像美国那样"指名道姓",但这些法案到底针对谁已经非常明显了。欧盟也把中国光伏企业的未来安排得明明白白,要是不想受到相关限制,或者不想以低价拿订单,那就只有去欧盟开厂。但搬到欧盟去就能好了吗?欧盟本土没有多少光伏企业,并不是没有原因的,中国企业到底听不听安排,只能再观察。

为何中国的光伏企业会"混"到如此地步?事也没少干,罪也没少受,但挣钱却很难。是技术不行吗?并不是。全世界主流的光伏电池技术,中国能把转化率做到近乎极限水平,成本也可以做到全球最低,而像TOPcon、钙钛矿等新型电池技术也是中国企业最先布局的。是中国可以被轻易替代吗?那就更不容易了。倘若中国光伏企业在短期内全面退出欧美市场,不仅欧美本土企业难以迅速填补市场空缺,还可能引起光伏电站建设方面下游企业的连锁反应,致使整个行业生

---

[1] "Critical Raw Materials: ensuring secure and sustainable supply chains for EU's green and digital future", *European Commission*, March 16, 2023.

态动荡。例如，前面提到 2018 年美国实施 "201 调查" 和 "301 调查"，本意是希望增加美国本土的就业机会。但到了 2019 年，美国太阳能行业协会表示，由于特朗普政府在 2018 年对主要来自中国的太阳能进口产品征收关税，导致超过 62 000 个工作岗位和关联产业约 190 亿美元投资流失[①]。美国方面不得不重新审视并放宽部分限制，以缓解这一由单方面制裁引发的多层面危机。

之所以中国光伏产业大而不强，以下三个原因才是最关键的。

首先，中国的光伏产业很难再往欧美高利润的下游产业延伸，这就决定了中国企业面对外国下游厂商时的相对弱势地位。在微笑曲线中，中国的光伏产业几乎掌控了产业链上所有的环节，只剩下游的电站建造和运维了，那是不是去欧美建电站、卖高价电，问题就解决了呢？可惜这一幕很难看到。因为光伏产业下游环节涉及民生，本土化特征天然就很明显，大部分国家集中式光伏电站[②]的建设和运营，以及后续的卖电环节，他国厂商很难参与；分布式光伏电站则要面对本土企业的激烈竞争，这种情况无论是在欧美日韩等发达国家，还是中国、印度等发展中国家，概无例外。因此，中国光伏产品再厉害，最多也就延伸到光伏组件这个中游环节了。在当地的下游厂商面前，组件制造商的话语权就会变弱，这也是为何中国光伏企业总是被欧美拿捏的原因。

理论上，参与不了下游环节也没关系，现在中国可以垄断全球光伏组件的供应，在一对多的买卖中，垄断供应商应当是具有优势的。

---

① "Two U.S. Companies Seek Continued Tariffs on Imported Solar Panels", *The Wall Street Journal*, August 1, 2021.

② 集中式光伏电站通常需要占用大面积的土地，故一般建在沙漠、戈壁等区域；分布式光伏电站则一般建在楼顶、屋顶、厂房顶和蔬菜大棚等地，可以更充分利用空间。

可中国的光伏组件连最基本的涨价都做不到，因为咱们光伏产业内部并不是铁板一块，中国光伏企业相互之间压价、抢订单，就会让国外厂商渔翁得利。背后原因不是简单的"不团结"，而是由于中国企业长期处于生产制造环节形成的思维惯性。

"世界工厂"这个绰号大家已熟知，中国生产、欧美消费，这个分工方式已经持续 40 余年了。即使中国有意改变这种现状，但企业端的思维和运营惯性难以一朝一夕就改变。很多企业眼下的生存问题要先解决，特别是在国际经济形势多变的时期，企业不得不习惯性地靠低价抢占市场。再者，当后发国家刚进入一个行业时，往往都是从生产制造这个最不赚钱的环节做起。有时候"打工仔"当久了就忘记自己还可以当"老板"。

外国厂商则利用中国企业的这个特点，在上下游压缩我们的利润。于是哪怕已经强如光伏产业，中国企业也总是被拿捏。虽然美国垄断了高纯石英砂供应，但反过来想，中国也可以说是高纯石英砂几乎唯一的客户，但美国并没有把中国企业当作"上帝"，而是当作"冤大头"。

对下游也是同样的道理。虽然中国的光伏产品物美价廉，几乎是欧美唯一的选择。但当组件厂商们满脑子都在想如何压价抢市场时，欧美的制裁就会让中国企业相互内耗，让中国企业连打工人都当得不舒服，就别说涨价了。其实，中国光伏企业相互内耗的根本原因仍然是中国长期外向型经济的后遗症，也就是对国外市场的高度依赖。

这里仍以光伏产业为例。2022 年和 2023 年，中国的光伏组件产能中有一半以上供应给国外的市场，其中主要就是欧美各国。而截至2023 年，美国光伏电池组件的主要供应仍来自东南亚，占美国市场总需求约六成。这些从东南亚进入美国的光伏组件，实际上大部分就是中资光伏产品在东南亚生产组装的。换言之，美国间接通过东南亚继续购买中国的光伏产品。这个不合理的市场依赖度也就意味着，中国光伏产业亲手把自己的命运交到了别人的手中。

我们不要寄希望于海外市场的买家会心慈手软，未来欧美各国对中国光伏产业的限制只会越来越多。来自欧美的制裁，本质上还是因为中国光伏产业的产能和市场占有率太惊人，欧美各国不会用其市场来助推中国的光伏产业发展。所以未来中国光伏产业越发展，欧美各国的限制就会越加码。哪怕欧美各国自己的光伏产业发展不起来，也不会让中国的企业在他们身上盈利。因此，我们只有提升中国本土光伏市场需求这一条路可以走。

"碳达峰"和"碳中和"战略意味着，到 2030 年，中国的光伏和风电装机量都要成倍增加。2021 年和 2022 年，中国的光伏新增装机量分别为 54.88GW、87.41GW；到 2023 年，更是达到 216.88GW，接近此前四年新增装机量总和。而同时期，欧洲和美国的装机量都远远低于中国。

另外，在近十年的时间里，光伏发电的成本下降超过 80%，与火电相较无异。随着各种新技术不断出现和进入量产，发电效率还将继续提升，成本也会继续下降。可以预见，未来哪怕没有政府的补贴，光伏发电也是"有利可图"的。虽然中国的光伏产业还有不少问题，比如，绿电交易的市场化水平还不足、电价非市场化等，但是只要一个行业有利可图，配合着政策的引导，这些问题都将逐步得到解决。

光伏产业实则是中国制造业发展的一个典型镜像，映射出众多中国制造业部门所面临的共同挑战，即：需牢固依托内需市场的坚实基础，方能摆脱长期以来低价走量、行业"内卷"的桎梏，进而在全球市场上赢得定价话语权。这恰恰凸显了"加速构建以国内大循环为主体，国内国际双循环相互促进的新发展格局"的战略紧迫性与深远意义。唯有如此，借助内需市场带来的稳定利润回流，中国企业才能更加自信地扬帆出海，届时中国制造才可以称得上"又大又强"。

回到电动车领域，中国走的就是另外一条路：先把内需做大，让企业有足够的营收和利润，再走向海外。因此，中国自主品牌的汽车在国外的售价大多要高于国内，由于汽车企业已经有了利润，海外买家可以自由选择，国内汽车企业不会为了卖海外买家一辆车而大幅降价——毕竟降价会给品牌形象带来负面影响，在这一点上，中国电动汽车企业已经有了共识。可以说，中国的电动车已经摆脱了靠低价抢占市场的命运，未来要用产品品质甚至品牌溢价去获得更高的利润，这让中国制造不再和"廉价"画等号。

利润是产业升级成功与否的唯一衡量标准。

第 17 讲
美国创新药产业对新质生产力的解释

10 年花费超过 10 亿美元，其成功率不到 10%，这往往是药物研发的残酷真相。我们常说中国的芯片、人工智能和光伏等行业被美国"卡脖子"的问题，但中国其实最急需突破的"卡脖子"领域还有医药行业。就在几年前，中国癌症患者如果要使用最先进的免疫疗法等技术，必须花费数百万元到美国治疗才行。大家不禁要问：为什么这些先进药物和疗法都被外国医药企业所垄断？为什么成本看似很低的药物动辄销售几万元甚至几十万元的高价？

"活跃的资本市场"的重要性

经济学原理告诉我们，供需决定价格，但像药物和粮食这种刚需商品，其价格如果靠市场定价，则必然导致非常残忍的结局。假设有 10 个病人，但只有 9 粒救命药，那么理论上药价要涨到最贫困的那个人哪怕砸锅卖铁也无法承担为止。对医药来说，病人几乎没有任何议价能力。但好在大部分国家的病人和医药企业之间还有一道"防火墙"，那就是医保制度。通过医保谈判，药价就有希望被压低。可惜对创新药而言，哪怕是压到了成本价，仍然异常昂贵，因为新药的成本远不只是药品的生产成本，还包括研发费用，以及医药企业研发其他未能上市的药物所产生的沉没成本。

医药品可以分为处方药和非处方药，其中，非处方药是指不需要医生的处方就可以从药店购买到的药品。处方药又分为仿制药和创新药，仿制药就是创新药专利过期之后推出的仿制品。20世纪30年代，磺胺药和青霉素的工业化生产，标志着现代制药业的诞生。而一款药物的研发要经历药物发现、临床前研究，以及临床试验等阶段，顺利的话才能够通过相关监管部门的审核并最终上市。真实的新药研发的难度远比前文提到的"3个10"还要大。

2024年，德勤（Deloitte）发布的报告《2023年全球生命科学行业展望》详细介绍了医药企业不断增长的研发费用。在其研究的全球前20名的制药企业中，2022年平均资产开发成本同比增长2.98亿美元，达到22.8亿美元，并且传统的临床开发过程漫长，成功率仅为10%。粗略推算，如果一种新药在上市以后不能给医药企业带来上百亿美元的利润，那么基本上都是赔本买卖。新药研发虽然这么难，风险这么大，但发达国家却做得风生水起。

2021年，全球创新药市场规模约为8300亿美元，其中美国创新药占比超一半，中国创新药占比只有3%。中国创新药占全国药品销售额约1/10，远低于发达国家80%左右的占比。像日本、英国、德国、瑞士等医药强国，正在研发的创新药数量也都是中国的两倍左右；人口接近1000万人的以色列，正在研发的新药数量居然和14亿人口的中国差不多。从数字上看，中国的药物研发不管是从人均看还是从总量看，都与发达国家有差距。

中国的药物研发本身起步就很晚，就连大家耳熟能详的一些国内大型医药企业，实际上也是20世纪80年代才开始了严格意义上的西药制造流程。1978 年，国家医药管理总局成立，药品开始统一管理。在当时和西方国家差距巨大的情况下，国内的资本也只会青睐像保健品这样研发投入低、回报快的领域，所以之前几十年，市场更重视各种如脑白金、冬虫夏草在内的保健品，中国医药保健领域一直保持"重营销轻研发"的模式。在这期间，部分医药企业能做仿制药就已不易，所以中国传统的医药企业和西方医药企业本身就不是一个概念，仿制药和创新药没有可比性。截至 2023 年 11 月，中国规模以上医药工业企业超过 1 万家，美国也才上千家。发达国家的医药行业是一个进入门槛极高的行业，中国有间厂房加一个压片机就能开一家药厂，而中国有很多医药企业依然在仿制欧美 20 世纪的产品。在很多细分领域，说我们落后发达国家数十年，其实也不为过。

　　中西方创新药的差距主要源于欧美国家成熟的新药研发模式和配套体系。就拿美国来说，新药最原始、最有创新性的研究点，都起源于美国的高校和研究机构。这些机构的科学家们一旦获得了创新性的科研成果，就会将其转化为具有商业价值的药物或者医疗手段，于是一些小型的医药公司和风险投资机构就会找他们合作，对项目进行前期孵化。当然，这些小公司仍然没有足够的资金和时间一直做到药品上市，当项目能看到一定商业化前景时，这些小型医药企业就会寻求被全球几家医药巨头收购，而小型医药企业的专利技术也随之被头部医药企业获得。之后，医药企业巨头凭借自己对市场需求的把控、在药物临床研究和审批注册上的优势，以及雄厚的资金和人力资源，才可以推动这些药品最终上市。

　　美国靠着这套成熟的新药研发体系，通过不同机构和公司的接力赛，把一个个看似投入巨大、风险高、周期长、很难挣到钱的新药研发项目变成了华尔街眼中的香饽饽。2011 年 7 月，一向以发表基础科研成果著称的国际著名杂志《自然生物技术》（*Nature BioTechnology*）罕见地发表了一篇关于生命科学及医疗健康领域投资的文章，文章用大量的数据描述了相关领域风险投资回报率及特点：2001 年至 2011 年的十年间，美国生命科学及医疗健康类风险投资实现了 15% 的年化报酬率（IRR），同期，风险投资整体回报率为 5.5%，生命科学及医疗健康的投资回报超过了科技类所有细分领域投资收益的 2~3 倍[①]，而且，医药领域也更容易出现几十倍甚至上百倍回报的公司。丰厚的投资收益吸引着无数的机构和金融家活跃在药物研发的各个投资阶段和环节上，从种子投资，到天使投资，再到风险投资和私募股权，到最终的 IPO 上市，美国活跃的资本市场是美国医药研发最直接的动力之一。

美国医药产业缩影：K 药与 mRNA 疫苗

美国医药巨头默沙东（Merck Sharp & Dohme，简称 MSD）在 2014 年推出上市的抗癌神药同时也堪称"全球药王"的可瑞达（Keytruda，下文简称 K 药），就是这个新药研发机制下的典型例子。2018 年，美国科学家詹姆斯·艾利森（James P. Allison）和日本科学家本庶佑因为在癌症免疫疗法上的成就获得了诺贝尔生理学或医学奖。免疫疗法是指利用人们的免疫系统来对抗癌症的治疗方法，每年数十万名癌症患者因为免疫疗法得以延长寿命。早在 20 世纪八九十

---

① "In defence of life science venture investing", *Nature Biotechnology*, V.29, N.7, July 2011.

年代，两位科学家就已经开始了相关研究，而且一石激起千层浪，各个国家的医药企业都试图基于免疫疗法开发出相关的抗癌药物，K 药就是其中之一。

21 世纪初，K 药由荷兰公司欧加农（Organon）开始研发，但当时肿瘤免疫疗法尚无一例成功记录，而还没有上临床的 K 药也毫无分量，研发团队还不断向公司管理层要求经费。2007 年，欧加农被美国医药企业先灵葆雅（Schering-Plough）出价 110 亿欧元收购。2009 年 3 月，默沙东又以 411 亿美元将先灵葆雅收购，于是，K 药的研发管线就随着一次次的并购来到了默沙东旗下，不过名不见经传的 K 药对于巨头默沙东不过是一粒尘埃，在收购后重新评估项目时，研究团队被告知停止研究工作，K 药被放在了对外授权的名单上，这意味着 K 药面临被"贱卖"的命运。直到 2010 年，百时美施贵宝公司（Bristol Myers Squibb，简称 BMS）的药物 Opdivo（简称 O 药）展现出对肿瘤的不错疗效，肿瘤免疫治疗就这样再次进入大众视野，并且和 K 药同属抑制 PD-1 的抗体，默沙东才把 K 药请出"冷宫"，经过与美国食品药品监督管理局（FDA）的合作，K 药于 2014 年获 FDA 特批上市。

从 K 药立项到最终成为实体药，经历了十余年的时间。截至 2024 年 2 月，K 药在美国获批适应证达 39 项。K 药自上市以来，每年都带来了不菲的营收：2023 年，默沙东营收实现 601 亿美元，其中 K 药贡献 250 亿美元的销售额，也成为 2023 年全球最畅销药物。而号称中国创新药"一哥"的恒瑞医药在 2023 年整个公司营业收入 228.20 亿元人民币，折合约 32 亿美元，体量差距不小。

mRNA 疫苗是另外一个例子。在新冠疫情期间，mRNA 疫苗名声大噪而又充满争议，人们忽视了 mRNA 疫苗技术长达数十年的研发历程，实际上，mRNA 技术早在 20 世纪 70 年代就已经萌芽，科学家们那时便开始了对 mRNA 疫苗的研究，换言之，50 年多前科学界对该技术的讨论已经非常热烈。鉴于当时没有迫切的需求，这项技术并没有很快"商业化"。直到近十年，相关技术有了大的突破，不过 mRNA 疫苗也一直没能获批上市。在疫情的催化之下，美国 FDA 才让辉瑞（Pfizer）和莫德纳（Moderna）的 mRNA 疫苗火速上市，并在各国进行广泛接种。可以说，经历了近 60 年的漫长等待，mRNA 疫苗技术终于修成正果。

在这里我们不对技术本身进行探讨，从营收的角度看，辉瑞和莫德纳这两家医药企业靠着 mRNA 疫苗赚得盆满钵满。辉瑞 2021 财年的营业收入达 812.9 亿美元，其中 367.81 亿美元来自新冠疫苗；莫德纳 2021 财年的营业收入为 184.71 亿美元，其中 177 亿美元来自新冠疫苗。

K 药和 mRNA 疫苗只是美国医药产业的一个缩影。在丰厚利润的"诱惑"下，美国医药企业在研发上更加不吝啬。据统计，美国排名前十的医药企业每年都会投入上百亿美元用于新药研发，相当于其年营收的 20%左右。而高额的研发投入又推动着世界上最优秀的生物制药人才汇集并留在了美国。各大医药企业主要的研发人员和技术高管很多都是亚洲面孔，就这样，美国的医药产业进入了人才、技术、利润相互促进的正向循环之中，而中国等后发国家却相对落后。中国的生物科学专业因为普遍不好就业、工资待遇不高，和化学、材料、环境等专业一起常年被网友称为"四大天坑专业"，从这一点上就可以间接看出中国生物制药产业的发展困境。

美国医药企业丰厚利润的背后还在于美国庞大的医疗开支。美国医疗费用之高举世闻名，2022 年，美国的人均医疗支出超过 12 500 美元，相当于美国人均国内生产总值（GDP）的 17%；预计到 2027 年，美国的医疗支出还将再增长 36%，人均医疗支出预计达到 17 000 美元以上，不管是总量还是占比都是全球前列，直接原因就是美国的药价普遍高于其他国家。如上文所提到的 K 药，该药 2018 年在中国的治疗费约 30 万元一年，按当年汇率折合约 4.36 万美元。2024 年，K 药在美国的年度标价（Annual List Price）为 19.1 万美元，英国为 11.5 万美元，加拿大为 11.2 万美元，法国为 9.1 万美元，德国为 8.9 万美元，日本为 4.4 万美元[①]。

对于美国本土定这么高的药价，很多人认为和高昂的研发费用高度相关，其实不然。加利福尼亚大学 2022 年 9 月的一份研究显示："制药公司的研发费用与新药价格之间没有任何关系，制药公司并不是根据研发投入的多少或药品的好坏来确定价格的，而是根据市场所能承受的价格来定价的。"[②]哈佛医学院在 2024 年 1 月的一份研究中也给出了相似的结论："医药企业在药物研发上的投入与药物价格之间并无关联……在欧洲，药品价格是通过谈判确定的，同样的药品由同样的公司生产，治疗同样的健康问题，其价格通常远低于美国。"哈佛医学院的报告指出，美国药品价格高，与美国的药品福利机构、保险公司带来的费用分摊、专利和诉讼的法律费用、高昂的广告宣传费用相关，而更重要的商业驱动力就是制药商对利润的追逐。

---

① "Medicare now negotiating price of drug that costs \$7,100 in US vs. \$900 in Canada", CNN, February 6, 2024.

② "Why are prescription drugs so expensive? It's not necessarily high R&D, new study shows", University of California, September 29, 2022.

再如，美国 2016 年制定并通过了《21 世纪治愈法案》（21st Century Cures Act），该法案决定在之后 10 年，为美国国立健康研究院（NIH）和美国食品药品管理局提供超过 60 亿美元的经费，用于推动健康领域基础研究、疗法开发和新疗法的临床转化，以此巩固美国在全球生物医药创新领域的地位。

因此，关于美国高昂的药价，我们可以这么理解：美国是为了把本土的药价变成全世界药价的锚，让美国的医药企业能在各国医保谈判中占得优势。也就是说，美国定价 10 万美元的药，在其他国家哪怕是"骨折价"，也要 5 万美元。这就保证了美国的医药企业能在全球赚得巨额的利润，也保证了美国的新药研发能持续开展下去。

美国是发达国家里少数没有进行全民免费医保的国家，医保费用由政府负责的部分不到一半。2022 年，美国医疗保险和医疗补助两项占美国联邦政府财政支出的 25%，高于其国防支出的 12%。美国的医药企业继续靠着高药价维持高额的新药研发成本，而患者则享受到了最新的医疗技术，似乎没人受损，唯一出现的问题就是不断膨胀的财政赤字。当然，只要美国国债"借新还旧"的游戏还能玩下去，这就都不是问题。不过，受损的除了全球的美国国债持有者，还有美国的低收入家庭。美国底层人民高血糖、肥胖、心脏病等问题严重，但由于很多低收入者没有稳定的工作和商业保险，导致他们难以承担高昂的治疗费用，最后只能被迫放弃治疗。因此，虽然美国新药层出不穷，医疗费用也不断创新高，但美国的人均寿命在近几十年来并没有得到显著提高，这就是资本主义制度的一个残酷真相。

中国的医保制度

中国的医保制度可以参考美国的做法吗？答案是否定的。

一方面，中国还没有高利润的支柱产业保证充足的财政收入，以致暂时无法支撑高额的医保费用；另一方面，中国也没有办法把高额医疗费用带来的财政赤字转嫁到全球。

中国在医保领域似乎面临着令人绝望的电车难题：一列刹车失灵的电车正在轨道上行驶，如果它按照现行轨道开下去，会撞到三个人，如果切到另外一条轨道上，只会撞到一个人。若电车司机此时要使损失最小，就应该变换轨道，但从道德和法律的角度来说，电车司机又不应该去变换轨道，总之，似乎怎么选都是错的。

在高价进口药和有限的医保池子这对矛盾面前，中国似乎也面临着电车难题。如果中国把医保资金用来购买国外的高价药，虽然可以让部分患者在可承受的成本范围内获得医治，但也会快速耗尽医保资金，进而拖累财政，导致更多的病人无法得到基本医治，而且拿医保资金购买高价药，等同于用全民辛辛苦苦攒的一点医保费"养肥"了发达国家的医药产业，这会使中国的医药产业和发达国家拉开更大的差距，医药"卡脖子"的问题永远得不到解决。但如果不用医保费用购买这些高价进口药，则注定有一批患者用不起全球先进的医疗产品和服务。而事实就是，为了实现覆盖人群的最大化，中国在很长一段时间里，医保只能尽量覆盖常规疾病，个人所承担医疗费用的比例也要高于发达国家。

虽然中国的医药研发暂未赶上发达国家，但中国在这件事上并没有"躺平"。解决电车难题最好的方法是把刹车修好。在医保困局之中，实现中国自主可控的新药研发就是最根本的解决途径。这不仅可以解决大病的治疗问题，还能降低治疗费用，促进医药产业的发展，实现新药出海，可谓"一石三鸟"。

新药研发说来容易，却让中国花了整整十年才起步。2006年，国务院发布了《国家中长期科学和技术发展规划纲要（2006—2020年）》，其中明确指出要重点研究"从基因到药物"的新药创制技术。2008年，国家便开始组织实施"重大新药创制"科技重大专项，其中"点名"要攻克恶性肿瘤等10类（种）重大疾病，并且要构建中国的药物创新体系。也正是靠着一期期重大专项的不断研发，在后来的10多年时间里，中国所推出的创新药就超过了50款，是1985年到2008年所推出的创新药数量的10倍，其中不乏一些创新性很强的新药，通过对外企进行授权而赚得几亿甚至十几亿美元的收益。2024年，《政府工作报告》首次提及"创新药"，并将创新药列为积极培育的新兴产业之一。

在创新药研发取得成绩之后，国家医疗保障局于2018年3月正式成立，各部委有关医疗保健的职能汇集到了国家医疗保障局名下，由国家医疗保障局统一进行药物目录和支付标准的建立，以及医保资金的统筹规划。于是大家喜闻乐见的药品集中带量采购①就开始了，其中很多药品都打出了降幅90%以上的"骨折价"。这背后离不开国家医疗保障局以量换价的优势和中国医药企业对创新药物的研发布局。比如2020年，抗癌药物领域基本上已经由国产创新药来主导医保市场了，在2015年前，这是不敢想象的事情。这也给中国的患者

---

① 集中带量采购指，在药品、医用耗材集中采购过程中开展招投标或谈判议价，明确采购数量，让药品、医用耗材生产企业针对具体的数量报价，也可以理解为由国家发起的大型"团购"，通过以量换价，达到降低药品和医用耗材价格，以及减轻患者医药费用负担的目的。

带来了实实在在的好处，如果没有这些国产创新药的竞争，很难想象外国医药企业会主动下调药品的价格。例如，PD-1 抑制剂用于癌症治疗，由于中国医药企业推出多款新药，直接导致 2021 年 PD-1 抑制剂进入医保的价格降低超过 70%。而医药集中采购制度另一个重要的作用是通过给仿制药压价，给创新药更大的生存空间，这样才能从根本上推动中国医药企业朝着新药研发的方向发展。

目前，中国的医药产业和发达国家相比，仍然有巨大的差距。医药企业的创新能力还不足，在研药品的同质化还比较严重，真正的原研药（即首创药物）还非常欠缺，而原研药一旦研发成功，就可以享受高定价的权利。另外，中国的医保制度和金融体系对新药研发的支持力度还有待加大，例如，一些中国创新医药企业为保证新药利润，就未参与医保谈判。而由于没有足够的收益，就导致中国资本市场对新药研发不太感兴趣，直接表现就是，中国医药产业的融资规模不如其他行业，与美国相比更是数量级的差别。新药研发的风险主要由医药企业承担，因此医药企业只能控制在研新药数量，并倾向于做更加保险的仿制药。这些都是实实在在的问题，需要一个个去解决。

写在最后：有不少人看到中国某些产业落后而愤愤不平，但看清自己的劣势和不足才是取得进步的前提，真正误导中国经济的是一味把头埋进沙子里。对于中国医药产业，还是那句话，没有完美的模式，只有不断优化的规则。从药品"零自主创新"到国家鼓励药械创新政策频繁落地，再到医药企业出海，中国创新药产业已步入发展快车道，正加速成为"新质生产力"。

第 18 讲
新质生产力和人民币国际化

2023 年，美国航母高调驶入地中海的时候，中东资本正悄然赶往中国，不断加仓中国资产。各家上市公司财报显示，中东资本跻身多家上市公司前十大股东。其实中东资金的连续逆势加仓信息量很大。

2023 年 9 月，阿联酋的穆巴达拉投资公司（Mubadala Investment Company）北京办公室开业，前后投资了 BOSS 直聘、快手、京东、小鹏等 80 多个项目。穆巴达拉投资公司有 5 亿美元到 25 亿美元的灵活投资。阿联酋的另一家阿布扎比投资局（Abu Dhabi Investment Authority），作为战略投资者参与了中芯国际、安徽巨一科技的首次公开上市发行的战略配售。在 2022 年，阿布扎比投资局就投资了海光信息、商汤科技、旷视科技等科技公司。这些穆巴达拉、阿布扎比之类的生僻名字估计很多人还是头一回听说，它们是一些超级"金主"，但和一般的基金（如高瓴资本、红杉中国）不一样，其背后有一个共同的名字——中东主权基金。

中东主权基金和中国的缘分

与私人基金相比，主权基金（也叫主权财富基金，Sovereign Wealth Fund，简称 SWF）是由主权国家政府建立和控制的，是主要从事全球范围投资的资金池，可以被理解成"国家级"机构投资者。比如，中国的主权基金就有中国投资有限责任公司和全国社会保障基金理事会。放眼世界，能跟华尔街拼财力的只有中东主权基金了。据另类资产数据和洞察机构睿勤（Preqin）发布的《2023 年主权财富基金报告》，中东主权财富基金管理资产规模高达 3.7 万亿美元，占全球主权财富基金的 36%，位居全球第二，而截至 2021 年，中东 23 个国家和地区人口仅为 4.9 亿人，占全球人口的 6%左右。

中东主权基金块头大，一是因为本金大，巨额的石油收入是上天的馈赠，二是因为增值猛，全球资产配置的巨额收益来自中东资本的战略投资。以阿拉伯地区规模最大的阿布扎比投资局为例，根据其 2022 年的年报，截至 2022 年 12 月 31 日，过往 20 年和 30 年，其年化回报率分别为 7.1%和 7%[1]，看似不高，但这意味着只靠投资收益就能实现本金 10 年翻一番。根据 2024 年全球主权基金研究所（SWFI）公布的主权基金榜单来看，阿布扎比投资局规模增长到了 9930 亿美元。

如图 3-8 所示，在全球十大主权基金中，中东占了 4 家，分别是阿联酋阿布扎比投资局（图中第 4 名）、沙特公共投资基金（图中第 5 名）、科威特投资局（图中第 6 名）、卡塔尔投资局（图中第 8 名）。历史最长的是 1953 年 2 月成立的科威特投资局，至 2024 年已经超过 70 年历史了。中东主权基金一边长大，一边进化，走到今天已经历了三个主要时期。

---

① Abu Dhabi Investment Authority 2022 Review.

SWFI SOVEREIGN WEALTH FUND INSTITUTE   Services   News   Fund Rankings   Manager Rankings   Profiles   Transactions   RFPs   Events   Demo   Login

Rankings by Total Assets

Rank	Profile	Total Assets	Type	Region
1.	Norway Government Pension Fund Global	$1,631,411,364,700	Sovereign Wealth Fund	Europe
2.	China Investment Corporation	$1,350,000,000,000	Sovereign Wealth Fund	Asia
3.	SAFE Investment Company	$1,090,000,000,000	Sovereign Wealth Fund	Asia
4.	Abu Dhabi Investment Authority	$993,000,000,000	Sovereign Wealth Fund	Middle East
5.	Public Investment Fund	$925,000,000,000	Sovereign Wealth Fund	Middle East
6.	Kuwait Investment Authority	$923,450,000,000	Sovereign Wealth Fund	Middle East
7.	GIC Private Limited	$770,000,000,000	Sovereign Wealth Fund	Asia
8.	Qatar Investment Authority	$526,050,000,000	Sovereign Wealth Fund	Middle East
9.	Hong Kong Monetary Authority Investment Portfolio	$514,223,020,000	Sovereign Wealth Fund	Asia
10.	Temasek Holdings	$492,208,248,000	Sovereign Wealth Fund	Asia

图 3-8　全球主权基金资产量排名（截至 2024 年 7 月 1 日）

20 世纪 70 年代初，美元与黄金挂钩的布雷顿森林体系崩溃，不久后埃及和叙利亚联合出兵以色列，第四次中东战争爆发。中东主要产油国集体减产，并对支持以色列的国家进行石油禁运，美国出现严重的石油危机。但也正是这次石油危机，让美国发现了石油举足轻重的地位。美国人转念一想，要是把美元和石油绑在一起，美元不就又能一统天下了吗？石油的生产集中在中东，而中东最大产油国是沙特，它的石油储量占中东的三分之一。

1974 年，美国财政部长秘密前往沙特，和沙特达成了一个“不可动摇协议”，从此，沙特出口的石油一律以美元结算，收到的美元购买美国国债。作为交换，美国用军事实力全方位支持沙特，确保沙特王室的永续长存。大哥带头了，小弟肯定跟上，于是整个中东开始用美元交易石油，在 1971 年到 1980 年期间，阿联酋石油收入增长 20 多倍，此时中东主权基金像一个快速发育的婴儿，本金开始迅速积累。沙特公共投资基金于 1971 年成立，阿联酋阿布扎比投资局于 1976 年诞生。这些基金一开始投资在美国国债、欧美股票和房地产上，那时候的投资思路主要是求稳。

20 世纪 80 年代开始，看到半导体和互联网产业升级带来的丰厚回报，步入少年期的中东主权基金不再以求稳为主，开始进军私募股权投资，投资思路逐渐稳中求进。以阿联酋的穆巴达拉投资公司为例，2009 年，美国半导体公司 AMD 要把旗下半导体制造业务分拆出来，单独组建一家公司，穆巴达拉投资公司旗下的先进技术投资公司（Advanced Technology Investment Company，简称 ATIC）就以 60 亿美元注资新公司格芯（GlobalFoundries），持股比例达到 55.6%。2012 年，AMD 完全剥离半导体制造业务，先进技术投资公司"吃"下了 AMD 持有的全部股份，成为格芯的唯一投资者，于是它拥有了世界上第三大芯片制造企业，生产规模仅次于台积电和三星。买下格芯后，穆巴达拉投资近百亿美元，在阿布扎比修建计算机芯片工厂，支持阿联酋多所高校的研究计划。2021 年 7 月，《华尔街日报》报道称，英特尔谋求以 300 亿美元的价格收购格芯①。不论当时收购是否为传言，就流传出来的 300 亿美元对价来看，格芯在穆巴达拉手中十年增值数倍。

此外，穆巴达拉还投资了自动驾驶技术公司 Waymo（谷歌旗下）、

---

① "Intel Is in Talks to Buy GlobalFoundries for About \$30 Billion", *The Wall Street Journal*, July 15, 2021.

生命科学公司 Envision、通信软件 Telegram 等。少年期的中东主权基金开始追求更长期、更高额的回报，同时用资本围猎它们押注的技术和行业，带动本国相关行业的起步和发展，因为它们知道，石油让它们富得流油，但必须未雨绸缪，防止石油有一天被替代。

引人瞩目的是，中东主权基金的投资收益率呈现加速增长趋势，这是因为这些基金的投资策略出现了三个转变：资产类型由稳健转向主动；投资产业多元化成为重要驱动；投资区域由成熟市场拓展至新兴市场。而迈入了青壮年期的中东资本开始大步向东，重仓投资中国企业。

以沙特公共投资基金为例，2017 年到 2021 年其对华股权投资总额达 122 亿美元，约占海外股权投资总额的 20%，入股中国银行、浦发银行、中石油、中石化、阿里巴巴、腾讯、百度、小红书、作业帮、Keep、瓜子二手车等。中国资产在阿布扎比投资局的头寸占比，从 2017 年末的 2.7% 飙升到 2023 年第一季度的 22.9%，权重排名从第 8 位跃升至第 3 位，仅次于英国和法国。2023 年 6 月，阿布扎比投资机构 CYVN Holdings 向蔚来汽车战略投资 11 亿美元，成为蔚来融资历史上最大的一笔。同期，沙特投资部与新能源汽车企业高合汽车母公司华人运通签了 56 亿美元投资协议，相当于 400 多亿元人民币。同时，几十家上市公司的前十大股东中出现了中东主权基金的身影。截至 2021 年底，阿布扎比投资局持有中国大陆地区上市公司约 17 亿美元，在整个股票持仓中占比约 20%，前 100 只重仓股中包含 24 家中国公司。据德意志银行的研究报告，海湾国家在欧美地区的新增投资存量从 2008 年的 3/4 降到 2020 年的 1/2 左右，而在亚洲的比例由 2008 年的 10% 提高到 20%。

中东主权基金为什么大规模转向中国呢？俄乌冲突是一个关键转折点。俄乌冲突后，欧美制裁俄罗斯，瑞士的银行放弃了几百年的中立，冻结或没收了俄罗斯在瑞士的存款，大量富豪瞬间没了安全感。2023 年 3 月，在瑞士政府促成下，瑞银收购瑞信，这笔交易不需要股东的批准，收购价格使得原本每股 1.86 瑞士法郎瞬间变成了 0.76 瑞士法郎，沙特国家银行损失近 12 亿美元。西方国家这一通不合常规的操作，使得中东"土豪"开始部分撤离欧美金融市场。另外，由于俄乌冲突，导致国际油价大涨，期间中东又"暴富"了一轮，中东主权基金总规模增长两成，达到 4 万亿美元，它们需要更多好的投资方向。

经过痛定思痛和前期经验总结，中东主权基金需要寻找政治经济金融稳定、产业链扎实的投资标的，中国便出现在他们的雷达屏幕上，成为最佳候选人。就投资特色而言，中东对中国的投资确实更加"脱虚向实"，不偏爱金融地产，更喜欢科技和新能源。

以沙特为例，2016 年沙特发布"2030 愿景"，正式揭开由依赖石油转向追求经济多元化的序幕：到 2030 年，非石油能源的出口占 GDP 比重要从原来的 16% 提高到 50%，争取将非石油收入提高 6 倍；外国直接投资从 GDP 的 3.8% 增加到 5.7% 的水平。其中，新能源汽车是一枚重要棋子，沙特政府设定了电动汽车目标：到 2030 年，首都利雅得的电动汽车数量占比至少达到 30%。全世界都在研发新能源，中东"老钱"的危机感与日俱增，它们想尽快发展绿色能源，同时实现产业转型升级。而在这方面，放眼望去，还有比中国更合适的搭档吗？

不过，"金主"给了被投资方资金做项目，也有更高的期待，即希望被投资方在"金主"家也做同样的项目，让他们也学会相关的技术。所以，给蔚来、高合为代表的新能源汽车企业砸重金，不是只让被投资的企业设计炫酷的车型再高价卖给"土豪"，而是要在中东建厂，让他们也参与企业发展，学习相关技术，将来人家可以自己制造。就看"土豪"选的这两个新能源车品牌，蔚来、高合都是电动车里的"奢侈品"，确实符合中东"土豪"的口味。

除此之外，中国这个产业链最完整的国家，也特别适合中东"金主"们"一站式砸钱"投资。如果没有这样的"满汉全席"，他们前期的投资研究决策和后期的投后管理都将有巨大的成本和风险。所以说，进化到青壮年期的中东主权基金除了获取利润、做大本金，又有了一个更宏大的目标——帮助石油国家完成长远目标中的去石油化和产业升级。

海外资本助力新质生产力和人民币国际化

以前中国的海外金主以欧美为主，但是从 2023 年开始，欧美资本逐渐撤出中国。同年 9 月，世界最大主权基金挪威主权财富基金宣布将亚洲地区中心业务转移到了新加坡；美国贝莱德宣布，其旗下的中国灵活股票基金会在 2023 年 11 月清盘。2023 年 8 月，美国白宫对外发布了一则行政法案，授权美国财政部禁止美国国内的投资机构在半导体、微电子，以及人工智能等高科技领域对华进行投资。

欧美资本的边打边撤既有经济考虑，又有政治因素，这种趋势短期不可逆。金发碧眼、西装革履的欧美投资客前脚刚走，浓眉大眼、头顶面纱的中东大汉却来了。中东资本的到来正好补上了资金空位，但是，中国得到的不只是钱。

下面看一个实际案例就明白了：沙特开始建设一个沙漠中的绿

洲——红海新城，这是沙特"2030 愿景"的一部分。红海新城占地 2.8 万平方千米，相当于四个上海的大小，预计 2030 年建成后每年可接待 100 万名游客。红海新城摆脱对石油的依赖，电力供应将全部来自清洁能源，主要是光伏储能。

这里的五大电站全部由中国企业负责施工，中国电力建设负责总承包，华为负责新能源供应的总体解决方案。中东传统的每度电发电成本在 30~38 美分之间，而华为设计的系统让发电成本不到 10 美分。同时，光伏企业龙头隆基绿能提供巨量的光伏组件，阳光电源提供储能系统。在光伏行业因为产能过剩而疯狂"内卷"的时候，中东的沙漠却向中国的过剩产能敞开了怀抱。此外，人工智能企业商汤科技在智能城市和数字文娱等领域与中东地区展开了深度合作，共同推动沙特的数字化发展；阿里云与沙特合作伙伴共同在利雅得建立了两个数据中心，未来还将在中东地区设立 16 个数据中心。

中东"土豪"与中国这个全球最大的新兴市场产生更多的绑定，如果未来能用人民币结算石油，那么中东主权基金投资中国的想象空间会有多大呢？石油美元曾是美国在中东实现霸权的有力武器，而石油美元的两个主要基石动摇了。一是美国页岩油革命，美国对中东的石油采购大幅缩减，失去了美国这个大买家，中东获得的美元会大幅减少。二是美国国债，自 1940 年有记录以来，美国债务上限调整超过 100 次，同时美国债务规模不断扩大，美国联邦政府债务规模于 2024 年 7 月突破 35 万亿美元大关，美国国债信用危机初现，这对持有大量美国国债的中东资本构成了直接的威胁。

正所谓"西方不亮东方亮"，2023 年 3 月，中海油与法国道达尔能源完成首单以人民币结算的进口液化天然气（LNG）采购交易，而这批液化天然气来自阿联酋。中国原油进口依存度70%以上，天然气40%左右，阿拉伯国家是我们石化能源的主要来源地。沙特出口石油的四分之一进入了中国市场，同时阿拉伯国家进口大量中国商品，如果石油交易直接用人民币结算，将极大地便利双方的进出口贸易和投资。

本书在第4章讨论了人民币与美元的关系，其中提到人民币像商超购物卡，而美元是现金，人民币国际化之路任重而道远。不过究竟什么是人民币国际化？其实很简单，外国人乐意接受人民币作为支付手段，这就叫作国际化。而外国人是否乐意接受，就取决于他们拿着人民币能不能买到自己需要的东西，以及能否找到收益还不错的投资项目。人民币国际化的关键不仅仅是人民币能否流得出去，更是在于能否流得回来。

仔细想一想，中东的石油、中国的产能和美国国债，这些才是成就美元世界货币强势地位的关键因素。当大家都想明白这个问题之后，趁着"世界大乱"，当代的"王侯将相宁有种乎"，也许就可以变成中国和中东之间的共识了。

第 19 讲
"金融强国"的本质

马斯克在 SpaceX 星舰试飞前说:"我并不是说它会进入轨道,但我保证会很刺激。"他不是因为十拿九稳而开心,成功率只有 50%他依然那么兴奋。一次试飞失败就相当于用 30 亿美元放了一把烟花,可他依然准备一次次继续试飞下去,风险根本拦不住他。能让"疯子"马斯克这么不断"疯"下去需要两个条件:一是他的创新精神,二是资金。这两个条件放在一起就能产生"化学反应"、产生"马斯克效应",什么是马斯克效应?就是让人类的科技边界快进几十年。

SpaceX 于 2002 年成立,最初发展靠的是个人资本和私募股权投资。2008 年,SpaceX 获得了 NASA 的 16 亿美元的商业发射合同,从此 SpaceX 的发展进入了快车道。2012 年 10 月,SpaceX 将货物运送到国际空间站,开启了私营航天的新时代。SpaceX 能在 2021 年突破千亿美元的估值,离不开 NASA 的订单。NASA 是美国联邦政府的一个行政性科研机构,一直以一只无形之手的身份,出资金、出技术、出人才来帮助 SpaceX,但 NASA 并不拥有 SpaceX 的任何股权。

为什么一个政府的航天科研机构要扶持私人企业呢? NASA 停止了自主研发运载火箭,把相关的订单给了 SpaceX。航天技术研发成本极高,2018 年 NASA 的一份研究总结显示,NASA 发射近地轨道(Low Earth Orbit)航天飞机,27 500 千克的发射质量,发射成本约为 15 亿美元，即每千克成本约为 54 500 美元。SpaceX 的猎鹰 9 号当时的广告宣传显示，22 800 千克发射质量至近地轨道的成本为 6200 万美元，计算下来每千克成本约为 2720 美元，也就是说商业发射将发射到近地轨道的成本降低至约 1/20。报告表示："这将对航天工业、军事航天和美国国家航空航天局产生重大影响。"①

美国政府发现，国家研发机构的研发周期往往较长，不如 SpaceX 这样的民营企业效率和性价比高。SpaceX 采用更加现代的研发模式，不断试错和迭代，火箭研发速度远超 NASA。当然，NASA 依旧掌握着核心技术，同时通过与 SpaceX 的合作可以节省成本，这是个双赢的局面。

科技创新的道路复杂艰难，但 SpaceX 的故事让我们看到，其实问题也很纯粹，那就是把足够的资金给正确的人或者机构。SpaceX 最开始启动靠的是市场化资金，后期发展又得到了政府资本的支持，而资本也是慧眼识出了马斯克这个不同寻常的科技狂人。

美国靠着全球科技霸主的地位享受了巨大的发展红利。而在当前，世界上哪个国家最迫切需要实现科技突破，完成产业升级呢？答案一定是中国。中国未来的科技突破之路需要资本的助力和金融的支持。

首先，要"从金融大国到金融强国"。从数据上来说，中国的金融体系并不弱，2023 年中国金融业增加值占国内生产总值（GDP）的比重达到了 8%，2022 年该数值为 7.7%，高于经济合作与发展组织成员国 4.8% 的平均水平，也高于欧盟成员国 3.8% 的平均水平。

---

① "The Recent Large Reduction in Space Launch Cost", NASA Ames Research Center, July 8, 2018.

为什么以前只提建设制造业强国、科技强国，而 2023 年 10 月国家提出了建设金融强国呢？这里可以理解成：以前中国的金融够大，但不够强。中国金融体系中银行业资产占比超过九成，这说明银行对实体经济的支持规模巨大。这一点都不意外，想想我们高速发展了 20 多年的房地产和基建，没有银行资金的支持能走到今天吗？

其次，2023 年 10 月国家还强调优化资金供给结构，把更多金融资源用于高质量实体，如科技、先进制造、绿色发展相关的企业与中小微企业。所以未来的金融强国要升级为金融支持实体经济，特别是支持科技行业发展的模式。

美国硅谷和德国银行的金融模式差异

SpaceX、ChatGPT 及生成式人工智能这样一个又一个"王炸"级别的创新似乎在拉大其他发展中国家和美国的科技差距，甚至在拉大其他发达国家和美国之间的科技距离。在欧洲，德国经济出现了一系列负面信号，而且在科技创新上裹足不前，这些对中国决策层产生了触动。德国发达的银行体系支持制造业发展强大，而中国在很长一段时间内是以德国为榜样的，采用发展银行支持制造业的金融模式。

国际货币基金组织报告却显示，虽然因为日元贬值，2023 年德国名义 GDP 超越日本，但作为欧洲经济火车头，德国成为全球主要经济体中唯一负增长的国家，经济增速在未来 5 年内也会不如美、英、法等国。

看到德国 GDP 陷入负增长，再想想让德国制造吃了几十年红利的汽车产业正被中国的新能源汽车超越，而过去二十年引领世界的科技创新技术，比如互联网、移动终端、人工智能等，似乎也与德国关系不大，这对中国的学习之路是一个冲击。

一直以来，靠制造业强国的德国模式怎么忽然之间失去光环了呢？有人说德国的衰退是俄乌冲突能源短缺造成的，但是俄乌冲突之前的若干年，在全球创新的最前沿，德国的存在感也不够强。2023年8月，由于公务飞机连续两次故障，德国外长贝尔伯克（Annalena Baerbock）取消了对澳大利亚等国家的访问行程，这一事件让许多人认为，德国老牌制造业强国的头衔已经名存实亡。

德国没有被"卡脖子"，为什么它的科技产业也慢了好几拍呢？美国"科技七巨头"苹果、微软、谷歌母公司 Alphabet、亚马逊、Meta，以及英伟达和特斯拉，总市值在 2023 年 12 月突破了 12 万亿美元，是 2023 年德国经济总量的 3 倍左右。

科技界流传着一句话，"美国负责创新，中国负责应用，欧洲负责立法"。中国的科技巨头们利用美国的基础研究成果不断在应用端发力，收入颇丰。而欧洲负责立法，就是说欧洲国家重视规范，忙着立法，连应用都没跟上，听起来很有讽刺性。

其实，美国和德国的经济增长背后是两种不同的金融模式。一是英美模式，以资本市场为主，直接融资占比较大；二是德国模式，以银行体系为主，间接融资占比较大。中国在过去很长一段时间内都学习日本和德国，大力发展银行体系，而银行贷款需要包括土地、房屋和项目在内的抵押物。从美国的经验我们可以推断：未来的金融强国大概率是发展以资本市场为核心的直接融资模式。都说硅谷是美国科技的摇篮，硅谷到底是什么？其实，硅谷不仅代表着科技，也代表着资本。

19 世纪 70 年代，亚历山大·格拉汉姆·贝尔（Alexander Graham

Bell）发明了电话，后来贝尔电话公司创建了一个曾经在工业界规模最大的实验室——贝尔实验室。1925 年—2021 年，这家传奇的企业实验室一共获得了 8 项（13 人次）诺贝尔奖，诞生了发光二极管、数字交换机、通信卫星、太阳能电池、C 语言、UNIX 操作系统等多项改变世界的发明。因为贝尔系统家大业大，贝尔实验室有着花不完的科研经费，科学家们可以安心做各种基础科学研究。20 世纪 40 年代，贝尔实验室有一个名为"固态物理组"的小组，做跟公司主业没有太大关系的半导体研究。

1947 年，固态物理组在组长威廉·肖克利（William Shockley）的带领下发明了晶体管。后来改变世界的芯片，就是在硅片上排列巨量的晶体管，晶体管被媒体和科学界称为"20 世纪最重要的发明"。晶体管诞生在东海岸的贝尔实验室，肖克利成了美国科学院院士，但故事后来发生了戏剧性的转折。肖克利虽然发明了晶体管，但靠专利致富的可能性几乎为零。因为贝尔实验室的员工入职就要签订一份协议：如果将来申请了专利，专利所有权归公司，发明人只享有署名权。

肖克利渴望得到与自己名望相匹配的财富，1955 年，他得到了一位加州投资人 30 万美元的投资，肖克利的半导体实验室在旧金山附近开业了。肖克利的实验室吸引了无数人才，这些人后来又在风险投资的支持下创业，其中有 8 位创建了大名鼎鼎的仙童半导体（Fairchild Semiconductor）。20 世纪 80 年代初出版的畅销书《硅谷热》（*Silicon Valley Fever*）写道："硅谷大约 70 家半导体公司的半数，是仙童公司的直接或间接'后裔'。"1969 年在森尼韦尔举行的一次半导体工程师大会上，400 位与会者中，未曾在仙童公司工作过的只有 24 人。仙童的 8 位创始人中的 2 人，后来又创办了 CPU 领域的龙头英特尔。

而仙童半导体之所以能够成立，多亏了一位名为阿瑟·洛克（Arthur Rock）的投行员工，洛克帮忙找到了投资。1961 年，洛克自己成立了风险投资公司，为想创业的人提供资金，越来越多大企业里的工程师开始创业，相应地，越来越多的有钱人成为风险投资家，硅谷迎来了第一轮风投热潮，洛克也被誉为"风险投资之父"[①]。风险投资所投的项目一旦成功，企业在资本市场一上市，风投的原始投资就能实现成千上万倍的增值。可以说，没有资本与技术的互相成就，就不会有今天芯片的各种 5 纳米、3 纳米的先进制程。

ChatGPT 的诞生也是起源于硅谷风投大佬组织的一场私人晚宴，在场的个人和机构总共捐出 10 亿美元作为启动资金，成立了 OpenAI公司。后来微软也加入进来，不仅投钱，还提供了各种技术支持。2022年 11 月 ChatGPT 诞生了，从 2019 年至 2023 年 4 月，OpenAI 一共进行了 6 轮融资，融资总金额约 110 亿美元。110 亿美元听着数额巨大，但其实美国一艘福特级航母的造价是 130 亿美元。ChatGPT 是一场从无到有的人工智能革命，比制造一艘航母花费的资本少，这样的投入产出比非常厉害。

根据摩根士丹利预计，按最低渗透率计算，到 2025 财年，人工智能可以为微软带来高达 900 亿美元的增量机会。而微软投给 OpenAI的资本加技术也就是几十亿美元。再放大了说，ChatGPT 给美国各行各业提升劳动生产率而带来的产出增量将是多大的数字呢？高盛在2023 年 4 月一份关于生成式人工智能的报告中提到，在生成式人工智能的加持下，"全球年均 GDP 有望增长 7%（约合近 7 万亿美元），初步估计美国劳动生产率的年增长率亦有望提高 1.5 个百分点"。

---

① Profile of Arthur Rock, MBA 1951, Harvard Business School.

1970 年至 2022 年，美国制造业增加值占 GDP 的比重由 22.7%降至 10.3%，制造业增加值比重下降确实给美国带来了各种各样的问题，但金融资源，包括风险投资、科技巨头们的直接投资、美国富豪们的个人投资等，通过筛选出具有突破性前景的创新技术，使投资获得了指数级别的收益，这个优势也是让美国长期处在绝对强国之列的原因之一。

在统计学里，因为中心极限定理，正态分布比较常见，绝大多数数据都集中在平均值附近，比如成年人的身高，大部分都集中在 1.5 到 2 米这个区间，低于 1.5 和超过 2 米的概率非常小。除了正态分布还有另一种分布方式就是指数分布，比如全球 2%的人，可能掌握着80%的财富。财富的获得具备指数分布特征。

风险投资中其实也有类似的比例关系，例如在总投资当中，通常是 5%的投资促成了 60%~80%的回报。所以风投的回报并非平均分配，而往往是几笔最好的投资所带来的。什么样的项目才能获得风险投资的青睐？就是告诉投资人，未来某一个时间点能有 10 倍的回报空间，而不能告诉他们每年只赚 10%至 20%。

传统业务是难以获得风投支持的，因为不具备指数级增长的可能性。当然，美国金融体系的另一大支柱就是成熟的资本市场，风险投资可以通过资本市场实现退出变现，然后再去寻找下一个猎物。相比而言，传统的抵押贷款业务也是美国银行资产的主流，但它在美国的科技创新体系中不是主角。

科技突破的关键：资金还是人才

房地产时代有房子和土地做抵押，可以采取银行贷款模式。但未来搞科技创新时没有重资产可抵押，所以更需要资本市场的股权投资模式。说到底，风险投资也是需要快速赚钱的，做那些看起来漫无目的的基础研究，不符合风险投资的风险偏好。

像晶体管这样的发明是建立在物理、化学等基础科研之上的。贝尔实验的基础研究成就了肖克利和晶体管的发明，而风险投资成就了发明的应用和他的财富，所以贝尔实验室是最初的摇篮。我们的科研体制近年来的反思就是基础研究不足，到底谁应该是基础研究出资的主体呢？

中国的基础研究经费中，中央财政投入占90%以上。这些资金主要进入了政府研究机构和高等院校，两者各占一半左右。美国联邦政府也一直是基础研究最主要的资助者，20世纪六七十年代，其资助力度超过70%，但近年来资助比例不断下降。2013年联邦政府对基础研究的资助在二战后首次下降到不足50%，到2015年则进一步下降到44%。而企业的基础研发支出比例在不断上升。激励企业增加基础研究的原因，是企业利用内部研究成果进行应用开发能够缩短开发周期，产生竞争优势，同时可以吸引顶尖科学家，推动企业在最前沿的方向发力。另外，美国政府对于企业的研发支出给予各种税收优惠。

说到中国企业自己做基础研究，就不得不说到华为。华为Mate 60突破美国"卡脖子"的背后，是基础研究的持续投入。华为2023年的财报显示："2023年，研发费用支出为人民币1647亿元，占全年收入的23.4%。近十年累计投入的研发费用超过人民币11 100亿元。截至2023年12月31日，研发员工约11.4万名，占总员工数量的55%。"同时，华为坚持用20%以上的销售收入用于研究与开发。华为拥有大量的科学家，其中化学家100多名、数学家700多名、物理学家 800 多名,有 15 000 人从事基础研究,19 万名员工中有 4 万多名外籍员工。

任正非说过,当今世界科学和技术的边界越来越接近,科学转化为技术的时间越来越短,如果等到大学把理论完全研究明白再去进行技术开发,就已经没有先发优势、没有竞争力了,所以华为每年大约投入 30 亿~50 亿美元用于基础理论研究,与大学一起共同研究看似无用的科学。华为已经在基础研究中受益,但如何为企业提供良好的税收政策和知识产权保护的法律环境,是政府要研究的,而提升中央财政资金进行基础研究的效率也是课题。NASA 给资金、给技术、给订单来支持 SpaceX,也是因为 SpaceX 在某些领域的科研效率更高。

什么是马斯克式的"化学反应"?要实现顶级的科技创新,不仅需要资金,还需要像马斯克这样的人。怎么产生马斯克呢?在资本和马斯克之间谁更重要呢?2023 年 11 月 17 日,人工智能初创公司 OpenAI 突然罢免了公司 CEO、"ChatGPT 之父"萨姆·奥尔特曼,这一消息震惊了美国科技界。

有消息认为,奥尔特曼被解雇的背后是 OpenAI 高层对公司未来发展产生了分歧,而分歧的核心就是"安全和商业化"。因此奥尔特曼这样的科学家创始人与资本的利益发生了冲突。而不可思议的是,奥尔特曼被"炒鱿鱼"一天后,情况就出现了惊天大反转:OpenAI 投资者正在努力让奥尔特曼重新担任 CEO 一职。从这件事可以看出,美国的高科技企业,也存在着资本和创新之间的矛盾。但在美国的创新文化下,创新人才显然比资本更具有稀缺性,所以他们可以得到巨大的空间去"天马行空"。

"金融强国"的核心价值在于为科技蓬勃发展奠定坚实的金融基

础。而科技的每一次重大突破，除了资本的支持，还深深根植于每一个充满激情、富有创造力的个体之中。马斯克、奥尔特曼这样的人在美国社会不仅得到了资本的拥抱，也得到了社会的尊重。金融强国最终要服务于科技，而科技的突破其实来自一个个活生生的人。

第 20 讲
金融机构的对外开放

为了更好地服务新质生产力，金融业也到了不得不改革的时候，其中金融开放是重要议题之一。

金融开放是个大工程，总体分为两个方面：一是金融机构的开放，包括对境内外金融机构从事银行、证券、保险、信托等服务的放开；二是资本流动和资本市场的开放，包括跨境资本交易、投资、汇兑限制的放开。

截至 2024 年 8 月，中国并没有完全放开资本账户下的资本流动和资本市场，比如外汇管制等措施会长期存在，因此"外资像收割东南亚一样收割中国"之类的话题并不成立。至于金融机构的开放，整体来说，一方面中国是真的想开放，另一方面，现在是真的不得不开放。

中国银行业改革简史

2001 年，中国正式加入世界贸易组织，这也是最早"狼来了"的声音。20 世纪 80 年代，为了能够融入全球化，中国需要外部资金、外部技术和全球市场，"入世"经历了 15 年马拉松式谈判，其中包含农业和金融业在内的服务业开放让双方僵持不下。在刚刚结束了几十年计划经济的中国，企业以公有制为主，银行的贷款被视为"第二财政"，抵押贷款这种现在看来最基础和最常规的信贷方式，那时都是不被人接受的，更别提银行的商业属性和大规模创造信用的功能了。

1986年沈阳公共汽车二场抵押两套房子，中国人民建设银行[1]沈阳分行为其发放了10万元技术改造贷款，这才开始探索新中国金融史上从未有过的抵押贷款模式，银行信贷资金才逐渐成为经济建设资金的主要来源。由此可见，没有哪个经济体天生就是以信贷等间接融资模式为主的。

20世纪90年代初，上交所和深交所先后开业，中国开始有直接融资的资本市场，但它们本质上还是为国企融资服务的。而西方国家受到自由主义学说影响，认为国有企业和公有体制会严重影响资本的自由流通，一般反对国家出手干预商业运营。1987年到1992年中国"入世"谈判的时候，议题就集中在了中国经贸体制，中方需要明确回答，中国到底要搞市场经济还是计划经济[2]。

1992年，中国确立了市场经济体制改革的目标，银行也开始做出诸多调整。在1992年以前，中国的银行也是混业经营的，除了信贷投放，银行设立的信托投资公司可以经营证券业务，但没有经验，更没有配套的监管和法律，于是证券监督委员会才在1992年成立，分离了中国人民银行证券市场的监管职能。1993年全国金融工作会议召开后，各家银行与其所创办的实体企业分离，同时剥离了经营的证券、信托、保险等业务，推进了银行业务回归本位。1994年初，"工农中

---

[1] 中国人民建设银行，即"国有四大银行"之一中国建设银行的前身。

[2]《让历史铭记——中国加入世贸组织谈判备忘录》，《人民日报》，2005年10月31日。

建"四大专业银行①中的政策性业务被剥离出来，国家开发银行、中国进出口银行和中国农业发展银行三家政策性银行组建起来，国有四大银行开始集中精力发展商业性信贷业务。1995 年《中华人民共和国商业银行法》的出台，标志着金融分业经营体制正式确立。

由于当时中国尚处于从计划经济向市场经济转型阶段，加上国企开始出现了严重的产能过剩，银行的不良贷款率迅速上升，特别是 1997 年亚洲金融危机后，中国的银行业曾一度被西方认为"技术上已经破产"②。1999 年，国务院统一安排，从国有四大银行中剥离出了 1.3 万亿元的不良贷款，同时组建了华融、信达、东方和长城四大资产管理公司，专职处置这些不良资产，为国有银行轻装迈入 21 世纪打下了良好的资产基础③。可以说当时中国的商业银行、证券公司都是新生儿，那同期的欧美金融机构是怎么样的呢？

西方金融机构的混业模式

1694 年，第一家资本主义股份制的商业银行英格兰银行成立，英格兰银行成了现代商业银行鼻祖。到 21 世纪初，欧美的现代商业银行已经经历了两三百年的发展。

金融业的混业经营，是指银行、证券公司、保险公司等机构的业

---

① "工农中建"四大专业银行即中国工商银行、中国农业银行、中国银行、中国人民建设银行（1996 年改名为"中国建设银行"），并称"国有四大银行"，最初是各有分工的专业银行，之后均发展成为综合性大型上市银行。

②《经典中国·辉煌 60 年：勾画中国金融业的世界新方位》，新华社，2009 年 8 月 25 日。

③《中国银行业 70 年：简要历程、主要特点和历史经验》，王国刚，《管理世界》，2019 年 07 期。

务互相渗透、交叉，而不仅仅局限于自身分营业务的范围，其最大的优势就是可以充分利用不同业务提供的资源，高效地给实体经济提供资本，带来更大的利润。

1986 年，英国通过《金融服务法》进行"大爆炸"（Big Bang）式的金融改革，日本 1992 年通过《金融制度改革法》，都放松对混业经营的限制，金融自由化浪潮席卷全球。1998 年，美国花旗集团和旅行者集团合并，当时就坐拥 7000 亿美元资产，有分散在 100 多个国家的约 1 亿名客户，从事商业银行、保险、证券买卖和承销、投资服务、消费融资等全方位的金融业务，成为当时全球最大的"金融航母"之一，也因此推动了美国《金融服务现代化法案》的通过。

经历了 20 世纪 70 年代两次石油危机和大滞胀后，美国的商业银行业发现自己单凭借贷业务越来越难以维持生计。为了填补技术停滞留下的经济增长缺口，1999 年 11 月，美国国会最终通过了以金融混业经营为核心的《金融服务现代化法案》，从此，1933 年大萧条时期制定的《格拉斯-斯蒂格尔法案》被废止，美国原有的金融分业体系发生巨变，金融机构跨界经营开始变成普遍现象，各机构开始大规模从事投资银行业务，如花旗集团和摩根大通。对利润的追逐、自身的创新以及竞争压力，迫使各家机构开始寻找新的利润增长点，也更深入参与到世界经济的发展之中。

在"入世"谈判之前，中国就已经意识到，外资银行混业经营的模式，与严格分业的中资银行相比，可以为客户提供更为全面的产品和服务，如果外资就这样进入中国市场，只会对国有四大银行的地位形成巨大冲击。

时至今日，中国已经拥有全球最大的银行体系。从 2013 年开始，中国国有四大银行的规模常年位居全球百强银行业前十名，近几年更是稳稳居于前四名的位置上，但即使如此，从业务的角度上看，它们与国际银行也有很大的差距。

如图 3-9 所示，2023 年上半年，境内银行利息净收入占营业收入平均比例达到 71%，而境外银行利息净收入占营业收入的平均比例为56%。在长期的"温室保护"下，中国的银行信贷业务量确实做得很大。至于其他业务比如证券类，截至 2023 年 9 月，国内 43 家上市证券公司的总资产规模为 1.59 万亿美元，加起来仅仅是混业经营的美国摩根大通一家资产规模的 41%，相当于一个高盛的总资产。摩根大通企业与投行部分的营业收入更是中国头部券商中信证券的 6 倍。

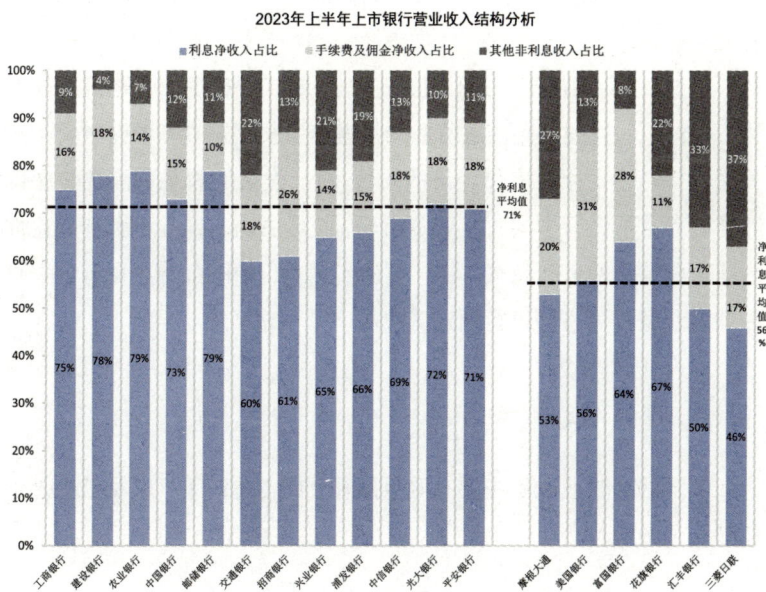

图 3-9　2023 年上半年上市银行营业收入结构分析

可以想象一下，如果 2001 年"入世"谈判我们退了一步，允许外资银行 100%控股收购廉价金融资产，那很可能现在就没有国有四大银行什么事了。总之，中国的银行盈利模式单一，现在中国金融市场更需要借鉴外资金融机构背后的证券、保险、理财、期货、资产管理等混业经营的金融服务模式。

最好的方法当然就是"把师傅领进门"，让他们通过控股某些金融机构进行手把手的改造。在这个过程中，我们其实不必过于担心传统信贷业务的流失：中资银行动辄数千家的网点早已让信贷市场趋于饱和，这时候允许混业经营的外资银行进来，言外之意就是：优质客户我们已经掌握，你们要想在中国金融市场分得一杯羹，就去做一些差异化的高风险项目。这些差异化的高风险项目，正是中国金融机构所欠缺的。

比如，"金融强国"的目的之一，是要"打造现代金融机构体系和市场体系，处理好直接融资和间接融资、股权融资和债权融资等的关系，提高金融服务实体经济的质效"[1]。发展股权融资需要将中国的巨额存款从银行引向直接融资市场，既然中国的证券业做不好这件事情，那就让外来和尚试一试。不过实际上，中国金融业自身也一直在"混业经营"方面进行渐进式改革。

中国金融机构的混业尝试

中国的金融业改革主要有两条路径：民营化改革，以及引进外资和国外金融机构。

---

[1]《推进金融高质量发展、加快建设金融强国》，《人民日报》，2024 年 4 月 15 日。

在正式加入 WTO 后，中国金融业作为保护类产业，有 5 年的过渡期，银行改革就成为金融改革的起点，大型国有银行先后完成了股份制改革和公开上市。2002 年起，"工农中建"四大银行开始着手股份制改革，同时作为履行"开放国内金融市场"承诺的具体行动，国务院批准了中信集团、光大集团和平安集团作为综合性金融控股公司①的试点，三集团通过控股银行、证券、保险、信托等子公司，给中国的混业经营留下足够的探索空间。

2003 年 4 月，中国银监会挂牌成立，履行由中国人民银行分拆出来的银行业监管职责，推动了银行的专业化发展。银监会、保监会、证监会和中国人民银行的"一行三会"分业监管体制正式确立②。2003 年 12 月，银监会颁布了《境外金融机构投资入股中资金融机构管理办法》，明确单个境外金融机构向中资金融机构投资入股比例不得超过 20%。

当时国内多家银行的股东里，就已经有外资的身影了。2004 年 8 月，交通银行股改引入汇丰银行作为股东兼战略投资者，汇丰持有交通银行股权比例达 19.9%，开创了外资行入股中资银行的第一笔交易。继汇丰银行之后，其他外资银行也纷纷入场。2004 年开始，我们陆续看到法国巴黎银行成为南京银行第一大股东，荷兰 ING 银行成为北京银行第一大股东，美国银行 2005 年投资 30 亿美元持有中国建设银行 9% 的股份，高盛在 2006 年斥资 25.8 亿美元购入中国工商银行 7%

---

① 金融控股公司，是指依法设立，控股或实际控制两个或两个以上不同类型金融机构，自身仅开展股权投资管理、不直接从事商业性经营活动的有限责任公司或股份有限公司。

②《国家金融监督管理总局正式挂牌——金融监管机构改革迈出重要一步》，《人民日报（海外版）》，2023 年 05 月 23 日第 03 版。

的股权等，所以在多年以前，中资银行就已经开始"与狼共舞"攒经验了。

在这个过程中，中国在法律和监管上也在渐进式试探，允许银行、基金、保险、信托等金融机构相互参股，进行混业尝试。到 2008 年，中国农业银行完成了股份有限公司组建，至此国有独资的四大商业银行都转变为国有控股商业银行。2010 年 7 月，中国农业银行正式在上交所和港交所上市，国有四大银行至此全部上市，国有商业银行股份制改造初步完成。

2008 年美国次贷危机爆发，催生出美国历史上最严的沃尔克规则①和"巴塞尔协议Ⅲ"，很多外资银行急需套现以满足资本充足率的监管要求。当时外资银行在中国有持股 20% 的比例限制，靠参股进入境内银行并不能掌握足够的话语权，且当时依旧未见持股比例上限松绑的迹象，于是各家外资银行纷纷套现离场，这实际上是一种市场自发行为，与中国金融业开放政策无关。2012 年，摩根大通的"伦敦鲸事件"②爆发，世界各国监管机构开始对混业经营和监管进行反思与调整。

美国次贷危机让中国利率市场化改革暂停，同时催生了一个中间物种，就是影子银行。2012 年，中国保监会、中国证监会适当放松了

---

① 沃尔克规则（Volcker Rule），是由美联储前主席、美国总统经济复苏顾问委员会主席保罗·沃尔克提出的，其核心是禁止银行从事自营性质的投资业务，以及禁止银行拥有、投资或发起对冲基金和私募基金。

② 伦敦鲸事件：2012 年，美国摩根大通银行首席投资室的一名绰号为"伦敦鲸"（the London whale）的交易员布鲁诺·伊克西尔（Bruno Iksil），原本主要负责对冲银行总体结构性利率、汇率和信用风险，但在利益驱使下，却逐渐涉猎衍生品、结构化信用产品和股票等自营交易领域，违背了风险对冲的实质，结果造成了数十亿美元的巨额亏损，震惊全球金融界。该事件对银行业监管和风险管理产生了深远影响。

资管机构投资领域限制，理财、信托、券商资管、基金、保险等机构加强了相互连接。2012 年因此被称为是大资管时代的元年。长期以来的利率双轨制助长了影子银行爆发，具体可以参考本书第 1 章关于利率双轨制和影子银行的讨论。

由于影子银行抬高了中国宏观杠杆水平，2016 年一些国际媒体指出中国的影子银行可能成为中国式"雷曼破产危机"的源头[①]，中国金融工作的重心变成了"防范系统性金融风险"。2017 年后银行业步入严监管期，但是金融业改革和引进外资的脚步并没有停下，到了 2016 年，中国民营银行迎来大爆发，新批准设立的民营银行达到 14 家。2017 年 11 月，外交部宣布，中国将大幅放宽包括银行业、证券基金业和保险业在内的金融业外资市场准入限制。同年 12 月，中国银监会放宽对除民营银行外的中资银行和金融资产管理公司外资持股比例限制，实施内外一致的股权投资比例规则。

从监管来看，当时"一行三会"的监管模式不能满足外资对中国金融市场的投资需求，也不能满足我们自身要发展混业经营的需求。监管机构管理各自的业务，要么导致监管空白，新机构新业务归属不明，例如互联网金融；要么导致监管重叠，比如证监会和银监会对债券业务都有审批权，但是标准却不统一。因此需要打破金融行业分业的监管，2018 年 4 月，中国银保监会正式挂牌。

同时混业探索的步伐也在加速。2021 年 6 月至 2022 年 1 月，中国人民银行陆续受理了中信集团、光大集团、北京金控、万向控股、招融投资 5 家企业设立金融控股公司的申请；2022 年 9 月，中国人民

[①]《中国影子银行报告》，中国银保监会政策研究局课题组，中国银保监会统计信息与风险监测部课题组，2020 年 12 月。

银行审查并批准了深圳市招融投资控股有限公司的金融控股公司设立许可，并同意其更名为招商局金融控股有限公司（简称"招商金控"），其成为国务院国资委体系内首家央企金融控股公司。金融控股公司通过持有证券、银行、保险和其他金融资产的股权，实现由分业经营向混业经营转型。金融控股时代开启，中国正在打造属于自己的"金融混业经营模式"。

提前部署，迎接"风险"

"入世"二十多年，中国已经完全掌握了 WTO 的"游戏"规则，从倒逼监管改革到提前部署监管，实际上正在主动开放市场。中国原定于 2021 年取消证券公司、基金管理公司和期货公司外资股比限制，而到了 2020 年，证券公司、基金管理公司和期货公司外资股比限制已被逐步取消，紧接着多家外资机构股东开始申请提高持股比例。

到了 2023 年末，全行业共有 17 家外资参控股证券公司；截至 2024 年 4 月，中国的外商独资券商增至 4 家，分别为摩根大通证券、高盛高华证券、渣打证券、法巴证券。

在监管上，中国也为金融混业经营铺好了路。2023 年 5 月，国家金融监督管理总局正式揭牌，对除证券业之外的金融业实行统一监督管理。2023 年 10 月，中央金融工作会议首次提出了建设金融强国，"一行一局一会"监管模式顺应了混业经营的大趋势，所以不管是中国自己的金融机构要做混业，还是外资入华要做混业，监管都做好了准备。

2004 年，"外资 100% 控股银行"的消息引发了人们的热议。因为老百姓平时跟银行接触比较多，大家不一定有股票和保险账户，但是大概率有银行账户，有存款和贷款，因此对银行更加关注。

"外资 100%控股银行"有两个前提：其一，银行的其他股东要同意出售自己的股份；其二，即使其他股东同意出售，还需要经过组织的批准，如果综合评估下来负面影响较大，组织也可以不批准。外资"可以"100%控股，不代表外资"能够"100%控股。

这里可以做一个预测：外资能参与控股的大概率也是地方银行，比如一些城市商业银行。有些地方银行与地方债、城投债密切相关，如果某些外资银行愿意用真金白银兜底一些地方债务，换取一张进入中国市场的金融牌照，也不失为"化债"的一个好办法。

中国经济处在产业升级的关键节点，需要风险偏好更高的资本参与进来。就像 20 多年前的美国硅谷，当时科技产业爆发，大量的融资需求也催生了像硅谷银行这样的细分领域巨头。虽然硅谷银行在 2023 年出了很大的问题，但不能否认其对科技初创企业融资的巨大帮助。在大部分科技初创企业的资产中，知识产权这样的无形资产占据相当大的比重，科技初创企业很难通过抵押固定资产从传统商业银行中获得足够的贷款，但是硅谷银行填补了这块空白。特别是在 1999 年美国《金融服务现代化法案》出台之后，硅谷银行有了自己的风险投资，"风投私募+科技贷款"的"投贷联动"方式，让硅谷银行在美国科技初创企业的信贷市场占有率超过 50%。

从改革历史中我们可以看到，允许外资 100%控制银行和保险公司，是中国金融业二十多年来一步一步开放的结果，保持了我们一贯"摸着石头过河"的渐进式改革风格。

"入世"之初，中国社会大喊"狼来了"，谁知如今中国自己却成为 WTO 里最强大的"玩家"之一，这才过去短短二十余年。金融机构引进外资也是一样的道理，这不仅是履行中国"入世"时的承诺，更是中国金融业从分业往混业转型，从而建设一批有国际竞争力的金融机构的现实要求。

更何况，金融机构就是靠经营风险盈利的，而拒绝风险对于经营风险的机构来说恰恰才是最大的风险。如果把和外资金融机构的竞争看成是一种风险，那也是一场对中国金融机构的历练，从"入世"开始，我们的制造业历练了二十多年。现在开始，金融业的比赛大幕可以说才刚刚拉开。

第 4 章

国家经济学：
国家经济启示录

全球已进入存量博弈时代，国际经济秩序加速重构，中美关系的基础发生质变。在现代社会，国家的信用要靠工业实力支撑，因此，科技强国这条路虽然孤独，但是值得认真走下去，因为科技的发展才是降低人民币出海阻力的最大因素。

第21讲
新世纪的"合纵连横"

麦金德的"世界岛"

"世界岛"理论是英国地理学家哈尔福德·麦金德（Halford Mackinder）于1902年提出的。麦金德认为，这个世界由两部分构成，其中一部分是"心脏地带"，它集结了亚非欧大陆。在其边缘有一系列相对孤立的大陆，如美洲、澳大利亚、日本及不列颠群岛，可以称为边陲地带，也因此麦金德成为第一个以全球战略观点来分析世界经济和政治格局的人。麦金德作为一名地理学家，在120年前就很看好"世界岛"的发展，在文化上，中国、古印度、古埃及和古巴比伦四大文明古国也都诞生于此。不过他也表示由于"世界岛"面积过大，大岛上的国家难以完成经济或者政治上的整合，除非陆上运输效率显著提升。

"世界岛"理论认为整个世界的历史就是大陆强国和海洋强国相互斗争的历史，尽管海权国家占过优势，并且直到21世纪初人类依然生活在以海洋贸易为基本盘的全球化时代，但从长远来看，由于陆权国家人力和物力资源丰富，随着交通日益改善，海权国家终将被陆权国家压制。所以麦金德预言，当路上运输越来越发达，铁路开始在亚非欧大陆铺成网络的时候，世界的局势就会发生巨大变化。因此才有了那句著名的政治咒语：谁统治了东欧，谁就能控制大陆心脏地带；谁控制了大陆心脏地带，谁就能控制世界岛；谁控制了世界岛，谁就能控制整个世界。

2022 年 5 月底，在俄罗斯的默许下，被搁置了 25 年之久，连通中国、吉尔吉斯斯坦与乌兹别克斯坦的铁路大动脉实现了重大突破。美国之前主导的很多冲突都是为了打断欧亚大陆的桥梁，而中亚是连通亚洲、欧洲和非洲的必经之路。中吉乌铁路将会是国内货运到欧洲和中东最短的路线，更是中欧班列的重要路线。

中欧班列于 2011 年开通，刚开始的时候全年只有 17 班，而 2023 年中欧班列全年开行 1.7 万列、发送货物 190 万标箱。中欧班列占中欧贸易总额的比重从 2016 年的 1.5%提高到 2022 年的 8%。除此之外，中国往南的铁路也有了新进展，2021 年 12 月，中老铁路全线正式开通运营，向南伸展，未来可以触达缅甸、泰国、印尼和新加坡。随着中国高铁网络的完善和中欧班列的快速发展，外国人对"要致富，先通路"的道理也渐渐明白，毕竟他们看到的是实实在在的利益。

中国－中亚峰会和七国集团峰会

2023 年 5 月 18 日至 19 日，中国－中亚峰会在中国西安召开，该会议是中国和中亚五国建交三十多年来，各国元首首次以实体形式举行的会议。西安是古丝绸之路的重要起点，在这里开会也有了更深刻的含义。除了讨论中吉乌铁路，参会的各国也一致认为，要巩固中亚作为欧亚大陆交通枢纽的重要地位，需要发展中国到中亚，再到南亚、中东和欧洲的联运路线。中亚五国都是中国在"一带一路"倡议中的重要合作伙伴，中国横向联合了亚非欧大陆上的国家，让"世界岛"

的格局和轮廓越来越清晰。

中亚各国曾是苏联成员国,向北直接深入俄罗斯腹地。美国曾经借着阿富汗不断将触手深入中亚,而俄乌冲突再次凸显了中亚地区的战略价值。2022 年 3 月,美国国务卿布林肯就曾经向中亚五国提出,将美军基地重新设在中亚,但被拒绝。布林肯于 2023 年 2 月突然访问哈萨克斯坦和乌兹别克斯坦,并出席了美国与中亚国家举办的"C5+1"会议,此举被视为美国试图巩固与中亚国家的关系,以此约束中国的长远发展战略。中亚在政治、军事、经济等方面都具有重要的战略意义,因为俄乌冲突的催化,俄罗斯在中国和中亚的合作上开了绿灯,这才有了中国-中亚峰会的线下会议。

七国集团峰会(G7 Summit),是由美国、英国、法国、德国、日本、意大利和加拿大七个主要工业国家,就共同关心的重大问题举行的年度首脑会晤机制。2023 年的七国集团峰会上,G7 国家宣布成立"应对经济胁迫的协调平台"。会议声明,这是"去风险、不脱钩",是为了共同评估"经济胁迫行为"并加以遏制,尤其是在能源、关键矿产、半导体材料等方面减轻对"特定国家"的依赖。

七国集团峰会的声明充满了矛盾和纠结,以美国为主导的利益联盟既需要中国发展带来的经济成果帮助自己国家走出经济衰退,又认为中国有"经济胁迫"行为。有意思的是,G7 国家在对待中方的态度上并没有达成一致。2021 年,法国总统马克龙就公开表示,G7 不是敌对中国的"俱乐部"。

中国-中亚峰会和七国集团峰会只是新世纪大国博弈下的一个横切面。自二战后,美国综合实力世界第一,全球第二经济体就一直不好当,从 20 世纪前期的英国、德国,到冷战时期的苏联、20 世纪 80

年代的日本，再到今天的中国。但是美国一直以来都是用零和博弈和冷战思维来处理与"世界第二"的关系，在这个过程中，需要不断找队友，一起制约对自己有威胁的国家。也因此，我们仿佛又看到了战国时期"合纵"和"连横"的局面（见图 4-1）又在上演。

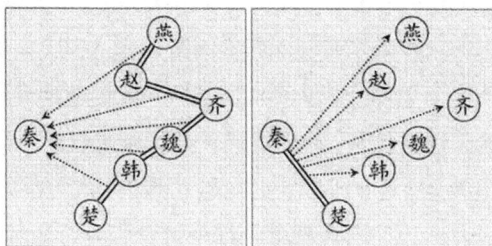

图 4-1　合纵和连横图示

G2 与修昔底德陷阱

战国七雄以秦国最为强盛，七个大国在纵横家的运筹中进退攻伐。"合纵"派的代表人物是苏秦，地缘上联合了南北纵向排列的国家，其目的是以赵国为首，联合相对较弱的韩、魏等五国共同抵抗秦国。"连横"派的代表人物是张仪，地缘上联合了东西横向排列的国家，其目的是说服秦国和六国中的一个合作，制约剩下的五个，防止秦国全面树敌，从而远交近攻，各个击破，以此瓦解"合纵"的策略。美国的表现仿佛就是采取合纵策略，为了防止中国快速崛起，拉拢同盟压制中国。而中国也在亚非欧大陆上"步步为营"，似乎试图用"连横"策略突破美国的"合纵围堵"。其实美国内心深处的威胁感由来已久，历史上也不仅仅是针对中国。

把时间拉回美国和苏联争霸的冷战时期。在美苏冷战的开端，美国就在欧洲推行马歇尔计划①，表面上是在帮助欧洲各国恢复因二战毁坏的经济，实际上是为了遏止共产主义力量在欧洲进一步发展。中美关系也因为朝鲜战争等原因，从 20 世纪 50 年代到 70 年代一直处于对峙状态，经过 20 世纪 70 年代初的乒乓外交和尼克松访华，直到 20 世纪 70 年代末才实现中美建交。美国用"合纵"的策略联合北约以及中国在内的众多国家遏制苏联，同时也有了中美关系近 20 年的"蜜月期"。苏联在 20 世纪 90 年代初解体，美国继续称霸世界。

　　第二个被美国"合纵"策略压制的例子就是日本。二战之后，日本依靠冷战格局下美国的军事保护和经济援助，大力发展经济，在 20 世纪 60 年代后期，其 GDP 相继超过英国、法国和西德，于 1968 年成为世界第二大经济体。到了 20 世纪 80 年代，日本甚至声称要让 21 世纪成为"日本的世纪"。在美国的"影响"下，日本和欧洲、美国的摩擦日趋激烈，"日本经济威胁论""日美半导体战争"等宣传在欧美各大媒体被反复炒作。此时美国"合纵"的戏码再次上演：1985 年 9 月，美国与西德、法国、英国和日本，达成五国政府联合干预外汇市场的协议，日元大幅升值，这也是人们熟悉的"广场协议"，再加上日本复杂的内因，例如，人口老龄化、市场有限、优势产业被周围的邻国所替代和债务等问题，导致日本资产泡沫的破裂和接下来"失去的三十年"。用同样的零和博弈的思路，我们还可以解读美国二战时压制英国和德国的历史。

　　2001 年，美国因"9·11"事件将反恐定为国家战略；同年末，

---

① 马歇尔计划的官方名称为欧洲复兴计划（European Recovery Program），是二战后美国对战后的西欧各国进行经济援助、协助重建的计划，对欧洲国家的发展和世界政治格局产生了深远影响。

中国加入了世界贸易组织，这使得中国经济在全球化的浪潮中迅速发展。同期，美国一直关注中东，在中东投入大量的军力，在一定程度上无暇顾及东亚，给了中国宝贵的发展时机。2008 年全球金融危机后的中国有了大规模刺激计划，变成了大家眼中的"基建狂魔"，2010 年，中国经济总量超过日本，成为仅次于美国的第二大经济体，也正是此时，中美关系的"蜜月期"迎来了转折。

2007 年，西方经济学家提出"中美国"（Chimerica）的概念；美国彼得森国际经济研究所所长弗雷德·伯格斯滕（Fred Bergsten）在 2008 年的《外交》杂志上发表的《平等的伙伴关系》一文中，首先提出中美"G2"的概念。这个概念表示，如果美国要鼓励中国在全球经济中承担更多的责任，就应和中国分享全球经济的领导地位。美国前国务卿基辛格也主张，中美两国应建立一种"命运共同体"的关系；美国地缘政治学家布热津斯基表示"应当召开由中美两国参与的 G2 峰会"。

联合第二强的国家合作以制约其他国家，可以理解成当时美国一些学者希望美国对中国采取"连横"策略，但这些建议并没有被采纳。根本原因就是，美国当局一直用冷战思维，以及零和博弈思维对待世界第二的国家，在这种思维模式下，双方不可能建立互惠互利的合作关系。2012 年，奥巴马担任美国总统时提出"亚太再平衡战略"，从中可以看到对华进行"战略竞争"的初级轮廓。同年，美国政治学家格雷厄姆·艾利森（Graham Tillett Allison）在《金融时报》发表了一篇文章①，首次提出了"修昔底德陷阱"（Thucydides's trap）的概念，

---

① "Thucydides's trap has been sprung in the Pacific," Graham Allison, *Financial Times*, August 21, 2012.

指出"当快速崛起的大国威胁了现有霸主时，便会发生不可避免的冲突"，这篇文章还引用了一些历史数据，自从 1500 年以来，新兴强国与既有强国爆发的 15 次冲突中，有 11 次导致了战争，概率为 73.3%[①]。同年，作为回应，中方首次提出了中美"两国协调"（C2）的理念。其中的 C 可以是协调（Coordination），也可以是合作（Cooperation），还可以是命运共同体（Community）。一直以来，中方的出发点都是合作和发展。

陆权与海权的博弈

2017 年，特朗普就任美国总统后宣称，反恐不再是美国的主要战略，中国才是主要的威胁。在 2018 年发布的《国家安全战略报告》中，美国首次将中国定义为"战略性竞争对手"。这一战略定位得到了美国跨党派的广泛共识，无论哪个党派执政都持相同观点。

2023 年 2 月，中国外交部发表了一份关于"美国的霸权霸道霸凌及其危害"的报告，直接表明了反对美国霸权的立场。报告提到，美国操纵国际经济金融组织，在援助他国时施加附带条件："1985 年至 2014 年，国际货币基金组织向 131 个成员国实施了 1550 个债务援助项目，附带了 55 465 项附加政治条款。"

俄罗斯在俄乌冲突的大背景下，增加了与中国的合作。2023 年 3

---

① 关于修昔底德陷阱，艾利森分别于 2012 年和 2015 年两次发表文章讨论。在 2012 年的文章（见前文）中，艾利森给出的数据是"新老强国爆发了 15 次冲突，有 11 次导致了战争"；而在 2015 年的文章 "The Thucydides Trap: Are the U.S. and China Headed for War?"中，艾利森更新了数据，认为"新老强国爆发了 16 次冲突，有 12 次导致了战争"。

月，伊朗和沙特和解，沙伊恢复外交关系后，沙特能源政策也越来越独立。随后新加坡总理、马来西亚总理、西班牙首相、法国总统、巴西总统相继访华，在这个过程中，中国不断推进人民币的国际化，直到2023年5月，中国和中亚各国领导人在西安会面，签署合作协议。

在地理学家麦金德的"世界岛"概念中，可以看到中亚在整个亚非欧大陆中的重要性，因此从该理论出发，可以窥见"一带一路"倡议、中欧班列对于亚非欧大陆的意义。美国在俄乌冲突之后，要同时面对俄罗斯和中国这两个"世界岛"上的大国，对美国来说，不知是意料之中还是意料之外。"世界岛"西边的欧盟在俄乌冲突中站在了反俄第一线，先后经历了能源危机和制造业外流，同时还要接收上百万名乌克兰难民，欧洲在这场和俄罗斯的"对立"中大大消耗了元气。美国"死道友，不死贫道"，盟友和对手一起打，于是就有了2022年和2023年德法元首相继访华寻求经济合作，也有了法国总统马克龙在2023年七国峰会上公开对美国说"不"。

美国在二战后崛起，推动布雷顿森林体系，使美元和黄金挂钩。布雷顿森林体系解体后，美元又和石油挂钩，美国努力推广美元和美国国债，推广自己所主导的全球化理念。此后，"世界岛"上的国家都参与了全球分工与贸易，共享全球化带来的红利。但经过了约60年的康波周期，无论是从债务周期上看还是从科技周期上看，从2023年开始，全球经济增长放缓的趋势已经不可避免，边陲地带的海权国家的影响力也在逐渐减弱，这也是中美关系基础发生质变的原因。

世界的局势早已不是意识形态上的对峙，也不是发达国家和发展中国家的对立割裂，而是亚非欧大陆这个"世界岛"和美、英、日等国家的分化，是陆权国家和海权国家的博弈。美国自建立霸权后，一直在用零和博弈的思维压制世界第二的国家，拉拢"盟友"，开启"合纵"战略"围剿"。而中国的"朋友"都有自己要去争取的利益。中国–中亚合作机制虽然起步晚，但是比较务实，在全球经济不明朗的时候能给出实实在在的经济利益才是最重要的。

当我们回看历史时发现，在战国纷争中，"合纵"六国皆暗自盘算着各自的利益，有福可以同享，有难却不能同当，没有统一的思想，没有统一的行动和战略，自然就没有凝聚力。"合纵"看似占据主动，咄咄逼人，实则很容易把利益诉求不一致的弱点暴露在对方面前，并被利用。"连横"看似被动，实则隐含了一种"日拱一卒无有尽，功不唐捐终入海"处世哲学。

虽然"合纵""连横"是截然不同的两种价值观的选择，但归根结底，外交是强者的游戏，实力才是外交唯一的筹码。

非盟加入 G20，金砖国家扩员

2023 年 9 月，二十国集团（G20）成员一致邀请非洲联盟（简称非盟）[①]成为正式成员。在此之前，G20 由 19 个国家和欧盟组成，南非是非洲大陆唯一的 G20 成员国。非盟加入 G20，还有 2023 年 8 月金砖国家扩员，是世界多极化和"全球南方"力量发展壮大的又一标志性事件。

近年来，"全球南方"这个词的使用频率越来越高，也被赋予了很多政治内涵。其前身是"第三世界"和"发展中国家"。2013 年之

---

① 非洲联盟（African Union）是一个由 55 个非洲国家组成的区域性国际组织，前身是 1963 年成立的"非洲统一组织"。2002 年 7 月，"非洲统一组织"在南非改组为非洲联盟。

后，该词开始频繁出现在媒体上，它并非特指地理意义上的南方，而是指与北方的发达国家相比，经济发展暂时滞后的国家。中国、印度、印度尼西亚、墨西哥等，都被划入"全球南方"。"北方"和"南方"也是冷战后对所谓西东方世界格局的一种取代。

2023 年 8 月，在南非约翰内斯堡举行的金砖国家领导人第十五次会晤宣布金砖国家扩员，扩员的国家包括埃及、阿联酋、沙特阿拉伯、伊朗、埃塞俄比亚[①]。这次扩员是"南方"势力扩大的重要事件。

一切还要从金砖的历史说起。2001 年，美国高盛首席经济师吉姆·奥尼尔把一些国家的人口、发展速度、发展潜力等因素结合起来做了研究，并找到了各因素都相近的四国。巴西（Brazil）、俄罗斯（Russia）、印度（India）和中国（China）都有充足的人力资源、巨大的新兴市场和拥抱全球化的意愿，国名的首字母组合 BRIC 发音与英文的"砖块"一词相似。奥尼尔于 2001 年 11 月发布了《世界需要更好的经济"金砖"》[②]一文，首次提出"金砖"的概念。

2003 年，奥尼尔参与研究的报告《金砖四国之梦：通向 2050 之路》[③]中对"金砖"是这么描述的："未来 50 年，巴西、俄罗斯、印度和中国将成为世界经济中一股更大的力量。我们对金砖四国 2050年前的 GDP 增长、人均收入和货币走势进行分析。结果显示，如果一切顺利，在不到 40 年的时间里，金砖四国按美元计算的经济总量

---

① 扩员的国家原本还包括南美洲的阿根廷，但 2023 年 12 月，阿根廷新任总统哈维尔·米莱表示，阿根廷正式决定拒绝加入金砖国家。

② "Building Better Global Economic BRICs", Goldman Sachs, Jim O'Neill, November 30, 2001.

③ "Dreaming With BRICs: The Path to 2050", Goldman Sachs, Dominic Wilson, Roopa Purushothaman, October l, 2003.

将超过六国集团（G6）[1]。到 2025 年，金砖四国的经济规模将超过六国集团的一半。在当时的六国集团中，到 2050 年可能只有美国和日本能跻身六大经济体之列。"该报告的配图如图 4-2 所示，该图横轴表示时间，纵轴表示金砖国家，汽车图案表示金砖国家以美元计价的 GDP 超过对应国家 GDP 的时间节点。例如，图中右上角的汽车表示该报告预测中国 GDP 将在 2045 年前超过美国；右下角的汽车表示该报告预测金砖四国的总 GDP 将在 2040 年前后追上六国集团。

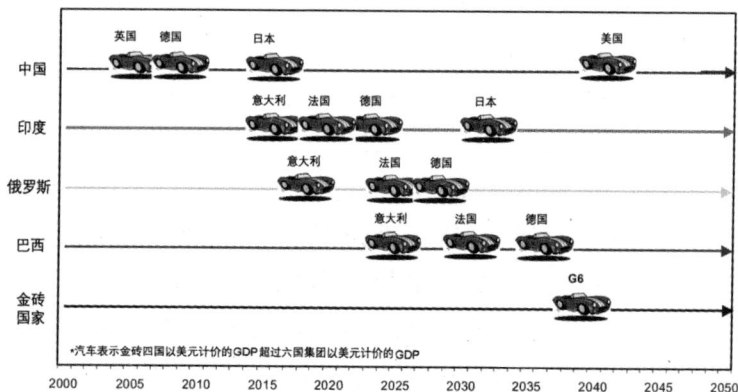

图 4-2   金砖四国的 GDP 总值（以美元计价）何时超越六国集团[2]

高盛的这份报告发布后，"金砖四国"概念开始风靡全球，而奥尼尔也被称为"金砖之父"。不过到了 2009 年四国领导人才在俄罗斯

---

① 此处"六国集团"指当时 GDP 排名世界前列的六个发达经济体，分别是美国、日本、德国、英国、法国、意大利。2003 年六国的 GDP 均超过 1 万亿美元。

② 该模型仅将 2003 年 GDP 超过 1 万亿美元的六个发达经济体（六国集团）作为金砖国家的对照组，而没有考虑其他发达经济体（比如再加入加拿大和其他经济体，组成"七国集团"或更广泛的集团）。分析认为，加入其他经济体不会让结论产生实质性改变。

举行首次会晤①。2011 年，南非加入后"金砖四国"正式变成"金砖五国"，也因为南非的加入，"金砖五国"在地缘上实现了对四大洲的覆盖。

2023 年，金砖国家扩员，在地缘上更紧密地联合了中东和非洲。西方媒体对这次扩员表达了一种二极对立的"冷战"思维，比如《华盛顿邮报》在同年 8 月的一份报道中直接用了"anti-Western bloc"这样的描述，把金砖国家峰会形容成为一个对抗西方的联盟。为何金砖国家开会，西方媒体会如此"紧张"呢？因为"金砖"作为全球纯粹的发展中国家机制，背后代表的是发展中国家的诉求。

"印欧经济走廊"与"一带一路"倡议

发展中国家在国际政治舞台上争取话语权也经历了各种曲折。二战后的国际体系是以美国为首的西方国家制定的，但发展中国家也不是没有自己的思考，二战结束 10 年之后，一些殖民地成为独立自主的国家，相继有了主权，但这些国家不愿意在冷战阵营中站队。1955 年召开的国际万隆会议，是有史以来亚非国家第一次在没有殖民国家参加的情况下，讨论亚非事务的大型国际会议。会议上提出的万隆会议十原则就包含了中国提出的和平共处五项原则，这也是早期"全球南方"的雏形之一，以此区别于意识形态对立下的东方和西方，可以说是"南南合作"的开端。1961 年，不结盟运动②成立；1964 年，77

---

① 在此之前，金砖国家外长已于 2006 年举行首次会晤，开启金砖国家合作序幕。
② 不结盟运动（Non-Aligned Movement）是一个松散的国际组织，成立于冷战时期的 1961 年 9 月。截至 2024 年，其有 120 个成员国、17 个观察员国和 10 个观察员组织。

国集团①成立，这些都是发展中国家对自己发展道路的探索。因为当时西方国家在经济上的绝对优势，发展中国家在经济和思想上还是大范围地受到西方国家的影响。

从经济上说，在原宗主国与殖民地做主权谈判的时候有一个重要条件，就是原宗主国会留下自己的经济框架，让跨国公司控制原殖民地的主要资源，即使殖民地获得了独立主权，也会失去主要的财政收入，例如本章后续详细探讨的非洲各国、埃及、巴西和阿根廷。同时资本主义国家在战后的工业生产中形成了过剩产能，会将劳动密集型产业向发展中国家转移，在这个过程中，发展中国家就会形成对西方国家的负债，并且债务越来越高，也因此债权国就能在金融上形成"金融权"。

在思想方面，发展中国家也深受西方国家影响。例如日裔美籍学者福山 1992 年出版的《历史的终结及最后之人》（*The End of History and the Last Man*）走红，书中核心观点是，西方国家民主制的到来可能是人类社会演化的终点，是人类政府的最终形式。1991 年，苏联解体，苏联模式被否定，美国在冷战结束的初期便推行了第一波经济全球化，同时推行的还有美国制定的全球治理范式、国际规范和公共产品，比如，1989 年为拉丁美洲和东欧国家定制的"华盛顿共识"及新自由主义经济学，以此诱导发展中国家：跟着发达国家走，发展中国家就能改变自己的命运。

不同的是，20 世纪 80 年代，中国开始探索和推出自己的发展模

---

① 1964 年，在日内瓦召开首届"联合国贸易和发展会议"期间，77 个发展中国家发表《77 个发展中国家联合宣言》，提出关于国际经济关系、贸易与发展的一整套主张。77 国集团自此成立。截至 2024 年 1 月，77 国集团扩员至 133 个国家。

式。到了 2008 年美国次贷危机爆发,大家发现美国所崇尚的市场经济也存在许多问题。2008 年 11 月 G20 在华盛顿召开第一次峰会,议题是合作应对金融危机,防止全球金融体系崩溃。这也是 G20 的第一次会议,标志着一个国际经济新秩序的开始。如果没有金融危机,美国就不会将经济决策权分享出来。

2008 年全球金融危机后,中国推行了大规模经济刺激计划,并且 GDP 在 2010 年超过了日本,成为世界第二大经济体,中美开始了世纪博弈。伴随着经济发展,各国需要的是与发展相匹配的话语权。例如,在 2009 年的哥本哈根气候峰会上,面对发达国家强势推进全球气候变化下的碳排放标准,中国、印度、巴西和南非"基础四国"[①]否决了发达国家设立的标准,同时推动达成了吸纳发展中国家要求的新标准。这件事也折射出发展中国家开始根据自己的诉求,要求对等的话语权和决策权,是国际标准制定的标志性事件之一。

在 2022 年 3 月联合国大会召开的有关乌克兰问题的特别会议上,全球超过 50 个南方国家不支持西方国家对俄罗斯实施制裁,82 个南方国家拒绝支持西方国家暂停俄罗斯的联合国人权理事会会员资格。后疫情时代,因为加息、债务、疫苗等矛盾,南方国家对西方国家的态度发生了微妙的变化,这些都反映出美国已不能在南方国家中一呼百应。

南方国家的力量逐渐增强,以美国为代表的西方国家不断争取自己在南方国家中的影响力。美国总统拜登在参加 2023 年 G20 峰会时,

---

① 中国(China)、印度(India)、巴西(Brazil)、南非(South Africa)四国的英文首字母刚好组成单词:Basic(基础),故有"基础四国"之称,其也喻指这四国为世界最重要的发展中国家。

提出了"印度—中东—欧洲经济走廊"（简称"印欧经济走廊"）的概念，这个概念计划通过铁路系统连接波斯湾和阿拉伯国家，并通过中东的港口航道连接印度。拜登还提出，要重塑国际货币基金组织和世界银行等多边开发银行，并将两个机构提供贷款的能力增加到约两千亿美元。在 2021 年和 2022 年的 G7 峰会上，拜登还提出了"重建更好世界"（B3W）、"全球基础设施和投资伙伴关系"（PGII）等概念，这些概念被解读为美国弥补对于南方国家的影响力，再次展示美国价值主张的行为。

星星之火，可以燎原

美国前国务卿基辛格在 20 世纪 70 年代展望美国地缘政治的长期目标时表示："谁控制了石油，谁就控制了所有国家；谁控制了粮食，谁就控制了人类；谁掌握了货币发行权，谁就掌握了世界。"这分别对应三种权力：制油权、粮食权和金融权。大家可以参考本章后续的几讲进行理解：法国控制下的非洲法郎（金融权）；巴西和国际四大粮商"与粮争地"（粮食权）；埃及人口过剩与外汇储备常年短缺（粮食权）；中东石油与美元霸权（制油权与金融权）。

从石油的角度看，2023 年世界十大产油国①中，金砖十国已经占了六个。

就制成品、原材料和食品而言，如果以 2021 年市场汇率计算，金砖国家扩容前的制成品生产占 36.6%、原材料和食品生产占 53.1%，

---

① 美国能源信息署（EIA）的数据显示，2023 年全球石油产量最高的十个国家分别为美国、沙特、俄罗斯、加拿大、中国、伊拉克、阿联酋、巴西、伊朗、科威特。

相比之下，G7 则分别占 35.5%和 14.1%。在不考虑购买力差异的情况下，金砖国家对人类生存必需品生产的贡献已远超其在 GDP 中所占的份额。

再从贸易和金融的角度，2022 年全球贸易顺差国名单中，第一名是中国，第二名是俄罗斯，第三名是沙特阿拉伯。金砖十国的货物贸易额约占全球的 20%。结合货币发行权来看，俄乌冲突后，俄罗斯被踢出 SWIFT 系统，但却抵御住了美国的"金融核弹"：俄罗斯有资源，美国有美元，但美元当时却不一定能买到俄罗斯的资源。即使美国有服务、有货币、有金融产品，在全球的各种危机中，更多的国家再度看到了粮食、资源和有形商品的价值。加上美国财政赤字无节制地扩张，普京在 2023 年 8 月金砖峰会的发言中表示，"去美元化"进程不可逆转，金砖国家也在建立相互结算和货币管理机制，各国进出口交易中美元的份额也在减少。巴西总统卢拉也强调，支持金砖国家建立共同货币，但是目标不是取消本国货币或者排斥美元，而是以此促进新兴国家的贸易。

美国加息，导致全球资本回流到美国，各国国内资金不足，特别是全球的新兴经济体，其后续发展动力不足，因此，加强基建投资和金融合作成为南南合作的基础。金砖十国的陆地面积占全球陆地面积的 30%，总人口占世界人口的 45%，而 G7 国家的人口不到全球人口的 10%。金砖十国的 GDP 约占全球 GDP 的 30%。随着发展中国家的城市化和工业化的进程不断推进，其需要通过加强国际贸易来实现资源的互补。

再如，成立于 2002 年的非盟，拥有 55 个成员国、14 亿人口，发展上还有很大潜力。南非在 2023 年金砖国家峰会前发出了 70 多份邀请函，所有非洲国家的元首都获邀参加此次峰会。此外，还有很多不属于非洲的南方国家也收到了邀请。发展中国家正在行使自己的权利，力求在新兴的多极世界格局中获得平等的发言权。

不论是 2023 年金砖国家扩员，还是非盟加入 G20，全球南方的国家有产品、有资源、有新兴国家的市场和人口基数，这些都成了后疫情时代经济复苏与发展的基础。对于石油、粮食、人口这些关键要素的掌控，加上南方各国积极推动本币结算，预示着南方国家在与西方发达国家的博弈中创造了一个新的世界格局。

自福山教授的"历史终结论"发表后三十多年来，有东欧转型的阵痛，有美国在阿富汗的失败，还有中国模式的崛起。世界上的国家本就是多元的，并不是只有几个发达的经济体，不断发展的南方国家也正成为世界政治、经济、文明发展的重要一极。在以 G7 为首的发达国家之外，还有几十亿人有发展的需求，其背后是巨大的发展潜力与广阔的市场，是对新发展模式和新道路的探索。

世界如同一个大舞台，2023 年，"全球南方"加速崛起，成为国际舞台上的新趋势，它们正推动着世界朝着多极化方向演进，进而促进国际力量的平衡，从根本上改变世界版图。

星星之火，可以燎原。

第 22 讲
从几个现实案例理解"金融战"

资产血库

日元有一个外号——资产血库。20 世纪 90 年代，日本经济泡沫破裂后，日本经济随时可能陷入雪崩，唯一的机会就是降低利率和日元汇率，靠吸引外资和出口创汇提振经济。1999 年 2 月，日本开启"零利率"时代，后来甚至出现了负利率。正是因为日元借贷成本极低，在全球金融市场催生了庞大的日元套利交易市场，投资者可以用低价借入日元，再赚取较高的投资收益。

套利交易主要有两种方法。第一种是借入日元，换成美元投资美国资产。美联储从 2022 年 3 月开启第七轮加息周期，截至 2024 年 8 月，美联储一直保持 5.25%~5.50%的联邦基金目标利率。套利兑换的美元可以直接储蓄或购入美国国债等无风险资产。

比如，1 美元兑 100 日元的时候，华尔街资本从日本借出 1 亿日元，换成 100 万美元存入银行，第二年就本息合计 105 万美元。假设储蓄的这一年间日元贬值至 1 美元兑 120 日元，105 万美元就相当于1.26 亿日元。因为日元利率很低，还款时只需要还日本银行约 1 亿日元，完成这一系列步骤后，即便不加杠杆，一年的收益率就能达到26%。资产收益和日元汇率贬值同时进行，这笔操作赚了两次。

　　这里只是假设购入收益相对较低的储蓄产品或者美国国债资产，如果购入美股等高风险、高收益的资产，回报可能会是数倍的增长。例如，2022 年至 2023 年，全球流入美国的外商直接投资（FDI）规模创 2016 年以来新高，年均流入 3336 亿美元，较 2018 年至 2019 年增长 50%。

　　在美国人工智能革命概念的推波助澜下，2023 年，美股"科技七巨头"股票组合涨幅高达 68.8%，对标准普尔 500 指数的涨幅贡献率达到 60%。其中，英伟达股价飙升超过 230%，Meta 股价上涨超过 190%、特斯拉股价上涨超过 100%。除特斯拉外，其余六巨头的市值全部超万亿美元。因为来自日本的低成本日元成了美股源源不断的"血库"，美元兑日元的汇率与美股的涨幅呈现强关联性。例如，2021 年初，美元兑日元汇率在 1∶105 左右；到 2024 年 7 月初，该汇率为 1∶160，日元贬值约 55%；同时期美股纳斯达克综合指数的涨幅接近 50%。

　　日本实行低利率政策，日本央行疯狂印钞，这场游戏一玩就是 20 多年。理论上，20 多年的"撒币"本应导致通胀率攀升至难以想象的高位，可日本没有出现严重的通胀，这是因为这些资金没有完全进入实体经济，而是通过不同渠道变成了债券、股票等金融资产。投资者从日本借款，转手换成美元等硬通货，这样不仅赚了美元和日元的利差，还会因为美元需求激增，使得美元升值、日元贬值，套利交易的利润空间就这样自我强化、不断膨胀。因此，从某种程度上说，是美联储和日本央行共同推高了美国资产的价格。这也为美联储敢于激进加息"收割"世界，并且不惧怕美股下跌提供了坚强的后盾和充足的子弹。华尔街仅凭微量的资产作为抵押品，便能够从日本金融机构获取到高达数倍的廉价日元贷款，日元就此成为华尔街"提款机"，日本央行也被人戏称为"美联储亚太事业部"。

套利交易的第二种方法是借入日元，再投资到日本股市。2019
年起，沃伦·巴菲特（Warren Buffett）的伯克希尔·哈撒韦公司
（Berkshire Hathaway，下文简称伯克希尔）就开始高调试水日本股市。
该公司从 2019 年就在日本发行日元债以借入日元，然后购入日本五
大商社①的高股息股票。截至 2023 年 11 月，伯克希尔发行 1220 亿日
元债券，同年继续增加对日本股市的投资，大幅增持日本五大商社的
股票。在巴菲特的示范下，全球投资者大举进军日本股市。

2023 年，海外投资者在日本股市的净买入额超过 7.7 万亿日元，
是 2013 年以来的最高水平。按金额计算，2023 年，外国人持有的日
本股票比例为 31.8%，创下有可比数据的 1970 年度以来的新高。因
此，海外投资者成为一股不可忽视的资产定价力量。

虽然日本经济实际上并没有出现很强劲的复苏，但在海外投资者
的推波助澜下，日本股市开始快速上涨。2023 年初，日经指数在 26 000
点左右，2024 年 3 月日经指数涨破了 40 000 点大关，一举突破了 20
世纪 90 年代的泡沫高点。巴菲特在 2023 年致股东的信中写道："伯
克希尔对日本五大商社的投资成本共计 1.6 万亿日元，至 2023 年末，
这些公司的持仓价值为 2.9 万亿日元，因近年来日元走弱，伯克希尔
的年终未实现收益为 61%②，达 80 亿美元。"国际投资者在日本赚得
盆满钵满，更强化了对巴菲特的"股神"信仰，伯克希尔也实现了股、
汇、债"三吃"。然而天下没有不散的宴席，美日股市盛宴能够持续

---

① 日本五大商社分别为伊藤忠商事、丸红株式会社、三菱商事、三井物产和住友商事。
② 未实现收益（Unrealized Gain），指股票、债券投资市值与成本之间期初和期末的差
异，因为没有发生实际卖出行为，故不是已实现的收益。

下去的前提是日本维持低利率，日元不能升值。一旦日本加息，借贷成本上升，套利空间就会被压缩，再叠加日元升值，借了日元换成美元去海外投资的资本便会"挨上两刀"。这样的剧情在 2024 年 8 月真的上演了。上文提到，2021 年初至 2024 年 7 月，日元兑美元贬值约55%，这样快速的贬值的确把日本从通缩中拉了出来，可却让它走向了另一个极端：物价持续上涨，特别是食品和能源价格。

日本不但和中国一样是出口大国，同时也是进口大国。对于极度依赖能源进口的日本来说，能源价格持续上涨会让其整体经济受到冲击。日元贬值导致进口成本大幅增加，2021 年至 2023 年，日本连续三个财年出现贸易逆差，其中 2022 财年由于能源价格高企，叠加日元大幅贬值，日本贸易逆差为 21.73 万亿日元，创有统计以来最高纪录。

贸易逆差消耗着日本的外汇储备，但在贸易逆差出现的 2021 年和 2022 年，眼看着其他国家加息、日元贬值，日本都没敢跟随加息。因为日元和美国资产的深度绑定，日本宛如一条置于砧板之上的鱼，微小的挣扎都可能招到致命的打击，仿佛轻轻动弹，利刃便会应声而下。日本若贸然加息压缩利润，就会被代表金融资本的美国打上"汇率操纵国"的标签，日本央行一直保持审慎态度，未轻举妄动。

为了打压输入性通胀和日元贬值，2024 年 3 月，日本央行实施了17 年来的首次加息，结束了负利率状态，将短期利率目标上调至0~0.1%。按照常理，加息会推动日元升值。但日元加息的同时，刚好赶上美国的降息时间表一再推迟，在美元持续坚挺的压力下，日元兑美元汇率从美联储第七轮加息周期开始前的 1 美元兑 115 日元，贬值至 2024 年 7 月上旬的 1 美元兑 162 日元附近，贬值了约 47 日元，为

37 年以来的最低点。眼看日元的贬值愈演愈烈，通胀压力不断提高，日本央行于 2024 年 7 月 31 日实施了第二次加息，比第一次幅度还大：将原本为 0~0.1%的政策利率提高至 0.25%，同时决定减少购买国债，货币紧缩的气氛迅速拉满。

随着美国开始显现衰退迹象，投资者担心美元贬值、美国资产收益率下跌，于是套利资本开始抛售美元资产，卖出美元，买入日元平仓，日元汇率算是保住了，却把国际金融市场掀翻了：日元加息这个导火索，在 2024 年 8 月初引爆了美日乃至全球股市，直接原因正是巨额的套利交易行为迅速瓦解。

读者可能会疑惑：为何日本只加息 0.15%，资本就扛不住了呢？因为金融交易大多存在杠杆，个人购买商品房也是给自己加 2~3 倍杠杆的过程，因此商品房一旦"去金融化"，就会引起很大的连锁反应。套利交易利差空间不大，想要实现巨额利润，就必须加杠杆。贪婪的华尔街资本便是通过一轮轮的抵押，加了几十倍甚至上百倍的杠杆。日本即使只是进行小幅加息，在高杠杆作用下，也会显著推高整体的借贷成本。

与此同时，日元的迅速升值导致汇率方面的大幅损失，这种损失在杠杆效应的放大下，极易触发连锁反应，形成如同雪崩的金融动荡。日本资金流入最多的美股成了"重灾区"，当然还有日本自己的股市和全球其他股市，因为外国资本开始卖出资产，归还日元。套利交易花了几年时间一砖一瓦把一座楼盖起来，而推倒这座楼只用了几天。

面对股市的惊涛骇浪，2024 年 8 月 7 日，日本央行赶紧松口，表示"在金融资本市场不稳定的情况下，（日本央行）不会提高政策利率"，全球股市这才止跌。在主权不完整的状态下，一国央行对外都只能保持"谨慎"与"克制"。

同时日本头上还有一把达摩克利斯之剑——日本国债。2024 年 3 月数据显示，日本政府债务占国内生产总值百分比达 217%，是世界主要经济体中政府债务率最高的国家，相当于日本国民人均负债超过 50 万元人民币。如此大规模的国债市场，要是日本央行加息用力过猛导致国债市场崩盘，那就是"刀刃向内"了。苦命的日本央行想"硬气"一会儿保下日元，却因为国际资本的大幅出逃引发了股市暴跌和国债利息负担加重，面对加息，进退维谷。

2024 年 8 月，国际金融市场的大动荡，除了日本加息这只"黑天鹅"，还叠加了另一只"黑天鹅"——美国经济衰退的信号。2024 年 8 月 2 日，美国公布的 7 月失业率飙升至 4.3%，创 2021 年 10 月以来新高。这也触发了"萨姆规则"（Sahm Rule）。萨姆规则表示：当失业率的 3 个月平均值比 12 个月低点高出 0.5 个百分点时，意味着经济处于衰退状态。面对如此突如其来"惨不忍睹"的数据，美国股市当天大幅下挫。在经济数据惨不忍睹和美股暴跌的情况下，美国统计局 8 月 5 日发出 7 月的 ISM 非制造业 PMI[①]，即服务业景气指数，数据超预期至 51.4%，很大程度上缓解了市场对于美国经济衰退风险的担心。然而该数据 2024 年 6 月值为 48.8%，创下了 4 年来最严重萎缩，怎么短短一个月就"扭转乾坤"了呢？

2024 年 7 月初，在公布 2024 年 6 月的非农就业数据后，美国把同年四五月表现优异的就业数据大幅下调了，两个月减少了 11.1 万

---

① ISM 非制造业 PMI 是由美国供应管理协会公布的重要数据，是考察非制造业在生产、新订单、商品价格、存货、雇员、订单交货等方面的情况得出结论以描述经济走势的指数，50% 为荣枯分水线，大于 50% 表示前景乐观，小于 50% 表示前景悲观。

人，数据除了引导市场情绪，似乎也为降息做 "理论" 准备。而金融行业里的人更关心的是波动率指数（VIX）：当该指数超过 20 的时候，美国大型资管机构就会大幅减少多头头寸、卖出股票。如图 4-3 所示，VIX 在 2024 年 8 月 5 日达到 38.57 的高位，说明美股的资金抱团或将瓦解。第七轮加息周期时间如此之长，是美国经济韧性的实力使然，还是 "以逸待劳" 等待他国风险暴露以实现 "收割" 呢？

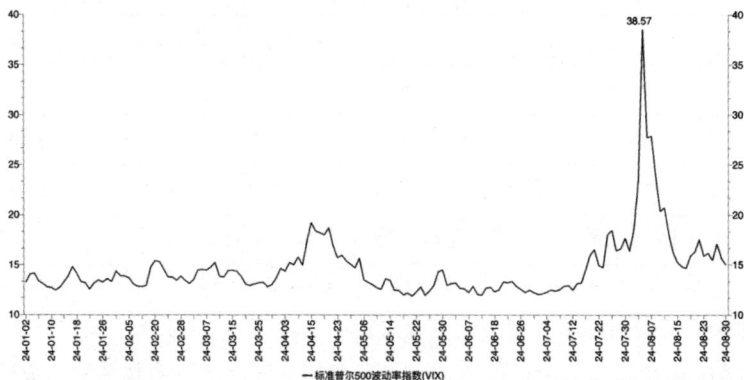

图 4-3　标准普尔 500 波动率指数（VIX）[1]

亚洲货币贬值潮

美元的每一轮加息都是一次 "收割"，其目的是让资本抛售其他国家的资产和货币来换成美元，回到美国寻求高收益，从而使其他国家资产大幅贬值。美元随后降息，再把钱撒出去，用 "白菜价" 购入因为加息抛售而错误定价的优质资产，这就是所谓的 "收割"。

---

① 数据来源于国家统计局。

2024 年上半年，强势美元让亚洲货币遭遇一场全面风暴。亚洲国家的货币经历了一波大幅贬值。2024 年 4 月以来，日元、泰铢、印尼盾等货币汇率在美元重挫下集体暴跌，上文提及的日元跌幅最夸张。亚洲货币相继遭遇抛售潮，各国央行高度紧张。2024 年 4 月 17 日至 18 日，二十国集团春季会议召开，会议间隙，韩国财长和日本财务大臣会面，对韩元和日元感到忧心忡忡。这个局面不禁让人联想到 1997 年亚洲金融风暴。根据韩国银行的统计数据，2024 年 4 月，韩国外汇储备比同年 3 月减少了近 60 亿美元，部分原因是韩国采取了遏制货币贬值的措施。日韩在本轮贬值潮中就站在悬崖边。

一切看似巧合，但又不是巧合。2024 年 4 月 4 日至 9 日，美国财政部长耶伦访华，耶伦刚离开中国，国际评级机构惠誉就在 4 月 10 日把中国的主权信用评级从稳定调成了负面。随后美国国务卿布林肯于 2024 年 4 月 24 日至 26 日访华，《华尔街日报》于 4 月 24 日就发表题为《美国起草针对援俄中资银行的制裁措施》的文章，文章提到："美国正在起草可能切断中国一些银行与全球金融体系联系的制裁措施，为华盛顿最高特使提供外交筹码……"，一场"收割"与反"收割"的中美金融战在彼时进入高潮。2023 年底，美联储表示，2024 年 3 月就会降息，当时全球都松了一口气。但很快剧本又变了，摩根大通于 2024 年 4 月发出警告：美国利率或将上调到 8% 或更高。

2024 年 4 月初，美国劳工部公布数据，3 月美国非农就业人数超预期激增 30.3 万人，创下 2023 年 5 月以来的最大增幅。既然美国经济数据"稳中向好"，那么美国就没有降息托底经济的必要，因此"鹰派"言论再次抬头，这便是亚洲货币汇率 2024 年上半年暴跌的导火索。这份非农就业数据降低了降息预期，但该时期美国明明有很多大企业都在裁员①，为什么就业数据还这么亮眼？这里对数据的真假不能贸然下结论。

对美国和美元来说，世界上有三类国家。

第一类国家是与美元体系关联度较低的国家，如伊朗与俄罗斯，它们均为"去美元化"的坚定倡导者，本就无意采用美元作为交易媒介，因此，美联储加息或降息政策对其影响甚微。对于此类"特立独行"的国家，美国通过传统经济手段或"文明"方式"收割"难以奏效，因此只能采取更为强硬与直接的手段，如展示军事实力、进行外交施压，甚至煽动地区紧张局势，以达到战略目的。

第二类国家是经济欠发达地区，比如部分南方国家，其优质资产不多，美国不太会冒险牺牲经济稳定去获取微小的利益。

第三类国家就是以制造业为主并且依赖产品出口的国家，这是美元潮汐"收割"的理想国家。依赖产品出口的国家和美元体系绑定最深，制造业使用的原材料、大宗商品需要用美元购买，同时这些国家拥有大量的工业资产，制成品还大规模出口，大部分用美元结算，美元的一举一动都牵动着这些经济体的敏感神经。东亚和南亚国家普遍属于这一类，其中有四个主要经济体：中、印、日、韩。其中，印度缺乏法治，投资能否顺利收回容易引发担忧，并且其工业和矿业优质资产并不多。日本和韩国是美国亚洲战略的桥头堡，不能弃掉这两颗棋子，算来算去就只有中国是最优目标。但中国有外汇管制，不随意对海外资本开放，那美国就只能找从内部瓦解中国经济的爆破点。理想的爆破点需要满足几个条件：规模足够大，牵连到的行业足够多，

---

① "The Great Tech Reset: Unpacking The Layoff Surge Of 2024", *Forbes*, August 19, 2024.

更重要的是，这个爆破点本身比较脆弱，并且容易受到美国的直接控制。于是，中国房地产企业的美元债就成了美国对中国资产的定向爆破点。

2017 年，受到信托等融资渠道的限制，美元债开始受到国内房企青睐。当时国内房企发行美元债利率平均水平为 7.1%，同期国内监管对房企的银行信贷收紧。2018 年，房企绕道从信托找资金，通过信托融资的成本在 15% 至 18%，甚至高达 20%。有关银行信贷的内容，请参考本书第 1 章关于利率双轨制的讨论。更重要的是，当时人民币有强烈的升值预期，这意味着企业到期还款时，用相同的人民币还能换更多的美元，等同美元本金打折。

2019 年，中国房企海外融资金额高达 752 亿美元，同比上涨 52%。这些债务从 2021 年开始陆续到期。巧合的是，美联储于 2022 年第一季度才开始加息，这里有几个事实供大家参考。

第一，美国通胀问题很严重，但美国通胀问题早在 2021 年上半年已经凸显，美联储当时硬撑着说"通胀只是暂时的"；第二，俄乌冲突的开始；第三，中国楼市因 2020 年"三条红线"的紧缩政策，开始显露疲态。楼市不景气，房企没有销售回款，美元债就可能还不上，随后海外评级机构纷纷调低国内房企的信用评级，展期就会不顺利。此时加息，各家房企美元债就会"暴雷"。但自美国第七轮加息周期以来，中国金融行业并未出现系统性风险，中国楼市久攻不下，美国想通过这条线做空人民币非常难。

随后美国放出消息，要继续加息，或许期待以此绕过中国的金融体系，直接通过高利差迫使人民币贬值。2024 年上半年这一轮贬值潮中，人民币只贬值不到 1%，是亚洲主要经济体里贬值幅度最低的，其中央行成了金融系统坚定的守护者。

首先,为防止人民币在境外被做空,机构借入境外人民币利率在 5% 以上,高利率让做空资本望而却步。另外,中国的"弹药"也足够多:自 2006 年起,中国外汇储备规模连续 18 年位居世界第一,过去几十年靠着制造业出口攒下了 3.2 万亿美元的外汇储备。若有机构大量抛售人民币,央行就动用外汇储备把人民币购回以此稳住汇率,感兴趣的读者可以去了解 1998 年 8 月香港金管局动用 1180 亿港元外汇平准基金,对国际金融炒家索罗斯展开"金融保卫战"的故事。这是中国虽然有持续大额的贸易顺差,但央行的外储规模却没有发生明显变化的直接原因之一。

2024 年 7 月,美国国债总额首次达到 35 万亿美元,每年利息支出超过了美国的军费,美国需要给美国国债找到持续的买家。作为美国国债海外第二大债主,从 2022 年 4 月起,中国的美国国债持仓一直低于 1 万亿美元。2023 年,中国的美国国债持仓净减少 508 亿美元;截至 2024 年 3 月,中国的美国国债持仓量减至 7674 亿美元。原本的大买家一转眼变成大卖家,同时增持黄金为人民币背书——这可能是前文提到的耶伦在 2024 年 4 月来中国的主要目的之一,但是中国没有停止减持美国国债,耶伦匆匆而来,悻悻而去,然后就有了评级机构调低中国的信用评级。

其次,中国还把持有的美元借予他国,在海外买进资产。国家外汇管理局公布的 2023 年中国货物贸易顺差为 5939 亿美元;海关总署公布的 2023 年中国商品贸易顺差为 8232 亿美元。2024 年 6 月,美国还要求中国澄清两者出现近 2300 亿美元差额的原因。这里做一个推测:没有计入国家外汇管理局的差额很可能没被带回国,在境外就用于买入资产或借给他国使用了。

另外，中国减持美国国债换回的美元，也被一起借给其他南方国家用于归还美元债，避免债务违约，欠中国的债务用人民币慢慢还，人民币利率要比美元债利率低，这样就降低了这些国家的债务压力。把别国的美国国债置换成人民币债以后，这些国家就要不断赚人民币来还债，如此一来，人民币就更加国际化。这等同于美国一边从别国抽水，中国一边向别国放水。这或许才是 2024 年上半年美国频繁访华，又要求中国澄清差额的核心原因。

美国于 2022 年 3 月第七轮加息周期开始，便面临高通胀、高利率、高赤字的"三高"处境，尽快降息才能让债务负担降低，也让美国实体经济降低融资成本。但美联储想在降息之前完成一轮"收割"：无往不利的"收割"套路一旦失效，未来其他国家就很难受到威胁。

霸权之所以能称为霸权，是因为其他国家的恐惧，恐惧消失了，霸权也就没有了。因此，美国能做的就是维持高息，同时为了给经济提供流动性，会继续增发国债，扩大财政赤字。另一边，中国面临的是低通胀和产能过剩的压力，需要通过降息刺激经济，但美联储的高利率钳制着中国降息，大幅降息会拉大中美利差，造成资本外流，所以中国会通过定向"放水"的方式，扶持房地产等重点领域。

两个大国在货币政策上进行极限拉扯，美国久攻不下，便"退兵十里"，"收割"日韩等亚洲国家，这就是造成 2024 年上半年亚洲货币贬值潮的根本原因。如越南，2023 年至 2024 年 5 月，国际资本在越南的总投资减少近三成，超过千万亿越南盾的资金从该国撤离，越南盾大幅贬值。除了货币贬值，越南部分城市房价暴跌 40%。

越南不仅允许土地私有，还完全不限制外资持股比例。例如，2021

年三星（越南）公司营收 742 亿美元，相当于同期越南 GDP 的 20% 左右①。

2023 年，靠着工人平均月收入相当于 2000 多元人民币的廉价劳动力，加上国际资本的涌入，越南 GDP 高速增长，大有接过世界工厂大旗的架势。可是奔跑的越南还是被暴力加息的美元绊倒了。美元加息后，越南房价开始大跌，用土地抵押加高杠杆的越南开发商们排着队"暴雷"，导致 1200 个房地产项目停滞，涉及的总投资额约合 2410.8 亿元人民币。

房地产危机直接连累银行体系，引发银行挤兑，其中受影响最大的是西贡商业银行。截至 2023 年 12 月，西贡商业银行的存款暴跌 80%；到了 2023 年 10 月，不良贷款已飙升至西贡商业银行信贷余额的 97.08%。越南央行紧急救助西贡商业银行，截至 2024 年 4 月初，越南央行已向西贡商业银行注入 237.2 亿美元的"特别贷款"，越南央行向西贡商业银行提供的资金总额相当于越南全年 GDP 的 5.6%、外汇储备的四分之一。

越南制造业也受到重创。美元加息后，欧美消费疲软，越南订单减少，很多企业好几个月不开工。允许外资长驱直入，一旦国际资本撤出，越南经济不堪一击。可以查到的公开数据显示，2022 年越南的外债规模约 1447 亿美元；2023 年越南外汇储备稳定在 860 亿美元左右。这还只是可以查到的数据，没扣减 2024 年给西贡商业银行注资的金额。按照上述越南外汇储备金额与外债规模，一旦发生债务危机，所有的外汇储备都不够还债，最终或许只能变卖资产还债。

日本、韩国在政治经济上依附于美国，却也无法免于被"收割"

①《中国三星供应商在越南》，《中国经济周刊》，2022 年第 10 期，2022 年 5 月 30 日。

的命运。日元在这一轮贬值潮中可以说是被人堵在墙角暴打，多家对冲基金疯狂做空日元，日本"哆哆嗦嗦"的加息算是让国际资本明白了：日元是一个软柿子，于是更加肆无忌惮地做空日元。日本公开宣布要跟韩国联手打货币保卫战，但韩元也好不到哪里去，而且韩国对1997 年美国的"收割"仍然心有余悸。1997 年亚洲金融危机中，韩国的大财团无一幸免都被外资吞食，三星、现代、SK 等企业都变成了外资控股，从此韩国大财团成为西方资本的打工人，感兴趣的读者可以参考韩国 2018 年的电影《国家破产之日》。

在全球化的影响下，各国货币受到强势美元的影响而贬值，一国金融市场的波动就会牵动着整个世界的神经。而亚洲各国出手干预货币贬值潮，打响"汇率保卫战"，就是全球经济在美式全球化下"互动"的一个横切面。汇率长期反映的是一国经济基本面和一国信用。因此，货币长远的升值和贬值是经济发展的结果，不是经济变化的原因。而现代社会，国家的信用要靠工业实力支撑，工业化支撑的货币升值才会带来正反馈，相信读者在本章非洲法郎、埃及、巴西和阿根廷的故事中会有更深的体会。

第 23 讲
非洲：货币殖民的试验场

近代的法国是欧洲的门面，它不仅自身经济强劲，与德国一起撑起了整个欧元体系，在外交政策上，它也显得特立独行。法国于 1966 年退出北约，是欧盟中唯一一个没有被美国驻军的国家，也是少数公开喊话"欧洲要独立自主"的欧洲大国。法国能与美国唱反调，并且还屹立不倒，其底气相当一部分来源于非洲的"输血"。如果我们看明白了法郎如何"收割"非洲，就能明白为何现阶段的美元霸权难以颠覆。

"法非特殊关系"与非洲法郎机制

"泛非主义"是全世界黑种人反对种族歧视和殖民统治的民族主义思潮。随着《非盟章程》及其经济计划"非洲发展新伙伴关系"（New Partnership for Africa's Development，简称 NEPAD）通过，代表 55 个非洲国家的非洲联盟（African Union）于 2002 年正式取代原来的"非洲统一组织"。新的泛非主义和"为非洲人发展非洲"的思想在非洲媒体及民间不断扩大。于是在法语非洲国家对法国的批判不断增加，"法国阴谋颠覆非洲政权""非洲的一切问题都是法国造成的"等"法国阴谋论"不绝于耳，一系列反法言论更是被非洲政治家们塑造为新的"政治正确"。2020 年至 2023 年，非洲多国连续发动政变。这些现象可以从非洲法郎开始说起。

非洲一直以来都是法国最为看重的自家后花园。二战前，法国在非洲的 21 块殖民地在地理范围上占据了非洲总面积的 37%，涵盖了当时非洲总人口的 24.5%。截至 2023 年 12 月，在全球 3 亿 2000 多万讲法语的人中，有超过半数生活在非洲。可以说，法国是非洲当之无愧的经济、文化宗主国和实际掌控者。

虽然非洲国家早已在名义上独立，但法国对曾是其殖民地的非洲国家的实际掌控力延续至今，这是任何一个殖民国家都无法比拟的。当年号称日不落帝国的英国，殖民版图一度遍布全球。但随着英国在二战后的衰落，英联邦彻底分崩离析，经济输送链条更是被彻底打断，英国没法再从这些曾经的殖民地上捞取任何利益了，法国在这些方面却远在英国之上。

以法国国有核能企业阿海珐（AREVA）为例，有国际环保组织指出，2010 年阿海珐集团两家子公司在尼日尔共提取铀超过 11 万吨，出口额超过 35 亿欧元，法国人从这笔款项中拿走 30 多亿欧元，尼日尔仅仅获得 4.59 亿欧元。尽管尼日尔出人、出地、出资源，还得承担环境污染的后果，但在利益分配中仅能获得微不足道的"回报"。而尼日尔的遭遇绝不是非洲的特例。

从整体来看，2023 年非洲 50 多个国家的 GDP 总量在 2.86 万亿美元左右[1]，据估测，法国财政部每年从非洲获得近 5000 亿美元的利润和收入。也就是说，非洲五分之一的经济成果直接进了法国人的腰

---

[1] "GDP (Nominal), current prices", International Monetary Fund, November, 2022.

包。在西方大部分发达国家都面临产业空心化的时候，法国却在海外拥有几千万名青壮劳力，他们夜以继日地给法国经济增长做贡献：从核电所需的铀矿到工业生产的铁矿、钛矿、铜矿，从石油到轻工业，全部都可以从非洲土地上攫取，更重要的是，这些货物都不是靠正常贸易换来的，而是靠着不平等合约"抢"来的，所以法国可以以极低的价格获得这些重要的工业资源，这也极大地拉低了法国国内的物价水平。比如，从非洲攫取来的超低价格的铀矿，是核能发电的基础，有了廉价的铀，法国才能实现低成本发电。在俄乌冲突前，法国每度电的价格为 0.2 欧元，是欧洲电价最低的国家之一，并且还是世界上最大的电力净出口国之一，法国每年靠出口电力还能额外赚 30 亿欧元。靠着低价的工业用电，法国人可以专心发展高附加值产业，并且拥有其他欧洲国家难以企及的超额利润。这也是为什么历任法国总统在面对美国时，总显得很硬气的原因。如果时间倒退 200 年，大家还能理解法国用暴力奴役和剥削来获利，但在现代社会，法国是怎么做到大摇大摆地"收割"还不落口实的？

非洲法郎机制是世界迄今存续时间最长的区域性货币制度，也是去殖民化后世界上唯一留存下来的殖民货币体系。法国曾经在非洲成立了法兰西殖民帝国，一战之前，非洲的北部、西部、中部，不是法国的殖民地就是法国的势力范围。尽管二战后世界殖民体系逐渐瓦解了，可是法国依旧通过对原殖民地国家进行有偿援助、强制驻军、干涉货币发行等手段，换来非洲大量国家半默许甚至是依赖式的"被殖民"态度，这一系列手段里最有效的就是货币殖民。

1944 年，布雷顿森林体系确立，1945 年，二战结束，法国政府宣布在各殖民地使用"法属非洲殖民地法郎"，以此保有对原始殖民地外贸的主导权，区域性的货币体系还能抵消一部分美元对法郎的影响。该体系下货币的流通与发行都由法国来掌控，各国要在法国设立国家账户，并存入一半的外汇储备，否则就无法加入国际贸易体系。想要实现进出口贸易，就必须经过法国公司之手，所以非洲丧失了大部分的议价权，只能任由法国坐地起价。这些法资公司低价出口非洲国家的资源，换回外汇，再从法国高价进口生活物资。截至1949年，通过货币控制，法国掌握了这些国家绝大多数的进口额。

由于进出口被法国控制，法属殖民地国家的产业异常单一和脆弱。比如，可可生产和出口世界第一的科特迪瓦，就被规划成可可的种植国，而肥沃的土地上种满了可可，就没有地方种植粮食，所以科特迪瓦虽然是一个农业大国，但粮食却不能自给自足，例如，大米年消费量的60%需进口。可可供应量虽占全球的40%，科特迪瓦很多人却吃不起巧克力。

20世纪60年代初，法属非洲地区的多个国家表达了对独立的渴望。1958年，重返法国政坛的戴高乐总统采取了新的策略，他赋予了法国海外殖民地更广泛的自治权力，但外交、国防和货币等关键领域仍然由法国统筹管理，当时除了几内亚拒绝加入并选择独立，其余法属非洲殖民地均选择加入法兰西共同体，原本的"法属非洲殖民地法郎"也更名为"非洲法兰西共同体法郎"。戴高乐总统还将法非之间的"货币合作"视为这些国家获得独立的前提条件，而大多数原法国殖民地国家并未拒绝。

20世纪60年代末，布雷顿森林体系的支撑基础面临挑战，法国加强了法非之间的货币联系，于是把14个国家的"非洲法郎"改变为"非洲金融共同体法郎"（西非法郎①）和"中非金融合作法郎"（中非法郎②）。为什么寻求独立的非洲国家一定要用法国发行的货币呢？

首先，法国在这些国家已经殖民了几个世纪，对这些国家的政治、文化和经济的影响已经深入骨髓，亲法的势力从资金到舆论，再到人口占比都是主流；其次，与英国式的殖民不同，法国不给被殖民国家打造完整产业链的机会，培养出的"畸形"经济离不开法国的扶持。结果就是这些非洲国家在法国长达百年的殖民干涉下，产业结构普遍单一，无法自给自足，只能通过主动承认法国为老大的方式继续生存，最终法国"当仁不让"地成了大量非洲国家共同的"天可汗"。

不同国家进行贸易往来，前提就是要有互相承认的货币。非洲各国都是家徒四壁，谁也不比谁信用更好。所以法国当年作为非洲共主就又有了发挥的空间，于是便有了前面提到的西非法郎和中非法郎。另外还有一个科摩罗法郎——科摩罗是 2023 年人口约 87 万人的非洲岛国，是非洲法郎区的第 15 个成员国，因为使用科摩罗法郎的国家只有科摩罗，所以本书对科摩罗法郎暂不讨论。这一时期的非洲法郎机制是如何运作的呢？

第一，非洲法郎与法国法郎（后为欧元）可无限制地自由兑换，由法国财政部做担保。

第二，非洲法郎与法国法郎保持固定汇率。欧盟理事会于 1998 年 12 月确定了欧元与非洲法郎的固定汇率，即 1 欧元=655.957 非洲法郎，于是非洲法郎 20 世纪末开始与欧元挂钩。

---

① 使用西非法郎的国家有贝宁、布基纳法索、多哥、科特迪瓦、马里、尼日尔、塞内加尔、几内亚比绍 8 个国家。

② 使用中非法郎的国家包括喀麦隆、中非、刚果（布）、加蓬、赤道几内亚和乍得 6 个国家。

第三，非洲法郎在区域内资本可自由流通，但不能跨区使用，即西非法郎与中非法郎虽然币值相同，相互之间却实行外汇管制。这样既解决了贸易货币的问题，又解决了币值稳定的问题。

在很多人看来，货币发行权交给外国人主导是"丧失国家主权"的事，但在非洲大陆上却受到了欢迎，因为当地政权更迭频繁，本土货币说不准哪天就成了废纸，用非洲法郎至少不会为货币的安全性而发愁。于是，非洲法郎区国家外汇储备上缴法国管理：最初需全部上缴，从1975年起比例逐步下降，2005年开始为50%。

此外，法国还直接参与非洲各国央行的管理，同时，西非、中非和科摩罗央行的负责人都由法国人任命，所以法郎区央行几乎成了法国央行驻非洲办事处。法国财政部从非洲央行和银行收入的存款数额大约每年为5000亿欧元，法国再用"发展援助"的名义以利息形式补偿非洲国家。

然而，这些非洲国家央行不能根据自身发展情况用货币工具调节经济，同时也因无法充分利用外汇储备，导致本国债务危机加剧，这便丧失了货币独立性：个人和企业需要贷款时，本国央行无法提供对应的贷款，本国的投资几乎为零，相关的基础建设、培养本土派系、孵化企业等都成了不可能完成的任务。在联合国2022年列示的46个"最不发达国家"中，加入非洲法郎区的15国中有10个被列入该名单。这对法国而言却是另一番光景，法国在货币合作中规定，法国国民不仅可以在这些非洲国家享受超国民待遇，而且法国商品可以豁免关税，享受贸易特惠权，在半个非洲畅行无阻，可以说是全品类的大规模倾销，这使得法国的企业最终占据了这些非洲国家的半壁江山，几乎垄断了可可、咖啡、棉花、木材、石油，以及金、银、铜、铁、铀、矿等资源。

垄断资源、倾销商品、取消关税、贸易特惠，法国通过非洲法郎牢牢地控制住了这些非洲国家的政治和经济命脉，据估算，法国财政部每年能从非洲获得近 5000 亿美元的利润和收入。这些利润和收入不能给非洲国家带来税收，不能带动当地经济发展，不能给非洲国家带来国际话语权，完全落进了法国人的口袋。

不仅如此，法国还用各种手段干预非洲国家的选举和外交，根据得克萨斯大学的一项研究，1961 年至 1992 年间法国对非洲国家进行了 20 多次干预，1992 年至 2017 年间进行了约 17 次干预。而试图反对这种制度的领袖总会出现意外事故：多哥首任总统斯尔法纳斯·奥林匹欧（Sylvanus Epiphanio Olympio）曾推动多哥于 1963 年脱离法郎区，但在多哥货币独立前夕被暗杀；20 世纪 60 年代，马里第一任总统莫迪博·凯塔（Modibo Keïta）力挺本国货币，被前法军士兵发动的政变推翻；20 世纪 80 年代拒绝交出货币主权的布基纳法索传奇领导人托马斯·桑卡拉（Thomas Isidore Noël Sankara）被暗杀。

1998 年，法国经济学家弗朗索瓦-格扎维埃·弗沙夫（François-Xavier Verschave）正式提出了"法非特殊关系"这个概念，将法国的新殖民主义具象化。在冷战竞争背景下，上述问题背后的"法非特殊关系"就被看作一种殖民关系的延续。自 20 世纪末以来，这种模式开始发生变化，却未获得法语非洲国家的广泛认可。

2019 年 12 月，法国总统马克龙访问科特迪瓦，并签署关于西非法郎的改革法案，西非 8 国与法国达成终结使用西非法郎的共识。法国媒体报道，2020 年 5 月西非法郎退出历史舞台，法国货币担保人角色不变，新货币"埃科"（Eco）会进行替代，但是埃科仍与欧元挂钩，维持固定汇率不变；同时，原法郎区国家不再将 50% 外汇储备上缴法国管理，能自由配置外汇组合。法国央行也承诺，埃科未来倘若遭遇金融危机，法国仍会出手协助。不过，此次西非法郎改革被解读为法国"重返非洲"战略的重要举措之一，虽然马克龙强调，法国对非洲政策转向"新的、平衡的和负责任的"关系，但类似的"改革"在法非都未获得太多赞扬。埃科依然依赖法国财政和金融体系，推行也障碍重重，因此非洲法郎并没有在 2020 年宣布退出后消失，2021 年经过西非国家经济共同体国家元首重新商议，预计埃科于 2027 年才能被推出。

货币霸权的真正来源

当一种手段被称为"霸权"的时候，意味着它成了阳谋，不怕大家知道，因为知道了也改变不了。法国在非洲行使货币霸权，让非洲经济沦为畸形产物的同时，也让非洲错失发展自身造血能力的时间窗口：不仅错过了电气化时代和互联网时代，更是打造了一大批忠于法郎的群体，他们为了既得利益反而比法国人更加维护法郎的霸权。这和美国遍布世界、唯美元马首是瞻的金融团体相似：都说美国的资本家没有祖国，但是不少第三世界的资本家的祖国就是美国。

由于法国强制性向外输出法郎货币霸权，为了维持自己的宗主地位和绝对权威，法国必须不断亲自下场进行经济和政治的干涉，这样耗费的成本和精力是巨大的。也因此美元的霸权是一种更高维度的存在，它不仅以更低的维护成本让美元先后和黄金、石油挂钩，在毫无竞争者的环境下，让美国成为世界上第一个把本国货币变成世界储备货币的国家，同时也通过建立全球支付体系，牢牢地把规则制定权以公开且合法的方式握在手里。

这是美国走得更高明的一步，因为它知道，要想以最低的成本来统治世界，最好的办法就是建立完备的法律体系和合作体系，人人都有法可依意味着大家都能在同一个标准框架下进行贸易，虽然还是存在诸多漏洞，但是这总比在黑箱里开盲盒便利。最终，在利益的驱动下，越来越多的国家自发围绕在美国身边，并且完成了和美元的深度绑定。

很多人认为全世界都被美元反复"收割"，各国肯定怨声载道，并且祈祷诞生新的"救世主"。但实际上并非如此，因为变化往往意味着不确定性，而资本最抗拒不确定性，甚至厌恶任何挑战美元秩序的行为。只能说美国人太懂资本，完美利用资本的偏好给美元争取到了大量的盟友，并且构筑了宽阔的护城河。因此，美国在绝大多数时候只需轻松调整一下美元货币政策，就可以兵不血刃地完成"收割"或者实现惩戒。对比法国而言，美国维持货币霸权的成本更低。

美元依然是当之无愧的全球储备货币和货币之锚：截至 2023 年，有 95%的国际大宗商品以美元计价，美元占据国际支付市场四成份额和外汇交易市场近九成份额，近五成国际债券以美元为面值，近六成国际储备为美元资产，甚至有近 20%的经济体选择直接盯住美元的汇率机制，美联储更是号称"世界央行"，在全球经济体中具有压倒性的远程支配力量。

美国能成为世界霸主，主要依赖于军事霸权和科技霸权。其中军事只是外显，美国的全球化部署是为了保护美国在海外的投资而生的。换句话说，军事只是美元的附属产品，美元全球化的真正基石在科技。在石油美元刚诞生时，一个国家只要不用中东石油，即使没有美元，也能活得下去，毕竟还有华沙条约组织①提供的原油。

进入 21 世纪，美元除了和石油实现了深度绑定，也和美国派系的科技企业实现了深度绑定，这时去美元化的难度翻倍：除了需要非美元的能源供应，还得确保在排除美系科技后依然活得下来、活得滋润才行。全球主要经济体都想把自家货币变成下一个美元，但是一系列现实问题在此：不用美元用谁的货币？改变货币全球支付体系需要付出多大的代价？不用美元怎么购买美国的科技产品和服务？需要解决的问题太多了。

21 世纪初，单单是推出欧元，法国和德国就做出了许多承诺和让步。例如，20 世纪 90 年代末，为了赶在约定时间前降低欧洲平均债务水平，眼看欧洲其他国家磨磨蹭蹭还不上债务，德国全民勒紧裤腰带把当年新增债务规模砍掉近 30%，法国也通过削减福利的方式降低政府开支，这都是为了推行欧元而做出的牺牲。

如果人民币想在美元还没有实质性衰落的情况下提前实现国际化，那么法国和德国的道路几乎就是人民币的必经之路，即中国要拿出在国际贸易中辛苦赚来的资金去"滋补"他国，以此换取其加入人民币循环的承诺。另外，其他国家即使有心推举人民币成为国际货币，美国人只需把科技产品断供，就可以把中国"架在火上烤"，其他国家为了支持人民币而遭受了损失，中国如果不帮，就要"失德"，但是帮的话又没法提供可替代产品来补偿损失，属于两头犯难。综合来

---

① 华沙条约组织（又称华沙公约组织，简称华约组织或华约）是为对抗北大西洋公约组织而成立的政治军事同盟。成员国包括苏维埃社会主义共和国联盟、德意志民主共和国、波兰人民共和国、捷克斯洛伐克社会主义共和国、匈牙利人民共和国、罗马尼亚社会主义共和国、保加利亚人民共和国、阿尔巴尼亚人民共和国。1991 年 7 月 1 日，华沙条约组织正式解散。

看，就是一句话，其他货币如果想要直接挤走美元变成新的国际化货币，时间成本和后期的维持成本都会异常高昂。

这件事情从一开始就充满了逻辑矛盾，中方之所以希望人民币取代美元，是为了使中国人能过上更好的物质生活。但这又和其他国家的利益有了冲突，别国愿意冒着被美国制裁的风险加入人民币的循环，为的是"共同富裕"，而不是再变出一个"霸主"。这也就是为什么聊到反抗美元霸权这个主题时，所有的国家都只能各说各话，心永远不齐。试图跳过科技霸权的阳谋，直接谈击垮美元霸权本身是充满矛盾的。

美元霸权短期内看不到任何挑战者，是因为美元始终受到美国科技霸权的保护，在科技方面一天做不到和美国平起平坐，一天就没法挑战美元霸权。想要把科技水平拉高到和美国一条水平线上，注定是需要漫长的时间并付出艰辛的努力的，美国也不会坐视中国攻克科技壁垒而不管，不断收紧的科技产品禁令就是在阻止中国迈出关键一步。这是一条孤独之路，因为其他国家不真正看到中国科技实力超越美国，是不会早早站队的。例如，2023 年和中国签订人民币互换协议的阿根廷，为了获得美元，在人民币汇率跌到关键位置的时候依然不断抛售人民币，要不是中国央行出手果断，后果难以想象。

一切都要回到科技的发展上，2023 年 10 月召开的中央金融工作会议着重强调了金融资源的重新分配，国家准备把科技创新置于首位，而这意味着中国将逐渐退出实行了多年的传统制造业先行的模式，转而把更多的资源用于支持科技创新。微软创造了持续几十年的庞大的个人电脑市场，苹果打造了规模宏大的付费软件使用需求，英伟达靠着显卡让人工智能从科幻电影走向生活，每一个都是几万亿甚至十几万亿美元的市场，这些全是由科技创新带来的，不仅拉动了经济的巨量增长，更是显著降低了美国维持美元霸权的成本。

科技强国这条路虽然孤独，但是值得认真走下去，因为科技的发展才是降低人民币出海阻力的最大因素。日拱一卒无有尽，功不唐捐终入海，人民币国际化非一日之功，如果没有美国、法国甚至日本本国货币出海的历史机遇，那就只有靠一代代人的不断努力，来尽可能减少"霸权"的负面影响。

第24讲
埃及：马尔萨斯陷阱的背后

2024年3月，埃及官方宣布实行浮动汇率制后，埃及镑立即开始暴跌，兑美元汇率一路跌到50∶1。过去多年，埃及官方实行的是固定汇率制，兑美元汇率长期保持在30∶1左右，埃及又成为美国镰刀下的韭菜。

放弃固定汇率

汇率的确定机制是由市场供求关系的动态平衡决定的，并非单纯意志所能强制固定的，需要市场参与者的广泛认可与交易行为共同塑造。例如，中国在1994年前实行的就是固定汇率，改革开放之初，官方规定，人民币和美元的兑换比例是1.5∶1左右，但是市场不认可，在实际交易中人民币兑美元汇率更低，事实上形成了官方和民间两套汇率，也就是双轨制，造成了巨大的套利空间，包括"倒爷"在内的经济乱象也和汇率双轨制有关，最终倒逼中国在1994年进行了汇率改革，人民币兑美元汇率从原来的5.7∶1跳贬至8.7∶1，并在之后的10年保持在8.3∶1左右的水平。

埃及的情况和中国当年类似，从2022年俄乌冲突后，埃及镑兑美元的黑市汇率就一直下跌到60∶1左右，比官方规定的汇率低得多，而民间通过游离于官方之外的黑市进行换汇。这两年间，很多去埃及旅游的人都被当地导游坑过：他们会先用官方汇率和游客换汇，转头自己再跑去黑市套利，轻松赚一大笔。

埃及为什么无力维持汇率稳定呢？在美元体系下，一个国家货币汇率的稳定性与美元（外汇）储备有很大关系，本质是货币需要锚定物支撑，即该货币能够随时兑换成某类确定的商品或资产，并且商品或资产的刚需特性越显著，该货币"支付手段"和"流通手段"的职能①就越稳固，从而赋予该货币更强的国际信誉与市场地位，推动该货币成为"世界货币"。

美元锚定了石油后，美元就能随时换石油，可是其他国家的本币缺乏这个条件，除了天然气和卢布等特殊案例，往往找不到合适的锚定物。从理论上说，货币是国家的信用，但很多发展中国家的信用不佳怎么办？最好的办法就是让本币锚定美元，虽然找不到石油这种直接的锚定物，但是只要能锚定美元，美元又可以换到石油，等于间接锚定了刚需产品，这是许多国家的通行做法。

间接锚定就要求官方有足够的美元储备，这是让手持某国货币的人心里有安全感最直接的方法。从表面上看，一国货币的发行作为该国央行的负债，相当一部分是以美元资产计入央行对应的资产。从本质上看，美元资产是世界贸易中商品和服务的一般等价物，以美元背书，一国货币的价值才能更好地对应全球商品和服务的购买力，而根据等价交换的原则，一国货币的购买力对应的是国内的生产力。

人民币汇率在美国 2022 年 3 月开始加息、中国降息的大背景下，还能稳定在 7 附近，关键就是中国外汇储备充足，常年保持在 3 万亿

---

① 货币具有价值尺度、流通手段、贮藏手段、支付手段和世界货币五大职能。

美元以上。但埃及显然没有这个条件，埃及的外汇储备从 2022 年 6 月至 2024 年 2 月就只有 330 亿美元。而 2023 年底，彭博经济研究所评估称，埃及外债总额超过 1600 亿美元，占国内生产总值的比重高达 97%，已成为全球债务违约风险最高的国家之一，预计至 2028 年还有约 1000 亿美元债务陆续到期。

自己赚不到外汇，只能求助于国际货币基金组织（以下简称 IMF），贷款 80 亿美元，于是 2024 年 3 月埃及镑贬值 40%。IMF 批准还是熟悉的配方，条件之一是允许汇率自由浮动。IMF 的幕后是谁？国际社会都有清晰的共识。利用经济危机作为契机，通过金融手段实现利益再分配，这一策略长期以来一直被视为美国在全球经济格局中展现其影响力的典型手段。

1997 年，东南亚爆发金融危机，并逐渐蔓延到全亚洲，韩国受到的影响较为明显：30 大财阀企业中有 16 家遭到清理，33 家大型银行里有 15 家宣告破产，2000 多家金融机构中有约三分之一破产关门，政府债务高达 1175 亿美元——正如韩国电影《国家破产之日》中所描述的场景，此时，韩国外汇储备仅剩约 50 亿美元。韩国只能找 IMF，在 1997 年 12 月获得 550 亿美元贷款。但情况没有迅速好转，1998 年 1 月，韩国就还不上第一笔到期款项了。无奈之下，韩国政府只能接受 IMF 的要求，让美国资本进入其核心领域，比如韩国著名企业三星。在 1997 年金融风暴后，外国投资者在三星的普通股中占比已经超过 50%，截至 2024 年第二季度，外国投资者在三星普通股中的占比为 55%[1]，其中美国资本占绝大部分。李家之所以还能保有对三

---

① "Shareholder structure as of end-2Q24," Samsung, Investor Relations.

星的控制权，靠的是类似互联网公司 AB 股制度①的设计，但分红问题不同，只要三星能够持续赚钱，资金就会不断流向华尔街。

2023 年埃及外汇储备不足，短期原因有两个。一是，2022 年 3 月美联储开启第七轮加息周期，加息开始后，埃及减少了近 100 亿美元的外汇储备；二是，2023 年 10 月以来的红海危机②，根据苏伊士运河管理局数据，2024 年 1 月到 2 月，红海危机造成大量船只绕道好望角，导致苏伊士运河的收入同比减少 50%。在埃及的财政体系里，苏伊士运河是为数不多的能为埃及带来大量外汇的渠道。

更长期的原因是埃及的贸易常年是巨额逆差。2022 年，其贸易逆差为 486.60 亿美元，2023 年依然高达 369.08 亿美元。如图 4-4 所示，埃及经济增长主要依靠消费驱动，净出口对 GDP 的贡献率多年来为负值。

年份	2017/18	2018/19	2019/20	2020/21	2021/22
资本形成	17.9	19.1	15.1	14.5	15.9
最终消费	93.3	90.1	94.4	98.2	95.1
一私人消费	83.9	81.0	84.8	88.4	85.5
一政府消费	9.4	9.1	9.6	9.8	9.6
净出口	-9.7	-7.4	-6.7	-8.4	-6.4

图 4-4　埃及投资、消费、净出口占 GDP 的比重（%）③

---

① AB 股制度最先产生于美国，即一家企业在股本结构中设置了包含两类代表不同投票权数量的股权架构，是一种表决权差异安排。不同于同股同权的单一股权架构，采用 AB 股的公司发行两种股份：普通股份（B 类股份）和具有特别表决权的股份（A 类股份）。两种股份所拥有的表决权数量不同，特别表决权股份一般由公司创始人或管理层持有，以保障这部分股东对于公司有控制力。
② 红海危机是因也门反政府武装组织胡塞运动，自 2023 年 11 月起，多次攻击以色列与穿越红海的商船而引发的国际危机。2023 年 10 月 7 日，巴勒斯坦加沙地带爆发以色列-哈马斯战争。胡塞武装宣称对航运的袭击"将持续下去，直到侵略停止、对加沙地带的围困解除"。
③ 数据来源于中国驻埃及大使馆经济商务处。

如图 4-5 所示，埃及赚外汇有三板斧：苏伊士运河、旅游业和资源出口，但三者上限都不高：红海危机前，苏伊士运河每年有超过 2 万艘船通过，吞吐量和收益都有上限。比如，2021 年 7 月的"长赐"号事件，一艘船只因为操作失误，在运河里搁浅，就导致运河堵塞了一个星期，外媒估算，货轮航程延误造成的直接和间接经济损失约为每小时数亿美元。

主要指标	2018/19	2019/20	2020/21	2021/22	2022/23
GDP（亿美元）	3179	3825	4233	4752	3871
人均 GDP（美元）	3214	3802	4146	4563	3644
人均 GDP 增长率（%）	18.6	18.3	9.0	18.1	-20.1
通货膨胀率（%）	13.9	5.7	4.5	8.5	21.6
外国直接投资（亿美元, 净值）	82.4	74.5	52.1	89.4	100
旅游业收入（亿美元）	125.7	98.6	48.6	107.5	136.3
苏伊士运河收入（亿美元）	57.3	58	59.1	70.0	87.6
外债（亿美元）	1087	1235	1379	1557	1647
净国际储备（亿美元）	443.5	382.0	405.8	333.8	348.1

图 4-5　埃及主要经济指标[①]

截至 2024 年，埃及旅游收入最高收益是 2022/2023 财年的 136.3 亿美元，世界旅游业排名前列的优等生法国和西班牙，每年从国际游客中获得的收入在 600 亿至 800 亿美元。埃及作为发展中国家，基建、服务水平等相对落后，达到这个水平就已经实属不易了。埃及的石油和天然气远不如沙特丰富，2022 年，埃及出口收益最多的产品为天然气，约 100 亿美元，原油和石油产品收益 60 亿美元。另外，成衣收益 25 亿美元，水果收益 20 亿美元，塑料收益 18 亿美元，这些和埃及上千亿的美元债务相比都是杯水车薪。

2022 年，埃及出口额达 516 亿美元，虽然创历史新高，折合人民

---

① 数据来源于中国驻埃及大使馆经济商务处。

币 3500 亿元左右，但仅和中国处于亚洲内陆的新疆维吾尔自治区的出口额相当，新疆维吾尔自治区的人口只有埃及的四分之一。埃及出口最大项是天然气，而不是衣服、鞋子、汽车等工业制成品，说明埃及工业化还未进入组装阶段；埃及成衣出口额仅 25 亿美元，不到中国的 2%，而工业革命以来，但凡工业化成功的国家和地区，第一桶金都靠轻工业，轻工业的技术和资金要求门槛低，主要依靠劳动力，适合工业化的起步：先靠着人力密集型的特点，逐渐提高劳动力的素质，再往更高端的生产领域去探索。中途如果有类似富士康的项目，一年就能带动上百亿美元的出口额，赚外汇的速度远高于旅游和运河。纵观世界经济史，发达国家都是经历了工业化发展才成为发达国家的，一个国家想要实现现代化，就必然要实现工业化。

其实埃及工业化的条件并不差，2020 年 2 月，埃及人口突破 1 亿，成为全球第 14 个人口过亿的国家。但是埃及的外汇始终积攒不起来，这背后更深层次的问题是埃及军事势力、私有化改革、人口爆炸导致的工业化进程缓慢。

新自由主义经济改革

1952 年"七月革命"①后，埃及形成了总统独大、军队居领导地位的国家权力结构，军队在世俗政治维护和经济生活领域都扮演着重要的角色。在中东地区，军方职能相当复杂。例如，在土耳其，被誉为国父的凯末尔（Mustafa Kemal Atatürk）开创了一个做法：为防止

---

① 埃及七月革命，也称"七·二三革命"，是 1952 年 7 月 23 日由埃及自由军官组织执行委员会领导的民族民主革命。这次革命是埃及历史的转折点，它推翻了法鲁克王朝，由自由军官组织改组的革命指导委员会掌握了政权。

土耳其倒退回宗教社会，土耳其宪法规定，由军方守护土耳其的世俗化，因为军方更易接触前沿科技，思想相对现代化，但是让军方守护世俗化就必然要给军方超然的政治地位和特权。

凯末尔这一系列方法被中东其他国家学习，包括埃及共和国第二任总统纳赛尔（Gamal Abdel Nasser）。纳赛尔在世时，军方已经有不少特权，许多工业领域和国企由军方控制。而埃及军方势力一直被认为是阻碍埃及工业化的原因之一：大部分行业被军方或者军方的关联者控制，普通企业无法与之竞争，军方不光有武器，还有优惠政策，比如，银行优先贷款、税收减免等，低成本就是无可比拟的优势。军方因垄断"躺赚"获利后，很难再承担风险去提高技术水平和生产力，埃及工业化就不易深入发展。

1970 年，纳赛尔去世后，继任者萨达特（Anwar El-Sadat）放弃计划经济，转向市场经济，外交上选择了和以色列和解，终结和苏联的盟友关系，转而与美国结盟，从而导致和其他阿拉伯国家关系破裂。1981 年，萨达特被刺杀身亡。

萨达特的接替者是前任副总统穆巴拉克（Hosni Mubarak），萨达特遇刺时，穆巴拉克就在现场，目睹了一切。与以色列和解之后，埃及的安全焦点转向内部，穆巴拉克对内维护社会稳定主要依靠安全部队，例如，让警察担负起国内安全的重任，而埃及军队力量被削弱。在经济方面，穆巴拉克继承萨达特时期的经济开放政策，但在穆巴拉克执政初期，埃及政府已经债台高筑，1991 年，埃及的外债规模与其GDP 的比例高达 150%，是当时外债比例最高的国家之一[1]。

作为获得贷款的条件，1991 年，穆巴拉克政府与 IMF 签署"经

---

[1] Everyday Economic Practices, Savinna Chowdhury.

济改革与结构调整计划"，埃及走上以市场和私有化为核心的新自由主义改革，例如，金融方面实行包括取消外汇和资本项目管制在内的金融自由化。穆巴拉克让自己的次子贾迈勒（Gamal Mubarak）主持开展私有化：1991 年，埃及将 314 家国有企业列入私有化改革计划；到 2000 年 6 月，埃及将其中 118 家企业的控股权出售，涉及总金额约为 123 亿埃及镑①；在 2004 年到 2008 年间，埃及政府大量出售国有银行，其中埃及最大的国有银行之一亚历山大银行出售给了外国资本。

2006 年到 2007 年，埃及经济增速分别为 6.8%和 7.1%，成为中东增长最快的国家。但是 2008 年金融危机导致全球粮价上涨，埃及在 2010 年贸易逆差开始失控，外汇储备也从 2010 年的 360 亿美元降至 2013 年初的 135 亿美元，同时私有化让腐败问题严重，根据半岛电视台报道，穆巴拉克家族广泛介入私有化进程：从 1981 年上任至 2011 年，30 年来，其家族涉及大宗交易和投资地产，通过几十家家族公司敛财 400 亿~700 亿美元，在瑞士、英国多家银行有秘密账户，穆巴拉克家族到底有多少资产不得而知。

2011 年，"阿拉伯之春"席卷中东，埃及爆发"1·25 革命"，民众以"面包、自由、社会正义和人的尊严"为口号，举行大规模反政府示威，穆巴拉克被轰下台。这位风云人物成为截至 2024 年埃及建国以来在任时间最长的领导人，下台后面临数年审判，他在铁笼里受审的画面通过媒体报道传遍全世界。2020 年，穆巴拉克离世，大批民众悼念，或许当时国家稳定、生活成本较低是他们所怀念的，其功过是非评判只能交付给时间，但仅从经济上说，穆巴拉克的自由化改革

---

① "Egypt after Mubarak: Liberalism, Islam, and Democracy in the Arab World.". Princeton University Press.

并没有创造公平的经济增长：寡头垄断加剧，裙带资本主义渗透到关键领域，使社会贫富差距扩大。更为严峻的是，私有化对埃及本土民营经济造成打击，促使埃及经济呈现出一种"再殖民化"的态势，加深了埃及经济对外界的依赖性和脆弱性。

2011 年之后，军队重新回到埃及政治的中心。民选总统穆尔西（Mohamed Morsi）上台，由于穆尔西推行的政策过于宗教化，军方势力对此不满，塞西（Abdel Fattah El-Sisi）发动政变，军方重新执政。塞西执政期间提出"经济振兴计划"，2014 年，埃及国家官方媒体对此评价："埃及国家重建步伐缓慢，埃及镑一度大幅度贬值，外汇储备不足，工业化和现代化面临的挑战增多。"在塞西时代，军队在埃及经济中的作用大幅提高，成为政府主要的经济支柱之一，例如，埃及军方在 2011 年出资 10 亿美元挽救埃及央行，投入开辟新苏伊士运河等国家大型项目，协助国际援助机构建设埃及大博物馆等。这些军方企业也尝试从军工制造转型，比如进入建材、家电、食品等领域，他们一方面为埃及市场提供产品，另一方面也想创立本土品牌走向国际。但影响埃及工业化发展的除了军方，美国因素也不可忽视。

埃及是阿拉伯国家中接受欧美援助最多的国家之一，援助以强化区域战略合作和安全保障为主要动机。美国每年通常向埃及提供 15 亿美元援助（军事援助 13 亿美元、经济援助 2 亿美元），这个数字仅次于以色列。埃及地处亚非交界处，地缘位置重要，如果埃及出现问题，就会释放难民和武器，对以色列和欧洲造成负面影响。

为了让埃及稳定，美国向埃及开放市场，工业化时期的市场很宝贵，美国市场开放自然会对其工业化有帮助。但如果埃及实现工业化，就会对以色列产生威胁。所以美国对埃及的市场开放有许多附加条件——确保埃及不影响以色列的同时，还能让以色列从埃及工业化中受益。比如，2004 年 12 月，为了扶持埃及的纺织品出口，美国与埃及、以色列的贸易代表在开罗签署了"合格工业区"（Qualifying Industrial Zones）协议，即在指定的工业园区内生产的纺织品，在出口美国时可享受税收和准入优惠。

当时美国是埃及的第一大出口国，出口到美国的产品总额占埃及出口总额的 36%，而按照美国的要求，在这些园区生产的产品按产品出厂价计算，产品成本中由以色列和埃及共同生产的份额不得低于 35%，其中以色列独立生产的份额须达 11.7%以上。同时，以色列人还要在这些园区内担任一定比例的管理职位。这些带着"经济殖民"迹象的政策让以色列有了控制埃及纺织业的可能。在军方垄断和美国影响的双重压力下，埃及工业化从根上就难以正常开展，外汇储备只能靠旅游业、运河和资源出口来勉力维持。另外，爆炸的人口也增加了埃及工业化发展难度。

马尔萨斯陷阱

"马尔萨斯陷阱"（Malthusian Trap）是英国经济学家马尔萨斯（Thomas Robert Malthus）研究人口增长与经济发展关系的理论。该理论表示，如果人口按照几何级数增长，而生存资料仅仅按照算术级数增长，多增加的人口总要以某种方式消失，人口不能超出相应的农业发展水平。该理论一直充满争议，但似乎在埃及得到了验证。

埃及自古就是一个以农业为主的国家。二战结束后，20 世纪 50 年代，在苏联的支援下，阿斯旺大坝于 1970 年建成，此后尼罗河给埃及农业带来了稳定的水源，埃及人口也随之增长：1970 年为 3400

万人；1985 年为 5000 万人；2000 年为 7100 万人；2012 年为 9100 万人；到 2020 年，人口突破 1 亿，并且联合国预计埃及人口将以每年 250 万人左右的速度增加。2023 年，埃及卫生和人口部长就指出："人口增长阻碍了经济增长，吞噬了所有发展的回报，影响了向公民提供的服务水平，从而影响了他们的生活水平，其原因是经济与经济之间缺乏平衡。"

2020 年，在埃及 1 亿人口中，18 岁至 29 岁的青年人口为 2020 万，占总人口的 21%；15 岁以下的人口占总人口的 34.2%。这些在别国看来是"红利"的人口，在埃及却成了负担。人口是否能带来经济增长，还要看粮食供应、教育、医疗、社保和就业机会等"成本"是否能跟上，以粮食安全问题为特征的"民生赤字"是非洲社会动荡的根源之一。反之，如果经济的增长只能带来人口的增长，那么膨胀的人口便会导致供粮负担加重，曾为"尼罗河粮仓"的埃及最后放弃了粮食自给自足。

为改善民生，埃及政府长期对大米、面包、面粉、食用油、糖和能源等基本生活物资实行物价补贴。例如，主食大饼，在埃及方言中和"生活"（eish）同义，大饼市价为 2 埃及镑（约合人民币 0.3 元），20 世纪 80 年代末，政府补贴的大饼仅为 0.05 埃及镑。这不仅是埃及贫困人口赖以生存的生命线，也是历届埃及总统的政治底线，埃及不止一次发生因大饼价格波动引发的政治和社会动荡。

纳赛尔和萨达特两届政府重工轻农，1975 年，农业投资占比从 20 世纪 50 年代的 9% 下降至 7%，1977 年降至 4.8%。加上土地资源等自然环境的因素，埃及于 20 世纪 70 年代末出现粮食危机，成为粮食净进口国，粮食净进口量从 1971 年的 193.3 万吨增长至 1978 年的

581.7 万吨。萨达特和穆巴拉克私有化改革后，外资的进入就影响了埃及本身不强的工业体系：1979 年埃及的工业占 GDP 的比重还有 34.7%，到 1987 年就只剩下了 25.9%。

农业不能自给自足，工业不能弥补发展的缺口，政府没钱就只能借债：1977 年为获得 IMF 贷款，萨达特政府宣布取消含大饼补贴在内的基本食品补贴政策，埃及数十个城市发生暴乱，这项政策也不了了之，此后的总统都不敢轻易触碰食品补贴。1981 年，穆巴拉克成为总统后的经济自由化改革加快了埃及城市化进程，大量农村人口涌入城市，同时埃及城市发展侵占耕地的情况越发明显，城市化的发展还加剧了粮食和水资源的供求矛盾，粮食产量情况进一步恶化。

2011 年，埃及"1·25 革命"爆发时，人民的诉求是"面包、自由、社会正义和人的尊严"。随后埃及不断向沙特等海湾国家和 IMF 借款购粮，直至 2024 年，埃及仍是一个农产品进口国，粮食产量和粮食需求存在巨大差距。2022 年，埃及农产品进口额为 168 亿美元，但外汇储备仅为 330 亿美元，即：如果极端情况下外汇储备继续降低，那么进口粮食以后，便没有盈余投入工业和现代化建设上，社会就会形成为了生存而停滞发展的恶性循环。为减轻财政负担，埃及政府推出"两孩足够"计划，该计划通过宣传、教育的方式来鼓励少生。另外，埃及政府于 2024 年 6 月将补贴的福利大饼价格从 0.05 埃及镑涨至 0.2 埃及镑（约合人民币 0.03 元），这是 30 多年来埃及政府首次调整福利大饼的价格。

对于像埃及一样人口爆炸的发展中国家来说，承接发达国家的产业转移，借此创造更多的就业岗位，或许是缓解人口爆炸的一条出路。但军人干预是发展中国家政治不发达的产物，仅靠新自由主义改革无法从根本上影响政治体制的根基。而埃及的故事再一次告诉我们，"面包、自由、社会正义和人的尊严"不是革命就能带来的，经济的问题往往不在经济本身，一个没有真正独立的国家，根本没有任何招架之力。

被美国当局誉为新自由主义"改革楷模"的阿根廷、推行"休克疗法"的俄罗斯，被国际粮商卡住"脖子"的巴西，无一不陷入了经济崩溃的大坑。这些发展中国家的经验证明，在民众饥饿问题没有得到解决，国家没有对原始的利益集团进行梳理和进行政治体制改革之前，经济发展就自带短板，发展水平较低时实施私有化只会导致贫富差距加大、政局动荡、民族工业发展进程缓慢等一系列严重后果，发展过程中带来的高额外债就只能靠一轮又一轮私有化卖出资产来解决。

第 25 讲
巴西：被绑架的农业

巴西总统卢拉在 2023 年上任之前的演讲中表示：如果每个巴西人都能享用上咖啡、午餐和晚餐，我就完成了使命。

联合国 2023 年数据显示：2022 年，巴西有超过 2100 万人处于严重粮食不安全状态，占人口的 9.9%；7030 万人不是经常有足够食物，处于中度粮食不安全状态。而 2022 年巴西粮食总产量达到了 2.632 亿吨，创历史新高，人均粮食产量超过 1200 千克，而中国的这个数字是 480 千克（截至 2023 年，联合国粮农组织提出的粮食安全线为 400 千克）。高产的粮食和数千万名挨饿的人民，形成了强烈的反差，这就是巴西的本色。

"巴西奇迹"

巴西，离中国最远的国家之一，虽然距离远，但中国是巴西最大的贸易伙伴，2023 年巴西对华出口首次突破 1000 亿美元大关[①]，这也是截至 2023 年 12 月，巴西有史以来对贸易伙伴出口的最高数额，出口商品包括铁矿石、大豆和蔗糖等。因此 2023 年 4 月，已经近 80 岁

---

① 数据来源于中国国际贸易促进委员会。

高龄的卢拉总统，肺炎还未痊愈就带着庞大的代表团，飞行 2 万千米开启了对中国的访问。就在他走下飞机的时候，手上打点滴的胶带都还没有撕掉，因为在这个老人的身后，是巴西极其困难的境况。

在疫情以及号称巴西版特朗普的前任总统博索纳罗（Jair Bolsonaro）的"折腾"之下，巴西的 GDP 在 2020 年和 2021 年经历了巨大波动，导致数千万人忍饥挨饿，巴西的高通胀在 2021 年达到 10.06%，创下新高。在大家印象之中，巴西就是"中等收入陷阱"①的代名词。"中等收入陷阱"就像是上天对后发国家的诅咒，冥冥之中有个槛，当这些国家的经济发展到了某个水平，就会陷入停滞。

在地理资源上，巴西是世界上领土面积第五大的国家，北部拥有世界上面积最大的平原——亚马孙平原，资源丰富，可耕地面积达 1.53 亿公顷。2023 年巴西的大豆产量世界第一，棉花、糖类和玉米出口量居世界前三。巴西矿产资源非常丰富，已经探明的铁矿石储量超过 300 亿吨，居世界第五位，产量居世界第二位；石油已探明储量超过 150 亿桶，居世界第 15 位、南美洲第二位，仅次于委内瑞拉；巴西的锰矿、铝矿、锂矿的储量在全球也名列前茅，而且像美国和阿根廷一样，巴西远离欧亚大陆这个"是非之地"，两次世界大战没有对巴西产生重大影响。

第二次世界大战结束之后的 30 多年里，巴西也经历了一段奇迹般的经济增长。世界银行的数据显示：1968 年到 1973 年期间，巴西年均经济增长率超过 10%，这段时期后来被称为"巴西奇迹"。这个

---

① 世界银行在《东亚经济发展报告（2006）》中提出了"中等收入陷阱"（Middle Income Trap）的概念，认为中等收入的经济体在发展过程中，往往会陷入经济增长的停滞期，既无法在人力成本方面与低收入国家竞争，又无法在尖端技术研制方面与富裕国家竞争，最终无法跻身于高收入国家之列。

增长奇迹，无论是持续时间还是增长速度，在人类经济发展史上都能排到前列。

也正是在这段时间里，巴西建立了较为完整的工业体系，有了自己的重工业和汽车产业，造得出自己的坦克和飞机。1969 年，巴西航空工业起步，巴西航空工业公司（EMBRAER）是排在空客和波音后的世界第三大民用飞机制造企业，也是巴西主要出口创汇企业之一，它在生产 120 座以下支线飞机方面世界领先。照理说，即使巴西不能在全球经济排名前列，居民的日子也会过得很舒服，然而后来巴西遇到了 20 世纪 80 年代拉美债务危机，跌进了美国挖下的坑里。

"沃尔克时刻"和拉美债务危机

1973 年，中东第一次石油危机爆发，油价在短时间内暴涨了 3 倍左右。伴随着布雷顿森林体系解体之下的美元无序发行，以及深陷越战泥潭，美国的通胀率从1972年的3.2%迅速涨到了1974年的11%。1974 年和 1975 年，美国发生了严重的经济衰退，美联储又紧急将利率降到了 5%以下。

手上突然多了许多便宜的美元，美国的金融机构就把目光投向了当时正在快速发展的拉美地区。刚好，拉美各国，如巴西、阿根廷、墨西哥等，也确实需要大量的资金来促进经济的增长。就这样，20 世纪 70 年代，拉美各国实行过度负债政策，外债余额从 1975 年的 784 亿美元增加到 1982 年的 3269 亿美元，也就是说，在短短几年内涨了 3 倍。正是在这些美元的支持之下，巴西的经济在 20 世纪 70 年代中后期经历了"回光返照"般的高速增长。

可是好景不长，1979 年第二次石油危机爆发，美国又遭遇了新一轮的滞胀，1980 年核心通胀率超过 13%，这次遇到的是对通胀采取零容忍的新任美联储主席保罗·沃尔克。在他的主导下，美国实行了更加激进的紧缩政策：一年之内，联邦利率就升到 20% 的水平。终于到了 1983 年，美国成功地控制住了通胀，CPI 降到了 3%。但美国在治理自己高通胀的同时，却把拉美等国的债务危机引爆了，也直接给他们带来了"失去的十年"：美联储暴力加息，拉美各国要还的利息也随之暴增。本来债务多也没事，能赚到钱还债就行。但祸不单行，欧美等国的经济因为加息陷入衰退，对进口产品需求低迷，这又给拉美各国的出口带来极大打击。

另外，20 世纪 80 年代拉美各国陷入债务危机也有其内生原因，那就是他们的产业虽然产值不小，但国际竞争力不强。后发国家为了快速补足本国工业的短板，政府就必须要对某些经济要素进行保护，如通过高额的关税保护本国产业。但当拉美各国必须靠出口赚美元还债时，才发现自己的产品在国际市场上不搞价格战根本卖不出去。因此在危机期间，拉美的出口不仅赚不到钱，还由于原材料和能源价格的上涨亏了不少。最终，拉美各国陷入这样一个困境之中：一方面，巨额的债务利滚利，越变越高，另一方面，拉美各国却无法通过国际贸易赚到美元。于是，他们的外汇储备消耗殆尽，根本没有办法偿还到期的债务。

1982 年 8 月，当时的墨西哥财政部部长向美联储、美国财政部和国际货币基金组织摊牌，表示墨西哥无法偿还其 800 亿美元债务，这也成了拉美债务危机爆发的标志性事件。之后，巴西、阿根廷等国相继宣布终止或推迟偿还外债。美国马上跟拉美各国商谈解决办法，开始了初期的救助。1985 年 10 月，美国财长贝克提出"贝克计划"；1989

年 3 月，美国财长布雷迪提出"布雷迪计划"。这些计划都是通过提供优惠贷款、债务转换、债务资本化等措施来缓解债务压力，但均未起到根治的效果。

不管美国怎么把债务往后延期，或者提供各种过桥贷款，拉美各国所欠的这些债务，每年单利息也超过了 300 亿美元，这在当时是个天文数字，已经远远超出了他们的偿还能力。同时，在债务压力的打击下，拉美各国经济也经历了长时间的混乱。比如巴西，在 1985 年至 1989 年期间，通胀率就一路从 200%左右涨到近 2000%。这样的高通胀一直反反复复持续到了 20 世纪 90 年代中期，到了 1996 年，通胀率才回落到个位数的水平。当然，在这个过程中，以巴西为代表的拉美各国，经济发展也基本上陷入停滞，从此淡出了人们的视线。巴西用自己的实际行动给当时刚刚开始改革开放的中国上了生动的一课，也让中国对外债一直保持着高度的警惕。

在拉美债务危机爆发大约 20 年之后的 2002 年，巴西在获得世界杯冠军的同时，才终于实现了贸易顺差。巴西外债占国内生产总值的比重从 1999 年的约 41%降低为 2008 年的不到 15%，能源和资源的出口形势表现优异，经济实现了快速增长。巴西人均 GDP 也从在这短短 10 年内翻了两番，在 2011 年达到了 13 000 多美元的巅峰水平，是同期中国的两倍。

2002 年 10 月，以劳工党为首的左翼政党联盟候选人卢拉赢得大选，成为巴西历史上首位左翼直选总统。2006 年 10 月卢拉赢得连任。正是因为这个时期卢拉带着巴西的经济快速发展，让巴西的人民不再挨饿，拥有了比较好的医疗和教育福利，也让巴西和中国、俄罗斯等国并称为"金砖五国"。2022 年 10 月，巴西人民又重新将卢拉选为总统，可能也出于对那段巅峰时期的怀念。

摆在卢拉总统面前的第一大难题就是人民吃不饱饭。这不禁让人感到奇怪，巴西这个农业大国，怎么会面临饥饿的问题呢？

被外资绑架的巴西农业

巴西的农业并不是为巴西本国人民所发展的，它实质上已经被外国粮食企业控制了。提到粮食控制的问题，就不得不提全球四大粮商——美国 ADM、美国邦吉（Bunge）、美国嘉吉（Cargill）和法国路易·达孚（Louis Dreyfus），根据英文名字首字母，人们一般将它们简称为"ABCD"。

"ABCD"都是拥有百年历史的跨国粮商，在全球农产品市场上一共占有 70% 的份额。拉美经济危机爆发之后，巴西的经济发展也随之停滞。大家痛定思痛，把原因归咎于国家对于经济的过度干预以及国企对整个经济的掌控。随着军政府的下台，20 世纪 90 年代，巴西开始在美国芝加哥学派经济学家①的指导之下，从工业领域到农业领域，开展了新自由主义的经济改革。

在农业方面，随着国际资本的进入，跨国农业企业占有巴西大部分农业用地。大农场能够购买粮商提供的高产种子，也能拿到比较便宜的贷款或者投资，同时还可以把粮食大规模地卖给这些国际粮商，因此大农场在竞争之中具有绝对的优势。于是，巴西不可避免地出现

---

① 芝加哥学派的成员主要是在美国芝加哥大学任教、信奉新自由主义经济哲学、强调市场机制调节作用的一批经济学家。他们信奉自由市场经济中竞争机制的作用，相信市场的自我调节能力，认为市场竞争是市场力量自由发挥作用的过程，同时他们还认为企业自身的效率才是决定市场结构和市场绩效的基本因素。

了严重的土地兼并问题，大部分土地集中到了极少数人的手中：在巴西农村，大约 1% 的土地所有者控制了近 50%的土地。这些大农场主又和以国际四大粮商为主的资本进行合作，最终垄断了整个国家的粮食生产和销售。

巴西的种子和农药被美国的孟山都（Monsanto Company）等种业巨头垄断，化肥和销售渠道被嘉吉等粮商巨头垄断，农产品价格又受到了华尔街期货市场的控制，形成了粮食的"国际"定价权：在全球大宗期货市场里，投机资本并没有真实的商品买卖需求，只是靠商品价格的波动盈利。

例如，投机者会在粮价预期上涨之前买入粮食期货，然后持续炒作，抬高价格后再卖出来赚取差价。在实际交割前，天量买单卖单会提前撤出，但这样的投机交易已经影响了粮食供求关系和价格。因为炒作农产品期货，以高盛为代表的国际投行在 2010 年就遭到英国反贫困非营利组织"世界发展运动"的指责，在该组织发布的一份 36 页的报告中，详细阐述了投行的投机交易是如何破坏全球粮价稳定并推高粮价的；同时，在高度依赖粮食进口的发展中国家，投机交易进一步加剧了问题，低收入家庭无法承受被恶意推高的粮食价格，从而陷入更加艰难的生活境地。该组织表示，国际投行让"大饥荒成为金融彩票"[①]，国际投行是引发粮食危机的罪魁祸首之一。

这些巴西土地不属于巴西人，所以这些土地上生产的粮食也不属于巴西人。农业上下游被垄断，粮食没有定价权，除了可怜的种植环节，巴西整个农业产业链已被外国资本牢牢掌控：巴西种什么、怎样

---

① "The Great Hunger Lottery – How banking speculation causes food crises", The World Development Movement, July1, 2010.

种、卖多少钱、卖给谁也都由资本决定。当和农业牢牢绑定以后，资本出发点就只剩下了利润，百姓能否吃得饱不在考虑范围内，其中最典型的例子就是巴西的生物燃料。

由于经历过两次石油危机，严重依赖原油进口的巴西开始积极探索替代燃料，使巴西成为全球最早开发和利用生物燃料的国家之一，也是排在美国之后的全球第二大生物燃料生产和消费国。作为发展中国家，巴西的可再生能源占能源消费总量的比例已经超过 45%，但这也出现了"与粮争地"的争议。

例如，在 2008 年金融危机和 2020 年新冠疫情中，美联储多次"大放水"，造成油价不断上涨，而 2022 年俄乌冲突更是把油价抬到 130 美元一桶的高位。这时农产品变成生物燃料就能带来更高的经济价值。于是，美国开始补贴玉米种植用于制备生物乙醇，欧洲则采用植物油生产生物柴油。高价的原油还推高了化工产品的价格，欧美国家又把粮食用于生产可降解的化工产品。在资本的掌舵下，巴西将近一半的甘蔗和玉米被用于生产生物乙醇，供给巴西几乎所有的加油站，以及出口给欧洲。因此，十分魔幻的场景出现了：巴西一边是吃不饱饭的底层人民在垃圾桶里面翻找食物，一边是满船的粮食被运往世界各地，同时"剩余"的粮食变成了燃料被发动机烧掉。

由于地缘政治、经济，还有极端高温、洪水及干旱等原因，2022 年全球粮食价格快速上涨，粮食供应短缺。在 2022 年的粮食危机中，粮价大幅度波动，给期货市场带来了盈利机会，掌控巴西农业的粮商们也赚得盆满钵满，仅嘉吉一家公司 2022 年的营收额就达到了 1650 亿美元，较 2021 年增长 23%[1]，创造了公司成立 150 余年来的纪录。

---

[1] 数据来源于嘉吉 2022 年的年度报告 *What matters most*。

农业发展不好，还可以发展工业，但过度依赖资源输出的巴西却因为资本的影响，"被迫"去工业化。

去工业化

新自由主义经济下的美式全球化，各国因为"比较优势"[1]形成分工：资源国负责出口资源、进口商品；生产国负责出口商品、进口资源和自己不能生产的商品（例如高科技产品）。国与国之间如果贸易量增加，就会增加美元的使用，使得全球贸易更依赖美元，从而上缴美元的"铸币税"[2]。产业结构单一是南美洲国家的通病，巴西资源丰富，且依赖资源输出，资源行业和工业相比，投资回报周期短、风险低，其国内资本和国际资本便会自发投资资源类项目，导致工业因投资变少而逐渐萎缩。

另外，巴西超前的城市化率推高了劳动力成本。1996 年，巴西城市化水平达到 78.4%，2000 年达到 81.4%。到了 2022 年，巴西的城市化率已经超过 85%，超越美国同期 83%的水平。因为历史上的"强行工业化"和土地兼并，致使巴西的城市化速度快于工业化和经济发

---

① 如果一个国家在本国生产一种产品的机会成本低于在其他国家生产该产品的机会成本，则这个国家在该产品上就拥有"比较优势"。国际贸易的基础是生产技术的相对差别（而非绝对差别），以及由此产生的相对成本的差别。每个国家都应根据"两利相权取其重，两弊相权取其轻"的原则，集中生产并出口其具有"比较优势"的产品，进口其具有"比较劣势"的产品。

② 铸币税（Seigniorage）指货币铸造成本低于其面值而产生的差额，也指由于政府拥有印制货币的垄断权而能获得的收入。铸币税是一个特定的经济概念，而非普通意义上的税收，由于铸币权通常只有统治者拥有，因此它是一种特殊的收入，是政府的重要收入来源。因为印制货币需要花费的成本极低，而印出的钞票本身具有购买力，政府可以用它来换取商品与服务。

展速度：1968 年到 1973 年 "巴西奇迹" 期间，政府将资金投向工业园区建设、基础设施建设等项目，同时 "强行工业化"，即用行政手段征收土地，产生了大批赤贫的劳动人口；巴西土地兼并严重，大量失去土地的农民流落到了城市中，只能从事低端的服务业。

城市没有足够的就业岗位吸纳人口，代价就是大量贫民窟产生，这也成为巴西的大城市给很多人的印象：豪宅遍地，而隔一条河就是大片的贫民窟，为黑帮和灰色产业提供了温床。最大城市里约热内卢在 20 世纪 80 年代金融危机后的短短十几年内，成了全球犯罪率最高的城市之一，巴西的贫富差距排名为世界前十。在一次又一次的经济动荡中，越来越多的普通人沦落到了社会底层，在贫民窟之中挣扎度日，他们的下一代除了踢球，几乎没有第二条能够改变命运的道路。巴西过度城市化带来的结果，便是大量没有土地的人口需要更高的收入（以及福利、保险）为其生存兜底，导致其劳动力的价格比其他发展中国家高出两到三倍。

总之，资本对利润的追逐致使资源行业受到青睐，而工业难以获得发展机会，同时资源出口给巴西带来的大量贸易盈余导致巴西本币雷亚尔快速升值，制造业成本又被抬高——波士顿咨询公司 2014 年的一份分析写道："2004 年巴西的平均制造业成本低于美国大约 3%，到 2014 年估计高于美国 23%。" [1] 巴西本国的工业就这样逐渐被 "全球化" 淘汰了。

---

① "The Shifting Economics of Global Manufacturing", Boston Consulting Group, August 19, 2014.

"终结美元主导地位"

2010 年，迪尔玛·罗塞芙（Dilma Rousseff）作为劳工党候选人赢得大选，成为巴西历史上首位女总统。2012 年 3 月罗塞芙发表讲话，指出：在过去数年里，发达国家共释放 4.7 万亿美元的货币，如同制造了一场巨大的"货币海啸"。就发达国家货币政策对巴西的影响，她举例指出，国际热钱涌入，不断推高本币汇率，大大削弱了巴西工业的竞争力，而巴西将继续采取措施，以保护本国经济不受到损害。

2016 年，罗塞芙离任，接任总统是米歇尔·特梅尔（Michel Temer）。2017 年巴西政府公布了 57 个国有控股部门进行私有化的改造计划，这些部门涉及 14 个机场、11 个电力系统、15 个港口，以及巴西国家铸币机构。2018 年，博索纳罗接任巴西总统。前文提到过，博索纳罗在任期间，巴西经济出现剧烈波动。

卢拉一直在阻止巴西私有化。2022 年 11 月，重新当选总统的卢拉在就任前发表讲话，表示自己领导的政府不会让巴西大型国有企业私有化。2023 年 3 月，罗塞芙当选为金砖国家新开发银行（NDB）行长。2023 年 4 月，卢拉访问位于上海的金砖国家新开发银行总部，出席罗塞芙的就职典礼，发表讲话时呼吁"终结美元主导地位"。

"战上海"与粮食独立自主

巴西经济怎样才能从资本的围剿中杀出一条血路？或许新中国成立之初的做法能提供一点参考。1949 年 5 月上海解放，在此之前，上海的粮食和棉布等物资完全受到了以投机商、地下钱庄和私营银行为代表的资本的控制，通货膨胀非常严重。在上海解放后的几个月内，这种情况仍然没有什么改变，不管政府如何增加供应，粮食和棉布的价格还是不断暴涨。于是，时任国家副总理陈云坐镇上海，开展了一场针对资本的围歼战。

在陈云的指挥下，各地花数月秘密调集了大量的粮食和棉布，并构建了严密的通信网。1949 年 11 月 20 日，围歼战开始，上海、北京、天津、武汉、西安等地的国营公司同时开始放出物资，并刻意提高商品价格。同时，国营企业卖货所得资金一律不得存入私营银行，也不得向资本家企业进行贷款。

投机商们看到涨价，于是四处借款，不断吃下市场上所有物资。甚至出现以日计息的高利贷，每天利息高达 20%以上[1]。1949 年 11 月 25 日，当投机商们的资金量被消耗殆尽之时，公安部门果断出动，对地下钱庄进行了突击清查，截获了大量的银圆和黄金，斩断了投机商们的资金来源。与此同时，国营公司又开始快速降价，带动市场上的物资价格在几天之内下跌了一半。投机商们只能跟着国营公司抛售手中囤积的物资，割肉离场。国家通过这样短时间内的做多和做空，使掌控上海经济的资本力量元气大伤。投机商们遭受巨额的亏损，同时还被高利贷压得喘不过气来，有的跳楼自杀，有的逃往外地。而经营投机生意的私营银行和钱庄，也因为大笔的坏账而破产。

商场如战场，陈云的"战上海"是中国经济走向独立自主的一个开篇。之后从加入 WTO 开始，中国靠着中粮集团、中储粮集团等国有粮商，和世界第三大种业公司先正达以及 18 亿亩耕地的底气，一次次阻击国内外资本对中国农业的围剿，保证了中国口粮自给自足，维持住了国家安全的底线。更鲜为人知的是，"国家队"中粮国际 2014

---

[1]《新中国的第一场经济战》，人民网，2019 年 10 月 30 日。

年就已经在巴西布局。在巴西的粮食采购方面，中粮国际 2019 年已与国际四大粮商形成分庭抗礼的局面。

中国也在芯片、新能源汽车、光伏等新兴领域，不断尝试独立自主。独立自主说来容易，但离不开一个民族的远见和魄力。一个国家要富强，不是依靠多么好的先天条件，而是政治和经济的独立自主。

这也是为什么在新冠疫情之后，中国持续强调"增强产业链供应链自主可控能力"，认为"自主可控的产业链供应链是经济稳定的重要保障"的原因。巴西的故事告诉我们：一个国家如果不能通过科技创新来保证自己的种子供应，没有工业去保证化肥农药的生产，没有稳定的金融环境保障农业生产的正常运转，没有公平的分配制度去对抗少数人对农业的垄断，那么这个国家耕地面积再大、粮食产量再多，他们的饭碗也很难端在自己人民的手上。

第 26 讲
阿根廷：制度经济学的又一次实践

诺贝尔经济学奖得主西蒙·史密斯·库兹涅茨（Simon Smith Kuznets）说过，世界上有四种国家：发达国家、发展中国家、日本和阿根廷。为什么要把日本和阿根廷各算一类呢？也许是因为他们曾经的辉煌和衰落特别具有借鉴意义。

阿根廷的休克疗法与庇隆主义

1816 年，南美洲的阿根廷宣布独立，与北美洲的美国前后脚分别建国。1894 年，美国超越英国成为世界第一大工业国，同期的阿根廷成为粮食和肉类重要生产和出口国，后来获得了"世界粮仓和肉库"的称号——超过 75 万平方千米的潘帕斯草原气候温和湿润，土壤腐殖质厚达数米，阿根廷的土地被认为是世界上最适合农业生产的土地之一。

由于自然资源丰富，农牧业发达，阿根廷曾经是南半球最富裕的国家：20 世纪初，阿根廷人均 GDP 位居世界第 6；1913 年，阿根廷的人均 GDP 为 3797 美元，相当于当时美国人均 GDP 的 80%，比同期的法国和德国都高，布宜诺斯艾利斯在整个美洲的繁华程度仅次于纽约，被称为"南美巴黎"。但为什么没有经历过一战和二战，且自然资源丰富的阿根廷，会在 2023 年成为一个的贫困率超过 40%，累计通胀超过 210%的国家呢？这就不得不提"资源诅咒"[1]。

在经济学中，"资源诅咒"指的是一个国家或者城市拥有大量的天然资源，反而形成工业化低落、产业难以转型、过度依赖单一经济结构的窘境，也被称作"富足的矛盾"（Paradox of Plenty）。1854 年阿根廷历史上第一条铁路修建，随着铁路和冷藏技术的发展，阿根廷的农牧业产品开始运输到欧洲，农业、畜牧业和初级加工业得到了迅猛的发展。1914 年阿根廷铁路里程已达 3.4 万千米[2]，属于世界上铁路运输较为发达的国家，特别是一战之前，全球化和自由贸易盛行时期，阿根廷以"英国为主的国际资本大量投资""农产品出口外贸模式""意大利为主的欧洲移民"为三大发展根基，实现了本国经济的空前繁荣，同时造就了阿根廷全面的出口外向型经济，形成了本地种植业和养殖业的土地寡头。

然而 1914 年巴拿马运河开通，外资转向投资亚洲和加勒比地区，同时澳大利亚、加拿大、美国的农牧业产品进入欧洲挤占阿根廷的市占率。第一次世界大战和第二次世界大战接踵而至，中途还伴随着大萧条，阿根廷外资跑路，全球贸易全面封锁，各国筑起贸易壁垒，靠出口生存的阿根廷经济跌入谷底。第二次世界大战结束后，历经浩劫的世界各国开始发展本国的基础农业，阿根廷传统的农业出口停滞不前，持续低迷。之前阿根廷的寡头们一直依靠农牧业"躺赚"，因此并没有动力去投资工业承担转型风险，耽误了工业发展的阿根廷陷入

---

[1] 1993 年，经济学家理查德·奥蒂在《矿物经济的可持续发展：资源诅咒》一书中首次提出"资源诅咒"（Resource Curse）的概念。
[2] 数据来源于国家铁路局。

了长期内耗，而要实现现代化，工业化是一条必经之路。

第二次世界大战快结束时，阿根廷内部对于未来世界格局的预判产生了分歧，内部形成了分裂。1943 年，阿根廷爆发政变。1946 年，军人出身的胡安·庇隆（Juan Perón）当选总统，推出"庇隆主义"，又称"正义主义"，开始走所谓的介于资本主义和社会主义之间的"第三条道路"，并将其理论概括为"政治主权、经济独立和社会正义"三大纲领性口号。庇隆在 1947 年和 1952 年实施了两个五年计划，和经济相关的关键政策如下：

（1）关键部门国有化，没收欧美公司的投资，同时还高价赎买了英法铁路，让工业资产国有化；

（2）国家垄断外汇和外贸、垄断阿根廷的石油开采，并成立了贸易垄断机构——阿根廷贸易促进会，将所有出口业务收归国营，以获得的外汇收入来进口工业化装备；

（3）大力推行国家资本主义政策，加强国家对社会经济生活的干预，主张发展民族工业、发展轻工业和基础工业以改变单一的经济结构，降低对海外的依附；

（4）对农产品进行限价收购，国家用低价收购农产品，以此出口获取更多的利润反哺工业，即政府希望用工农业剪刀差①帮助阿根廷工业完成原始积累；

（5）全面提高劳工待遇，政府采取一系列改良主义的福利政策，提高工人的福利，甚至直接要求企业给工人增加工资，当时的阿根廷

---

① 剪刀差是指工农业产品交换时，工业品价格高于价值，农产品价格低于价值所出现的差额。若用图表表示，则呈现剪刀张开形态，因此得名。剪刀差表明工农业产品价值的不等价交换。如果价格背离价值的差额越来越大，就叫扩大剪刀差，反之就叫缩小剪刀差。

成为在劳工保护方面领先的国家，很多法律超前于欧洲。

在外交方面，作为外向型经济体，庇隆主义其实是"排外"的：想"中立"却又和苏联建交，以提高庇隆政府在国内的威望；想"独立"却又和美国示好，以此期待美国像支持欧洲的"马歇尔计划"一样给予阿根廷经济援助。庇隆的这种"中立"带来的却是阿根廷在二战后两大阵营对峙时被孤立，出口上就错失了全球经济复苏背景下的发展机会。

对内来看，庇隆重工抑农的政策虽然让阿根廷的工业规模在他第一个五年任期内有了快速增长，但也带来了深远的负面影响：首先，其国有化政策让外资在总投资中的比重从 1930 年的 30% 下降到 1949 年的 5%，国有化政策还导致极度的政治腐败，养尊处优的国企亏损严重、资源浪费，完全丧失竞争力；其次，由于农产品限价，加上 1949 年到 1951 年的干旱，使得农牧业产量下降超过 20%，当时的阿根廷作为粮食生产大国不仅缺粮缺肉，还要靠海外进口来填补国内物资的空缺，贸易顺差变成贸易逆差；最后，因为阿根廷没有经历过革命，土地仍属于农牧业的地主寡头，普通民众没有土地，而农业和畜牧业萎缩导致大量劳工失业，他们从农村进入城市，城市内部就爆发了严重的失业问题。面对失业，庇隆政府选择扩大国有企业和政府机关用人规模，又进一步导致机构臃肿，腐败问题滋生。

更致命的是，阿根廷的经济还没有发展起来，庇隆就激进地推行高工资和高福利：1947 年和 1948 年，工人的社会年平均工资增长了 25%，到了 1950 年，工资性收入占 GDP 的比重已经超过了 50%，和发达国家水平相当。如此超出经济承受能力的高福利如同毒品一般，让民众感受到了和经济发展水平并不匹配的"快乐"。"由俭入奢易，由奢入俭难"，这也就是经济学中的"棘轮效应"①，高福利的政策不被允许修改却又难以为继，为了换取民众的选票，执政党只能靠借债维持高福利。维护工人权益和推动工业发展之间长期存在难以平衡的矛盾，这个矛盾也在阿根廷此后几十年的政权演变中反复上演。同时"农业工人"的高工资高福利，又进一步推高农牧业成本。小地主、小农场主、基础轻工业无法盈利，便开始全面倒闭歇业，寡头企业则停产裁员，境内产能和业务转到国外，原始的优势产业全面萎缩。总之，工业这第二条腿还没有长出来，第一条腿农牧业就被砍了。

归根结底，对于没有进行过底层革命的阿根廷来说，军权一直在地主门阀手中，社会结构问题没有得到解决，经济结构便自带短板。庇隆没有军权，在未对原有的利益集团进行梳理的情况下，改革时就要对各个利益集团进行利益让渡，最终导致庇隆主义的执行成本远大于执行收益，严重违背经济规律。1950 年之后，庇隆政府不得不停止上涨工资，民众开始反对庇隆。在财政赤字压力之下，政府收支不平衡，货币超发引发了通胀，1952 年老百姓生活成本增加 73%。再后来庇隆于 1953 年选择开放外国资本，颁布外国投资法。1955 年，极度腐败的政府和大通胀引发民众不满，庇隆在一场军事政变中被迫下台，流亡到其他南美洲国家。

庇隆带来的国内政治对立，给阿根廷的未来造成了深远的伤害。在 1946 年庇隆当选总统后的 70 余年里，即使庇隆和支持者经历了流放、镇压与政治禁令，持庇隆主义的总统大选候选人仍在被允许参加

---

① 棘轮效应（Ratchet Effects），是指人的消费习惯形成之后有不可逆性，即易于向上调整，而难于向下调整，尤其是在短期内，消费是不可逆的，习惯效应较大。消费者易于随收入的提高增加消费，但不易随收入降低而减少消费，这种特点被称为棘轮效应。

的 14 次大选中获胜了 10 次。此后半个世纪里政府更迭 20 余次，阿根廷在极左极右之间来回折腾。庇隆主义倡导国有化、高福利、扩张的货币政策；保守主义和 20 世纪 80 年代右翼推崇的"新自由主义"强调小政府、低福利、紧缩的货币政策。这让阿根廷内政演变成"军方发动政变—开启保守主义（后演变成西方自由主义）进行私有化—怀念并推行庇隆主义—再次军事政变"的走马灯式循环。

国有化和私有化的循环，对海外资本来说就是把阿根廷资产在私有化时期低价买入，再在庇隆主义时期高价卖回给阿根廷政府的获利过程，反复横跳的经济结构让外资对"收割"阿根廷形成了路径依赖。于是，曾是西班牙殖民地的阿根廷，没能通过工农业剪刀差完成原始积累，更没能像日本和韩国一样靠西方国家的资本注入完成工业化，一手好牌被彻底打烂。阿根廷也成了世界上唯一一从富裕国家倒退成发展中国家的国家，2022 年阿根廷人均 GDP 为 13 650 美元，在全球跌至 60 位之后。2009 年阿根廷央行董事奥图罗·奥康奈尔（Arturo O'Connell）接受记者采访时说："中国能从阿根廷学到的，就是'不要学阿根廷'。"阿根廷悖论（the Argentina Paradox）也引发了学术圈的共同研究，世界各国出现的发展问题都可以在阿根廷的经济发展史中找到影子。

2023 年 12 月，阿根廷的"钟摆"又摇晃到了极右翼这边，被网友戏称为"阿根廷特朗普"的总统米莱提出了和庇隆主义完全相悖的主张：米莱向国会提交《为了阿根廷人民自由的基础和起点法案》，法案规定全部国有或绝大部分为国有性质的企业和所有权公司必须进行私有化，包括阿根廷的港务总局、航空公司、自来水公司、国民银行、国家卫星通信公司、进出口银行、造币厂等 41 家国有上市企业拟被纳入私有化改革行列。那么米莱采用的休克疗法（Shock Therapy），对阿根廷来说究竟是"人工呼吸"呢还是"直接拔管"呢？

经济问题，根本不在经济本身。

玻利维亚与俄罗斯的休克疗法

说到休克疗法，就不得不提南美洲另一个国家玻利维亚。1985年，玻利维亚政府的债务和通胀高企，陷入了经济危机。美国经济学家杰弗里·D.萨克斯（Jeffrey D. Sachs）提出一系列措施，即短时间内采取极端的"财政+金融"的紧缩手段，让整个经济运转陷入完全的停滞状态，然后再开展经济自由化改革，将效率低下的国有企业出售给民间资本或外国资本，并以此为基础重建货币信用体系。这些措施执行不到一周，玻利维亚市场存在的通胀迅速得到了遏制，物价也开始慢慢回落。虽然之后第一年玻利维亚的 GDP 出现了下降，但第二年 GDP 开始稳健上升，政府债务问题也得到了缓解，这套措施后来被称为"休克疗法"。

20 世纪 90 年代初苏联解体之后，继承了苏联大部分身家的俄罗斯，迫切需要通过提升国内经济来稳定国家。时任总统叶利钦发现玻利维亚经济奇迹之后，对"休克疗法"充满兴趣。于是俄罗斯也"照猫画虎"实施了休克疗法。俄罗斯先是打开物价和提升工资，在最初三个月的时间里，国库财富不断减少，叶利钦并没有心疼，他认为过不了多久，将会有大量的财富被运进国库。

然而三个月后，俄罗斯的市场经济开始崩溃，物价一下子上涨了几十倍。同样倡导休克疗法的副总理叶戈尔·盖达尔看到这种现象后，立刻让国营公司平抑物价，不过当时的俄罗斯出现了寡头把控经济的现象，在寡头、黑市商人和国营公司职工的联合操作下，国营市场的商品被抢购一空，接着再被倒卖到市场中。国营市场成了黑市商人们的进货渠道，官商勾结、损公肥私，这让俄罗斯政府平抑物价的想法彻底破产，国民生活水平急剧下降。国营企业出现亏损，无法持续生产后开始倒闭或被经济寡头吞并，就这样休克疗法的第一枪以失败告终。

盖达尔的休克疗法第二枪又对准了财政，所有商品一律缴纳28%的增值税。结果俄罗斯的财阀和寡头靠着特权不交税，中小企业也拒绝交税，俄罗斯积攒了几十年的家业不到一年时间就被掏空了。休克疗法开始前，俄罗斯政府把国有资产转化为债券，每张价值1万卢布，共计1.4亿余张，把它们发放到平民手中。在当时大多数人生活贫困的处境下，一张所谓价值1万卢布的债券远不如一块面包来得实在。1992年，俄罗斯的通胀率已经超过2000%，很多人的债券被廉价收购，且当时俄罗斯政府对国有企业的购买者没有任何限制，大量国有企业的管理者借此低价出售自己管理的企业，然后自己买回来，摇身变为企业主。另一部分国有企业则被外资控制。就这样，寡头垄断国民经济的局面进一步被强化。

实行"休克疗法"后，俄罗斯经济连续7年负增长，GDP累计下降约40%。在这场私有化风暴中，俄罗斯工人实际收入下降了50%~70%。俄罗斯社会财富损失1.7万亿美元，相当于俄罗斯1996年GDP的4.2倍、二战期间损失的2.5倍。俄罗斯从一个世界一流大国倒退为二流国家。

为什么休克疗法在玻利维亚有效，在俄罗斯就"撞墙"了呢？因为玻利维亚经济体量小且有美国援助，相当于一边流血，同时能一边得到输血，更重要的是，玻利维亚的市场经济发展相对高效完善，极端的休克疗法政策可以更大限度地发挥效应。而俄罗斯的市场经济还处于初期建设阶段，其原有的各种体制弊端，如寡头对经济的控制、腐败、法制不健全等，需要长年累月的修补或者彻底改革才能解决。说到底，休克疗法本身只是一种经济政策，无法解决深层次的社会矛盾，又怎能承担起俄罗斯当时从公有制转向私有制的重任呢？

俄罗斯的教训证明休克疗法作用有限，阿根廷面临的很多深层次问题，也不是一个休克疗法就能根除的。米莱总统准备让一部分国有企业私有化，这看似要提高经营效率，但整个过程如果没有完善公正的法律保证和公开透明的交易过程，私有化本身恐怕还会制造出更多的新问题。阿根廷折腾了几十年，忽左忽右，经济环境遭到破坏，也浪费了宝贵的时间。2001 年，阿根廷曾在两周内换了五位总统；2015年底，阿根廷又在两天内经历了三位总统。这些就是阿根廷体制反复横跳、长期内耗的体现。阿根廷需要的是一场触动产权制度、法律制度的彻底改革，以此真正释放资本的活力，扭转普通人的预期。

"日本化"和"阿根廷化"

日本二战后曾创造出经济奇迹：1960 年，日本 GDP 为 443.1 亿美元，1980 年为 1.129 万亿美元，20 年间，其 GDP 涨了近 25 倍[①]，人均 GDP 一度超过美国。但随着 20 世纪 90 年代日本经济泡沫破灭，日本房价和股市普遍下跌超 70%。

---

① 数据来源于世界银行。

日本化，指的就是日本经济在 20 世纪 90 年代泡沫崩溃之后长期陷入低增长、低利率、低通胀、高福利、高货币、高债务的现象，其被认为是"失去的三十年"。进入 21 世纪后，日本央行实施负利率，开始实施大规模量化宽松政策；安倍执政时期，日本央行实施收益率曲线控制政策，将国债收益率压到零，为日本政府提供融资。但直到 2024 年，日本经济依然表现为低通胀、低增长、高债务。

2016 年，美国《华盛顿邮报》专栏作家马特·奥布莱恩在《世界经济正在日本化》中指出："不管是在美国还是在其他国家，世界经济正转向日本模式。"欧美国家在 2008 年后长期实施低利率和量化宽松政策刺激经济，经济增速和通胀却依然低迷。

事实上，日本作为一个发达国家，现代国家建制完整，市场化程度高，法律对产权与自由的保护有力。如果把一个国家比喻成一棵树，那么日本的树根完整扎实。20 世纪 90 年代日本经济泡沫破灭，更像是一片片树叶子烂了，但根还是好的，所以去掉烂叶子，好好浇水施肥，总能长出绿油油的新叶子。因此，日本化是"小"问题，其核心是财政政策、货币政策失灵引发资产负债表衰退、通货紧缩、政府债务高企，其解决方案在于调整宏观经济政策，提高政策效果。

日本和阿根廷在社会制度层面处于完全不同的阶段。在 2022 年的大通胀之前，欧美经济学家曾担心欧美经济日本化。部分欠发达经济体在国家转轨期间经济快速增长，结果在经济增速放缓时也开始担心日本化。其实他们更应该担心的是阿根廷化——阿根廷化才是"大"问题，其根源是欠发达国家在法制、制度层面存在着很多不完善的地方，不是简单的财政、货币政策可以解决的。

从制度经济学①角度看，阿根廷存在国家制度构建失败、宪法无法约束政府权力、法律无法保障私人财产与自由、市场经济体制不稳定、金融市场不稳定等问题。还用前面那棵树的比喻，阿根廷的树根还没长扎实，这时候无论叶子换多少轮，都很难长出嫩绿健康的新叶子。对于阿根廷来说，仅仅依靠宏观经济政策、财政货币、外汇贸易等刺激经济，可能产生短期效果，但治标不治本，所以折腾了几十年就是跳不出怪圈。好比得了肿瘤却回避动手术，只靠打针吃药，肿瘤是不会自动消失的。通过制度进一步完善，让企业和个体产生稳定的预期，才能谈经济政策，只有土壤变好了，浇水才会有效。

虽然中国早就是制造业大国，工业增加值占 GDP 比重超过 30%，没有阿根廷经济那种"一条腿走路"的情况，也不存在俄罗斯寡头经济的特征，但我们的市场经济还不够完善，外资一会儿来一会儿走。回想起 1978 年的中国，正是在当时那样困难的情况下，改革开放拉开了序幕，建立家庭联产承包责任制、发展乡镇企业、引进外资等，在产权制度等非经济层面做大手术，以这些为基础，才开创了未来几十年的繁荣发展。

在第一次世界大战之前，欧洲街头曾流行着这样一句法语俗语："他像阿根廷人一样富有"，这句话自诞生以来已经过去 100 多年了。1992 年，比尔·克林顿在竞选总统时喊出了"笨蛋，问题在经济"（It's the economy, stupid!）的口号，并以此打败了获得冷战胜利、打赢海湾战争的老布什总统，成为美国历史上最年轻的总统之一，此后伴随着信息技术革命，美国又实现了长达十年左右的高速发展期。

---

① 制度经济学是把制度作为研究对象的一门经济学分支，着重研究制度对于经济行为和经济发展的影响，以及经济发展如何影响制度的演变。

大动脉在不停地流血，医护人员不停地打肾上腺素但就是不去止血，最后还在犯嘀咕，说"这个病人血压怎么就是上不来"。可能只有市场化程度和制度非常成熟的地方，问题才在于经济本身。所以，不是所有的病都需要各种花里胡哨的治疗方法，也许只是医生踩到了病人的氧气管子。

第 27 讲
美元霸权和人民币国际化

美国这个"周王室"还没有没落，美元霸权却开始"礼崩乐坏"。2023 年 3 月，在法国总统马克龙访华的同时，中法液化天然气（LNG）采购用人民币进行了首单结算，法国打响了欧洲人使用人民币结算的第一枪。同月，巴西领导人签署了本币结算协议；俄罗斯在俄乌冲突之后基本摆脱了美元，并欢迎大家用人民币来购买能源。

如果大家都不用美元，美国放出来的水就只能积聚在自己家里，最后冲了"自家的龙王庙"。那么，人民币有机会替代美元吗？这个问题还是要从"石油美元"说起。

"石油美元"的前世今生

布雷顿森林体系瓦解之后的 1973 年，埃及和叙利亚联合出兵进攻以色列，第四次中东战争爆发。以色列是美国的铁杆盟友，为了在以色列问题上向美国表明态度，主要由中东产油国组成的石油输出国组织欧佩克（OPEC）决定集体涨油价，于是第一次石油危机爆发，最终导致了历史上最严重的滞胀。此时"黄金美元"体系已经解体，但在石油危机中美国深刻领会到了石油的价值，于是开始筹划把美元和石油捆在一起。

　　20 世纪 70 年代早期，欧佩克成员国的石油产量占全球的一半以上[1]。在政治经济领域，中东有四大强国：埃及、伊朗、沙特和土耳其。这四大强国中，伊朗和沙特同时也是石油生产大国。伊朗和沙特一直在争夺宗教上的影响力，不过他们都抵制以色列，于是美国人从中找到了制衡沙、伊两国的办法。1974 年，美国要求沙特以美元作为石油贸易的唯一结算货币，并大量购买美国国债。作为交换，美国用军事背书，卖给沙特大量的军火，帮助沙特训练军队，对内维护沙特王室特权，对外保证以色列不会再来找沙特的麻烦。沙特"老大哥"开了这个头，其他石油国家也纷纷跟进，"石油美元"循环机制就此形成，全球从此再也离不开美元。

　　但这个循环在 21 世纪发生了一些变化。其中一个经济上的原因是：从 2010 年开始，随着美国自身页岩油技术的突破，美国石油开采成本大幅度降低，2018 年，美国成为全球第一产油国，并在 2019 年成为石油净出口国。同为石油生产国，美国和其他石油资源丰富的国家产生了各种"爱恨情仇"。其中有亲美的国家，包括加拿大、阿联酋、沙特和科威特；也有和美国对立的国家，包括伊朗、俄罗斯、伊拉克和委内瑞拉。在美沙关系上，原本"美国要发展，沙特有石油"的经济互补关系，也转变成为竞争关系，意识形态本就差异巨大的"塑料友谊"逐渐有了裂痕。2018 年，"卡舒吉事件"[2]也引起了美沙关系动荡，再加上 2021 年美国执政的拜登政府推崇新能源，美国与沙特

---

[1] "How OPEC Won the Battle and Lost the War.", Liam Denning, Bloomberg, June 1, 2016.

[2] 贾迈勒·卡舒吉原为沙特记者，后于 2017 年 9 月离开沙特，曾多次在《华盛顿邮报》上发表批评沙特的文章。2018 年，卡舒吉进入沙特驻伊斯坦布尔领事馆后被杀害，后续调查认为沙特王储与此案有关。

关系也就日益冷淡。

作为欧佩克和天然气输出国论坛（GECF）的主要成员国之一，在 2007 年前后，伊朗石油出口约占全国预算收入的 50%。2019 年，伊朗成为世界第四大石油储备国。但因为西方国家的制裁和经济封锁，伊朗原油出口量大幅下滑，一度无法正常出口。

美国对伊朗的制裁，其目的就是"杀鸡儆猴"，让沙特"听话"。伊朗想联合其他力量改变被美国制裁的被动局面，沙特这时候也想逐渐摆脱对美国和石油的依赖，且两国都相信和中国在新能源的发展上有巨大合作空间，在这样的背景下，2023 年 3 月，沙特和伊朗在中国的牵线下恢复了外交关系。

同时，中东很多国家搭上了"沙伊和解"这趟快车：2023 年 4 月突尼斯总统表示希望恢复和叙利亚的关系；2023 年 7 月土耳其和埃及恢复大使级外交关系；2023 年 9 月马尔代夫和伊朗恢复外交关系。他们的矛盾和仇恨，本就是美国激化的，而一个更和平的中东也会大大降低美国军事对美元霸权的支撑效果。

"沙伊和解"后，沙特能源政策越来越独立，最明显的例子就是 2023 年 4 月欧佩克+出人意料的减产：本次减产并不是在欧佩克例会上宣布的，这打了美国一个措手不及。彼时美国通胀还远没有降低到 2% 的目标水平，突如其来的减产，把决心压制通胀的美联储"撞了一跟头"。2022 年 7 月拜登访问沙特，想说服以沙特为首的产油国增产，这一来有助于美国降低通胀，二来可以让俄罗斯能源收入减少。结果欧佩克+的新一轮减产让美国的两个目标都没实现。

还没等美国消化掉欧佩克+减产的事，就已经有几十个国家签订了本币结算协议，全世界又开始了一波去美元化浪潮。随着美国"保证沙特安全以换取低廉油价"的旧秩序开始瓦解，如果以沙特为代表的海湾国家愿意让一部分石油贸易以人民币结算，用石油来换取自己国家的转型和发展，是不是意味着人民币国际化又能再往前迈一步？

人民币国际化与三元悖论

在此先说结论："石油人民币"或者"人民币国际化"的路还很长。首先，沙特与中国之外的其他石油采购国依然使用美元结算。2022年沙特对中国的原油出口量达到175万桶/日，相当于其出口总量730万桶/日的 24%，约为四分之一的份额。但其剩余的客户中，印度、日本、韩国等，绝大部分属于西方阵营国家。即使这些国家想放弃美元支付，也可以用自己本币进行支付。沙特难以为了人民币国际化的诉求而去影响自己四分之三的市场份额。

其次，美国的军事影响力仍然很大。海湾地区的阿拉伯国家为了维护自身的安全利益，都把本国安全事务纳入美国的全球战略和军事力量保护之下。1991年海湾战争之后，阿曼、科威特、巴林、卡塔尔、阿联酋先后同美国签署了《防务合作协定》，允许美国使用本国境内的军事基地，储存美国的武器装备，且多年来，美国一直在海湾地区驻军，为海湾地区的产油国提供安全保护，这也是"石油美元"的维护成本。所以产油国和美国之间的关系不是"你死我活"的零和博弈，产油国和中国深化关系、发展多边外交不等于要和美国决裂。沙特曾提出"2030愿景"，想从"石油换安全"慢慢过渡到"石油换发展"，但这个过程不是一蹴而就的。想要完全挑战美国的霸权，伊拉克就是最好的先例，也因此美国军事影响力不容忽视。

人民币想要国际化，用通俗的话说，就是人民币在境外市场被广泛地认可为结算和计价货币,从而带来海外投资者对人民币的广泛持有。

第 04 讲中提到过经济学中著名的"不可能三角"。"不可能三角"是指:货币政策独立性、固定的汇率和资本自由流动,三者不可兼得,只能取其二。中国是独立自主的主权国家,独立的货币政策是这三个条件里面确定的,如果要让人民币国际化,中国要么必须容许人民币自由兑换,要么必须放弃人民币汇率的稳定性,但很可惜,这两个条件都不成熟。

首先,人民币现阶段是不能自由兑换的。站在石油输出国的角度,它们往往是巨额的贸易顺差国,如果大规模持有不能自由兑换的货币,就会面临巨大的风险。当石油输出国持有美元时,除了采购美国的武器、引进美国的科学技术,多余的部分可以购买美国国债,或投资以美元计价的金融产品。如果石油输出国用人民币结算,那么他们需要把收到的人民币花出去才行。中国的廉价商品、大基建、军事装备,都是石油国家可以采购的,像沙特"2030 愿景"中,和中国合作的红海新城项目及配套的风电光伏技术、2022 年珠海航展中的军事装备,都是可以"花钱购买"的范畴。

2023 年,中沙双边贸易额为 1072.3 亿美元,其中中国出口额 428.6 亿美元,进口额 643.7 亿美元[①]。也就是说,中沙之间贸易如果完全用人民币结算,沙特每年就有 1500 多亿元人民币的结余。虽然这些结余可以让沙特在中国进行投资,但他们能不能一直用人民币在中国进行投资呢?这也引出了第二个问题,中国外汇资本项目的管制和汇率问题。

---

① 数据来源于外交部。

人民币存在外汇管制。基于对资本市场和金融业安全的担忧，中国允许外资投资中国的资本、证券市场，但对资金流入和流出存在严格的通道管制和额度管制，这样会"劝退"众多国际投资者。但是如果没有管制，中国就要接受资本市场资金的大进大出，结果便是人民币汇率大起大落，对中国的出口加上了一个难以承受的负担。

关于汇率的问题，其实我们也有自己的应对方法，就是把人民币划分为在岸人民币和离岸人民币，即人民币有两个几乎完全割裂的市场。将汇率分为在岸汇率和离岸汇率相当于建造了一堵防火墙，离岸人民币市场可以保持浮动汇率，并且可以做贷款、投资等资本项目。像香港、上海都是离岸人民币交易市场，这就给持有人民币的外国投资者一个不被外汇管制的投资渠道，否则既花不出去又投不出去的钱不容易被人接受。2022 年境外主体持有境内人民币 9.6 万亿元、主要离岸市场人民币存款余额超过 1.5 万亿元[1]，无奈离岸人民币市场规模和中国经济体量相比非常有限，本质原因还是愿意持有人民币的海外投资者较少。

这仿佛是个无解的问题，愿意持有人民币的境外投资者越少，离岸人民币市场越不发达，而离岸人民币市场越不发达，愿意持有人民币的境外投资者就越少。2023 年 3 月，中国银行香港分行成功发行首笔海南自由贸易港离岸人民币可持续发展债券，发行规模 10 亿元，而海南成为下一个离岸人民币交易中心是很值得期待的。

---

①《2023 年人民币国际化报告》，中国人民银行宏观审慎管理局，2023 年 10 月 27 日。

特里芬难题

人民币国际化还有另外一个待解的难题，而且是一个迄今为止，包括美元在内的国际货币体系都未解决好的难题，就是中国境内经济发展和向境外输出人民币的冲突。要让人民币在境外市场被广泛使用，就需要让人民币和美元一样在海外有大量的"沉淀"。

增加境外人民币数量有两个方法，一是向境外机构和个人提供人民币贷款。2022 年末人民币在全球贸易融资中占比为 3.91%[1]，简单说就是人民币暂时"花不出去"；同时，人民币离岸市场还没有足够成熟的体量，金融资本和国际投资者拿着人民币也"投不出去"。那么有多少人会有人民币贷款需求呢？所以第一个向海外"撒币"的方法，操作空间暂时有限。

第二种向海外"撒币"的方法，就是让中国的进口大于出口形成贸易逆差，前提还得是贸易伙伴答应用人民币结算。即使有这个前提，也不能忽略中国的优势就是"世界工厂"和出口，贸易上一直是顺差，背后更涉及了和进出口相关的大量就业。想要以逆差的方式"迫使"人民币出海，意味着要放弃很大一部分制造业和出口贸易的岗位，这在"稳预期、稳增长、稳就业"的政策背景下并不容易实现。

这就是经济学上很出名的"特里芬难题"（Triffin Dilemma）：当一个国家的货币作为国际储备货币时，有可能造成国内短期经济目标和国际长期经济目标的冲突。其实自从美元成为全球储备货币以来，也面临同样的难题，这个难题也是美元与黄金脱钩、布雷顿森林体系最终瓦解的根本原因。

---

[1]《2023 年人民币国际化报告》，中国人民银行宏观审慎管理局，2023 年 10 月 27 日。